GUTS-KRIESI-WASER.
Der Kirschen-Geist erquikt den praßer
Viel mehr, als Wein, Bier, Most u. Waßer.

IUNG GÄNS GÄNS.
Iung, alt, zu Waßer, Stadt u. Land,
Sind Gänse, Gänse ohn Verstand.

**HÄYDÄBEERI, HÄYDENBEERI!
CHRUSELBEERI!**
An Staud, und auf weiden Häyde,
Kan man sich an den Beeren weiden.

SPAAH-FÄHRLI, SPAAH-FÄHRLI
Das Ferklein gruntzt um seine Haut,
Der Man schreyt um sein Brod so laut.

Ächti Schwizer Chuchi

CHAUFED GUTI CHÜCHLI!
Man wieft den Weizen mit der Wanne,
Die Küchlein bakt man in der Pfanne.

Schweizer Küchenrezepte
rund ums Jahr
gesammelt und herausgegeben von
Marianne Kaltenbach
im Hallwag Verlag
Bern und Stuttgart

Vorhergehende Abbildungen:
Umschlagbild: Naive Malerei von J. Thäler, St. Gallen, 1817
Alphornbläser von Lory, Schweizerische Landesbibliothek
Fünf zürcherische Ausrufbilder von David Herrliberger:
Gutes Kirschwasser!
Junge Gänse!
Heidelbeeren!
Stachelbeeren!
Spanferkel!
Kauft gute Küchlein!

Hinweis und Dank

Allen, die mir in irgendeiner Form bei der Entstehung dieses Buches behilflich waren, möchte ich hier meinen herzlichen Dank aussprechen. Leider ist es nicht möglich, sie namentlich aufzuführen. Vielleicht werden die einen oder anderen auch eines ihrer Rezepte wiedererkennen, das sie mir im Verlaufe der Jahre zur Verfügung stellten. Auch sie haben wesentlich dazu beigetragen, dass dieses Buch so umfassend werden konnte.
Ganz besonderer Dank gebührt den Herren Walter Achtnich und Edgar Kuhn von der Schweizerischen Landesbibliothek, die in ganz selbstloser Weise einen grossen Teil der Illustrationen beschafften.

© 1977 Hallwag AG Bern
Umschlag und Gestaltung: Robert Buchmüller
Gesamtherstellung: Hallwag AG Bern
ISBN 3 444 101899

Abbildungen im Inhaltsverzeichnis: Carl Roschet, Monatsbilder aus einem Jahreskalender von 1920

Das hier folgende Inhaltsverzeichnis, in Form eines Kalenders gestaltet und nach Gerichten geordnet, soll Ihnen das Zusammenstellen der Menüs nach saisonalen Gesichtspunkten erleichtern. Ein genaues Verzeichnis aller Rezepte in alphabetischer Reihenfolge findet sich am Ende des Buches, auf den Seiten 513 bis 519.
Überdies bieten die folgenden Kapitel wertvolle zusätzliche Informationen:
Steckbriefe der wichtigsten Schweizer Fische   487
Unsere wichtigsten Brotsorten   494
Die Vielfalt der Schweizer Käse   496
Klassische süsse Schweizer Spezialitäten   498
Das Schweizer Kräutergärtchen   499
Schweizer Weine   501
Wochenmärkte in der Schweiz   506
Kleines Schweizer Sprachbrevier   508

Januar 31 Tage

Suppen
Milchsuppe 47

Fleisch- und Wurstgerichte
Luzerner Chügelipastete 27
Treberwurst nach neuer Art 56
Tösstaler Sunntigsbroote 48

Eintopfgerichte
Schnitz und drunder 37
Einfacher Zuger Ofenguck 42
Nidwaldner Ofetori 43
Ofenguck mit Eiern 43
Türkenribel mit Speck 50
Luzerner «Tuusig-Bohne-Ragout» 57

Käsegericht
Walliser Käsekartoffeln 44

Fleischlose Gerichte
Schnitz und Härdöpfel 38
Birästunggis 38
Äpfel und Häppere 38
Kartoffelpfluten 39
Kartoffelchüechli 41
Kartoffelfuchs 41
Kartoffeltätsch 41
Meientaler Härdöpfel 43
Aargauer Härdöpfel-Chnöpfli 45
Tösstaler Haferrösti 47
Brotauflauf 48
Türkenribel 50

Beilagen
Suuri Gummeli 42
Härpfilreschti 44
Rüebli mit Speck 45
Boverli 49
Kabissalat nach Bauernart 57

Gesalzene Kuchen
Aargauer Kartoffelwähe 40

Süssspeisen
Zieger mit Honig 35
Öpfelstückli nach Zürcher Oberländer Art 49

Gebäck
Neujahrsfisch 25
Nidwaldner Fisch 25
Priesnitz 26
Aargauer Helsweggen 30
Süsszöpfe 30
Berner Züpfe 33
Dreikönigskuchen 34
Festliche Kartoffeltorte 40
Aargauer Rüeblitorte 46
Rosenchüechli 53
Schenkeli 53
Schlüferli 54
Strübli 54

Getränke
Hypokras 25
Honigmilch 35
Honigwein 36

Suppen
Basler Mehlsuppe 74
Soupe à l'oignon 84

Fleisch- und Wurstgerichte
Entlebucher Schweinspfeffer 71
Poireaux farci 81
Waadtländer Bratwurst «am Meter» 82
Atriaux «Grand-mère» 83

Eintopfgerichte
Papet vaudois 80

Beilagen
Risotto nach Tessiner Art 76
Risotto ai funghi 77
Risotto mit Mark 77
Pommes de terre au lard 85

Gesalzene Kuchen
Basler Ziibelewäije 73

Gebäck
Chneublätze 62
Hasenöhrli 62
Verbrühte Kugeln 63
Tabakrollen 63
Schurzbändeli 64
Schneeballen 64
Chruchtele 66
Schwyzer Fasnachtschräpfli 66
Ziegerkrapfen 68
Ziegerkugeln 68
Ingenbohler Nonnenkräpfchen 68
«Bohnen» 69
Zuger Chropfe 70
Basler Faschtewäije 74
Taillé aux greubons 86
Salée sucrée 86
Gaufres 87
Taillaule 87

Getränke
Der Entlebucher Kafi 71

Diverses
Zubereitung von Zieger 67
Waadtländer Würste 80

Suppen
Gründonnerstagsuppe 120
Brotsuppe 120
Sauerampfersuppe 121

Vorspeisen
Schnecken in Nussbutter 117
Escargots à la lie 117
Jacquerie 118

Fischgerichte
Stockfisch nach Luzerner Art 101
Saumon à la Bâloise 103
Bergbachforelle aus dem Sud 104
Gebackene Albelifilets nach Nidwaldner Art 105
Knusperli nach Fischerart 105
Balchen nach Zuger Art 105
Weggiser Fischküchlein 106
Felchenfilets nach Gersauer Art 107
Äschen nach Schaffhauser Art 107
Schwalenfilets nach Thurgauer Art 108
Filets de perches à la mode d'Ouchy 109
Eglifilets «Dézaley» 110
Filets de perches à la veveysanne 111
Friture du lac 112
Filets de féras au Féchy 112
Felchen nach Art von Nyon 113
Omble chevalier nach Genfer Art 114
Truites du Bisse en papillote 114
Eglifilets im Weinteig 115

Fleisch- und Wurstgerichte
Glarner Chalberwürscht 124

Käsegerichte
Luzärner Chässuppe 118
Käsesuppe nach Märchler Art 119

Fleischlose Gerichte
Fastenkutteln oder Eierkutteln 92
Schyterbygi 93
Eierrösti 96
Fotzelschnitten 97
Pesch magers 100

Beilagen
Löwenzahnsalat 121

Süssspeisen
Kartäuserchlötz 95
Weinsauce zu Kartäuserklössen 96
Rote Weinsauce 96
Tartana 97
Butterauflauf 96
Kastanien mit Rahm 98

Gebäck
Strözlas 100
Foaccia grassa 100
Glarner Pastete 122
Glarner Früchtebrot 123
Wiler Hefeküchlein 125

Fleisch- und Wurstgerichte
Gitzipaches 131
Gitziprägel 131
Gebratenes Gitzi «della nonna» 132
Oster-Gitzi nach Puschlaver Art 132
Gigot d'agneau au four 133
Kalbskopf, gebacken 145
Züri Gschnätzlets 146
Spanischsuppe 147
Kutteln nach Zürcher Art 148
Zürcher Leberspiessli 148
Zürcher Ratsherrentopf 149

Fleischlose Gerichte
Eiervoressen 140

Beilagen
Salbeimüsli 150
Zürcher Zwiebelkartoffeln 151

Süssspeisen
Schanfigger Eiertätsch 141
Grosi Lüdis Rumcreme 141
Crème brûlée 142
Vanillecreme 142
Chriesiwasser-Creme 142
Plattenmüesli 151
Triätschnitten 152
Schokoladesuppe 155
Schokolade-Truffes 156

Gebäck
Luzerner Osterfladen 135
Osterkuchen mit Wegglifüllung 135
Osterkuchen mit Reis 136
Rahmfladen 136
Torta di pane 137
St. Galler Klostertorte 138
Zimtpitte 138
Zedernbrot 153

Getränke
Eierwein 143
Eiergrog 143
Selbstbereiteter Eierlikör 143
Schoggoladekafi 155

Suppen
Spargelcremesuppe 164
Milchsuppe 169
Chindbettisuppe 175
Fleischbrühe, kalt bereitet 176
Morchelsuppe nach Weggiser
 Art 194

Krebsgerichte
Chräbs im Sud 168
Gratin aux écrevisses 168

Fleisch- und Wurstgerichte
«Laubfrösche» 166
Schweinebraten an
 Milchsauce 179
Kalbsbrust nach Berner Art 179
Gefüllte Kalbsbrust in
 Variationen 180
Saurer Mocken 181
Tessiner Rindsbraten 182
Rôti au vin 182
Kalbsnierenbraten 183
Suubäggli mit suure
 Gummeli 184
Hackbraten nach
 Grossmutterart 184
Bündner Beckibraten 185
Saurer Kalbsbraten 185
Gespickter Rindsbraten 186
Gefüllter Sonntagsbraten 186
Kalbsschenkel nach Aargauer
 Art 187
Gelber Braten 188
Gebeizter Schweinshals 188
Mistchratzerli im Häfeli 189
Chüngelibraten 190

Fleischlose Gerichte
Spargeln 163
Walliser Spargelgratin 163
Krautkräpfli 166

Beilagen
Gewürzter Milchreis 170
Morilles à la crème 195
Croûtes aux morilles 195

Gesalzene Kuchen
Spargelkuchen nach Walliser
 Art 164
Chrut-Chueche 165

Süssspeisen
Reisschnitten 172
Griesspudding nach alter
 Art 172
Seidenmüslein 172
Krokant 174
Süsse Markschnitten 176
Rhabarberschnitten 191
Rhabarberkompott mit
 Brotwürfeli 191

Gebäck
Bricelets 161
Bricelets fins 162
Bricelets au cumin 162
Torta di latte 171
Schlaatemer Rickli 174
Rhabarberwähe 192
Rhabarber-Weggli-
 Chueche 192
Gâteau à la rhubarbe à la mode
 des Chardonne 193

Getränke
Maitrank 161

Diverses
Löwenzahn-Gelee 196
Löwenzahn-Honig 196
Tannenschösslikonfitüre 196

Suppen
Beenälisuppe 207
Busecca 213
Minestrone 213

Fischgerichte
Lavarello in carpione 214

Fleisch- und Wurstgerichte
Gämschipfäffer 203
Coniglio alla campagnola 210
Kalbsvögel nach Tessiner Art 210
Osso bucco alla casalinga 212
Coniglio all'olio 214
Güggeli nach Asconeser Art 215

Eintopfgerichte
Schwynigs und Cheschtenä 201
Cazzuola 205

Käsegericht
Urner Chässuppe 204

Fleischlose Gerichte
Rys und Pohr 201
Älplermagrone nach Urner Art 203

Beilagen
Polenta nach Tessiner Art 211

Mais- und Teigwarengerichte
Makkaroni-Pastete 204
Poläntä-Chüächä 206
Polenta mit Luganighe 211
Spaghetti nach Asconeser Art 212

Süssspeisen
Brischtener Birä 206
Zabaione 216
Rossumada 216
Cavolatte 217
Erdbeeri mit Nidle 221
Erdbeerschnitten nach Basler Art 222
Erdbeer-Vacherin 223
Fraises «au pinot» 223
Erdbeeromelette 223
Erdbeercreme mit Kirsch 224
Erdbeeren mit Zwieback 224
Aprikosenkompott nach alter Art 226
Aprikosenkonfitüre à l'ancienne 228
Flan aux abricots 227

Gebäck
Frolla della nonna 217
Tortelli di San Giuseppe 218
Amaretti 218
I cenci della nonna 219
Walliser Erdbeerschnitten 221
Aprikosen-Biskuit 226
Aprikosenkuchen nach Walliser Art 226

Suppen
Minestra Calanchina 256
Bündner Gerstensuppe 256

Fleisch- und Wurstgerichte
Kalbsleber «dolce brusco» 263

Eintopfgerichte
Gratin «La Rösa» 255
Plain in pigna 257
Capuns 259
Bündner Schafverdämpf 264

Käsegericht
La soupe au plat 246

Fleischlose Gerichte
Milchmakkaroni 239
Glarner Hörnli 239
Brotomeletten 243
«Alte Maa» 244
Bündner Chässuppe
Bohnä Gumäli 253
Puschlaver Pizzöcchar 255
Plain in Padella 257
Maluns 258
Caponetti con buleus 260
Scarpatscha 261
Polentaknödel 263

Beilagen
Bündner Polenta 261
Hexenpolenta 262
Bramataschnitten 262

Gesalzene Kuchen
Churer Fleischtorte

Süssspeisen
Chriesi-Omelette 233
Chriesitütschli 233
Bündner Kirschenauflauf 234
Basler Chriesischnitte 234
Chriesibrägel 235
Luzärner Chriesisuppe 235
Chriesilatwäri 236
Marenata 237
Nidelreis 242
Nidelbrot 243
Stachelbeerkompott 250
Conterser Bock 265

Gebäck
Berner Chirschi-Tschu 232
Suurchriesi-Chueche 235
Zürcher Chriesiwähe 236
Trübelichueche 251
Fideriser Torte 267
Noeinsertorte 267
Bündner Schokoladentorte 268
Engadiner Nusstorte 269
Türkenbund 270

Getränke
Johannisbeerwein 251
Heidelbeerschnaps 253
Likör von schwarzen
  Johannisbeeren 253
Nusslikör 258

Diverses
Glarner Schabzieger 240

Suppen
Chuchisuppa 290
Kartoffelsuppe nach Emmentaler Art 294

Fischgerichte
Hecht, gebacken 279
Hecht blau 280
Hecht nach Arenenberger Art 280
Fischfilet im Bierteig 281
Trüsche nach Fischerart 281
Schleie, gebraten 282

Fleisch- und Wurstgerichte
St. Galler Fleischpastetli nach alter Art 273
Spatz 275
Escalope agaunoise 287
Escalopes au fromage 291
Emmentaler Schafsvoressen 293
Chüngel-Ragout 297

Gesalzene Kuchen
Luzerner Wurstweggen 273
Tarte saviésanne 286

Eintopfgerichte
La potée valaisanne 289
Bauernvoressen 294
Emmentaler Schinken-Makkaroni 295

Fleischloses Gericht
Cholera 288

Käsegerichte
Käsesalat nach Appenzeller Art 276
Appenzeller Chäsflade 277
Appenzeller Chäshappech 277
Appenzeller Chäs-Chüechli 278
Walliser Käsekuchen 288
Gomser Fladen 289
Die Raclette 283

Beilagen
Gibachne Heimini 291
Berner Rösti 298
Rösti-Varianten 299

Süssspeisen
Birchermüesli 274
Dörrzwetschgen in Rotwein 301
Holderzonne 303
Hollermües 303
Sii 304

Gebäck
Bacheschnette 278
Holderchueche 302
Holderchüechli 304

Getränke
Wiikaffee 290
Brächete-Brönnts 300
Holdersirup 303

Diverses
Der Appenzeller Käse 276
Der Raclette-Käse 283
Walliser Hobelkäse 285
Safran im Wallis 290
Der Emmentaler 296

Vorspeise
Omelette jurassienne 360

Fleisch- und Wurstgerichte
Lammragout nach Fribourger Art 313
Lard rôti au four 318
Le Jambon du Docteur 320
Saucisson en papillote 323
Fricassée de porc à la genevoise 325
Fricassée à la vaudoise 326
Kutteln nach Neuenburger Art 359

Eintopfgerichte
Fribourger Pot-au-feu 310
Schinken und Speck nach Bauernart 312

Käsegerichte
Käsekuchen nach Greyerzer Art 316
Kleine Freiburger Ramequins 317
La grande tarte 319
Malakoffs 328
Käse-Soufflé nach Genfer Art 327
Croûtes de Vinzel 329
Croûtes au Dézaley 330
Ramequins vaudois au pain 330
Käseschnitten nach Emmentaler Art 363
Käseschnitten nach Berner Art 363

Fleischlose Gerichte
Öpfelschoppe 337
Öpfelspätzli 337
Apfelbröisi 340
Thurgauer Lumpensuppe 352
Zwetschgenschober 355
Zwetschgenrösti 356

Beilagen
Fribourger Chilbisenf 310
Carottes paysannes 318
Gratin des amis de Morges 327
Birnensturm 348
Essigbirnen 351
Essigzwetschgen 354
Zwiebelsalat 361

Gesalzene Kuchen
Sèche au lard 321
Saucisson en croûte au Dorin 321
Saucisson en croûte «3 Suisses» 323
Neuenburger Wurst «Château de Colombier» 359

Süssspeisen
Weinschnitten 332
Apfelmus mit Nidle 334
Apfelmus-Varianten 335
Nidleöpfel 336
Apfelhürlig 338
Gefüllte Äpfel 341
Apfelauflauf nach Grossmutterart 342

Klosterfrauen 343
Apfeltatsch 343
Berner Birnenauflauf 346
Püschelibirnen 347
Saure Birnenstückli 349
Birnen «au pinot» 349
Grosis Süssmostcreme 351
Zwetschgenmus 354
Zwetschgen in Wein 354
Zwetschgenkompott 355

Gebäck
Fribourger Safranbrot 311
Beignets de Bénichon 314
Fladen nach Fribourger Art 314
Fribourger Matafan 316
Tarte au vin 331
Rotweinzuckerwähe 331
Weintorte 332
Gâteau de Vully 333
Gâteau Ormoran 333
Äpfel im «Tschöpli» 338
Apfelküchlein 342
Thurgauer Apfeltorte 344
Annebäbis Apfelkuchen 344
Basler Öpfelwäije auf feine Art 345
St. Galler Domherrenkuchen 346
Birnenkuchen nach Winzerart 349
Zwetschgenwähe 356
Waadtländer Zwetschgenkuchen 357
Zwetschgenbeignets 357

Diverses
Der Fribourger Vacherin 315
Der Greyerzer Käse 315
Le Mousseux 325
Der Tilsiter 353

Oktober 31 Tage

Suppen
Kürbissuppe 386

Vorspeisen
Entlebucher Pilzschnitten 402

Fleisch- und Wurstgerichte
Basler Herrenschnitzel 373
Basler Lummelbraten 374
Rehpfeffer nach Bündner Art 392
Rehschnitzel an Spezial-Rahmsauce 392
Hasenrücken an Rahmsauce 393
Hasenpfeffer nach Jägerart 394
Rehschnitzel an Rahmsauce 394
Wildgeschnetzeltes mit Eierschwämmchen 395
Rehleber in Butter 395
Hafenchabis nach Märchler Art 400

Eintopfgerichte
Schunggebegräbnis 375
Urner Häfelichabis 398
Unterwaldner Stunggis 398
Kabisstunggis nach Muotathaler Art 399
Gebackener Kabis 399
Soupe aux choux 400
Risotto con verze 401

Käsegericht
Käseschnitten nach Basler Art 374

Fleischlose Gerichte
Cholermues 387
Zuger Chabisbünteli 400
Croûtes aux champignons 402

Beilagen
Chnöpfli 396
Kastanien mit Speck 405

Süssspeisen
Rahmtäfeli 369
Gebrannte Mandeln 370
Chüttenepäschtli 378
Quittensuppe 379
Gelee aus unreifen Äpfeln 380
Gelee aus Tessiner Trauben 381
Raisiné 382
Crème au raisiné 383
Birnenhonig 385
Rahm-Birnenhonig 385
Preiselbeeren mit Birnen 396
Preiselbeeren 397
Vermicelles 404
Castagnaccio 405

Gebäck
Schoggi-Torf 375
Quittenkuchen 379
Gâteau au raisiné 383
Maisturtä 388
Nidwaldner Chilbikrapfen 389
Gâteau au «nillon» 406
Nussbrot 408

Getränke
Wacholderlatweeri 381
Ländermilchkafi 389

Diverses
Türkenhonig 372
Bas de soi 375
Quittengelee 377
Obst dörren 380
Der Sbrinz 390
Bratchäs 391
Gebratene Kastanien 403
Gekochte Kastanien 404

Suppen
Berner Erbsensuppe 426

Fische
Zuger Rötel nach uraltem Walchwiler Rezept 432

Fleisch- und Wurstgerichte
Martinigans 412
Saurer Rindsbraten nach alter Art 416
«Alpeneier» 418
Berner Platte 420
Emmentaler Hamme 425

Eintopfgerichte
Sauerkrautrösti 422
Räbemues 430
Räben mit Speck 431

Käsegerichte
Fondue 436
Neuenburger Fondue 437
Waadtländer Fondue 437
Freiburger Fondue Moitié-Moitié 437
Freiburger Fondue mit Vacherin 437
Genfer Fondue 438
Gomser Fondue 438

Fleischloses Gericht
Bärner Zibelechueche 427

Beilagen
Glasierte Kastanien 413
Rotkraut mit Rotwein 414
Grundrezept für Sauerkraut 422
Emmentaler Kartoffelsalat 426
Sauerrüben 429
Räbenbappen 430

Gesalzene Kuchen
Spinatkuchen 415
Schaffuser Bölletünne 428

Süssspeisen
Meringues 423

Gebäck
Zuger Kirschtorte 432

Diverses
Das Einlegen von Sauerrüben 430
Vacherin Mont-d'Or 434
Tête de Moine 435

Suppen
La soupe de la mère
  Royaume 477

Fleisch- und Wurstgerichte
Schweinsbraten nach Genfer
  Art 477
Weihnachtsschinken 481
Brotschinken 481
Jambon à l'os 482

Fleischlose Gerichte
Rahmfladen 451
Fladen 452

Beilagen
Gratin de cardons 477
Kartoffelsalat mit Nussöl 478

Gebäck
Grittibänz 444
Birnbrot 446
Ostschweizer Birnbrot 447
Luzerner Birnenweggen 448
Glarner Früchtebrot 449
Toggenburger
  Dörrbirnenfladen 450
Zimmetfladen 451
Appenzeller Biberli 452
Biberherzli 453
Luzerner Lebkuchen I 454
Luzerner Lebkuchen II 455
Luzerner Rollchueche 455
Willisauer Ringli 456
Nidwaldner Lebkuchen 457
Basler Lebkuchen 460
Weisse Lebkuchen 461
Honigleckerli 461
Basler Leckerli 463
Haselnussleckerli «Schloss
  Utzigen 1890» 464
Anisbrötli 465
Badener Chräbeli 466
Samichlaus-Leckerli 467
Zürcher Marzipan-Leckerli 467
Zürcher Schoggi-Leckerli 468
Zürcher Tirggeli 471
Mailänderli 471
Zimtsterne 471
Basler Brunsli 472
Grassin 473
Bündnerli 473
Totebeinli 473
Spagnoletti 474
Geduldszeltli 475
Hosenknöpfe 475
Rissoles aux poires 479
Bûche de Noël 483

Getränke
Glühwein 484

Vorwort

Nun ist es endlich soweit. «Mein» Schweizer Kochbuch liegt geschrieben vor mir. Seit Jahren habe ich Rezepte zusammengetragen, die für die Schweiz als typisch gelten können. Mir schwebte von allem Anfang an ein Buch vor Augen, das eine charakteristische Auswahl traditioneller Rezepte umfassen sollte, die auch heute noch ihre Gültigkeit haben. Ich dachte dabei an all die schmackhaften Gerichte, die unverfälscht überliefert worden oder zu Unrecht etwas in Vergessenheit geraten sind.
Da ich kein kulturhistorisches Werk zu schreiben beabsichtigte und mein Buch auch keinerlei Anspruch auf Vollständigkeit erhebt, beschloss ich, aus der Fülle der gesammelten Rezepte die für unsere heutigen Verhältnisse geeignetsten auszusuchen. Das ging natürlich nicht ohne entsprechende Experimente ab. Das Gericht durfte aber keinesfalls verfälscht werden, und Kräuter kamen nur dort dazu, wo mit einiger Sicherheit an Ort und Stelle auch die entsprechenden Pflanzen gedeihen können. Es war keineswegs einfach, aus all den zahlreichen «Scarpatschas», «Papet Vaudois», «Tartes au raisiné» oder Minestroni die besten Beispiele auszuwählen. Schmackhafte Varianten gibt es beinahe so viele wie gute Köchinnen. Immerhin hoffe ich, dass Ihnen meine Auslese gefallen wird. Sinn und Zweck dieses Kochbuches ist es auch, die Freude an Traditionen und Brauchtum zu wecken. So habe ich die volkskundlichen Informationen, die ich beim Sammeln der Rezepte erhielt, jeweils an geeigneter Stelle im Text ein-

gefügt. Bekanntlich wurde früher, als es noch keine Kühlschränke gab, der Küchenzettel weitgehend auf die Jahreszeiten abgestimmt. Nach dem naturgegebenen Rhythmus sind denn auch die Rezepte dieses Buches angeordnet. Vielleicht wird dies Hobbyköche und -köchinnen dazu anregen, wieder vermehrt die einheimischen Märkte zu besuchen oder Beziehungen zu Lieferanten auf dem Lande anzuknüpfen. Dies bereitet doch viel mehr Spass, als immer nur alles fix und fertig vom Regal zu nehmen.

Man möchte sich auch wieder auf etwas Besonderes freuen können, auf einheimische Walderdbeeren, frische Eierschwämme oder Steinpilze. Dass wir das Rad nicht ganz zurückdrehen können und wollen, ist ja klar. Aber wir sollten wieder ein wenig bescheidener werden. Zurück zu einfacheren Genüssen, zum Unverfälschten...

Wenn Sie als Leserin oder Leser auch so denken, dann werden Sie in diesem Kochbuch viel Brauchbares finden. Für Ihre kulinarische Entdeckungsreise wünsche ich Ihnen viel Spass und guten Appetit

Ihre
Marianne Kaltenbach

Die Basler und der Hypokras

Die Basler, die sich durch ein hohes Mass an Savoir-vivre und Weltoffenheit auszeichnen, verstehen es auch, das neue Jahr auf eine besondere Art zu beginnen. Am Neujahrstag wird zwischen elf und ein Uhr mit Verwandten und Freunden ein Glas Hypokras getrunken. Und dazu gibt es – wie könnte es anders sein! – Basler Leckerli (s. S. 463). Der Hypokras ist ein Gewürzwein mit langer Tradition, dessen Spuren sich bis weit ins Mittelalter zurückverfolgen lassen. Im Jahre 1523 gestattete der Rat den Gewürzkrämern der Stadt den Handel mit diesem süssen Wein, verfügten sie doch über alle Ingredienzen, die für die Zubereitung benötigt wurden. Sein Name leitet sich von Hippokrates her, wahrscheinlich wegen der heilkräftigen Wirkung, die man diesem Getränk zuschrieb.

Basel, Rhein mit Münster. Von Samuel Prout

Hypokras

Für etwa 12 Personen

3 Flaschen guter Rotwein
1 Flasche Rosé-Wein
1 Flasche Weisswein
300–500 g Zucker
3–4 Zimtstengel
5–6 Gewürznelken
¼ geriebene Muskatnuss
Je 1 Prise Ingwer-, Koriander- und Kardamompulver
1 Stück Zitronenschale

Die Weine mit dem Zucker aufkochen und über die Gewürze giessen. Zwei Tage stehen lassen, dann absieben.
Nach einer anderen Zubereitungsart werden die Gewürze in ein Mullsäcklein gegeben und so an einem Faden in die Korbflasche gehängt, in die der Wein eingefüllt wurde. Der Hypokras wird bereits Anfang Dezember auf diese Weise angesetzt. Von Zeit zu Zeit muss die Korbflasche geschüttelt werden, Sie darf nur mit einem aufgesetzten Zapfen verschlossen werden.

Hypokras ist im Läckerli-Huus in Basel erhältlich.

Der Neujahrsfisch

Unter der Bezeichnung «Helsete» (s. S. 30) war früher in den Bergkantonen der Innerschweiz ein Lebkuchenfisch berühmt, der ein Röslein aus Zucker im Maul trug. Überhaupt scheint die Fischform weniger den «Aprilfisch» zu verkörpern, sondern vielerorts als neujährliches Backmotiv beliebt zu sein, so auch in Nidwalden, wo man diese Kuchenform mit einer Art Lebkuchenfüllung noch heute antreffen kann.

Nidwaldner Fisch

Honig im Wasserbad erwärmen. Sobald er flüssig wird, Zucker, Zimt und Milch dazurühren. Mehl mit Triebsalz mischen und nach Bedarf dazusieben. Gut kneten – es soll ein fester Teig entstehen. Zwei Stunden kühl ruhen lassen. Lebkuchen oder Brot fein reiben. Mit flüssig gemachtem Honig sowie Zimt, Zucker, Orangeat und Zitronat mischen. Eine bebutterte Fischform aus Kupfer (oder Ton) mit Teig auslegen. Die Füllung hineingeben und mit einem Teigdeckel versehen. Wenn keine Form vorhanden ist, den Teig in Fischform mit einer Kartonschablone ausschneiden, füllen und mit einem zweiten Teigstück decken. Auf einem bebutterten Blech 30–40 Minuten bei 200° backen.

Teig:
200 g Bienenhonig
50 g Zucker
1 ½ Esslöffel Zimt
1 dl Milch
500 g Mehl
20 g Triebsalz (aus der Drogerie)

Füllung:
150 g Lebkuchen oder Schwarzbrot (altbacken)
50 g Bienenhonig
1 Teel. Zimt
1 Essl. Zucker
Je 50 g Zitronat und Orangeat, fein gehackt

Neujahrsfisch
(Thurgauer Rezept)

Äpfel schälen, Kerngehäuse entfernen, in Schnitze schneiden. Die Butter erhitzen und die Apfelschnitze darin 1–2 Minuten dünsten. Zimt, Zucker und Süssmost beifügen und weichkochen. Die Äpfel abgiessen und ohne Saft durch ein Sieb streichen. Das Apfelmus in die Pfanne zurückgeben und unter Rühren etwas verdampfen lassen, damit es nicht zu nass ist. Gewaschene Rosinen beimischen und das Mus erkalten lassen. Blätterteig etwa ½ cm dick auswallen. Mit einer Kartonschablone zwei fischförmige Gebilde ausschneiden, die auf ein rechteckiges Kuchenblech passen. Die Fischform muss ungefähr 4 cm breiter sein, als der Fisch breit werden soll. Die Längsseiten der beiden Teigstücke im Abstand von 1 Zentimer 1 ½ cm tief einschneiden. Das eine Teigstück mit dem kalten Apfelmus bestreichen, dabei bis zu den Einschnitten einen Rand von 2 cm frei lassen. Das zweite Teigstück auf das Mus legen. Die eingeschnittenen Teigenden miteinander verschränken und auf den Fisch zurücklegen. Das Gebäck erhält dadurch die Form eines Fisches mit nach oben gerichteten Gräten. Die Fische mit Eigelb bestreichen und mit einer Gabel mehrmals einstechen. Bei 220° im vorgeheizten Ofen

½ kg Äpfel
1 Essl. Butter
1 Teel. Zimt
100 g Zucker
2 dl Süssmost (Apfelsaft)
50 g Rosinen
700 g Blätterteig
2 Eigelb

35–40 Minuten backen. Die Zubereitung dieses Gebäcks ist einfacher, als es nach der Erklärung scheinen mag. Man kann diese Fische auch in einer Form backen. Sie sind dann weniger typisch, aber nicht minder gut. Am selben Tag servieren.
Die Füllung darf nie warm auf den Teig gelegt werden, sonst wird er aufgeweicht.

Dazu noch die Rheintaler Variante, ein ganz ausgezeichnetes und schnell zubereitetes Gebäck, das ebenfalls zu einem Fisch geformt wird. Das folgende Familienrezept stammt aus dem 18. Jahrhundert. Probieren Sie es aus!

Priesnitz

500 g Blätterteig
3 Essl. Korinthen
2 Essl. Sultaninen
3 Essl. Zucker
1 ½ Teel. Zimt
10 Essl. gemahlene Haselnüsse
Abgeriebene Schale von 1 Zitrone
3 Essl. Honig oder Melasse
30 g Butter in Flocken
2 Essl. Puderzucker

Korinthen und Sultaninen waschen. Zucker, Zimt und Haselnüsse mit Zitronenschale und gewaschenen Beeren mischen. Honig leicht erwärmen. Blätterteig 40 cm lang und 30 cm breit auswallen, und zwar auf der einen Seite etwa 3 mm dick, auf der anderen 1 mm dick. Die Füllung, den Kunsthonig und die Butter so auf den Teig verteilen, dass auf der dünnen Seite kein Rand, jedoch seitlich und am Ende etwa 5 cm Rand leer bleibt. Diese Ränder mit Wasser befeuchten. Das Ganze nicht zu straff einrollen, sondern ungefähr in der Form eines Fisches. Die Ränder müssen gut geschlossen sein, um ein Auslaufen der Füllung zu verhindern. Mit einer Gabel einige Male einstechen. Auf kalt abgespültes Blech legen. 15 Minuten im Kühlschrank kalt stellen.
1 ½ Stunden bei 160° backen. Lauwarm mit Puderzucker überstreuen und frisch servieren.

Das Bärteli-Essen

Der Bärtelistag, also der 2. Januar, ist heute noch der Tag der «Gastereien» der Zünfte. So auch in Luzern, wo zu Ehren des neuerkorenen «Fritschivaters», des Zunftmeisters der Zunft zu Safran, eine echte «Lozärner Chügelipastete» serviert wird. Es gibt allerdings kaum ein anderes Rezept, das im Lauf der Jahre so verstümmelt wurde. Die Originalfüllung, ein Voressen aus Kalbfleisch und Brätkugeln an brauner Sauce, wurde beinah in jedem Restaurant und auch in Kochbüchern zu einem Standardpastetli mit weisser Sauce. Allerdings muss man hinzufügen, dass die echte Pastete mit ihrer süsslichen, gewürzten Füllung heute nicht mehr jedermanns Sache ist. Ich serviere sie seit Jahren nach einem überlieferten Luzerner Rezept meinen Freunden, die sich von mir ein echtes «Luzerner Gericht» wünschen. Und ich muss sagen, immer mit Erfolg.

Echte Luzerner Chügelipastete

Das angegebene Quantum reicht für 5–8 Personen, je nachdem, ob man die Pastete als Vorspeise oder Hauptgericht serviert. Bevor man mit der Zubereitung der Füllung beginnt, formt und bäckt man das runde Pastetenhaus:
600–700 g Blätterteig 4 mm dick auswallen und davon zwei Teigrondelle ausschneiden: ein kleines von 24 cm und ein grosses von 32 cm Durchmesser. Das kleinere auf ein grosses, mit kaltem Wasser abgespültes Kuchenblech legen und mit einer Gabel mehrmals einstechen.
Dann umwickelt man ein kleines rundes Brötchen (Mutschli) mit so viel Seidenpapier, daß eine Kugel von 37–38 cm Umfang entsteht. Die Kugel in die Mitte des Teigbodens stellen. Den

600–700 g Blätterteig
1 Mütschli (kleines, rundes Brötchen)
2 Eigelb

vorstehenden Rand mit Wasser befeuchten und
das grössere Teigrondell sorgfältig über die Kugel
legen. Den Rand dieses Deckels an den Rand des
Teigbodens pressen und dabei die Weite des Teiges gleichmässig zusammenraffen. Die Teigabfälle aufeinanderlegen und zu 3 mm dicken und
6 mm breiten Streifen schneiden oder ausrädeln.
Das Pastetenhaus mit zerquirltem Eigelb bestreichen, 4 Teigstreifen über das Kreuz legen und
zwei weitere rundum als Ringe anbringen. Einen
weiteren Teigstreifen auf den Bodenrand legen
und so die senkrechten Streifenenden verdecken.
Die Pastete mit Sternen, Herzen und Halbmonden aus Teigresten dekorieren und oben als Abschluss eine grössere Teigrosette aufsetzen.
Die Pastete nochmals mit Eigelb bepinseln und
im vorgewärmten Ofen bei 180° (gute Mittelhitze) 40 Minuten backen. Nach 25 Minuten mit
Aluminiumfolie abdecken. Aus dem Ofen nehmen, 5 Minuten stehen lassen, den Deckel mit
einem spitzen Messer dem oberen Ring entlang
lösen und, solange der Teig noch lauwarm und
geschmeidig ist, die Papierkugel mit grösster
Sorgfalt herausziehen.
(Ein solches Pastetenhaus kann auch beim Bäcker
bestellt werden.)
Übrigens hiess früher der Blätterteig «Spanisch
Teig». Und so wurde er gemacht:

"Spannischen Teig zu machen: Nimme Wasser und
Mehl thuon Saltz erst darin, wan du das Mehl
darin gerüert hast, würcke den Teig, bis er
nicht mehr klebt und Blatteren gibt, alsdan
laß jihn wohl erkuohlen, wige solchen und
wo vill er wigt, so nimm halb so vill Anckhen,
tröhl den Anckhen aus, so dünn als du kannst,
und leg jhne auf halben Theil Teig in 2-3
mahlen. Schlag den anderen halben Theil darüber"
(aus dem "Altdorfer Pasteten-Büchlein").

Das in kleine Würfel geschnittene Fleisch in Butter anbraten. Zwiebel mitdünsten. Mit ½ dl Weisswein ablöschen und 10 Minuten schmoren. Apfel in den Jus reiben. Brät mischen und kleine Kugeln formen, mit Koriander und Majoran würzen und in der Bouillon 10 Minuten ziehen lassen. Für die Sauce Mehl in Butter anziehen lassen, mit Milch und Wein ablöschen. Den Jus des Voressens und die Weinbeeren samt Träsch oder Kirsch beifügen. 20 Minuten köcheln. Die Champignons in Butter dünsten, salzen und pfeffern. Zuletzt Fleisch und Kügeli in die Sauce geben, nochmals erhitzen, würzen, gegebenenfalls mit etwas Rahm oder Bouillon verdünnen. Die Füllung heiss in die Pastete anrichten, geröstete Mandeln darüberstreuen und den Deckel aufsetzen.

Füllung:
250 g Schweinefleisch
250 g Kalbfleisch
Je 150 g Kalbs- und Schweinebrät
3 Essl. Butter
1 gehackte Zwiebel
2 dl Weisswein
1 Apfel
Koriander, Majoran
2 Essl. Mehl
3 dl Milch
50 g Weinbeeren, in
1 Essl. Träsch oder Kirsch eingelegt
250 g Champignons
Salz, Pfeffer, Muskatnuss
Etwas Rahm
Etwa 3 dl Bouillon
1 Essl. gehackte Mandeln

Vom Bärteli-Essen aus (übrigens dürfen an diesem Mahl keine Frauen teilnehmen) schicken die Zünftler ihren Frauen, Kindern und Freunden süsse Nougattafeln, «Krokant» genannt. Wer sie nachbacken will, findet ein Rezept dafür unter «Krokant» (s. S. 174).

«Lieber als Läbchueche wätti
Rächt en ryche Götti.»

Neujahrszüpfen und -weggen

Noch geht das Backen und Schenken weiter bis zum 6. Januar, dem Tag der Heiligen Drei Könige.

Die «Helsete»

Vielerorts auf dem Lande erhielten die Kinder ihr Patengeschenk zu Neujahr in Form von Eierzöpfen, Ringen oder Birnbroten zusammen mit dem Neujahrsbatzen. Dieser Brauch ist vor allem in den Kantonen Aargau und Luzern noch bis in unser Jahrhundert gepflegt worden. Hier war es der «Helsweggen» und dazu ein Batzen.

Aargauer Helsweggen

1 kg Mehl
1 ¼ Teel. Salz
½ Teel. Pfeffer
¼ Teel. Muskatnusspulver
½ Teel. Nelkenpulver
½ Teel. Majoran
1 Teel. Zucker
30 g Hefe
1 dl Milch
4 ½ dl Milch
100 g Butter
1 Teel. Öl
1 Ei
1 Eigelb zum Bestreichen
Butter für das Blech

Mehl, Gewürze und Zucker in eine Schüssel sieben. Hefe mit 1 dl lauwarmer Milch auflösen und zum Mehl geben. Milch, Salz, Butter und Öl auf 36° erhitzen, dann das Ei verquirlt beigeben. Diese Flüssigkeit zur Mehlmischung geben und alles 10 Minuten lang zu einem Teig verkneten. Den Teig in eine Schüssel geben, mit einem Tüchlein zudecken und in einem warmen Zimmer ums Doppelte gehen lassen (50–60 Minuten). Den Teig nochmals durchkneten und zu einem Laib formen. 3- bis 4mal mit einem Messer quer einschneiden. Mit Eigelb bestreichen und auf bebuttertem Blech im nicht vorgeheizten Ofen 50–60 Minuten bei 175–200° backen (der Ofen soll nicht vorgeheizt werden, damit der Weggen langsam aufgehen kann!).

Nach einem ähnlichen Rezept wurden die Süsszöpfe im Zürcher Oberland gebacken.

Süsszöpfe

Für 3 Stück

20 g Hefe
1 Teel. Zucker
½ dl lauwarmes Wasser
400 g Weissmehl
½ Teel. Salz
¼ Teel. Nelkenpulver

Hefe, Zucker und Wasser verrühren. 10 Minuten stehen lassen. Backofen auf 220° vorheizen. Mehl sieben, Salz und alle Gewürze beimischen und zur Hefe geben. Butter im Milchwasser schmelzen lassen. Verquirlte Eier beifügen. Alles 10 Minuten kneten, bis sich der Teig gut von der Schüssel löst. Schüssel mit einem Tüchlein bedekken, den Teig bei Küchentemperatur 30 Minuten aufgehen lassen. Dann in 6 gleich grosse Stücke teilen und spitz auslaufende Rollen formen. Je zwei Rollen kreuzweise aufeinanderlegen und Zöpfe flechten. Die Zöpfe auf ein mit Butter bestrichenes Blech legen und nochmals 30 Minuten gehen lassen. Mit Eigelb bestreichen, 10 Minuten in den Kühlschrank stellen. Im vorgeheizten Backofen bei 220° 10 Minuten und bei 200° 40 Minuten backen. Auf einem Kuchengitter auskühlen lassen.

½ Teel. Zimt
1 Essl. Anispulver
1 Prise weisser Pfeffer
2 Eier
100 g Butter
2 dl lauwarmes Milchwasser (halb Milch, halb Apfelsud)
1 Eigelb zum Bestreichen

Die Berner Züpfe

Am Neujahrstag darf im Bernbiet die Züpfe auf dem Tisch nicht fehlen. Ob der Zopfteig ein Ei enthalten soll oder nicht, darüber streiten sich Hauswirtschaftslehrerinnen, Bäuerinnen und alle anderen, die vom Züpfenbacken etwas verstehen. Die einen sagen, das Ei trockne das Gebäck aus, die anderen finden, dass gerade das Ei der Züpfe die richtige «Chuscht» gebe. Auch über den «Anken» ist man sich nicht ganz einig. Im Emmental gehört eine währschafte Portion hinein, andere sagen, sie würden ja ohnehin Butter draufstreichen, deshalb brauche der Teig nicht soviel. Schliesslich habe ich für dieses Buch ein Rezept aus dem handgeschriebenen Kochbuch meiner Grossmutter ausgewählt mit viel «Anke» und Ei.

Berner Züpfe

Das Mehl in eine grosse, etwas vorgewärmte Schüssel sieben. In der Mitte eine Vertiefung formen und die fein zerbröckelte Hefe hineingeben. Zucker darüberstreuen und eine Tasse lauwarme Milch zugiessen. Mit zwei Fingern rühren, bis sich die Hefe aufgelöst hat, dann mit wenig Mehl zu einem Teiglein vermischen. Die Schüssel zugedeckt 20 Minuten warm stellen, am besten auf einem Stuhl vor der Zentralheizung.

Nach Ablauf dieser Zeit das aufgegangene Vorteiglein mit Mehl zudecken, das Salz über das Mehl streuen, die Butter in Flocken und die Eier verquirlt zugeben. Die restliche lauwarme Milch langsam dazugiessen und alles zu einem festen Teig verarbeiten. Den Teig so lange kneten, bis er glatt ist und sich sauber von der Schüssel löst. Die Schüssel nochmals zudecken und am gleichen warmen Ort 1½ Stunden gehen lassen.

Den Teig in zwei gleiche Teile teilen. Beide Teile zu je einer gleichmässigen, langen Rolle, die an den Enden etwas dünner wird, formen und wälzen. Nun legen wir die beiden Rollen in der Mitte rechtwinklig aufeinander. Wir fassen die beiden Enden der querliegenden – unteren – Rolle links und rechts und legen die rechte Spitze nach links, die linke nach rechts quer über die senkrechte Rolle. Nun fassen wir die senkrechte Rolle und verschränken die beiden Enden auf gleiche Weise: Was oben war, kommt nach unten, was unten war, nach oben. Auf diese Weise abwechselnd beide Rollen verflechten, die Enden schliesslich andrücken.

Den fertigen Zopf auf bebuttertes Blech legen und 10 Minuten an warmem Ort gehen lassen. Dann mit dem mit Salz verquirlten Eigelb bestreichen und 30 Minuten kalt stellen. Bei 200° 40–50 Minuten backen.

1 kg Weissmehl
30 g frische Hefe
1 Essl. Zucker
½ l lauwarme Milch
(maximal 35°)
160 g frische Butter
2 Teel. Salz
2 Eier
1 Eigelb

Zum Bestreichen:
2 Eigelb
1 Prise Salz
Butter für das Blech

Links:
Landestrachten aus
dem Kanton Bern

Dreikönigstag

Und weil wir schon beim Backen sind, sei hier der Dreikönigskuchen vorweggenommen. Im Zusammenhang mit diesem «Bohnenkuchen» gab es früher viele Bräuche im Berner Jura, in Genf und im Wallis, wo er «Gâteau des rois» genannt wird. Im Aargau, in Graubünden, St. Gallen und Luzern musste, wer das Stück mit der Bohne bekam, die Initialen K.M.B. (Kaspar, Melchior, Balthasar) über die Tür schreiben oder Bilder der Drei Könige anheften, um das Haus vor bösen Mächten zu schützen.

Dreikönigskuchen

Für eine Springform von 24 cm Durchmesser

500 g Mehl
20 g Hefe
1 Teel. Zucker
½ Teel. Salz
3 Essl. Zucker
100 g Butter
½ Teel. abgeriebene Zitronenschale
¼ l Milch
1 ½ Eier
75 g Sultaninen
1 schöne, ganze Mandel oder 1 Bohnenkern zum Verstecken
1 Eigelb

Aus den Zutaten nach dem Rezept für Berner Züpfe (s. S. 34) einen Teig zubereiten. Sultaninen und die Mandel oder den Bohnenkern darunterarbeiten. Vom Teig 7–9 Stücke (je nach Grösse) gleichmässig mit den Händen formen und nebeneinander in eine Springform setzen. An warmem Ort stehen lassen und um das Doppelte aufgehen lassen. Dann 1 Stunde in den Kühlschrank stellen. Mit Eigelb bestreichen und im vorgeheizten Backofen bei 200° etwa 45 Minuten backen. Sofort nach dem Backen aus der Form lösen und auf einem Gitter erkalten lassen. Mit einer Krone aus Goldfolie dekorieren.

Allerlei Heilsames für kalte Tage

«Honig auf dem Butterbrot macht die Kinderwangen rot.»

Das sagten unsere Urgrossmütter, als der echte Bienenhonig noch erschwinglich war. Aber um ein einziges Gramm Honig zu produzieren, müssen die Bienen rund 1500 bis 1600 Blüten anfliegen! Wenn die Bienen die Waben gefüllt haben und der Honig die richtige Reife hat, hebt der Imker die Waben, deren volle Zellen durch die Bienen mit Wachs verschlossen wurden, aus dem Kasten und legt den Honig frei. Dann werden die Waben geschleudert und der herausfliessende Honig aufgefangen und gesiebt.
Wenn es so richtig kalt ist oder sich eine Erkältung ankündigt, gibt es nichts Besseres als eine heisse

Honigmilch

Honig in eine Tasse geben, Löffel hineinstellen. Die heisse Milch darübergiessen und rühren, bis sich der Honig ganz aufgelöst hat. Möglichst heiss trinken.
Je nach Gegend gibt man etwas Schnaps hinein.

Für 1 Person

1 Essl. Honig
2 dl Milch
1 «Gutsch» Träsch (nach Belieben)

Zieger mit Honig
(Rezept aus dem Wallis)

Den Zieger mit Honig gut mischen. Am Tisch nach Belieben Nidel darübergiessen.

Für 4 Personen

400 g frischer Zieger (s. S. 67)
6 Essl. Honig
1 dl Nidel (Rahm)

Auch diesem Wein werden heute noch ganz besonders stärkende Eigenschaften zugeschrieben.

Honigwein

1 Liter guter Rotwein
500 g echter Bienenhonig

Wein und Honig in einer Schüssel gut mischen. In Flaschen abfüllen und jeden Tag vor dem Essen ein Likörglas voll davon trinken.

« I' d' Chuchi, giri gitz!
D' Muätter chochet Schnitz.
Han-i-einä wellä
Git-s-mr mit dä Chellä. »

Das Sparen im Januar

Nach den vielen Festtagen mit dem meistens zu üppigen Essen und dem oft geschrumpften Portemonnaie geht es wieder zurück in den Alltag. Das Sparen verstanden alle Hausfrauen in der Schweiz seit Jahrhunderten. In Bergkantonen kannte man nichts anderes, und man kam zurecht mit dem, was man hatte: Milchprodukte, Dörrobst, Kartoffeln und was es sonst noch an unverderblichen Nahrungsmitteln gab. So habe ich für dieses Kapitel Rezepte aus dem Bündnerland, der Innerschweiz und dem Aargau zusammengetragen. Der Aargau ist — obwohl kein Bergkanton — hier mit vertreten, weil die Aargauerinnen von jeher gut mit Kartoffeln, «Schnitz» und Rüebli umzugehen wussten. Aargauerinnen und Luzernerinnen wetteifern jedenfalls im Zubereiten von Schnitz und Kartoffeln.

Der grösste Unterschied scheint darin zu liegen, dass im Aargau gedörrte Apfelschnitze verwendet werden und das Gericht «Schnitz und drunder» heisst, während im Luzernerland die «Schnitz und Häppere» oft auch mit frischen, karamelisierten Birnen gekocht werden. Von den verschiedenen Rezepten meiner Sammlung überschneiden sich alle in der Art der Zubereitung, gleich aus welchem Kanton sie stammen. Gedörrte Äpfel werden auch mit Birnen gemischt, und meistens kommt da und dort Speck mit hinein.

Schnitz und drunder

(100jähriges Rezept aus dem Oberaargau)

Die Zwiebel hacken. Mit feingehacktem Knoblauch in Butter dünsten. Kartoffeln schälen, würfeln und beifügen. Die Äpfel ungeschält vierteln und Kerngehäuse entfernen. Den Speck in Portionen schneiden und beifügen. Gewürze, Bouillon und Wasser zugeben. Alles gut durchrühren und $^1/_2$ Stunde leicht kochen, bis alles sämig ist.

Für 4 Personen

1 Zwiebel
1 Knoblauchzehe
1 Essl. Butter
6–7 grosse Kartoffeln
1 kg süsse Äpfel
750 g magerer Speck
1 Messerspitze Nelkenpulver
1 Prise Bohnenkraut
1–2 dl Bouillon
1 Glas Wasser

Schnitz und drunder

(Aargauer Rezept)

Die Schnitze am Vorabend waschen und in kaltes Wasser legen. Zucker mit Butter in einer Pfanne unter Rühren hellbraun rösten. Die abgetropften Schnitze hineingeben, gut wenden und mit genügend Einweichwasser ablöschen. Den Speck darauflegen. Die Kartoffeln schälen, in Würfel schneiden und beifügen. Salzen und zugedeckt $^3/_4$ Stunden bei kleiner Hitze schmoren lassen.

Für 4 Personen

250 g gedörrte süsse Apfelschnitze
100 g gedörrte Birnen
100 g Zucker
20 g Butter
750 g Dörrspeck
6 grosse Kartoffeln
Salz

Schnitz und Härdöpfel

Für 4 Personen

4 Essl. Zucker
750 g frische Birnen
1 kg Kartoffeln
Salz
2 dl Rahm
2 Essl. Mehl

Zucker braun rösten und mit ½ l Wasser ablöschen. 750 g frische Birnen schälen, in Schnitze teilen und darin weichkochen. Unterdessen die Kartoffeln schälen, in 3 cm grosse Würfel schneiden und in Salzwasser weichkochen. Abgiessen und zu den Birnen geben. Das Mehl mit dem Rahm verrühren und in die Pfanne geben. Gut aufkochen, abschmecken und nachsalzen bzw. nachzuckern.
Mit einer heissen Zungenwurst oder Bratwürsten servieren.

Birästunggis
(Rezept aus dem Kanton Uri)

Für 4 Personen

4 grosse Birnen
6 grosse Kartoffeln
2 Essl. Zucker
Salz
2 grosse Zwiebeln
2 Essl. Butter

Die Birnen schälen, vierteln und das Kerngehäuse entfernen. Die Kartoffeln ebenfalls schälen und in Stücke schneiden. Den Zucker in einer Pfanne hellgelb rösten. Zuerst die Birnenschnitze beifügen, gut wenden, dann Kartoffeln und wenig Salz zugeben. Halbhoch Wasser zugiessen und etwa 30 Minuten kochen, bis die Kartoffeln und Birnen weich sind. Dann abgiessen und mit dem Kartoffelstössel zerstossen. Zwiebeln in Ringe oder Streifen schneiden. In der Butter hellbraun backen. Über den angerichteten Kartoffelbrei verteilen.

Öpfel und Häppere
(Rezept aus St. Urban, Kanton Luzern)

500 g Kartoffeln
1 kg säuerliche Äpfel
Butter für die Form
1 grosse Zwiebel
Butterflocken
Salz, Pfeffer, Majoran
Saft einer Zitrone
2 Essl. Paniermehl
2 Essl. Butter

Kartoffeln in der Schale kochen, schälen und in Scheiben schneiden. Äpfel schälen, das Kerngehäuse entfernen und wie die Kartoffeln in gleich grosse Scheiben schneiden. Die Kartoffeln in eine bebutterte Auflaufform legen. Zwiebeln hacken, in Butter anziehen lassen. Die Kartoffeln mit Salz, Pfeffer und Majoran und der Hälfte der Zwiebeln bestreuen. Als nächstes Äpfel, dann Butterflocken und Zitronensaft, nochmals Zwiebeln und Majoran darübergeben. Mit Paniermehl bestreuen und flüssige Butter darübergiessen. 30 Minuten im Ofen bei 200° überbacken.

Kartoffelpfluten

Kartoffeln in der Schale kochen, noch warm schälen, durch das Passevite treiben und sofort mit der heissgemachten Milch gut schwingen. Mit Salz und Muskatnuss würzen. Etwas abkühlen lassen, dann mit den verquirlten Eiern und dem Mehl zu einer halbfesten Masse mischen, die abgestochen werden kann. Wenn nötig noch etwas Mehl nachgeben. Mit einem kalt abgespülten oder gefetteten Essl. Pfluten abstechen. Portionenweise in leise ziehendes Salzwasser geben. Mit einer Schaumkelle herausnehmen, sobald sie obenauf schwimmen. Gut abgetropft auf eine vorgewärmte Platte legen und warm halten. So fortfahren, bis der ganze Teig aufgebraucht ist. Das Paniermehl in der Butter hellgelb rösten. Über die Pfluten geben. Mit Äpfel- oder Birnenschnitzen und Milchkaffee servieren.

Für 4 Personen

1 kg Kartoffeln
4 dl Milch
Salz, Muskatnuss
2 Eier
3 Essl. Mehl
6 Essl. Paniermehl
70–100 g Butter

Rütli mit Sicht auf den Vierwaldstättersee. Stich von J. Hürlimann nach G. Lory jun.

Festliche Kartoffeltorte

*Für eine Springform von
etwa 26 cm Durchmesser*

*200 g «Gschwellti»
4 Eigelb
200 g Zucker
3 Essl. Milch
2 Essl. Kirsch
150 g geriebene
Haselnüsse
50 g feingehackte
Baumnüsse
Saft und abgeriebene
Schale von ½ Zitrone
4 Essl. Griess oder
Paidol
1 Teel. Backpulver
4–5 Eischnee
Aprikosen- oder
Himbeerkonfitüre
Zuckerglasur oder
Puderzucker
Nusskerne oder
kandierte Früchte*

Eigelb, Milch, Kirsch und Zucker sowie Saft und Schale der Zitrone zu einer Creme rühren. Geschälte, geriebene Kartoffeln, Nüsse, Griess und Backpulver zugeben und gut mischen. Zuletzt die sehr steif geschlagenen Eiweiss darunterziehen. Die Masse in eine bebutterte und bemehlte Springform einfüllen. Im vorgeheizten Ofen auf zweitunterster Rille bei 180° etwa ¾ Stunden backen. Den ausgekühlten Kuchen nach Belieben quer durchschneiden und mit Aprikosen- oder Himbeerkonfitüre füllen. Als Garnitur mit Zuckerglasur bestreichen und mit Nusskernen, Haselnüssen oder kandierten Früchten ausgarnieren. Oder eine Puderzuckergarnitur aufstreuen. Die Oberfläche mit etwas Konfitürensaft bepinseln, damit der Puderzucker besser klebt. Puderzucker in ein feines Teesieb füllen und über den Kuchen stäuben. Die Torte evtl. mit Nusskernen ausgarnieren.

Aargauer Kartoffelwähe

*Für ein Kuchenblech von
24 cm Durchmesser*

*400 g Kuchenteig
200 g Speck
2 mittelgrosse Zwiebeln
6 geschwellte Kartoffeln
vom Vortag
2 Eier
2½ dl Rahm
Salz, Muskatnuss*

Speck in kleine Würfel schneiden. In einer Bratpfanne auslassen. Feingehackte Zwiebel dazugeben. Beides zusammen 10 Minuten dünsten. Die Kartoffeln raffeln und mit Zwiebeln und Speckwürfelchen mischen. Eier und Rahm darunterziehen. Mit Salz und Muskatnuss würzen. Den Teig 3 mm dick auswallen und das mit Butter bestrichene Blech damit auslegen. Mit einer Gabel mehrmals einstechen. Die Füllung darüber verteilen. Bei 220° im vorgeheizten Ofen backen. Die Oberfläche soll schön braun werden.
Man kann der Füllung auch 150 g geriebenen Käse (Greyerzer) und ein wenig Schnittlauch oder gedünsteten Lauch beigeben.

Einige Bündner Kartoffelspeisen, die mit Salat oder «Schnitz» gute Nachtessen abgeben.

Kartoffelchüechli

Die Kartoffeln schälen und raffeln. Mit den verklopften Eiern mischen und mit Salz würzen. So viel Mehl zugeben, bis ein dickflüssiger Teig entsteht. Löffelweise in Butter beidseitig schön braun ausbacken.

Für 4 Personen

7–10 mittelgrosse rohe Kartoffeln
4–5 Eier
Etwas Mehl
1 Teel. Salz
Butter zum Backen

Kartoffelfuchs

Die Kartoffeln mit den Eigelb, Mehl und Milch nach Bedarf zu einem festen Teig rühren. Salz und Zimt beigeben. Mit einem Teel. nussgrosse Stücke abstechen. In Butter goldgelb backen.

Für 4 Personen

6 gekochte Kartoffeln, durchpassiert
3 Eigelb
2 Essl. Mehl
3–4 dl Milch
Salz
½ Teel. Zimt
Butter zum Backen

Kartoffeltätsch

Die Kartoffeln schälen, reiben, in eine Schüssel geben und mit kaltem Wasser bedecken. Über Nacht stehen lassen. Am Morgen durch ein Tuch giessen und das ablaufende Wasser auffangen. Stehen lassen, bis sich das Stärkemehl, das die Kartoffeln über Nacht abgegeben haben, gesetzt hat. Nochmals absieben und diese Kartoffelstärke zu den Kartoffeln geben. Türkenmehl und gewöhnliches Mehl beifügen. Mit halbem Ei und so viel Milch mischen, bis der Teig gut von der Kelle fliesst. Zuletzt die gekochte Kartoffel dazureiben. Die Masse mit Salz würzen. Wie einen gewöhnlichen Tatsch (Omelette) in viel Butter backen.

Für 4 Personen

4–5 rohe Kartoffeln
2 Essl. Türkenmehl (Maismehl)
2 Essl. Mehl
½ Ei
Etwas Milch
1 gekochte Kartoffel
Salz
Butter zum Backen

Ein paar originelle Innerschweizer Kartoffelrezepte, die man viel zu wenig kennt.

Suuri Gummeli

Für 4 Personen

1 grosse Zwiebel
2 Essl. Butter
1 kg Kartoffeln
½ l Bouillon
Salz, Pfeffer, Muskatnuss
1 Lorbeerblatt
2–3 Essl. Rahm (nach Belieben)
1 ½ Essl. Mehl
1 Essl. Essig
1 Essl. gehackte Kräuter (Petersilie, Schnittlauch, Majoran)

Die feingehackte Zwiebel in Butter leicht anziehen lassen. Die in 3 mm dicke Scheiben geschnittenen Kartoffeln zugeben. Mit Bouillon ablöschen, Salz, Pfeffer, Muskatnuss und Lorbeerblatt zugeben und 10–15 Minuten kochen. Lorbeerblatt entfernen, Rahm und Mehl gut verrühren. Zu den Kartoffeln geben, sobald sie knapp weich sind. Sorgfältig umrühren, einen Schuss Essig zugeben und nach Bedarf nachwürzen. Die Kartoffeln dürfen nicht zerfallen. Die Sauce auf kleinem Feuer eindicken lassen. Nach dem Anrichten mit den frischen Kräutern bestreuen.

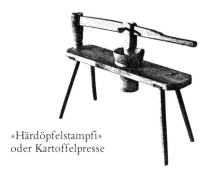

«Härdöpfelstampfi» oder Kartoffelpresse

Einfacher Zuger Ofenguck

Für 4 Personen

800 g Kartoffeln
1 Eigelb
1 dl Milch oder Rahm
Salz, Muskatnuss
150 g Speck, geräuchert
100 g geriebener Käse (fett)
30 g Butter

Die Kartoffeln in der Schale kochen, noch heiss schälen und durchs Passevite treiben. Eigelb beifügen sowie Milch oder Rahm, würzen und gut verrühren. Die Masse in eine bebutterte Gratinform füllen und glattstreichen. Mit einem Löffel Höhlungen eindrücken und diese mit Speckwürfeln und dem geriebenen Käse füllen. Butterflocken darüberstreuen und im Ofen gratinieren, bis die Oberfläche goldgelb ist.

Nidwaldner Ofetori

Lauwarme, flüssige Butter, verquirltes Ei, geriebenen Käse und nach Belieben Muskatnuss unter den Kartoffelstock mischen. Eine Gratinform gut ausbuttern, die Kartoffelmasse hineingeben und mit einem Spachtel oder Messer leicht gewölbt formen und glattstreichen. Magerspeck in kleine Stäbchen schneiden und in die Oberfläche des Kartoffelstockes stecken. Im vorgeheizten Backofen bei 220° 15 Minuten überbacken. Einige Butterflocken auf dem Gratin verteilen, damit die Oberfläche braun wird, und nochmals 10–15 Minuten in den Ofen schieben.
Mit viel Salat und Most («Ghürotnigs») servieren. Dann zum Dessert Apfelschnitzli mit Rosinen und Zimt.
«Ghürotnigs» besteht zu gleichen Teilen aus Süssmost und gegärtem Most.

Für 4 Personen
4 Portionen fester Kartoffelstock
30 g Butter
1 Ei
3 Essl. geriebener Sbrinz
Muskatnuss
200 g Magerspeck
Butter für die Form
Butterflocken

Ofenguck mit Eiern

Wie beim vorigen Rezept aus Kartoffeln, Eigelb, Milch oder Rahm und den Gewürzen die Kartoffelmasse bereiten. Die Butter daruntermischen. Die leicht geschlagenen Eiweiss und die Hälfte der Schinkenwürfeli darunterziehen. Die Ofenguckmasse bergartig in eine bebutterte Auflaufform füllen, mit den restlichen Schinkenwürfeli bestreuen und evtl. mit den Speckstäbchen spikken. Mit einem nassen Esslöffel 4 Vertiefungen in die Masse drücken, je ein ganzes Eigelb vorsichtig hineingeben und Pfeffer darübermahlen. Den Ofenguck mit dem Sbrinz bestreuen und im vorgeheizten Ofen bei 220° etwa 10–15 Minuten gratinieren. Die Eigelb sollen inwendig noch leicht flüssig sein.

Für 4 Personen
800 g Kartoffeln
1 Eigelb
1 dl Milch oder Rahm
Salz, Muskatnuss
30 g Butter
4 Eier
100–200 g Schinkenwürfeli
80–100 g in Stäbchen geschnittener Speck
2–3 Essl. geriebener Sbrinz
Butter für die Form

Meientaler Härdöpfel

Die Kartoffeln in der Schale kochen, noch warm schälen. Durch das Passevite treiben oder mit dem Kartoffelstössel zerstossen. Den Käse raffeln. Etwas Butter in die Bratpfanne geben. Die Kartof-

Für 4 Personen
1 kg Kartoffeln
100 g Urner Bergkäse

1 Stück frische Butter
Salz
2 dl Rahm

feln mit dem Käse vermischen und mit Salz würzen. In die heisse Butter geben, gut rühren und, sobald der Käse flüssig wird, den Rahm beifügen. Das Ganze mit der Bratschaufel zu einem Kuchen drücken. Zugedeckt braten, bis auf der Unterseite eine braune Kruste entstanden ist.

Härpfilreschti
(Härdöpfelrösti)

Für 4 Personen

750 g Kartoffeln, in der Schale gekocht (vom Vortag)
1 grosse Zwiebel
2 Essl. Butter
Salz, Muskatnuss
½ Tasse Milchkaffee

Die Kartoffeln schälen und dünn scheibeln. Zwiebel hacken und in der Butter 4–5 Minuten anziehen lassen. Kartoffeln beifügen, gut wenden und mit Salz und Muskatnuss würzen. Den Milchkaffee darüber verteilen. Braten lassen, bis sich auf der Unterseite eine leichte Kruste bildet. Im Originalrezept wird noch etwas Mehl zugegeben; ich habe es aber weggelassen.
Bei einer Urner «Kafi»-Variante werden noch 200 g gescheibelter Käse beigemischt, das Ganze mit einem Deckel zugedeckt und 20–30 Minuten zu einer Rösti gebacken.

Walliser Käsekartoffeln

Für 4 Personen

1 grosse Zwiebel
2 Essl. Butter
6 Kartoffeln, in der Schale gekocht (vom Vortag)
2 ½ dl Weisswein
1 Teel. Mehl
Salz, Muskatnuss
150 g Raclettekäse

Zwiebel hacken, in Butter 2–3 Minuten anziehen lassen. Die Kartoffeln schälen, in Würfel schneiden und zur Zwiebel geben. 2–3 Minuten mitbraten, dann die Hälfte des Weines beifügen und alles zugedeckt 20 Minuten auf kleinem Feuer kochen. Restlichen Wein mit Mehl gut verrühren. Zu den Kartoffeln geben, wenden und mit Salz und Muskatnuss würzen. Den Käse in sehr dünne Scheiben schneiden, auf die Kartoffeln geben, zugedeckt schmelzen lassen. Man kann die Kartoffeln auch in eine mit Knoblauch beträufelte Auflaufform geben und gratinieren. Der Käse darf aber keine Farbe annehmen und soll nur verfliessen. In diesem Fall mit Pfeffer würzen.

Und nun noch drei Spezialitäten aus dem Aargau. Zuerst ein ausgezeichnetes Knöpflirezept, das allerdings etwas üppig ist. Man darf aber bei der Zubereitung an Butter nicht sparen, sonst schmeckt das Gericht lange nicht so gut. Das Originalrezept schreibt Mehl vor, man kann es aber weglassen, falls der Kartoffelstock fest genug ist.

Aargauer Härdöpfel-Chnöpfli

Den heissen Kartoffelstock eventuell mit Mehl vermischen. Er soll so fest sein, dass man ihn anschliessend zu Knöpfli formen kann. Die Zwiebeln in Ringe oder Streifen schneiden. In Öl oder eingesottener Butter schwimmend ausbacken. Zum Abtropfen und Trocknen auf ein Küchenpapier legen. Einen Teelöffel in kalte Milch tauchen, aus der Kartoffelmasse nussgrosse Knöpfli abstechen und auf eine vorgewärmte Platte geben. Die Knöpfli wenn nötig im Ofen kurz wieder erwärmen. Butter auslassen, hellbraun werden lassen, über die Knöpfli geben. Die gebackenen Zwiebeln darüber verteilen.

Für 4 Personen

4 Portionen festen Kartoffelstock
2 Essl. Mehl (nach Belieben)
3 grosse Zwiebeln
Öl oder eingesottene Butter zum Ausbacken der Zwiebeln
1 Tasse kalte Milch (etwa 2 dl)
5 Essl. Butter

Das Sonntagsessen von anno dazumal: Braten und Rüebli an einer Bouillonsauce, die so fein nach Butter schmeckte.

Rüebli mit Speck

Die Rüebli schälen und in kleinfingerdicke Stäbchen schneiden. Den Speck ganz fein scheibeln. Die Butter erhitzen, zuerst den Speck darin anziehen lassen, dann die Zwiebeln 2–3 Minuten mitdünsten. Zucker und Rüebli beifügen, mit Bouillon ablöschen und 20–30 Minuten zugedeckt kochen. Mehl und Butter zu einer Kugel verarbei-

Für 4 Personen

1 kg Rüebli
1 Zwiebel, gehackt
75 g magerer Speck
½ Teel. Zucker
2 Essl. eingesottene Butter oder Butterfett

5 dl Bouillon
1 Essl. Mehl
1 Essl. Butter
½ Teel. Essig
Salz, Pfeffer,
Muskatnuss

ten, diese im Rüeblisud auflösen und 2–3 Minuten köcheln lassen. Mit Essig, Salz und Pfeffer abschmecken.

Und hier die beste Rüeblitorte:

Aargauer Rüeblitorte

Für eine Springform von 24 cm Durchmesser

*5 Eigelb
300 g Zucker
1 Essl. geriebene Zitronenschale
300 g Mandeln, gerieben
300 g Rüebli
4 Essl. Mehl oder Maizena
½ Teel. Zimtpulver
1 Prise Nelkenpulver
1 Teel. Backpulver
1 Prise Salz
5 Eiweiss
3 Essl. Aprikosenkonfitüre
2 Essl. Kirsch oder Rum (nach Belieben) oder 2 Essl. Zitronensaft*

*Glasur:
150 g Puderzucker
½ Eiweiss
2 Essl. Zitronensaft oder Kirsch*

Eigelb, Zitronenschale und Zucker zu einer sämigen Creme schlagen. Rüebli schälen, auf der Gemüsereibe fein raffeln. Sofort mit den Mandeln unter die Eicreme ziehen. Mehl oder Maizena mit Zimt, Nelkenpulver, Backpulver und Salz dazumischen. Kirsch oder Rum beifügen. Steifgeschlagene Eiweiss darunterziehen.
In Springform einfüllen. 60 Minuten bei 190° backen. Tortenoberfläche, solange sie noch lauwarm ist, mit Konfitüre bestreichen. Zutaten für die Glasur mischen. Über die Torte giessen, mit kreisförmigen Bewegungen verteilen. Auch Ränder mit Glasur überziehen. (Die Glasur kann auch weggelassen werden – Torte nach dem Erkalten nur mit Puderzucker bestreuen.)

Aber auch im «Chelleland» (Zürcher Oberland) verstand man sich aufs Sparen. Die Ess- und Trinkgewohnheiten dieser Gegend waren einfach, bäuerlich, die Mahlzeiten bescheiden, ja spartanisch. Es gab keine Vorschriften über die Speisefolge. Die «prötleten Härdöpfel» kamen oft schon zum Zmorge auf den Tisch, jeder bediente sich mit dem Löffel aus der gemeinsamen Schüssel und tauchte ihn samt Inhalt in den Milchkaffee. Dieser wurde übrigens sehr bald nach seiner Einführung in unseren Breiten zum Lieblingsgetränk der Schweizer. «Am Morgen gab es Brotbrocken mit Milchkaffee und am Abend zur Abwechslung Milchkaffee mit Brotbrocken», heisst es in einem alten Buch. Älter als der Milchkaffee ist aber die

Milchsuppe
(Rezept aus dem Zürcher Oberland)

Die kochende Milch über das Brot giessen, würzen und die Schüssel eine Viertelstunde an die Wärme stellen.

Altbackenes, fein geschnittenes Hausbrot
Ein schwacher Schoppen gute Milch
Salz und Pfeffer

Ein altes Rezept, das früher im Ofenrohr fertiggegart wurde

Tösstaler Haferrösti

Die Hafergrütze auf kleinem Feuer in der Butter hellgelb rösten. Salz und Rahm beifügen und bei kleiner Hitze rühren, bis der Brei gar ist. Er sollte aber nicht kochen. Von der Herdplatte nehmen, mit einem gut schliessenden Deckel und eventuell einem dicken Tuch bedecken oder im Backofen bei 50° 10 Minuten aufquellen lassen. Eventuell mit etwas heisser Milch am Tisch verdünnen. Milchkaffee und Brot dazu servieren.

Für 4 Personen

200 g Hafergrütze
2 Essl. Butter
½ Teel. Salz
2 dl Rahm

Brotauflauf

(Rezept aus Zürich)

Für 4 Personen

300 g altes Brot
6 dl Milch
200 g Magerspeck
300 g Emmentaler in Scheiben
2 dl Milch, Salz, Muskatnuss Maggi-Würze

Brot in kleine Würfel schneiden und mit der heissen Milch übergiessen. 15 Minuten zugedeckt stehen lassen. Speck in kleine Würfel schneiden und glasig braten.
Das Brot lagenweise mit Käse und Speck in eine bebutterte Auflaufform füllen, zuoberst Käse. Die 2 dl gut gewürzte Milch darübergiessen und den Auflauf im vorgeheizten Ofen bei mittlerer Hitze etwa 50 Minuten backen.

Früher ass man vielfach Suppe und Gemüse aus der gemeinsamen Schüssel, und meist kam nur sonntags ein Stück Fleisch auf den Tisch. Als kulinarischen Höhepunkt gab es manchmal einen «Sunntigsbroote mit prötlete Härdöpfel», dazu im Sommer vielleicht «Boverli» (s. S. 49), Nüsslisalat oder «Öpfelschnitz» (s. S. 49) aus den Äpfeln im Keller.

Tösstaler Sunntigsbroote

Für 6 Personen

1 kg magerer Schweinshals oder Kotelettstück
Salz, Pfeffer, Majoran, Thymian
4 Essl. Senf
4 Essl. eingesottene Butter
3 dl saurer Most (Sauergrauech) oder Weisswein
2 dl Bouillon
5 Rüebli, grob geschnitten
2 Zwiebeln, grob geschnitten

Fleisch mit Pfeffer bestreuen und mit Senf einstreichen. 2 Essl. Butter in einen Bräter geben. Im Backofen erhitzen. Fleisch zugeben und bei 240° allseitig gut anbraten. Salz, Majoran, Thymian und sauren Most oder Weisswein beifügen. Hitze

auf 200° reduzieren. Fleisch immer wieder begiessen. Bouillon nach Bedarf nach und nach zufügen. Nach einer Stunde Rüebli und Zwiebeln zugeben. Weitere 20 Minuten schmoren lassen. Kartoffeln schälen, in Stücke schneiden, halbweich kochen (neue Kartoffeln nicht schälen, nur gut bürsten). In der restlichen Butter goldgelb braten. Fünf Minuten vor dem Anrichten zum Fleisch geben und mit dem Bratenfond begiessen.

1 kg Kartoffeln (wenn möglich neue)

Boverli kommt von «pois verts», der französischen Bezeichnung für grüne Erbsen.

Boverli
(Grüne Erbsen nach Zürcher Oberländer Art)

Speck in sehr kleine Würfelchen schneiden und in einer Pfanne auslassen, bis «Greuben» entstehen. Erbsli zugeben und 1–2 Minuten mitdünsten. Eine Tasse Wasser beifügen. Mit Salz und Pfeffer würzen. 15–20 Minuten kochen. Butter in einer kleinen Bratpfanne schmelzen lassen. «Brösmeli» zugeben, unter Rühren rösten und über die Boverli verteilen.

Für 4 Personen

50 g Speck
400 g grüne Erbsen
2 Essl. «Brösmeli» (geriebenes Brot)
1 Essl. Butter

Öpfelstückli nach Zürcher Oberländer Art

Äpfel waschen, mit Küchenpapier trocknen und ungeschält in 4–6 Schnitze schneiden. Kerngehäuse entfernen. Zucker mit Butter in eine Bratpfanne geben. Unter stetem Rühren hellbraun werden lassen. Apfelschnitze zugeben. Unter Rütteln auf kleinem Feuer dünsten, bis der braune Zucker daran hängen bleibt. Süssmost, Zimtstengel und Zitronenscheiben beifügen. Gut mischen, bis sich der Zucker aufgelöst hat. Pfanne mit schwerem Deckel zudecken. Apfelschnitze langsam auf kleinem Feuer garschmoren. Man kann auch Sultaninen oder Rosinen mitkochen. Lauwarm servieren.

Für 4 Personen

750 g Usteröpfel
1 Teel. Butter
3 Essl. Zucker
1 dl Süssmost
1 Zimtstengel
2 dünne Zitronenscheiben
50 g Sultaninen oder Rosinen (nach Belieben)

Im Rheintal, im Kanton Glarus und zum Teil auch in der Innerschweiz kocht man auch heute noch gerne Maisgerichte. Hier ein Türkenribel mit Kartoffeln, oft auch Türkenmaluns genannt, und eine Variante mit Speck und Zwiebeln.

Türkenribel

Für 4 Personen

350 g Türkenmehl (feines Maisgriess)
3 dl Wasser
1 Teel. Salz
2 geschwellte Kartoffeln, vom Vortag
3 Essl. eingesottene Butter
50 g frische Butter

Das Türkenmehl in eine Schüssel geben. Mit kochendem Salzwasser übergiessen und 2 Stunden stehen lassen. Die Kartoffeln schälen und fein raffeln. Mit dem abgegossenen Maisgriess gut vermischen. Die eingesottene Butter in eine grosse Bratpfanne geben und erhitzen. Die Masse hineingeben und auf schwachem Feuer ständig wenden, bis sich kleine Knollen bilden. Die Zubereitung erfordert ziemlich viel Geduld, denn nur durch regelmässiges Braten gelingt dieses Gericht. Vor dem Anrichten die frische Butter in Flocken darübergeben. Sobald sie zergangen ist, anrichten und mit Salat oder Schnitzli servieren.

Türkenribel mit Speck

200 g Maismehl
150 g Weissmehl
Salz, Muskatnuss
4 Essl. eingesottene Butter
3–4 Essl. Milch
100 g Speckwürfelchen
2 grosse Zwiebeln

Mais- und Weissmehl in eine Schüssel geben, mischen und mit leicht gesalzenem, siedendem Wasser übergiessen. 2–3 Stunden stehen lassen. 2 Essl. Butter in einer grossen Bratpfanne erhitzen. Das Mehl (Flüssigkeit abgiessen) hineingeben und unter ständigem Wenden sorgfältig braten, bis sich kleine braune Klümpchen bilden. Ab und zu etwas Milch beifügen. Die Speckwürfelchen in einer zweiten Bratpfanne auslassen. Die Grieben aus der Pfanne nehmen, restliche Butter zufügen und die in Ringe geschnittenen Zwiebeln darin goldbraun braten. Speckwürfel wieder zufügen und erwärmen. Beides über den Türkenribel anrichten.
Nach einem Schwyzer Familienrezept wird dieses Gericht mit Milchkaffee und Rahm zubereitet. Speck und Zwiebeln werden weggelassen.

Wirtshausszene. Radierung von M. Pfenninger (Graveur)

Der «Spinnet» im Emmental

In alten Zeiten pflegten die Bäuerinnen an langen Winterabenden zusammenzukommen, um gemeinsam an ihren Spinnrädern die Vorräte an Flachs und Hanf zu spinnen. Dabei wurde mit Speis und Trank nicht gegeizt; man wollte zeigen, «dass man es hatte».

Emmentaler Gastlichkeit war damals schon Ehrensache – «Puntenööri» (Point d'honneur), wie man so sagte. Gleich am Anfang des Abends wurden Berge von «Chüechli» und Wein aufgetischt, und bald ging es fidel zu. Später wurde dieser Brauch ins Wirtshaus verlegt. Auch heute noch treffen sich die Bäuerinnen in den schönen alten Gasthöfen, z. B. im ältesten «Löwen» der Schweiz in Heimiswil, allerdings bereits am Nachmittag. Um den werkgewohnten Händen anstelle des Spinnrades eine Beschäftigung zu geben, bringen die Bauersfrauen anstelle des Spinnrades eine «Lismete» mit. Wie früher gibt es zuerst einen Teller (heute aus Karton zum Mitnehmen!) mit Rosenchüechli, Schenkeli, Schlüferli, Strübli und Bretzeli (s. S. 54), dazu Wein. Es wird gesungen und getanzt, und später, wenn auch die Männer eintreffen, geniesst man noch ein richtiges «Möhli» mit Hamme oder feinen Milkenpastetli, Härdöpfelsalat und der traditionellen «Bärner Züpfe».
Die hier aufgezählten «Chüechli» sind zum Teil in anderen Kantonen, wo die Fasnacht während der Reformation nicht verboten wurde, als «Fasnachts-» oder «Chilbichüechli» bekannt. Die folgenden Emmentaler Rezepte sind aber immer noch so gut, dass ich sie im Zusammenhang mit dem «Spinnet» aufschreiben möchte.

Rosenchüechli

Butter und Zucker schaumig rühren. Salz, Eigelb und Kirsch beifügen. Gesiebtes Mehl und Milch zugeben und rasch zu einem gleichmässigen Teig rühren. Unmittelbar vor dem Backen die steifgeschlagenen Eiweiss unter den Teig ziehen. Das Fritüre-Öl auf 190° erhitzen. Das Eisen im Öl erwärmen, dann so in den Teig tauchen, dass dieser nicht über dem Eisen zusammenfliesst. Die Küchlein schwimmend ausbacken, vom Eisen abstossen und auf Küchenpapier abtropfen lassen.
Die Küchlein nach dem Erkalten mit Puderzucker bestreuen.

100 g Butter
50 g Zucker
½ Teel. Salz
5 Eigelb
1 Essl. Kirsch
450 g Mehl
5 dl lauwarme Milch
5 Eiweiss
Öl für die Fritüre
Puderzucker zum Bestreuen
Rosenchüechli-Eisen

Rosenchüechlieisen und Wallholz

Schenkeli

Butter, Zucker und Eier schaumig rühren. Kirsch, Rahm, Salz und Zitronenschale beifügen. Das Mehl sieben und nach und nach darunterrühren, bis ein fester Teig entsteht, der geformt werden kann. Den Teig über Nacht kühl stellen. Fingerlange Röllchen drehen und diese beidseitig wie eine Zigarre zuspitzen. Die Schenkeli langsam im mittelheissen Öl oder Fett (etwa 170°) schwimmend goldbraun ausbacken. Die Schenkeli dürfen nicht zu schnell braun werden, weil sie innen durchgebacken werden müssen! Sie dürfen leicht aufspringen.
Man kann aus dem Teig auch kleine Kugeln formen.

100 g Butter
250 g Zucker
4 Eier
2 Essl. Haushalt- oder Sauerrahm
1 Prise Salz
1 Essl. Kirsch
1 Teel. abgeriebene Zitronenschale
250–280 g Mehl
Öl oder Butterfett zum Ausbacken

Schlüferli

2 Eier
100 g Zucker
80 g Butter
1 Essl. Kirsch
3 Essl. Haushaltrahm
oder Rahm
1 Teel. abgeriebene
Zitronenschale
300 g Mehl
1 Prise Salz
½ Teel. Zimtpulver
Öl oder Butterfett zum
Backen

Eier und Zucker zu einer weisslichen Creme schlagen. Die lauwarme geschmolzene Butter, den Kirsch, den Rahm und die Zitronenschale beifügen. Mehl, Salz und Zimtpulver mischen, sieben und mit der Eiercreme zu einem festen Teig verarbeiten, der sich auswallen lässt. Je nach Qualität des Mehles braucht es etwas mehr oder weniger dazu.
Den Teig ½ cm dick auswallen. Mit dem Teigrädli 3 cm breite Streifen schneiden. In etwa 10 cm lange Stücke teilen. In der Mitte jedes Rechteckes einen Einschnitt machen und das eine Ende durchziehen. Bei etwa 190° schön goldgelb ausbacken.

Strübli sind besonders lustige Küchlein, schon wegen ihrer Form. Sie verdanken diese dem Trichter, durch den der Teig in das heisse Öl läuft. Für den Teig gibt es unzählige Varianten, mit viel oder wenig Eiern, mit Milch, Weisswein, Rahm oder einer Mischung derselben angerührt. Hier ein altes Rezept aus dem Emmental.

Strübli

2 ½ dl Milch
1 Teel. Salz
1 Stück frische Butter
(etwa 30 g)
250 g Mehl
2 Essl. Weisswein
3 Eigelb
3 Eiweiss
Öl oder Butterfett zum
Backen
Zimtzucker aus 4 Essl.
Zucker und 1 Teel.
Zimt

Milch mit Salz aufkochen. Die Butter darin schmelzen lassen. Das Mehl sieben, in die Milch einrühren. Weisswein beigeben. Ein Eigelb nach dem andern darin verklopfen. Die Eiweiss steifschlagen, den Teig daraufgiessen und beides sorgfältig vermengen. Den Teig mit der Schöpfkelle portionenweise durch einen Trichter in das heisse Öl geben, den Trichter dabei spiralförmig drehen, so dass schneckenförmige Gebilde entstehen. Die Strübli hellgelb backen, gut abtropfen und warm servieren. Nach Belieben mit Zucker oder Zimtzucker bestreuen. Die Strübli schmecken warm am besten.

St.-Peters-Insel im Bielersee. Gemälde von D. Lafon

Der «Treberwurstfrass»

Ein über hundertjähriger Brauch, der in Ligerz am Bielersee in den Restaurants und auch im Keller der Schnapsbrennerei dieses Dorfes weiterlebt. Wenn früher in den kalten Wintermonaten die Kamine der Scheunen bei den Winzerhäusern zu rauchen begannen, wusste jeder, dass die Winzer nun mit dem Brennen des Marc beschäftigt waren. Damals verfügte fast jeder Winzer über seine eigene Schnapsbrennerei.

Die Weinbauern, die meistens noch Selbstversorgung betrieben und natürlich auch ein oder mehrere Schweine hatten, benützten gleich die Gelegenheit, ihre Würste im Brennhafen zu kochen. Das Ergebnis war eine exquisite Spezialität, die «Treberwurst». Heute wird sie als Attraktion im Marc gekocht, allerdings kommen die «Saucissons» dazu direkt aus dem Waadtland, und es gibt nur noch eine Schnapsbrennerei im Dorf.

Der Brauch der «Mangeailles du saucisson au marc» findet von Dezember bis Februar statt; man serviert herrliches Brot und Kabissalat dazu.

Wer die Treberwurst zu Hause nachkochen will, kann es folgendermassen tun:

Treberwurst nach neuer Art

Für 4 Personen

1 Bratfolie in Schlauchform
1 grosser Saucisson
1 dl Marc

Ein Stück Bratfolie (25 cm länger als die Wurst) abschneiden und ein Ende verschliessen. Den Saucisson mit einer feinen Nadel mehrmals einstechen, in die Folie stecken. Die Folie mit der verschlossenen Seite nach unten in einen mittelgrossen Krug stellen, den Marc zugiessen und die Folie nach Vorschrift verschliessen. Die Folie in eine Auflaufform legen und auf der Oberseite mit einer feinen Nadel 5–6mal einstechen. Auf den zweituntersten Rost des vorgeheizten Backofens geben und je nach Grösse der Wurst 35–40 Minuten bei 160° ziehen lassen. Nach halber Garzeit das Wurstpaket an beiden Enden anfassen und hin und her wiegen, damit der Marc die Wurst überspült. Die Wurst aus der Folie nehmen, aufschneiden und mit dem Saft aus der Folie begiessen. Dazu passt ein bäuerlicher Kabissalat, wie er in dieser Gegend, andernorts im Bernbiet und im Waadtland serviert wird.

Lie oder Weinhefebranntwein (Weindrusen) *wird durch Destillation des Weintrubs gewonnen. Nach der Gärung lagert sich der Weintrub am Boden der Behälter ab. Beim Umfüllen wird er herausgeschöpft und anschliessend destilliert.*

Marc oder Tresterbranntwein entsteht aus der *Destillation vergorener Traubentrester. Wenn die Trauben abgebeert sind, erhält man einen feineren Marc mit viermal weniger Methylalkohol.*

Kabissalat nach Bauernart

Den Kabis mit dem Messer in feine Streifchen schneiden (Strunk entfernen). Die Zwiebel hakken. Den Speck in ganz feine Streifchen schneiden, mit kochendem Wasser überbrühen. Kabis, Zwiebel, Speck und Kümmel ins heisse Öl geben und zugedeckt dämpfen, bis der Kabis halbweich ist (etwa 15–20 Minuten). Essig zufügen und mit Salz und Pfeffer würzen. Lauwarm servieren.
Variante: Man kann den Kabis auch raffeln, kurz überbrühen, abgiessen, mit Essig, Öl, Kümmel und nach Belieben mit gerösteten Speckwürfelchen mischen. Lauwarm oder kalt servieren.

Für 4 Personen

1 kleiner Weisskabis
1 Zwiebel
50 g Speck
1 Teel. Kümmel
Salz, Pfeffer
4 Essl. Öl
1 Essl. Essig

Im Januar schätzt man währschafte Kost aus Hülsenfrüchten

Ein altes, ausgezeichnetes Gericht, dessen Geheimnisse ich den Nachfahren der Frau Stadtschreiber Krell entlocken konnte. Noch heute kocht es der Urenkel für seine Freunde. Die Zubereitung lohnt sich nur für eine grössere Tischrunde. Die dazu benötigten Borlotti-Bohnen und die Tomaten sollen von «ennet» dem Gotthard nach Luzern gekommen sein!

Luzerner «Tuusig-Bohne-Ragout»

Die Hülsenfrüchte über Nacht gesondert einweichen. Zwiebeln hacken, in fünf Portionen teilen und jede Sorte der gut abgetropften Hülsenfrüchte mit Zwiebeln im Schweinefett anziehen lassen. Dann die Linsen mit dem Lammfleisch,

Für 10–12 Personen

200 g Linsen
200 g Borlotti-Bohnen
200 g weisse Bohnen

200 g getrocknete gelbe Erbsen
200 g getrocknete grüne Erbsen
4 Zwiebeln
4 Essl. Schweinefett
1 kg Lammfleisch, mit Fett
1 Schweinsfuss
1 Kalbsfuss
2 Markbeine
500 g geräucherter Speck
500 g grüner Speck
1 Entlebucher Rauchwurst*)
2 l Bouillon
Salz, Pfeffer
1 kg Kartoffeln
2 Tomaten
1 Büschel Petersilie
6 Scheiben Weissbrot
4 Essl. eingesottene Butter

die Borlotti mit dem Schweinsfuss, die weissen Bohnen mit dem Kalbsfuss und den Markbeinen, die grünen Erbsen mit dem geräucherten und dem grünen Speck und die gelben Erbsen mit einer Entlebucher Rauchwurst weichkochen (2–2½ Stunden). In jeden Topf genügend Bouillon geben und mit Salz und Pfeffer würzen. Eventuell im Verlaufe der Kochzeit Flüssigkeit nachgiessen.

Inzwischen die Kartoffeln schälen, klein würfeln und ebenfalls weichkochen. Die Tomaten kleinschneiden, in wenig Butter anziehen lassen und beiseite stellen. Das Brot würfeln und in der restlichen Butter hellbraun rösten. Die Petersilie drei bis viermal schneiden (nicht hacken).

Fleisch, Wurst, Schweins- und Kalbsfuss aus den Töpfen nehmen, sobald sie weich sind, und in sehr kleine Würfelchen schneiden. Das Mark aus dem Knochen herausholen.

Alle Hülsenfrüchte mischen. Kartoffeln, Tomaten, Petersilie, Fleischwürfelchen und Mark zugeben. Nochmals erhitzen, anrichten und mit den Brotwürfelchen bestreuen.

*) Entlebucher Rauchwürste sind in der Metzgerei Felder in Entlebuch erhältlich.

> «Hüt isch üsi Fisi-Fasinacht,
> Heit ihr mir au es Chüechli gmacht?
> Es Chüechli wie ne Chueche,
> So lat mi au versueche!»

Fasnachtschüechli

Zur fröhlichen Stimmung der Fasnacht gehören gebackene Küchlein. Jeder von uns kennt die zartschmelzenden und zerbrechlichen «Hasenöhrli» oder «Chneublätz», wie sie in der Innerschweiz genannt werden (vom Knie, über das man die Teigblätze dünn auseinanderzieht, bevor sie ausgebacken werden). In kinderreichen Familien pflegte man diese Küchlein in so grossen Mengen zu backen, dass man sie in Wäschekörben auftürmte. Diese flachen, freundlich gewellten, goldgelben Fastnachtsküchlein (so heissen sie — nebenbei gesagt — in Zürich) werden zuweilen auch in Form eines Strausses gebacken, dann nennt man sie «Chüechlimeia», zum Beispiel im Taminatal. Früher beschenkten sich Burschen und Mädchen damit, oder die Mädchen luden ihren «Schatz» zum Chüechli-Essen ein. Das «Küchleinheischen» herumziehender Kinder und Armer war vielerorts Brauch. Ausser diesen «Chneublätz» gibt es noch andere Fasnachtschüechli. Jeder «Fasnachtskanton» hat seine Chüechli.

Chneublätze

2 Eier
4 Essl. Rahm
1 Prise Salz
2 Essl. Zucker
250–300 g Mehl
1 Essl. Butter
Puderzucker zum Bestreuen
Öl für die Fritüre

Eier, Salz, Zucker und Rahm zusammen gut verklopfen. Das Mehl und die Butterflöckchen beifügen und den Teig, wenn möglich auf einem Brett, gut verkneten. Er muss glatt sein und Blasen werfen. Je nach Qualität der Eier braucht man etwas mehr oder weniger Mehl. Der Teig muss so zart sein, dass er sich gut ausziehen lässt. Nach dem Kneten 30 Minuten bei Küchentemperatur ruhen lassen. In pflaumengrosse Stücke schneiden, papierdünn auswallen und über das Knie, das man mit einem Küchentuch bedeckt, ausziehen. Die ausgewallten Teigstücke auf Küchenpapier legen, trocknen lassen und anschliessend bei etwa 170° schwimmend backen, bis sie goldgelb sind. Die «Chneublätz» sind in ausgewalltem Zustand grösser als die Fritürepfanne. Zum Zusammenstossen in der Pfanne und zum Wenden verwendet man am besten zwei Holzkellenstiele. Nach dem Backen auf Küchenpapier abtropfen lassen und nach dem Erkalten mit Puderzucker bestreuen. Trocken aufbewahren.

Hasenöhrli

75 g Butter
150 g Zucker
Etwas Salz
2 Eier
Abgeriebene Zitronenschale
1 dl Rahm
2 Essl. Kirsch oder Rum
400 g Mehl
Eingesottene Butter oder Öl zum Backen

Butter schaumig rühren. Zucker, Salz und Eier wechselweise dazurühren. Abgeriebene Zitronenschale beigeben. Rahm und Kirsch nacheinander in die Masse rühren, das gesiebte Mehl dazumischen. Teig 1–2 Stunden ruhen lassen. Danach knapp ½ cm dick auswallen und verschobene, etwa 10 cm lange Vierecke ausschneiden. Jedes Teigstück in der Mitte längs einschneiden und einen Zipfel des Vierecks durch die Öffnung ziehen. So entstehen die Hasenöhrli. In der heissen Butter oder im Öl beidseitig etwa 5 Minuten fritieren. Gut abtropfen lassen.

Aus ähnlichem Teig werden auch die Fasnachtsschüsseli, die man in Dreieckform ausrädelt, und die Fasnachtsringli, die man in Rondellen mit einem Loch in der Mitte aussticht, zubereitet.

Ein Rezept aus Baden von 1898. Diese «verbrühten Kugeln» wurden damals im Hotel «Adler» serviert.

Verbrühte Kugeln

Die Milch mit Salz, Zucker und Butter aufkochen. Das Mehl im Sturz beigeben, sofort vom Feuer nehmen und tüchtig rühren, bis der Teig schön glatt ist und er die grösste Hitze verloren hat. Dann ein Ei nach dem andern zugeben. Unter den Teig klopfen, bis dieser schön glänzt. 30 Minuten ruhen lassen. Backfett erhitzen. Einen Esslöffel in das heisse Fett tauchen und damit kleine Kugeln aus dem Teig stechen. Schön goldgelb im nicht zu heissen Fett ausbacken. Die Kugeln heiss mit Zimtzucker bestreuen. Kann auch als Dessert mit Vanillecreme serviert werden.

3 dl Milch
1 Prise Salz
80 g Zucker
50 g frische Butter
250 g Weissmehl
4 Eier
4 Essl. Zucker und
1/2 Teel. Zimt, gemischt
Backfett zum Fritieren

Mein liebstes Fasnachtsgebäck sind die Tabakrollen. Man findet sie ab und zu in Zürich während der Fasnacht.

Tabakrollen

Zucker, Mandeln, Mehl und Salz mischen. Die in Flocken geschnittene Butter, Weisswein und Rahm zugeben und rasch zu einem zarten Teig zusammenwirken. Eine Stunde kühl ruhen lassen. 3 mm dick auswallen. In Rechtecke schneiden, die im Format die Hölzchen decken. Die Teigstücke um die Hölzchen wickeln, mit einer Schnur schräg überspannen und im heissen Öl (etwa 170°) schwimmend ausbacken.
Die Tabakrollen sorgfällig vom Hölzchen lösen und nach dem Erkalten mit Konfitüre oder steifgeschlagenem Rahm füllen.
Die Spezialhölzchen sind seit einiger Zeit wieder in verschiedenen Haushaltgeschäften erhältlich. Man kann auch einen dünnen Besenstiel aus Holz in etwa 10 cm lange Stücke sägen lassen.
Wenn man zum Befestigen des Teiges keine Schnüre verwenden will, kann man den Teig in schmale Streifen rädeln und spiralförmig um die Hölzchen wickeln. Dabei das Ende mit ein wenig Eiweiss verkleben.

90 g Zucker
90 g geschälte, geriebene Mandeln
250 g Mehl
1 Prise Salz
125 g Butter
1/2 Glas Weisswein
6 Essl. Rahm
Öl zum Backen
Himbeerkonfitüre oder steifgeschlagener Rahm
Spezialhölzchen für Tabakrollen

Die Churer haben ihre eigenen Küchlein, die Schurzbändeli. Sie verdanken ihren Namen der Bandform und dem Verschlingen vor dem Backen.

Schurzbändeli

Für 4 Personen

5 Eier
100 g Zucker
500 g Mehl
125 g Butter
1 Teel. abgeriebene Zitronenschale
½ Teel. Zimt
Öl zum Ausbacken
Puderzucker zum Bestreuen

Eier und Zucker zu einer weisslichen Creme schlagen. Das Mehl dazusieben, die weiche Butter in Stückchen, dann die abgeriebene Zitronenschale und den Zimt zugeben. Alles rasch zu einem Teig kneten. Eine Stunde ruhen lassen. 2 mm dick auswallen, in 2–3 cm breite und 12 cm lange Bänder schneiden. Diese Schurzbändeli zu losen Maschen schlingen. 1 bis 2 Minuten bei 180° goldgelb backen. Auf einem Küchenpapier abtropfen lassen, mit Puderzucker bestreuen und sofort servieren.

Noch ein weiteres Bündner Chüechlirezept. Sie schmecken ausgezeichnet und werden auf lustige Art gebacken. Warum sie «Schneeballen» genannt werden, konnte ich nicht herausfinden.

Schneeballen

Für 4 Personen

500 g Mehl
½ Teel. Salz
120 g Butter
3 Eier
1 ½ dl Weisswein
1 Teel. abgeriebene Zitronenschale
Eingesottene Butter oder Öl zum Ausbacken
Zimtzucker zum Bestreuen (aus 4 Essl. Zucker und 1 Teel. Zimt)

Das Mehl mit Salz mischen. In eine Schüssel sieben und eine Vertiefung anbringen. Die nicht zu harte Butter in Flocken schneiden. Mit verquirlten Eiern zum Mehl geben. Weisswein und Zitronenschale beifügen. Alles rasch zu einem Teig kneten. 1 Stunde kühl stellen. Den Teig 4 mm dick auswallen. Runde Plätzchen mit Durchmesser von etwa 12–14 cm ausschneiden. Mit dem Teigrädchen jedes Küchlein in etwa 1 cm breite Streifen aufteilen, wobei der Rand nicht ganz durchgeschnitten wird. Jeden zweiten Streifen mit dem Stiel einer dünnen Holzkelle anheben (wie beim Flechten). Den Stiel mit dem Küchlein in die heisse Butter oder in das Öl tauchen und schwimmend ausbacken.
Vom Kochlöffel abstreifen, gut abtropfen lassen, mit Zimtzucker bestreuen und sofort servieren.

Brig mit der Simplon-Passstrasse. Stich von F. Hirchenhein nach Winterlin

Ähnlich wie die Schurzbändeli sind die Walliser Chruchtele. Auch dafür gibt es unzählige Rezepte. Die Chruchtele aus der Gegend von Raron enthalten Schnaps, Zimt und wenig Nelkenpulver, jene aus Gampel dazu noch Weisswein, aber keine Gewürze, und die vom Simplon werden mit Nidel und Kirsch veredelt. In Brig wird dem Teig etwas Safran zugefügt. Dadurch erhalten die Chruchtele eine besonders schöne Farbe und einen aparten Geschmack. Damit ist aber der Reigen der «Chiächlini» aus dem Wallis noch nicht beendet. Aus Chruchtele-Teig werden die verschiedensten Varianten zubereitet, indem Füllungen aus geriebenem Roggenbrot, Nüssen, Honig, Butter, Eiern und oft auch Wein in diesen Teig eingepackt und zu Krapfen geformt werden. Teils werden sie im Ofen gebacken, teils im Öl fritiert. So die Hirschhörnli, die Hanini und die Hasuohrini. Hier das Briger Rezept:

Chruchtele

Für 4 Personen

500 g Mehl
3 kleine Eier
3–4 Essl. Milch
1 Prise Safran
½ Teel. Salz
3–4 Essl. Weisswein
50 g Butter
1 Essl. Kirsch
Öl für die Fritüre

Safran in der lauwarmen Milch auflösen. Butter schmelzen. Das Mehl in eine Schüssel sieben. Alle Zutaten nach und nach hineingeben. Den Teig kneten, bis er Blasen wirft. Er soll so fest sein, dass er ausgewallt werden kann. Deshalb Milch und Wasser vorsichtig beigeben. Den Teig 4 mm dick auswallen, in Stücke schneiden und schwimmend in Öl ausbacken. Dem Teig kann nach Belieben etwas Zucker beigefügt werden.

Schwyzer Fasnachtschräpfli

500 g geriebener Teig

Füllung:
500 g Dörrobst, wie Äpfel, Zwetschgen und Birnen
3 Essl. Sultaninen
80 g Zucker
Je eine Messerspitze Zimt-, Sternanis- und Korianderpulver
Saft und Schale von 1 Zitrone
1 Essl. Kirsch
100 g Griesszucker und 1 Teel. Zimtpulver, gemischt, zum Bestreuen
Öl oder eingesottene Butter zum Fritieren

Die Dörrfrüchte am Vorabend in kaltem Wasser einweichen. Vor Gebrauch kurz aufkochen, abtropfen lassen und durch das Passevite oder die Hackmaschine treiben. Es ist wichtig, vor dem Pürieren das Wasser gut auszupressen, damit die Füllung nicht zu dünn wird. Die Rosinen eine Stunde in Kirsch einlegen, dann zusammen mit Zucker, Zitronenschale, Zitronensaft und den Gewürzen der Masse zugeben. Den Teig auswallen und runde Plätzchen von etwa 12 cm Durchmesser ausstechen. Die Ränder mit etwas Eiweiss oder Wasser bestreichen, je einen Esslöffel Füllung daraufgeben. Die Plätzchen zur Hälfte überschlagen und die Ränder gut andrücken. In heissem Öl oder in heisser Butter goldgelb fritieren, abtropfen lassen und noch warm im Zimtzucker wenden.

«Chilwi»- oder Ziegerkrapfen

Die «Chilwi»- oder Ziegerkrapfen, die man heute meistens beim Bäcker kauft, waren früher der Stolz jeder «Länder»-Hausfrau. Die Ob- und Nidwaldner nehmen für sich in Anspruch, dieses besonders aromatische Gebäck erfunden zu haben. Der mit

Zucker und Zimt, Rosinen und «Krapfenkörnlein» (Koriander) vermischte Zieger wird auf dünn ausgewallte Teigstücke gegeben, die man zu Krapfen formt. Diese Krapfen wie auch die Ziegerchugeli werden im Anken schwimmend ausgebacken. Berühmt sind auch die weissen und braunen «Chlosterchräpfli», die im Frauenkloster zu Sarnen besonders gut zubereitet wurden. Die braunen werden mit Bienenhonig hergestellt, für die weissen, gefüllten verwendet man noch heute schöne alte Model aus Holz oder Ton. Diese Klosterrezepte werden streng gehütet.
Ich habe ein Rezept für Nonnenkräpfchen aus dem Kloster Ingenbohl gefunden und hoffe, dass sie ebensogut schmecken wie jene aus Sarnen, ferner eines für weisse Kräpfchen, die allerdings nicht in Modeln gebacken werden.

Die Zubereitung von Zieger
(Schnellmethode)

Die Milch zum Sieden bringen, Weinessig zugiessen und nochmals aufkochen lassen. Dabei ja nicht rühren! Dann die Pfanne vom Feuer wegziehen, einen Moment stehen lassen und den Zieger mit der Schaumkelle in ein Salatsieb geben und gut abtropfen lassen.

2 ½–3 l Milch
1 dl weisser Weinessig

Ziegerkrapfen

250 g Blätterteig
1 Eiweiss

Füllung:
150 g Zieger oder Speisequark
1 Essl. Zitronensaft
100 g geschälte, geriebene Mandeln
100 g Zucker
1 Teel. geriebene Zitronenschale
4 Essl. Sultaninen
½ dl Rahm
1 Teel. Zimt
Zimtzucker aus 4 Essl. Zucker und 1 Teel. Zimt
Öl für die Fritüre

Den Quark mit Zitronensaft, Zucker, Zitronenschale, Rahm und Zimt verrühren. Die Mandeln und die gewaschenen Sultaninen daruntermischen. Den Blätterteig 3 mm dick auswallen, Plätzchen von etwa 6 cm Seitenlänge ausrädeln. Die Hälfte der Plätzchen mit einem Teelöffel Füllung belegen und die Ränder mit verrührtem Eiweiss bestreichen. Die zweite Hälfte der Teigstücke über die gefüllten Plätzchen legen, gut andrücken. Im heissen Öl (etwa 170°) 3–4 Minuten schwimmend ausbacken. Auf einem Küchenpapier abtropfen lassen und noch warm im Zimtzucker wenden.

Ziegerkugeln

Sie werden nach dem Rezept der Ziegerkrapfen zubereitet: runde Plätzchen von etwa 15 cm Durchmesser mit Füllung belegen, zu Kugeln formen und schwimmend ausbacken. Anschliessend abtropfen und noch warm im Zimtzucker wenden.

Ingenbohler Nonnenkräpfchen

4 Eigelb
80 g Zucker
10 g Hefe
500 g Mehl
4 Eiweiss

Füllung:
125 g Zucker
125 g mit den Schalen gestossene Mandeln
1 Essl. Zimt
Geriebene Schale von 1 Zitrone
50 g Zitronat, fein gehackt
1 Ei
Etwas Honigwasser

Eigelb eine Viertelstunde mit Zucker rühren. Hefe mit einer Prise Zucker flüssig rühren. Zur Eicreme geben. Wechselweise gesiebtes Mehl und die steifgeschlagenen Eiweiss darunterziehen. Alles gut vermengen und eine Stunde ruhen lassen. Inzwischen die Füllung zubereiten: Zucker, Mandeln, Zimt, Zitronenschale, Zitronat, Ei und Honigwasser mischen oder Lebkuchen mit Zimt- und Nelkenpulver sowie Zitronenschale gut mischen. So viel Honig zugeben, bis eine weiche Füllung entsteht. Den Teig ½ cm dick auswallen und in 6 cm breite Streifen schneiden. Mit Füllung bestreichen, zusammenfalten und in 4 cm lange Stücke schneiden. Die Krapfen auf ein mit Mehl bestreutes Brett legen. Mehl darübersieben und in der Nähe des Ofens 24 Stunden ruhen

lassen. Auf einem mit Mehl bestreuten Blech bei 180° backen. Nach dem Erkalten mit einem Bürstchen vom Mehl befreien.
Ähnliche Krapfen, aber ohne Hefe, bäckt man in Baldegg.

oder
125 g geriebener Lebkuchen
1 Essl. Zimt
1 Prise Nelkenpulver
Geriebene Schale von
1 Zitrone
2–3 Essl. Honig

Ein besonders originelles Fasnachts- und Chilbigebäck aus der March im Kanton Schwyz.

«Bohnen»

Eier, Butter, Zucker, Milch und Gewürze rühren und nach und nach das mit dem Backpulver gemischte Mehl beifügen. Alles zu einem festen Teig kneten. Einige Zeit stehen lassen. Dann 8–10 Kugeln aus dem Teig formen und diese zu langen, dünnen Würstchen drehen. 3 cm grosse Stücke abschneiden. Mit der Hand kleine Bohnen formen und auf Küchentücher legen. Öl oder Fett heiss werden lassen. Jeweils 30 «Bohnen» miteinander langsam backen. Nach dem Erkalten mit Puderzucker bestreuen.
In Graubünden wird ein ähnliches Gebäck, aber nur mit Rosenwasser und Zitronenschale gewürzt, zu Ostern gebacken, die «Osterbohnen».

Für rd. 300 «Bohnen»
4 Eier
60 g Butter
375 g Zucker
1 dl Milch
40 g Zimtpulver
40 g Anis, ganz
750 g Halbweissmehl
1½ Päckli Backpulver
Öl oder Fett zum Fritieren
Puderzucker zum Bestreuen

Ein Ständchen für Liebesleute, Krapfen und Wein für die «Chropflimeh»-Sänger

Ein schöner, alter Zuger Brauch ist das «Chropflimeh-Singen». An der alten Fasnacht, dem ersten Sonntag nach dem Aschermittwoch, ziehen buntkostümierte Sangesgruppen durch das Städtchen und bringen Jungverliebten, -verlobten oder -verheirateten, die mit einem kleinen Lämpchen im Fenster von ihrem Glück künden, ein schelmisches Fasnachtsständchen. Die auf diese Weise

Beglückten lassen zur Belohnung der Sänger einen Korb mit «Zuger Chropfe» und Wein an einer Schnur hinuntergleiten. Wenn die Spende gar zu bescheiden ausfiel, sollen die enttäuschten Sänger nach «meh Chropfe» gerufen haben — daher wahrscheinlich der Name des Brauches «Chropfli-meh».

Zuger Chropfe

500 g Zieger
100 g Zucker
½ Teel. Zimt
50 g gemahlene Mandeln
1–2 Tropfen Bittermandelöl oder
½ Teel. Mandelessenz
½ dl Zuger Kirsch
Wenig Milch
1 Eiweiss
Öl oder Butter zum Backen
Zimtzucker zum Bestreuen

Den Zieger luftig rühren. Zucker, Zimt, Mandeln und Bittermandelöl oder Mandelessenz mischen. Mit dem Kirsch befeuchten. Zieger damit mischen. Nach Bedarf etwas Milch zugeben. Die Füllung soll weich sein, aber nicht flüssig. Den Teig etwa 3 mm dick auswallen, runde Plätzchen ausstechen. Etwas Füllung in die Mitte geben, den Rand mit Eiweiss bestreichen. Zu Krapfen zusammenklappen und am Rand fest andrücken. Im heissen Öl (160°) goldgelb ausbacken. Noch warm im Zimtzucker wenden.

Entlebucher «Pfeffer-Jasset»

Am «Güdiszischtig» (Fasnachtsdienstag) ist es in Entlebuch Sitte, um Schweinspfeffer zu jassen, d.h. Karten zu spielen. Allerdings ist es nicht irgendein Schweinspfeffer, wie man ihn um diese Jahreszeit in der Innerschweiz bekommt, sondern er wird im Ofen geschmort und die Schüssel mit einem Brotdeckel versehen. Nach dem Pfefferschmaus gibt es einen oder auch mehrere «Entlebucher Kafi». Übrigens sagt man den Entlebuchern nach, sie hätten ein «Löchli» im «Bagge», vom Löffel im Kafiglas! Der traditionelle Pfeffer-Jasset wird im Restaurant «Meierisli» in Entlebuch nach wie vor alljährlich durchgeführt.

Entlebucher Schweinspfeffer

Alle Zutaten für die Beize zusammen aufkochen. Das Fleisch in Voressenstücke schneiden, in eine Schüssel geben und mit der Beize begiessen. 2–3 Tage stehen lassen. Ab und zu wenden. Die Fleischstücke aus der Beize nehmen, gut abtropfen. In Butter allseitig braun anbraten. Die Gemüse aus der Beize zugeben. 2–3 Minuten im Bratenfond anziehen lassen. Mit Mehl bestreuen, gut wenden, dann mit 3 dl Beize, Rotwein oder Bouillon oder halb Wein, halb Bouillon ablöschen. Mit Salz, Pfeffer, Muskatnuss und Majoran würzen. 30–40 Minuten zugedeckt auf kleinem Feuer schmoren lassen. Das Fleisch in eine längliche, bebutterte Auflaufform einfüllen. Den Teig zu einem passenden Deckel auswallen, mit Eiweiss ankleben. Ein Luftloch anbringen und im Backofen bei 220° 30–40 Minuten backen, bis der Brotdeckel schön braun und knusprig ist.

Will man den Pfeffer ohne Deckel servieren, kann das Mehl auf 1 Essl. reduziert werden. Dafür am Schluss der Garzeit das Blut unter die Sauce rühren. Aber nicht mehr kochen, sonst gerinnt die Sauce. Durch das Blut wird die Sauce ganz dunkel, und das Gericht sieht ähnlich aus wie Hasenpfeffer. Bei der Zubereitung mit Teigdeckel ist es nicht empfehlenswert, Blut zuzugeben, weil es bei der Hitze im Ofen gerinnt.

Beize:
4 dl Rotwein
2 dl Essig
½ Essl. Salz
1 Zwiebel
1 Lorbeerblatt
2 Gewürznelken
1 Rüebli
1 Stück Lauch
6 Pfefferkörner

1 ½ kg Schweinefleisch (magerer Hals oder Laffen)
2 Essl. Butter
1–3 Essl. Mehl
3 dl Rotwein oder Bouillon
Salz, Muskatnuss, Pfeffer, Majoran
Butter für die Form
1 kg Schwarzbrotteig
1 Eiweiss
2 dl Schweinsblut (nach Belieben)

Der Entlebucher Kafi

Er ist nichts anderes als ein währschafter Kafi «Träsch», der nach alter Vätersitte zubereitet wird.

Den Kaffee mit dem Wasser und dem Tannenchries in einer Pfanne knapp bis vors Kochen bringen, dann beiseite stellen, bis sich der Kaffeerückstand gesetzt hat. Das Tannenzweiglein herausfischen. Würfelzucker in die Gläser verteilen, den heissen Kafi, der so dünn wie Tee sein muss, darübergiessen und reichlich Träsch dazugeben.

Für 4 Personen

5 dl Wasser
2 Teel. Kaffeepulver
1 kleines Stück Tannenchries
Würfelzucker
Träsch
(Kernobstbranntwein)

Im Kanton Luzern wurde der Kafi Träsch auch in Tassen serviert, die sehr oft ein Blumenmuster auf dem Boden aufgemalt hatten. Aus dieser Gegend stammt das Rezept, so viel Kaffee einzugiessen, bis man das Blumenmuster nicht mehr sieht, und dann Schnaps nachzugiessen, bis die Blume wieder zum Vorschein kommt. Übrigens hat der Kafi Schnaps je nach Gegend und verwendetem «Güggs» bei uns viele Namen, z. B. Kafi fertig, Kafi Buffet, Kafi Pflümli, Kafi Zwätschge, und wenn er ganz mies ist, hängt man ihm «Schlötterlig» an wie «Güngu» oder Plämpel».

Der Morgenstreich in Basel

Er ist die unvergleichliche Ouvertüre zur Basler Fasnacht. Das Warten in den frühen Morgenstunden auf die «Cliquen», die ihre schönen und witzigen Laternen in der Basler Innenstadt bei Trommel- und Pfeifenklängen herumtragen, ist ein einmaliges Erlebnis. Da nimmt man ein bisschen Frieren und zuwenig Schlaf gern in Kauf, besonders wenn man anschliessend eine echte Basler Mehlsuppe und eine «Ziibelewäije» bekommt. Übrigens soll die Zubereitung einer echten Mehlsuppe ohne Knollen und Angebranntes ein Prüfstein für angehende Basler Hausfrauen sein!

Basler Ziibelewäije
(Basler Zwiebelkuchen)

Das bebutterte Blech mit dem Kuchenteig auslegen. Mit einer Gabel mehrmals einstechen und mit dem Käse bestreuen. Die Speckwürfel leicht ausbraten, bis sie glasig sind. Butter zugeben und darin die Zwiebeln, blättrig geschnitten, auf kleinem Feuer zugedeckt weich dünsten. Sie dürfen nicht gelb oder gar braun werden. Mit Salz, Pfeffer und Muskatnuss abschmecken. Das etwas ausgekühlte Zwiebelgemüse auf den Kuchenboden verteilen und mit folgendem Guss gleichmässig bedecken: Mehl mit Milch glatt anrühren, Eier zugeben und gut verklopfen, Rahm sowie ein wenig Salz und Pfeffer dazurühren.

In den vorgeheizten Ofen schieben und bei spältchenbreit offener Tür die ersten 15 Minuten bei 230°, dann 20 Minuten bei 210° backen. Am besten schmeckt die «Wäije» frisch aus dem Ofen!

Bei einfacheren Rezepten wird nur Milch verwendet. Ab und zu lässt man auch den Speck weg.

Für ein Kuchenblech von 25 cm Durchmesser

500 g Kuchenteig
50 g Speck, fein gehackt
30 g Kochbutter
400 g Zwiebeln
Salz, Pfeffer, Muskatnuss
1 Essl. Mehl
1 ½ dl Milch
3 grosse Eier
1 ½ dl Rahm
Butter für das Blech
50 g geriebener Käse

Basel. Stich von J. M. Kolb nach L. Rohbock

Wer zur Fastnachtszeit in Basel ist, sieht beim Bäcker flache, kuriose Gebilde aus Hefeteig.

Basler Faschtewäije

30 g Hefe
4 dl Milch
700 g Mehl
1 Essl. Salz
250 g Kochbutter
2 Teel. Malzmehl (beim Bäcker erhältlich)
2 Eigelb
1 Teel. Kümmel (nach Belieben)

Die Hefe mit 3–4 Essl. lauwarmer Milch verrühren. Wenig Mehl zugeben und rasch zu einem Teiglein mischen. Das restliche Mehl mit dem Salz mischen und in eine vorgewärmte Schüssel sieben. Eine Vertiefung anbringen und das Vorteiglein hineingeben. Die Schüssel zudecken und 15 Minuten warm stellen (etwa 30°). Inzwischen die Butter bei Küchentemperatur weich werden lassen. Milch erwärmen und lauwarm mit dem Malzmehl in die Schüssel geben. Alle Zutaten mit dem Vorteiglein zu einem glatten Teig kneten. Den Teig mehrmals auf den Tisch schlagen. Die Butter unter den Teig kneten. Eine Stunde kühl ruhen lassen. Während dieser Zeit den Teig zweimal hochziehen und wieder zusammenballen.
Aus dem Teig Stücke von etwa 50 g abschneiden. Zu länglichen Laiben formen, diese mit dem Wallholz auswallen, damit ovale, an den beiden Enden spitz zulaufende, 1 1/2 cm dicke Teigstücke entstehen. Die Teigblätze auf ein bebuttertes und bemehltes Blech legen und mit dem Handrücken der Länge nach eine Vertiefung eindrücken. Mit einem Messer vier Einschnitte anbringen. Die Stücke so auseinanderziehen, dass vier Öffnungen entstehen. Diese «Wäijen» mit verquirltem Eigelb bestreichen und nach Belieben mit Kümmel bestreuen. Im vorgeheizten Ofen bei 190° 25–30 Minuten backen. Die «Faschtewäijen» sollen schön goldbraun sein.

Basler Mehlsuppe

(Familienrezept)

Für 4 Personen

4 Essl. eingesottene Butter
2 × 2 Essl. Mehl
1 1/2 l Wasser oder Bouillon

2 Essl. Mehl in 2 Essl. eingesottener Butter unter stetem Rühren gleichmässig hellbraun rösten. Nochmals 2 Essl. Mehl dazugeben, kurz umrühren, Pfanne vom Feuer nehmen und Wasser dazugeben, dabei mit Schwingbesen rühren. Aufkochen, dann ungedeckt auf kleinstem Feuer wäh-

rend 40 Minuten leise kochen. Die Suppe soll sämig werden. Würzen. Zwiebel in Ringe schneiden und in der restlichen Butter hellbraun rösten. In Teller anrichten und in jeden Teller einen Essl. flüssigen Rahm geben, der sich wie eine Spirale an der Oberfläche ausbreitet. Geröstete Brotwürfel und Zwiebel darübergeben und zum Schluss gehackte Petersilie und Schnittlauch darüberstreuen.

Man kann natürlich diese Mehlsuppe auch vereinfacht zubereiten, indem man Brotwürfel, Petersilie und Schnittlauch weglässt.

Salz, Pfeffer,
Muskatnuss, Majoran
1 Zwiebel
4 Essl. Rahm
4 Essl. Weissbrotwürfel,
in Butter geröstet
1 Essl. Petersilie,
gehackt
1 Essl. Schnittlauch,
gehackt

Risotto, Luganighe und ein Glas Millegusti

Das gibt es jedes Jahr auf der Piazza der grösseren Orte im Tessin anlässlich des «Carnevale». Aus dem einstigen Armenessen ist heute ein Volksfest am Fasnachtsmontag oder -dienstag geworden. Je nach Ortschaft weichen die Zugaben zum safrangelben Risotto voneinander ab. In Neggio zum Beispiel serviert man ihn mit «Lesso» (Siedfleisch), in Figino gibt es ihn für die Kinder mittags mit Geschnetzeltem und abends für die Erwachsenen mit Pilzen. Meistens begleiten ihn aber «Luganighe», die kleinen Kochsalami aus Lugano. Dazu darf natürlich der Tessiner Wein nicht fehlen. Was nicht auf der Piazza gegessen wird, tragen die Ticinesi in einem Kesselchen nach Hause, wo sie den Reis in Ruhe geniessen können.

Übrigens kochen die Tessiner mit Rotwein. Dieser gibt dem Risotto wohl eine etwas weniger schöne Farbe, macht ihn aber besonders typisch und schmackhaft.

Wirtshausschild in Lugano

Risotto nach Tessiner Art

1 kleine Zwiebel
2 Essl. Butter
300 g Reis (Vialone)
4 dl Rotwein
4 dl Bouillon
1 Prise Safran
Salz, Pfeffer
50 g frisch geriebener Sbrinz oder Parmesan

Zwiebel hacken und in Butter hellgelb anziehen lassen. Reis dazugeben. Unter Rühren leicht rösten, dann mit dem Rotwein ablöschen. Sobald der Wein eingekocht ist, nach und nach Bouillon zugeben, bis der Reis die ganze Flüssigkeit aufgenommen hat. Mit Safran, Salz und Pfeffer würzen. Den Reis, der noch «al dente», das heisst körnig sein soll (Kochzeit 15–20 Minuten), vom Feuer nehmen, Käse daruntermischen und noch 2–3 Minuten zugedeckt stehen lassen. Der Risotto sollte leicht suppig sein.

Risotto ai funghi
(Reis mit Steinpilzen)

Steinpilze in Hühnerbouillon einlegen. Reis unter Wenden 2–3 Minuten in der Butter leicht anrösten. Die Zwiebel hacken und beifügen. Mit Wein ablöschen. Sobald er eingekocht ist, 5 dl Bouillon mit den Steinpilzen zugeben. Etwa 15–20 Minuten kochen, ab und zu leicht rühren. Nach Bedarf Bouillon nachgiessen. Vor dem Anrichten mit Salz und Pfeffer würzen und Käse, Butter und Rahm darunterziehen. Vom Feuer nehmen und zugedeckt 2–3 Minuten ziehen lassen.

20 g getrocknete Steinpilze
6 dl Hühnerbouillon
300 g Reis (Vialone)
2 Essl. Butter
1 grosse Zwiebel
2 dl Rotwein
Salz, Pfeffer
2 Essl. geriebener Sbrinz oder Parmesan
1 Stück frische Butter
2–3 Essl. Rahm

Wenig bekannt ist, dass auch die Bündner ihre Risottorezepte haben. Sie haben dieses Gericht sicherlich – wie auch die Tessiner – von der italienischen Küche übernommen, aber etwas Typisches daraus gemacht.

Risotto mit Mark

Das Mark aus den Knochen lösen, fein hacken. Mit Butter in einer Pfanne zerfliessen lassen. Die Zwiebel fein hacken, dann mit dem Reis beifügen. 3–4 Minuten dünsten. Mit heisser Bouillon ablöschen. Bis auf die Hälfte einkochen lassen. Nach 15 Minuten Safran und Zimt zugeben und mit Salz und Pfeffer nachwürzen. Sobald der Reis gar ist, vom Feuer nehmen und den Käse darunterziehen.
Früher wurde beim Dünsten der Zwiebel noch ein wenig Mehl beigegeben – ich habe es ganz weggelassen.

2–3 Markbeine
1 Essl. Butter
1 Zwiebel
300 g Reis (Vialone)
8 dl Bouillon
100 g geriebener Käse (Sbrinz oder Parmesan)
1 Prise Safran
1 Prise Zimtpulver
Salz, Pfeffer

Les Brandons

Was den Fribourgern die Fasnacht, ist den Waadtländer Nachbarn in Payerne die «Brandons», ein Fest, dessen Wurzeln bis ins Mittelalter zurückreichen. Alljährlich um die Vorfrühlingszeit wurde einstmals mitten im Dorf ein riesiges Feuer entfacht, damit jeder Bewohner ein wenig Glut nach Hause tragen konnte. Sie sollte ihn vor Epidemien und Hungersnöten schützen. Aus diesem Brauch entwickelte sich später ein fröhliches Fest, das jeweils zwei Wochen nach der Fribourger Fasnacht stattfindet. Da herrscht in Payerne Hochbetrieb. Es wird nicht nur getanzt und gefeiert, sondern auch gegessen, und wie! Berge von Würsten, für welche Payerne ja berühmt ist; ferner Spezialitäten, die man aus Schweinefleisch zubereitet, sogenannte «Cochonailles» wie Schinken und Schweinsfüsse; aber auch Siedfleisch und Kutteln – alles begleitet von Bohnen mit Speck, Kartoffelsalat und Lauchgemüse mit Kartoffeln. Dazu fliesst reichlich weisser und roter Waadtländer Wein. An Küchlein wird ebenfalls nicht gespart. Da gibt es die leichten duftigen «Merveilles», die ähnlich zubereitet werden wie die Fasnachtschüechli oder Eieröhrli in der deutschen Schweiz, dann die «Tailles aux greubons», die feinen «Salées», d. h. Fladen, die mit Speck oder Butter und Zucker belegt werden – alles Spezialitäten, die nach alten Familienrezepten zubereitet werden.

Mädchen aus der
Gegend von Vevey
im Kanton Waadt.
Aus: Alte Schweizer
Trachten von Lory

Waadtländer Würste

Hier zunächst der Steckbrief der Waadtländer Würste:
Die bekannteste Waadtländer Wurst ist der geräucherte «Saucisson vaudois» (Kochzeit 20–30 Minuten), der auch in etwas grösserer Ausführung in Schweinsdarm hergestellt und «Boutefas» genannt wird (Kochzeit etwa eine Stunde). Der Boutefas wird sehr oft, in dünne Scheiben geschnitten, auch kalt gegessen. Dann gibt es die «Saucisse au foie» (geräucherte Leberwurst, Kochzeit 30–35 Minuten) und die «Saucisse au chou» (geräucherte Schweinswurst mit Kabis, Kochzeit 25–30 Minuten), Spezialitäten, die meistens nur im Winter erhältlich sind. Beide haben einen eigenen, rassigen Geschmack, der nicht jedermanns Sache ist, von Wurstkennern jedoch ausserordentlich geschätzt wird. Überaus bekömmlich und bekannt sind natürlich die Waadtländer Bratwürste «am Meter».
Zu diesen Wurstspezialitäten passt am besten ein Lauchgemüse nach Waadtländer Art, «Papet vaudois», das je nach Gegend oder Rezept «nature» zubereitet oder mit etwas Rahm und sogar etwas Kartoffelmehl gebunden wird.

Papet vaudois
(Waadtländer Lauchgemüse)

Für 4–6 Personen

1 kg Gemüselauch
2 kleine Zwiebeln
1 Essl. Butter
Salz, Pfeffer
Speckschwarte
1 dl Weisswein
1 dl Bouillon
600 g Kartoffeln
1 Saucisse aux chou
1 Saucisse au foie oder

Den Lauch waschen und in etwa 4 cm lange Stücke schneiden. Die gehackten Zwiebeln in Butter dünsten, den Lauch beifügen und kurz mitdämpfen. Mit Salz und Pfeffer würzen, Speckschwarte, Weisswein und Bouillon zugeben und zugedeckt 10 Minuten kochen. Die in Stücke geschnittenen Kartoffeln beifügen und etwa 10 Minuten weiterkochen. Zuletzt die Würste 20 Minuten im Lauchgemüse ziehen lassen. Beim Anrichten die Speckschwarte entfernen, die Würste aus der Pfanne nehmen, kurz heiss abspülen, einstechen und auf dem Lauchgericht servieren.

Oft werden die Würste mit 1–2 kleinen Hölzchen (runde Zahnstocher) vor dem Kochen eingestochen; nach dem Garwerden zieht man sie wieder heraus. Auf diese Art rinnt der Saft während des Kochens langsam in das Lauchgemüse, und die Wurst spritzt beim Aufschneiden nicht. Manche Hausfrauen kochen die Wurst ungestochen und stecken beim Aufschneiden ein Stück Brot an die Gabel, damit ein Teil des Wurstsaftes aufgesogen wird und nicht über das Gemüse ausläuft. Auch bei der zweiten Methode spritzt die Wurst nicht beim Tranchieren.

1 Saucisse vaudois (Waadtländer Spezialitäten)

Ein ländliches, aber raffiniertes Lauchrezept aus dem Waadtland

Poireau farci
(Gefüllter Lauch)

Das Grüne vom Lauch wegschneiden. Die Stengel in Salzwasser etwa 5 Minuten vorkochen, dann abgiessen. Auf Küchenpapier trocknen lassen. Die Lauchenden (Wurzelseite) entfernen und die Stengel in 7 cm lange Stücke schneiden. Mit einem Apfelausstecher die Lauchherzen ausstechen, und zwar so, dass hohle Röhrchen entstehen (herausgeschnittenen Lauch für Suppe verwenden). Das Brötchen in lauwarmem Wasser einweichen. Zwiebel fein hacken. Sellerie und Rüebli schälen und fein raffeln oder hacken. 2 Essl. Butter erhitzen. Zwiebel, Sellerie, Rüebli und durchgepressten Knoblauch 3–4 Minuten darin dünsten, ohne dass sie Farbe annehmen. Brät, ausgepresstes und passiertes Brot, Zwiebeln und Gemüse in eine Schüssel geben. Mit Ei und Petersilie mischen. Gut würzen. Diese Masse in einen Spritzsack mit glatter Tülle geben. Die Lauchröhrchen damit füllen. Den gefüllten Lauch in einer bebutterten Gratinform anordnen. Mit Bouillon und Wein begiessen, zudecken und 40–50 Minuten im vorgeheizten Ofen bei 200° schmoren.
Mehl und Butter 2–3 Minuten zusammen dünsten. Mit Milch ablöschen und 3 $\frac{1}{2}$ dl Lauchsud beifügen (nach etwa 15 Minuten Schmorzeit aus der Gratinform abgiessen). 10 Minuten auf klei-

1,2 kg Lauchstengel (schöne weisse und dicke) Salz, Pfeffer, Muskatnuss
1 weisses Brötchen (50 g)
1 Zwiebel
1 kleines Stück Sellerie
1 Rüebli
1 Knoblauchzehe
200 g Brät von Waadtländer Schweinsbratwürsten
1 Ei
1 Essl. Petersilie, gehackt
3 dl Bouillon
2 dl Weisswein

Sauce:
2 Essl. Mehl
4 Essl. Butter
1 $\frac{1}{2}$ dl Milch
3 $\frac{1}{2}$ dl Lauchsud
50 g Greyerzer Käse, gerieben

nem Feuer zu einer sämigen Sauce kochen. Die restliche Flüssigkeit aus der Gratinform abgiessen (für eine Suppe aufbewahren) und die Sauce über die Lauchstücke geben. Mit geriebenem Käse und Butterflocken bestreuen. 10 Minuten bei 220° (Oberhitze) gratinieren.

Kann als Vorspeise (in diesem Fall reicht das Gericht für 6–8 Personen) oder als Hauptgericht (eventuell nach einer Salatplatte) serviert werden.

Waadtländer Bratwurst «am Meter»

Diese delikate Bratwurst muss sorgfältig zubereitet werden. Oft wird sie vor dem Braten kurz in Wasser oder Bouillon geschwellt. Bei mir zu Hause wurde das nicht getan, um das Aroma voll zu erhalten. Das Abschwellen geschieht nur, damit die Wursthaut nicht platzt. Die Wurst kann deshalb mit etwas Weisswein in der Bratpfanne sorgfältig vorgekocht werden, bevor sie braun gebraten wird.

Mit Schalotten schmeckt sie gut, braucht aber diese Zutat nicht unbedingt, da sie an sich schon sehr schmackhaft ist.

Für 4 Personen

400–600 g Waadtländer Bratwurst am Meter
2 dl Weisswein oder Bouillon
3 Schalotten (nach Belieben)
1 dl Weisswein

Die Wurst in eine Bratpfanne legen und mit Weisswein begiessen. Langsam erwärmen. Sobald der Wein (oder die Bouillon) leise köchelt, die Wurst wenden. Auf dem Feuer belassen, bis alle Flüssigkeit aufgesogen ist (etwa 10 Minuten). Dann die Wurst mehrmals mit einer feinen Nadel aufstechen und im eigenen Saft beidseitig goldbraun braten. Nach Belieben die gehackten Schalotten zufügen. Eventuell etwas Fett abgiessen. Wein zufügen, die Pfanne halb zudecken und die Würste 15–20 Minuten ziehen lassen.

Allzu lange braten sollte man diese Würste aber nicht, sie werden sonst gerne trocken und verlieren an Geschmack.

Lausanne. Stich von Sperli jun. nach Wegelin

Ins Kapitel der Würste gehören auch die Atriaux, Bratwürste in Rundform die in Schweinsnetz eingepackt werden. Man findet sie ebenfalls in Payerne und vor allem auch in Lausanne, wo sie an Markttagen auf der «Riponne» in allen Varianten direkt von ländlichen «Charcuteries» angeboten werden. Hier ein Familienrezept.

Atriaux «Grand-mère»

Schalotten und Petersilie in Butter 3 Minuten dünsten. Mit Bratwurstbrät, Weisswein, durchgepresstem Knoblauch, Koriander und etwas Majoran gut mischen. Schweinsnetz mit Wasser benetzen, 8 Vierecke von etwa 14 cm Länge schneiden. Adrios formen und die Enden gut andrücken. 10 Minuten in leise kochendem Wasser ziehen lassen, dann gut abtropfen. Eingesottene Butter erhitzen, die Adrios zuerst auf der Verschlussseite, dann auf der oberen Seite hellbraun braten. Mit Marc begiessen und zugedeckt 30 Minuten schmoren lassen. Bratenfond mit Weisswein lö-

Für 4 Personen

600 g Brät von Waadtländer Bratwurst
1 Essl. gehackte Schalotten
1 Essl. gehackte Petersilie
1 Essl. Butter
1 dl Weisswein
1 Knoblauchzehe
1 Messerspitze Koriander

Majoran
1 grosses Schweinsnetz
2 Essl. eingesottene Butter
2 Essl. Marc
1 dl Weisswein
1 dl Bouillon

sen, die Adrios aus der Pfanne nehmen und warm stellen. Bouillon in die Pfanne giessen, stark einkochen lassen und in einer Saucière servieren. Kartoffelgratin dazu reichen (s. Gratin des Amis de Morges, S. 327).
Gekauft werden Adrios in rohem Zustand. Man muss sie also vor dem Braten kurz abbrühen, insbesondere wenn sie Leber enthalten.

Eine Waadtländer Variante der Zwiebelsuppe. Im Wallis werden die Zwiebeln zuerst in Milch vorgekocht, und anstelle von Weissbrot wird meistens Roggenbrot verwendet.

Soupe à l'oignon

Für 4 Personen
150 g Weissbrot
150 g Greyerzer Käse
4 Zwiebeln
50 g Butter
1 Essl. Mehl
3 dl Weisswein
6 dl Wasser
Salz, Pfeffer

Das Brot in feine Scheiben schneiden. Auf ein Blech in den Ofen legen und bei 100° trocknen lassen, bis es brüchig wird. Den Käse in ganz feine Scheibchen schneiden. Die Zwiebeln schälen und fein hacken. In der Butter dünsten, bis sie hellgelb werden. Mit Mehl bestäuben, gut durchrühren und mit Wein und Wasser ablöschen. Mit Salz und Pfeffer würzen und stark aufkochen. Dann vom Feuer nehmen.
Eine feuerfeste Suppenschüssel oder Portionenförmchen lagenweise mit Brot- und Käsescheiben füllen. Mit Käse abschliessen. Die heisse Suppe darüber verteilen. 30 Minuten bei 240° überbakken. Sehr heiss servieren.

Zu den Würsten gibt es herrliche bäuerliche Gemüsebeilagen, zum Beispiel die Speckkartoffeln oder die Bohnen nach bäuerlicher Art (s. S. 318).

Pommes de terre au lard
(Speckkartoffeln)

Die Kartoffeln schälen und in kleine Würfel schneiden. Den Speck in ½ cm dicke Streifchen schneiden. In kochendes Wasser geben, den Speck 5 Minuten ziehen und anschliessend im Wasser fast erkalten lassen. Das Schweinefett erhitzen. Kartoffeln und Speck hineingeben. Unter häufigem Wenden goldgelb braten. Mit Salz und Pfeffer würzen. Wenn nötig noch etwas Schweinefett beifügen. Zuletzt die Kartoffeln mit dem Speck aus der Pfanne heben, dabei das Fett gut abtropfen lassen.

Für 4–6 Personen

1 kg Kartoffeln, in der Schale gekocht (vom Vortag)
200 g geräucherter Brustspeck
2 Essl. Schweinefett
Salz, Pfeffer

Spät in der Nacht gibt es noch eine rassige Zwiebelsuppe (Rezept s. S. 84). In Payerne werden halbierte Schweinsfüsse mitgekocht, um die Suppe sämig zu machen. In diesem Fall kann die Mehlzugabe etwas reduziert werden.

«Greubons» sind nichts anderes als Grieben, also die Rückstände von ausgelassenen Speckwürfelchen. Es gibt daraus süsse und salzige Speckfladen:

Taillé aux greubons
(Süsser Speckfladen)

Für ein grosses rechteckiges Kuchenblech

500 g Mehl
1 Teel. Backpulver
250 g Grieben
1 Essl. Butter
2 Essl. Zucker
Abgeriebene Schale von 1 Zitrone
½ Teel. Salz
1 Ei
2 dl Milch
1 Eigelb zum Bestreichen

Mehl mit Backpulver mischen, in eine Schüssel sieben.
Die Grieben fein hacken. Butterflocken, Zucker, Zitronenschale und Salz zugeben. Das Ei in der Milch verquirlen. Alle Zutaten rasch zu einem festen Teig verarbeiten. Eine Stunde ruhen lassen. Dann den Teig mit der Hand auf dem Blech verteilen und gleichmässig plattdrücken (er lässt sich nicht sehr gut auswallen, deshalb muss man die Hände zu Hilfe nehmen). Den Teig mit dem Messer alle 2½–3 cm einschneiden, dabei einen Rand von etwa 2 cm stehen lassen. Mit verquirltem Eigelb bestreichen und während 30–40 Minuten bei 230° goldgelb backen. Nach dem Backen können die Streifen abgebrochen werden.
Für die salzige Variante Zucker und Zitronenschale weglassen, dafür 2 Teel. Salz nehmen.

Der süsse Rahmfladen, lustigerweise «Salée sucrée» genannt, gehört – wie die «Merveilles» im Waadtland – zu den meisten Festlichkeiten.

Salée sucrée
(Süsser Rahmfladen)

Für ein Kuchenblech von 24 cm Durchmesser

300 g geriebener Teig (s. S. 138)
Butter für das Blech
1 Essl. Mehl
80 g Zucker
3 dl Rahm
½ Teel. Zimt

Den Teig 3 mm dick auswallen. Auf einem bebutterten Blech auslegen. Mit einer Gabel mehrmals einstechen. Den Teigboden mit Mehl und der Hälfte des Zuckers bestreuen. ½ dl Rahm darüber verteilen. Den restlichen Zucker und den Zimt daraufgeben. 20 Minuten bei 240° backen. Dann den restlichen Rahm über den Kuchen verteilen und 10 Minuten weiterbacken.

Gaufres
(Hauswaffeln)

Aus den angegebenen Zutaten einen Rührteig herstellen. Zuerst die Butter schaumig rühren (nicht flüssig machen). Nach und nach Zucker und Vanillinzucker beigeben und rühren, bis eine gebundene Masse entstanden ist. Jedes Ei einzeln darunterrühren. Es muss ein glatter Teig entstehen. Salz und Rumaroma oder abgeriebene Zitronenschale dazugeben. Ebenso das mit Backpulver gemischte und gesiebte Mehl abwechslungsweise mit der Milch darunterziehen. Nur so viel Milch verwenden, dass der Teig am Schluss dickflüssig vom Löffel fällt.
Der Teil wird nun löffelweise auf die Backfläche des Waffeleisens gegeben und gebacken. Die fertigen Waffeln können nach Belieben mit Zimtzucker bestreut und warm oder kalt gegessen werden.

Für 4 Personen

250 g Butter
175 g Zucker
2 Päckchen Vanillinzucker
6 Eier
1 Prise Salz
Etwas Rumaroma oder abgeriebene Zitronenschale
2 Teelöffel
9 g Backpulver
500 g Weissmehl
Etwa ½ l Milch

Taillaule

Hefe mit 1 Teel. Zucker flüssig rühren. Milch erwärmen, Butter darin schmelzen lassen. Mehl, Zucker mit Salz mischen und in eine vorgewärmte Schüssel sieben. Zitronenschale zugeben. Milch und Butter zugeben. Aufgelöste Hefe, verklopfte Eier und Kirsch beifügen. Alles rasch zu einem glatten Teig kneten. Sobald sich der Teig von den Fingern löst, etwa 1 cm dick auswallen, auf ein bebuttertes Kuchenblech legen und 30 Minuten aufgehen lassen. Eine Stunde bei 200° backen.

40 g Hefe
300 g Zucker
½ l Milch
200 g Butter
1250 g Mehl
½ Teel. Salz
Abgeriebene Zitronenschale von 2 Zitronen
2 Eier
1 Essl. Kirsch

Der März war und ist zum Teil noch der Fastenmonat des Jahres, liegt er doch zwischen Fasnacht und Ostern.

Die Fastenspeisen

Ursprünglich war das Maskentreiben in der zweiten Winterhälfte wohl eine heidnische Geisterbeschwörung oder Dämonenaustreibung, und die Kirche bemühte sich, es abzuschaffen. Wer die unheimlichen Masken aus dem Lötschental, die Schellenkläuse und Röllibutze in der Ostschweiz und die Krienser Hexen in Luzern erlebt, denkt heute noch unwillkürlich an Dämonen. Doch die alten Bräuche liessen sich nicht ausrotten. Mit viel Geschick und Diplomatie übernahm deshalb die Kirche den Heidenspuk in das christliche Leben und bestimmte als Zeitpunkt für das Maskentreiben die letzten Tage vor dem grossen Fasten. Noch einmal durfte gefeiert, getobt und geprasst werden, bevor die Abtötung des Fleisches begann. Damals wurden die Fastenspeisen zu einem Begriff, und einige davon tragen noch heute Namen, die daran erinnern. Es handelt sich durchwegs um fleischlose Speisen oder Fischgerichte.
Bei vielen Rezepten ist es nicht mehr möglich, ihre Herkunft genau zu bestimmen. Sie wurden im Laufe der Zeit zum Allgemeingut. So auch die Fastenkutteln. Hier ein Rezept aus dem Kanton Zürich, obwohl das Fasten dort ja schon lange nicht mehr Brauch ist.

Wirtshausschild aus dem 18. Jh.

Fastenkutteln oder Eierkutteln

Für 4 Personen

250 g Mehl
2½–3 dl Milch
1 Prise Salz
4 Eier
Butter zum Backen der Omeletten

Mehl mit Milch und Salz zu einem glatten Teig verrühren. Eine Stunde stehen lassen. Die verquirlten Eier darunterziehen. In Butter zu Omeletten backen.
Für die Sauce Eigelb und Zucker zu einer weisslichen Creme schlagen. Milch und aufgeschlitzten Vanillestengel aufkochen. Die Pfanne von der Platte wegziehen. 3–4 Minuten abkühlen lassen.

Die noch warme Milch unter Rühren zur Eicreme geben. Ein wenig Milch zurückbehalten, leicht abkühlen lassen, mit dem Kartoffelmehl verrühren und zur Creme geben. Alles in die Pfanne zurückgiessen und knapp bis vors Kochen bringen. Erkalten lassen, öfters rühren.
Die Äpfel auf der groben Bircherraffel reiben. Mit Zucker und Zitronensaft mischen. Die Omeletten zusammenrollen und in Streifen schneiden. Lagenweise mit Äpfeln in die bebutterte Auflaufform geben. Mit Vanillesauce begiessen und 25 Minuten bei 200° backen.
Man kann die Äpfel auch weglassen und die Eierkutteln mit Kompott servieren.
Bei einfacheren Rezepten ersetzt man die Vanillesauce durch Milch oder bei der salzigen Variante durch einen Eierguss mit Käse.

Vanillesauce
2 Eigelb
2 Essl. Zucker
4 dl Milch
1 Vanillestengel
1 Essl. Kartoffelmehl
4 Äpfel
1 Essl. Zucker
1 Essl. Zitronensaft

Schyterbygi

(Brotspeise mit Eiern, Zürcher Rezept)

Die Weggli in Stengelchen schneiden. In der Butter hellgelb rösten. Eine Auflaufform mit Butter bestreichen, mit Brösmeli bestreuen und die Brotstengelchen wie eine «Schyterbygi» (Scheiterbeige) hineinlegen. Milch mit Salz, Zucker, aufgeschlitztem Vanillestengel, Zimt und den gewaschenen Rosinen aufkochen. Diese Milch über die verquirlten Eier giessen und über das Brot verteilen. 15 Minuten stehen lassen, dann im Backofen bei 200° backen, bis alle Flüssigkeit aufgesogen ist.
Man kann die Schyterbygi auch mit gesalzener Eimilch zubereiten. In diesem Fall den Zucker weglassen, etwas mehr Salz zugeben und nach Belieben feingeschnittenen Schnittlauch dazumischen.
Unter dem Namen «Schyterbygi» gibt es auch Rezepte, bei denen die Brotstengelchen durch die Eimilch gezogen, dann frittiert und mit Vanillesauce übergossen werden.
Dieses süsse oder gesalzene Nachtessen wird auch Eierplattenmüesli mit Brot genannt. Das Rezept für das einfache Plattenmüesli ohne Brot finden Sie auf Seite 151.

Für 4 Personen
6 Weggli
2 Essl. Butter
Butter für die Form
2 Essl. Brotbrösmeli
(frisch geriebenes Brot oder Paniermehl)
3 dl Milch
1 Prise Salz
3 Essl. Zucker
½ Vanillestengel
½ Teel. Zimt
50 g Rosinen
4 Eier

Kapuziner im Hospiz
von Realp, Uri.
Kolorierte
Lithographie, 1824

Viele Fastengerichte kamen aus Klöstern. Aus dieser Quelle werden sicher auch die Kartäuserklösse stammen. Zwar kann ich mich für die Schweizer Herkunft dieses Gerichtes nicht verbürgen, aber immerhin scheint es lange Zeit bei uns in Mode gewesen zu sein. Jedenfalls erhielt ich beim Sammeln solcher Rezepte ein ganzes Dutzend davon, und das Rezept ist auch in allen älteren Schweizer Kochbüchern enthalten. Schön finde ich bei diesem Rezept, dass man dazu Wein verwenden durfte. Wer weiss, vielleicht konnte man damit seinen «Fastenkoller» ein bisschen ertränken!

Kartäuserchlötz

Von den Weggli die braune Kruste mit einer Raffel ringsum abreiben. Die erhaltenen Brösmeli aufheben. Dann die Weggli vierteln.
Rotwein mit Zucker aufkochen. Etwas abkühlen lassen. Die Wegglistücke im gesüssten Rotwein tränken, gut abtropfen lassen und in den verklopften Eiern wenden. Im abgeriebenen Brot wälzen (wenn nötig noch etwas Paniermehl dazugeben) und in der Butter beidseitig goldgelb ausbacken. Für die Sauce Rotwein und Zucker aufkochen, etwas eindicken lassen und heiss zu den mit Zimtzucker bestreuten Klössen servieren.
Es gibt Rezepte für Kartäuserklösse ohne Wein. Die Wegglistücke werden in Eiermilch getaucht, oder man serviert dazu eine Weinsauce (Chaudeau) oder eine rote Weinsauce mit Rosinen.
Hie und da werden die Kartäuserklösse zu Pfaffenmocken. Für die Weinsauce den Zucker hellbraun rösten, mit Wasser ablöschen und die Gewürze beifügen.
Für die Zubereitung der ebenfalls ähnlichen Kapuzinerklösse wird das Brot in kleine Würfel geschnitten und werden 50 g Rosinen beigegeben, und die Weinschnitten werden mit einer Weissweinsauce serviert.

Für 4 Personen
6 Weggli vom Vortag
½ l Rotwein
3 Essl. Zucker
4 Eier
Butter zum Backen
Zimtzucker

Sauce:
3 dl Rotwein
5 Essl. Zucker

Weinsauce zu Kartäuserklössen

3 Eigelb
5 Essl. Zucker
Saft von 1 Zitrone
2½ dl Weisswein

Alle Zutaten unter Rühren zusammen erwärmen, bis eine sämige Sauce entsteht. Die Sauce darf nicht kochen, sonst zersetzt sie sich.

Rote Weinsauce

2 Essl. Rosinen
2½ dl guter Rotwein
1 Zitronenschnitz mit Schale
2–3 Gewürznelken
1 Stück Zimtrinde
100 g Zucker

Die gewaschenen Rosinen im Wein einlegen. Zitronenschnitz mit Nelken, Zimtrinde, Zucker und 2½ dl Wasser 30 Minuten zu Sirup kochen. Zitronenschnitz und Zimtrinde entfernen, Wein mit Rosinen zugeben und nochmals 15 Minuten weiterkochen. Die Sauce heiss zu den Kartäuserklössen servieren.

Eierrösti

300 g Weissbrot, Weggli oder Zopf vom Vortag
2½ dl Milch
3 Essl. Butter
4 Eier
½ Teel. Salz

Das Brot in feine Scheibchen (Dünkli) schneiden. 1 dl Milch aufkochen und über das Brot geben. Etwas Butter erhitzen und die Dünkli in einer grossen Bratpfanne darin leicht rösten. Restliche Milch mit Eiern und Salz verklopfen. Diesen Guss über das Brot geben. Mit der Bratschaufel wenden, bis die Eier fest werden. Dann zu einem Kuchen zusammendrücken, noch etwas Butter zugeben, zudecken und weiterbraten, bis eine leichte Kruste entsteht. Auf eine heisse Platte stürzen und mit Kompott servieren.

Butterauflauf

Für 4 Personen

130 g Butter
6 Eigelb
½ Tasse Zucker
6 Eiweiss
1 Prise Salz
Butter für die Form

Butter schaumig rühren. Eigelb mit Zucker zu einer cremigen Masse rühren. Eiweiss mit Salz steifschlagen. Die Eimasse daraufgiessen, sorgfältig mischen und in eine gut ausgebutterte Auflaufform einfüllen. Bei 180° 20–25 Minuten backen. Das Innere des Auflaufes soll fest werden, darf aber nicht austrocknen.

Am Fuss des Lukmanierpasses. Stich von J. Hürlimann nach L. Bleuler

Fotzelschnitten
(Brotschnitten)

Die Milch erhitzen. In einen Suppenteller giessen. Die Eier mit wenig Salz und Muskatnuss verklopfen. Die Brotschnitten an eine Gabel stecken und kurz in die Milch tauchen, dann durch das Ei ziehen und sofort in der heissgemachten Butter beidseitig goldgelb braten.
Mit Zwetschgenkompott oder Apfelmus servieren.
Oft werden diese Fotzelschnitten vor dem Bakken durch einen Backteig gezogen (s. Weinschnitten, S. 332).
Ganz ähnlich werden im Kanton Graubünden die Goldschnitten zubereitet. Dem Eierteig werden geriebene Mandeln beigegeben.

2 ½ dl Milch
8 fingerdicke Brotschnitten vom Vortag
4 Eier
1 Prise Salz,
Muskatnuss
Butter zum Backen

Tartana
(Bündner Brotauflauf)

Das Brot in eine Schüssel reiben. Zucker und Eier schaumig schlagen. Zitronenschale und Milch zugeben und alles zusammen mit dem Brot zu einem Teig rühren. Sultaninen waschen, gut ab-

Für 4 Personen
4 altbackene Weggli
3 Essl. Zucker

4 Eier
1 Teel. abgeriebene Zitronenschale
5 dl Milch
2 Essl. Sultaninen
2 Essl. Butter

tropfen und beifügen. Eine grosse irdene Auflaufform dicht mit Butter bestreichen. Die Masse einfüllen und im Ofen bei 180° etwa 30 Minuten backen. Der Auflauf soll goldbraun werden.

Chalanda Mars

Im Ober- und Unterengadin, im Oberhalbstein und auf der Lenzerheide huldigt man am 1. März einem uralten Brauch. Die buntkostümierte Schuljugend begrüsst den Frühling mit Schellengeläut und Peitschenknallen. Knaben ziehen einen Schlitten, in dem die schellenschwingenden Winteraustreiber sitzen. Die Kinder singen paarweise vor den Häusern und erhalten Geschenke. Vielerorts bringt man die Lebensmittel zur «Padruna da Chalanda», einer auserkorenen Hausfrau, die daraus einen Festschmaus zubereitet. Zur Freude von gross und klein gibt es dann herrlichsüsse karamelisierte Kastanien mit geschwungenem Rahm und schwimmend ausgebackene «Strözlas», ein Gebäck in Hufeisenform sowie die sehr beliebte «Foaccia grassa».

Kastanien mit Rahm

500 g gedörrte Kastanien
½ Teel. doppeltkohlensaures Natron
100 g Zucker
1 Teel. Zitronensaft oder Essig
½ l Rahm

Die Kastanien 24 Stunden in kaltes Wasser einlegen. Abgiessen und alle braunen Häutchen entfernen. Die Kastanien in eine Pfanne geben, mit Wasser bedecken und Natron zugeben. 2 Stunden kochen. Sie sollen weich werden, aber nicht zerfallen. Die Kastanien und den Zitronensaft beigeben und alles gut vermengen. Je nach Bedarf etwas mehr oder weniger Kochsud beigeben. Die Kastanien sollen karamelisiert werden. Lauwarm oder kalt servieren. Den Rahm steifschlagen und dazureichen.

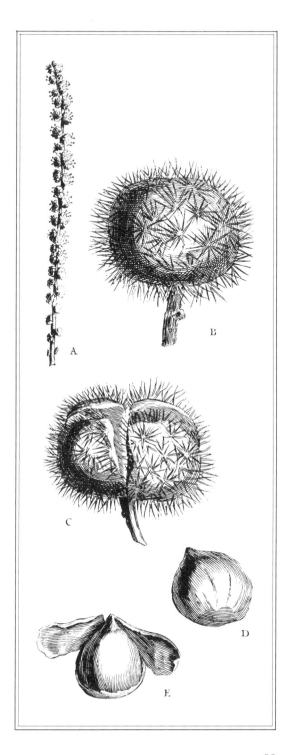

Strözlas

375 g Mehl
60 g Maismehl
4 Essl. Zucker
1 dl Rahm
1 Prise Salz
2 Eier
180 g Butter
50 g kleine Weinbeeren
Öl oder eingesottene Butter zum Ausbacken

Mehl in eine Schüssel sieben. Maismehl zufügen. Mit Zucker, Rahm, Salz, verquirlten Eiern und kleingeschnittener Butter rasch zu einem Teig verarbeiten. Die Weinbeeren darunterkneten. Kleine Hufeisen oder Schurzbändchen (Streifen formen und locker einmal knöpfen) formen und in heissem Öl oder Butter goldgelb ausbacken (180°).

Foaccia grassa
(Bündner Buttergebäck)

Für ein grosses rechteckiges Backblech

250 g Butter
300 g Mehl
1 Prise Salz
125 g Zucker
1 dl Wasser
1 Ei

Butter erwärmen, bis sie schmilzt. Vom Feuer nehmen, gesiebtes Mehl, Salz, Zucker und Wasser dazumischen. Das verquirlte Ei zugeben.
Den Teig auf das bebutterte Blech geben und glattstreichen. Bei 160° 25–30 Minuten backen. Noch warm in Rechtecke schneiden.

Ein weiteres Rezept aus dem Bündnerland, das gut in die Fastenzeit passt:

Pesch magers
(Magere Fische)

Für 4 Personen

Teig:
300 g Mehl
3 Eier
½ Teel. Salz
30 g Butter

Füllung:
100 g Dörrbirnen
50 g Rosinen
100 g geriebenes Brot
2 Essl. Butter
½ dl Milch
1 Ei
50 g geriebene Mandeln
2 Essl. Zucker

Die Dörrbirnen am Vorabend einlegen. Mehl, verquirlte Eier, Salz und weiche Butter zu einem gleichmässigen Nudelteig verarbeiten. Wenn nötig ½–1 Essl. Wasser zugeben. Die Dörrbirnen in Wasser weichkochen, abgiessen, hacken und mit den gewaschenen Rosinen in eine Schüssel geben. Das geriebene Brot in Butter leicht anziehen lassen. Zu den Birnen geben. Milch, verklopftes Ei, Mandeln, Zucker und Gewürze beifügen.
Nudelteig 3 mm dick auswallen, längliche Stücke ausschneiden, etwas Füllung daraufgeben, Kanten zurückschlagen und die Füllung damit gut zudecken. Gut andrücken. Die «mageren Fische» in viel kochendes Salzwasser geben, aufsteigen lassen, dann mit der Schaumkelle aus der Pfanne heben. Auf eine warme Platte geben. Das geriebene Brot in Butter leicht anrösten und über die «mageren Fische» verteilen.

Man kann die «mageren Fische» auch in eine bebutterte Auflaufform legen, $^{1}/_{2}$ l Milch mit einem Vanillestengel und 2–3 Essl. Zucker aufkochen, über die «mageren Fische» geben und im Ofen zugedeckt 10 Minuten ziehen lassen.

Je 1 Prise Nelkenpulver und geriebene Muskatnuss
$^{1}/_{2}$ Teel. Zimt
Geriebenes Brot zum Bestreuen
Butterflocken

Eine Spezialität, die nicht nur im Luzernerland bekannt ist und früher auch in Klöstern für offizielle Fastenmähler zubereitet wurde, u. a. im Kanton Fribourg. Heute scheuen Liebhaber dieser Speise auch einen weiten Weg nicht, um sie geniessen zu können, z. B. im Restaurant Hirschen in Hochdorf.

Stockfisch nach Luzerner Art

Den getrockneten Fisch mit einem Holzhammer klopfen, in grosse Stücke zersägen und 4–5 Tage in kaltem Wasser zugedeckt einweichen. Das Wasser muss jeden Tag gewechselt werden. $1^{1}/_{2}$ l Wasser mit Milch, Lorbeerblättern und Nelken aufsetzen. Die Fischstücke hineingeben, sobald die Flüssigkeit lauwarm ist. Zudecken, zum Kochen bringen und dann auf kleinem Feuer $1^{1}/_{2}$ Stunden leise köcheln lassen. Den Fisch abgiessen, Haut und Gräte entfernen (eine zeitraubende Arbeit!). 2 Essl. Butter in einer Bratpfanne erwärmen, die Fischstücke hineingeben, mit Pfeffer bestreuen und einige Minuten zugedeckt dünsten. Die restliche Butter schmelzen und die in Streifen geschnittenen Zwiebeln darin goldgelb bakken. Die Zwiebelschwitze über den Fisch anrichten. Früher wurden die Zwiebeln oft im Schweinefett geröstet.
Zu beachten: Es gibt sehr stark gesalzene Stockfische, die man bis zu 10 Tage wässern muss, damit sie nicht zu salzig schmecken. Am besten erkundigt man sich beim Einkauf im Comestiblegeschäft. Es gibt bereits eingelegten Stockfisch, der allerdings geschmacklich oft nicht so gut ist wie die selbst behandelten Stücke.
Auf ähnliche Weise wird die Tessiner Variante, der Merluzzo, zubereitet.

Für 4–6 Personen
1 kg getrockneter und gesalzener Stockfisch
2 dl Milch
2 Lorbeerblätter
2 Nelken
6 Essl. Butter
Pfeffer
2 grosse Zwiebeln

Wirtshausschild «Hecht» aus dem 19. Jh.

Und weil wir gerade bei den Fischen sind, in unsern Bächen und Seen gibt es einen reichen Fischbestand, und so gegen Ende März lösen auch die Sportfischer wieder ihre Patente, um mit den Berufsfischern in «Konkurrenz» zu treten.

Aus den Bächen, aus den Seen

Eine Bachforelle ist heute bereits eine Rarität, ein Rheinsalm ist nicht mehr aufzutreiben. Zum Glück gibt es aber jedes Jahr wieder Egli, Albeli, Balchen, Felchen und andere köstliche Fische aus unseren Seen. Im Frühjahr ist der Fang für die meisten Fischer gut. Fische werden bei uns mit mehr oder weniger Phantasie zubereitet, aber sehr reichhaltig ist die Palette der Zubereitungsarten nicht. Wir kennen Fischgerichte mit oder ohne Teig, gebacken, gedünstet, mit Kräutern oder an Rahmsauce.

Die folgenden Rezepte stammen aus guten Fischrestaurants oder sind überlieferte Familiengerichte. Einen Steckbrief unserer Schweizer Fische finden Sie auf Seite 487.

Im Mittelalter, so liest man, galt der Rheinsalm in Basel als ganz gewöhnliche Fastenspeise. Aus dem 16. Jahrhundert wird berichtet, dass Hotelangestellte und Dienstboten in ihrem Dienstvertrag vermerkt haben wollten, dass «Saumon nur zweimal wöchentlich aufgetischt werden dürfe».

Heute ist der Rheinsalm nur noch eine Legende. Der Vollständigkeit halber hier trotzdem das echte Basler Rezept, nach welchem auch Hecht oder Zander zubereitet werden können.

Basler Spezialitäten sind im Restaurant eher selten anzutreffen. Der «Rheinkeller», ein altes, stimmungsvolles Lokal an der Unteren Rheingasse, lässt diese alten, guten Gerichte wieder neu aufleben. Nebst anderen schweizerischen Gerichten werden der «Saumon à la Bâloise» und das «Herrenschnitzel» als Hausspezialitäten angeboten.

Saumon à la Bâloise

Die Zwiebeln in feine Scheiben schneiden. Den ausgenommenen Fisch in fingerdicke Tranchen aufteilen. Mit einem Tüchlein abtrocknen (ohne dass sie gewaschen oder ins Wasser gelegt worden sind!), mit Salz und Pfeffer einreiben und

Für 6 Personen

1 Salm von etwa 1 $\frac{1}{4}$–1 $\frac{1}{2}$ kg
2 Zwiebeln

Salz, Pfeffer
4–5 Essl. Mehl (nach Belieben)
40 g Kochbutter
1 kleines Stück Tafelbutter
3–4 Essl. Bratenjus oder Bouillon

nach Belieben mit Mehl bestäuben. Die Kochbutter in einer grossen Omelettenpfanne erhitzen. Die Fischtranchen darin auf beiden Seiten gelb braten. Vorsichtig mit einer grossen Bratschaufel wenden, damit die Tranchen nicht zerfallen! Sobald sich das Fleisch leicht von den Gräten löst, die Fischstücke aus der Pfanne nehmen, sorgfältig auf einer warmen Platte anrichten und warm stellen. Die Tafelbutter in den Bratsatz geben, erhitzen, dann die Zwiebeln darin goldgelb braten. Den Bratenjus oder die Bouillon zugeben und die heisse Sauce über die Fischtranchen verteilen. Praktischer ist es, wenn man die Zwiebeln gleich zu Beginn in einer zweiten Pfanne goldgelb röstet, damit der Fisch nicht lange warm gehalten werden muss!

Bergbachforelle aus dem Sud

Forellen aus sauberen Bergbächen oder Seen haben festes, nussiges Fleisch mit einem unvergleichlichen Aroma. Um sie zu kochen, bedarf es keiner Gewürze, ein ganz einfacher Sud genügt. Es ist auch schade, wenn man sie nach dem Zerlegen mit Zitronensaft beträufelt.

Für 4 Personen

4 lebendfrische Forellen

Sud:
3 l Wasser
3 Essl. Salz
1 ½ dl weisser Essig
Einige weisse Pfefferkörner
100 g Tafelbutter

Alle Zutaten für den Sud 15–20 Minuten kochen lassen. Die pfannenfertigen Forellen hineingeben und etwa 8–10 Minuten im Sud leise ziehen lassen. Die Butter erhitzen, hellgelb werden lassen und separat dazu servieren.

Gebackene Albelifilets nach Nidwaldner Art

Die Albelifilets mit Zitronensaft beträufeln und mit Salz, Salbeipulver und Pfeffer würzen. Eine Stunde kühl ruhen lassen. Im Mehl wenden und in der heissen Fritüre (etwa 180°) rasch goldgelb ausbacken.
Mit Zitronenschnitzen garnieren. Mayonnaise dazu servieren.

Für 4 Personen
500 g Albelifilets (Weissfische)
3 Essl. Zitronensaft
Salz, Pfeffer
½ Teel. Salbeipulver
2 Essl. Mehl
Öl für die Fritüre
2 Zitronen

Ähnlich zubereitet werden die

Knusperli nach Fischerart

Man kann dazu sowohl Albeli- als auch Felchenfilets verwenden. Die Fischfilets quer in etwa 1 cm breite Streifen schneiden und, wie vorher beschrieben, marinieren und backen. Die Knusperli eignen sich vorzüglich zum Aperitif oder als kleine Zwischenverpflegung zu einem Glas Wein.
Übrigens serviert sie Beni Krell, ein bekannter Fischspezialist, im Restaurant «Sonnegg» in Meggen bei Luzern als beliebte Vorspeise.

Gebunden oder nicht gebunden, das ist hier die Frage. In ganz alten Rezepten wird weder Rahm noch Mehl für die Sauce verwendet.

Balchen nach Zuger Art

Die Balchen vom Fischer oder Traiteur pfannenfertig zubereiten lassen. Die Fische mit Salz und Pfeffer einreiben. (Vor dem Würzen mit einem scharfen Messer beidseitig zickzackartig einschneiden.) Die Schalotten fein hacken und in

Für 4 Personen
4 mittelgrosse Balchen
Salz, Pfeffer
100 g Schalotten

100 g Tafelbutter
3 Essl. gemischte Kräuter (Petersilie, Dill, Estragon, Salbei, Kerbel)
1 ½ dl trockener Weisswein
1 dl Rahm
Mehlbutter aus 1 Teel. Mehl und 1 Teel. Butter (nach Belieben)

50 g Butter 2–3 Minuten anziehen lassen. Die gehackten Kräuter beifügen und kurze Zeit mitdünsten. Die Balchen leicht biegen und in eine Auflaufform legen. Mit Schalotten und Kräutern bestreuen. Mit einer Aluminiumfolie abdecken und 10 Minuten im gut vorgeheizten Ofen bei 200° dünsten. Den Weisswein zugeben und 10 Minuten weiterdämpfen. Den Fisch aus der Form nehmen und zugedeckt warm stellen. Den Sud in eine kleine Pfanne giessen. Auf die Hälfte einkochen lassen, dann den Rahm beifügen und etwas eindicken lassen. Wenn eine gebundene Sauce gewünscht wird, Mehl und Butter mit einer Gabel gut mischen, zur Sauce geben. Unter Rühren etwas eindicken lassen.

An der Riviera des Vierwaldstättersees werden die Albeli oft zu Küchlein verarbeitet.

Weggiser Fischküchlein

Für 4 Personen
1 Brötchen
1 dl heisse Milch
400 g Albelifilets
Salz, Pfeffer
Salbei, Majoran und Muskatnuss
1 Teel. Zitronensaft
1 grosse Zwiebel, fein gehackt
1 Essl. Petersilie, fein gehackt
1 Essl. Butter
1 verquirltes Ei
Etwas Mehl
½ Zitrone

Das Brötchen in der heissen Milch einweichen. Zwiebel und Petersilie in Butter dünsten. Die Fische fein hacken, das zerpflückte und ausgedrückte Brot und alle anderen Zutaten beigeben. Von Hand gut verarbeiten. Kugeln abstechen, im Mehl zu Küchlein formen und diese im heissen Öl fritieren. Mit der Zitrone garniert servieren.

Ein altes Fischerrezept, für das oft auch ganze Felchen verwendet werden. Auf ähnliche Art werden Felchenfilets im Hotel «Schwert» in Gersau serviert.

Felchenfilets nach Gersauer Art

Fischfilets wenn möglich gehäutet kaufen oder selbst die Haut sorgfältig abziehen (vom Schwanz Richtung Kopf), dabei mit einem spitzen Messer zuerst am Schwanzende die Silberhaut lösen. Fischfilets in eine flache Schüssel legen. Salz, Pfeffer, Muskatnuss, einen Essl. gemischte Kräuter und Zitronensaft gut mischen und darüber verteilen. 1–2 Stunden ziehen lassen.
Backofen auf 200° einstellen. Butter in eine flache Auflaufform geben, gut verstreichen. Die Fischfilets quer zusammenfalten und in der bebutterten Form anordnen. Zwiebeln 5 Minuten in Butter dünsten, ohne Farbe annehmen zu lassen. Petersilie und die restlichen Kräuter beifügen. 2–3 Minuten mitdünsten. Die Mischung über die Fischfilets verteilen. Mit Butter belegen. Im Backofen 5 Minuten ungedeckt anziehen lassen. Mit Weisswein ablöschen und nochmals 15 Minuten in den Ofen schieben. Die Fischfilets mit Zitronenschnitzen garnieren. In der Form auf den Tisch bringen oder portionenweise servieren.

Für 4 Personen
600 g Felchenfilets
Salz, Pfeffer, Muskatnuss
2 Essl. gemischte Kräuter: Salbei, Majoran, Estragon, Basilikum, Dill
1 Essl. Zitronensaft
2 Essl. eingesottene Butter
1 grosse Zwiebel, fein gehackt
3 Essl. Petersilie, fein gehackt
30 g Tafelbutter, in Flocken geschnitten
1 ½ dl Weisswein
1 Zitrone

Äschen nach Schaffhauser Art

Dieses Rezept stammt aus dem Hotel «Alte Rheinmühle» in Büsingen bei Schaffhausen, einem der schönsten Häuser am Rhein.

Die Äsche ausnehmen und seitlich mit fünf Quereinschnitten versehen. Den Fisch innen und aussen mit Salz und Pfeffer würzen, dann im Mehl wenden. Die Butter im gut vorgeheizten Backofen schmelzen lassen. Fisch hineingeben

Für 2 Personen
1 mittelgrosse Äsche
Salz, Pfeffer
2 Essl. Mehl

*50 g frische Butter
Saft von ½ Zitrone
50 g Tafelbutter*

und bei mässiger Hitze (etwa 150°) hellgelb braten. Immer wieder mit Butter begiessen. Die Butter darf auf keinen Fall dunkelbraun werden! Die Äsche aus dem Bratenfond heben, auf eine vorgewärmte Platte legen und mit Zitronensaft beträufeln. Die Tafelbutter hellgelb schmelzen lassen und darüber verteilen.

Am Rhein und am Bodensee werden auch andere Fische auf ähnliche Art zubereitet. Oft würzt man sie mit Salbeiblättchen und serviert sie mit gerösteten Mandelsplittern überstreut.

Schwalenfilets nach Thurgauer Art

Für 4–6 Personen

*800 g Schwalenfilets
(evtl. Felchenfilets)
1 Zitrone
Salz, Pfeffer
1 Essl. Mehl
50 g eingesottene Butter
100 g Speck
3 Tomaten
50 g Champignons
50 g Silberzwiebeln
1 Essl. gehackte
Petersilie*

Die Fischfilets mit Zitronensaft beträufeln und mit Salz und Pfeffer gut würzen. Im Mehl wenden und beidseitig in Butter goldgelb braten. Auf vorgewärmter Platte anrichten. Speck und geschälte Tomaten in kleine Würfel schneiden, die Champignons vierteln und alles mit den Silberzwiebelchen in Butter dämpfen und über die Fische anrichten. Mit gehackter Petersilie überstreuen.

Hafen von Ouchy am Genfersee. Stich von Masquellier (1777) nach N. Perignon

Machen wir nun noch einen kleinen «Tour d'horizon» durch die Westschweiz. Beginnen möchte ich mit den besten Eglifilets, die ich im Waadtland gegessen habe. Es war in Ouchy, deshalb erhielten sie auch diesen Namen, obwohl man fast überall am «Lac Léman» ähnlich zubereitete «filets de perches» bekommt. Oft werden sie auch im Weisswein statt im Bier mariniert und heissen demzufolge «à la mode du vigneron».

Filets de perches à la mode d'Ouchy

Die Eglifilets in eine Schüssel geben, mit Bier begiessen und 2 Stunden kühl ruhen lassen. Aus dem Bier nehmen, gut abtropfen, mit Salz und Pfeffer würzen, im Mehl wenden und im heissen Öl (etwa 180°) goldgelb ausbacken. Auf Küchenpapier abtropfen, auf eine warme Platte anrichten und mit der geschmolzenen Butter begiessen. Mit Zitronenschnitzen garnieren. Am besten passen Salzkartoffeln dazu.

Für 4 Personen

400 g kleine Eglifilets (filets de perches)
3 dl helles Bier
Salz, Pfeffer
100 g Mehl
Öl für die Fritüre
50 g frische Butter
1 Zitrone

Wirtshausschild der «Auberge de l'Onde» in St-Saphorin am Genfersee

Ein besonders delikates Gericht, das ich vor vielen Jahren in St-Saphorin gegessen habe. Der damalige Wirt der «Auberge de l'Onde» kochte es nach einem alten Familienrezept, dem er als individuelle Note noch das Tomatenpüree beifügte.

Eglifilets «Dézaley»

Für 4 Personen

500 g Eglifilets
Salz, Pfeffer

Die Fischfilets mit Salz, Pfeffer und Kräutern bestreuen. Eine Stunde liegen lassen. Dann die feingehackten Schalotten in wenig Butter kurz dünsten. Mit Weisswein ablöschen, die Eglifilets hineingeben und 10 Minuten leise ziehen lassen. Die Fische herausnehmen und warm stellen. Den Weinsud zur Hälfte einkochen lassen. Rahm, Tomatenpüree und durchgepressten Knoblauch dazugeben und etwas eindicken lassen. Vom Feuer nehmen und die restliche Butter flockenweise unter kräftigem Rühren darunterarbeiten. Die Sauce über die Eglifilets giessen und diese sofort servieren.

1 Teel. gemischte Kräuter: Estragon, Dill und Petersilie
3 Schalotten
100 g frische Butter
2 dl Dézaley
1 dl Rahm
1 Essl. Tomatenpüree
1 Knoblauchzehe

Eine Zubereitungsart, die man in Vevey selbst zwar nur selten findet. Vielleicht stammt sie von «ennet» der Saane.

Filets de perches à la veveysanne

Die Eglifilets mit Salz und Pfeffer würzen. In eine Schüssel legen, mit 1 dl Weisswein beträufeln und eine Stunde kühl ruhen lassen. Mehl mit Ei und restlichem Weisswein zu einem leichten Teiglein verquirlen. Ebenfalls eine Stunde stehen lassen. Die Eglifilets gut abtropfen. Den Wein der Marinade zum Teig rühren. Die Filets durch den Teig ziehen, goldgelb in Butter ausbacken. Aus der Pfanne nehmen, gut abtropfen und auf einer Platte warm stellen. Die frische Butter erwärmen. Schalotten und Petersilie darin 3–4 Minuten dünsten. Diese Mischung über die Fischfilets verteilen und mit Zitronenschnitzen garnieren. Salzkartoffeln dazu servieren.
Man kann die Eglifilets auch nur im Weisswein ziehen lassen, dann im Mehl wenden und braten.

Für 4 Personen

600 g kleine Eglifilets (filets de perches)
Salz, Pfeffer
2 dl Waadtländer Weisswein
1 Essl. Mehl
1 Ei
4 Essl. Butter
2 Essl. feingehackte Schalotten oder Zwiebeln
2 Essl. gehackte Petersilie
40 g frische Butter
1 Zitrone

Diese kleinen Fischlein ass ich als kleines Mädchen in Lutry und in Cully fürs Leben gern. Oft zog ich sie selbst aus dem See. Dann wurden sie allerdings, weil es für eine Fritüre nicht ausreichte, in einer Omelette verbacken.

Friture du lac

Für 4 Personen

500 g ganz kleine Fischchen (Egli, Albeli usw.)
Salz, Pfeffer
3 dl Milch
100 g Mehl
Öl für die Fritüre
2 Zitronen
Petersilie

Die kleinen Fischchen gut waschen (nicht ausnehmen!) und auf Küchenpapier trocknen. Mit Salz und Pfeffer würzen, zuerst durch die Milch ziehen, abtropfen, im Mehl wenden und in der heissen Fritüre (etwa 180°) hellgelb ausbacken. Auf einer Papierserviette oder auf Tortenpapier servieren. Mit Zitronenvierteln und Petersilie garnieren.

Es muss nicht unbedingt Féchy sein. Hauptsache ist, dass ein guter Wein für dieses Rezept verwendet wird und ein süffiger Dorin dazu auf den Tisch kommt.

Filets de féras au Féchy

Für 4 Personen

8 Felchenfilets zu je 80 g
Salz, Pfeffer
2 Essl. Mehl
4 Essl. Butter
1 Eigelb
1 dl Rahm
1 Essl. feingeschnittener Schnittlauch (nach Belieben)

Sauce:
1 Essl. Mehl
1 Essl. Butter
1 dl Bouillon
3 dl Dorin Féchy (oder ein anderer guter Weisswein aus dem Waadtland)

Zuerst die Sauce zubereiten: Mehl und Butter in einer kleinen Pfanne zusammen dünsten, ohne Farbe annehmen zu lassen. Zuerst mit Bouillon, dann mit Weisswein ablöschen. Unter Rühren 10 Minuten kochen.
Die Felchenfilets mit Salz und Pfeffer würzen. Mit Mehl bestäuben und in der Butter schön goldgelb braten. Eigelb und Rahm zusammen verquirlen. Etwas Sauce dazugiessen, gut mischen, zur restlichen Sauce geben und bis knapp vors Kochen bringen. Die Fischfilets ohne den Bratenfond auf eine warme Platte anrichten, mit der Sauce begiessen und nach Belieben mit Schnittlauch bestreuen.
Mit Salzkartoffeln servieren.

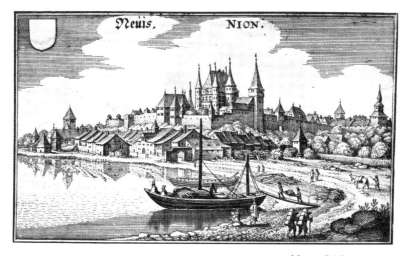

Nyon. Stich von Matth. Merian

Ein originelles Rezept aus Nyon:

Felchen nach Art von Nyon

Die ausgenommenen Fische auf Küchenpapier trocknen, salzen, zuerst in Milch, dann im Mehl wenden. Etwas Mehl wieder abschütteln und die Fische in 3 Essl. Butter beidseitig backen. Das Weissbrot in kleine Würfel schneiden und separat in der restlichen Kochbutter goldgelb rösten. Das überschüssige Bratfett der Fische aus der Pfanne abgiessen. Tafelbutter zu den Fischen geben, nur hellgelb werden lassen. Die Haselnüsse beifügen und kurz mitrösten. Den Weisswein dazugiessen. Anrichten und mit den Brotcroûtons bestreuen. Mit Kartoffeln servieren.

Für 4 Personen

4 Felchen (etwa 1 kg)
Salz
1 dl Milch
3 Essl. Mehl
4 Essl. Kochbutter
2 Scheiben Weissbrot
50 g Tafelbutter
2 Essl. geriebene Haselnüsse
1 dl Dorin La Côte

Ein ganz delikater Fisch aus der Familie der Saiblinge (s. Zuger Rötel S. 432) ist der in Genf bekannte «Omble chevalier».

Omble chevalier nach Genfer Art

Für 4 Personen

3–4 Perlzwiebeln
½ Essl. Butter
4 lebendfrische Ombles chevalier (oder andere Saiblinge)
2 dl Genfer Weisswein
1 Zitrone
Salz, Pfeffer

Sauce:
2 Essl. Mehl
50 g Butter
Rosmarin, Thymian
1 Eigelb

Perlzwiebeln in Butter dämpfen, die ausgenommenen Fische dazulegen. Mit etwas Salz und Pfeffer würzen. Weisswein zugeben, bis die Fische zur Hälfte bedeckt sind. Dann mit Zitronensaft beträufeln und 20 Minuten zugedeckt im heissen Sud leise ziehen lassen. Die Fische herausnehmen und warm stellen. Aus dem Sud die Sauce zubereiten: Mehl in zerlassener Butter hellgelb dünsten, mit dem passierten Sud ablöschen und nach Belieben mit Thymian und Rosmarin würzen. Vor dem Anrichten ein Eigelb unter die Sauce ziehen, diese vors Kochen bringen und über die Fische giessen. Mit Salzkartoffeln servieren.

Man kann auch Forellen auf diese Art zubereiten.

Hier noch ein Walliser Fischgericht, das natürlich besonders gut schmeckt, wenn man dazu ganz frische Bachforellen verwendet. Das Rezept stammt von Fritz Balestra, Küchenchef und Besitzer des «Hôtel des Alpes» in Champéry. Es scheint sich um ein etwas modernisiertes Walliser Rezept zu handeln. Jedenfalls ist es so gut, dass ich es in dieses Buch aufnehmen möchte.

Truites du Bisse en papillote

Für 4 Personen

120 g Tafelbutter
Salz, Pfeffer
1 Essl. feingehackter Estragon

Butter, Salz, Pfeffer, Estragon, Petersilie und Sauerampfer mit einer Gabel zu einer gleichmässigen Mischung verarbeiten. Diese Kräuterbutter in das Innere der pfannenfertig hergerichteten Forellen einfüllen. Die Tannensprossen in das

Maul der Forellen geben. Pro Forelle ein Stück Pergamentpapier oder Aluminiumfolie zurechtschneiden. Mit Butter bestreichen und die Forellen darauflegen. Einzeln verpacken, dabei ein Paketende geöffnet lassen. Je zwei Essl. Fendant zugeben und verschliessen. 15 Minuten bei 240° im Ofen schmoren lassen. Mit Kartoffeln servieren.

1 Teel. gehackte Petersilie
1 Teel. gehackter Sauerampfer (auf Frühlingswiesen und mitunter auf dem Markt zu finden)
4 lebendfrische Bachforellen zu je 200 g
4 kleine Tannensprossen
Etwas Butter für die Folie
8 Essl. Fendant
Pergamentpapier oder Aluminiumfolie

Ein Bielersee-Rezept mit dem zartesten Weinteig, der auch mit etwas Hefe angerührt werden kann, was ihn noch knuspriger und luftiger werden lässt.

Eglifilets im Weinteig

Die Fischfilets in eine Schüssel legen. Weisswein, Zitronensaft, Salz und Pfeffer mischen und über die Fische giessen.
2 Stunden an kühlem Ort marinieren lassen. Inzwischen den Teig zubereiten. Mehl mit Weisswein verrühren. Salz und Öl zugeben und mindestens eine Stunde ruhen lassen. Unmittelbar vor dem Gebrauch die steifgeschlagenen Eiweiss darunterziehen.
Vor dem Fritieren die Fischfilets aus der Marinade nehmen, gut abtropfen lassen, durch den Teig ziehen und bei etwa 180° im Öl schwimmend backen.

Für 4 Personen

500 g Eglifilets
½ dl Twanner
Saft von 1 Zitrone
Salz, Pfeffer

Für den Teig:
125 g Mehl
2 dl Twanner
1 Essl. Öl
1 Prise Salz
2 Eiweiss
Öl für die Fritüre

Blick auf Neuenstadt am Bielersee. Stich von J. J. Sperli nach H. Baumann

Die Kapuziner und die Schnecken

Früher pflegten, so sagt man, die Kapuziner im Herbst Schnecken zu sammeln, die dann im Klostergarten in einem runden Gehege eingesperrt wurden. Im Spätherbst wurden die Schnecken erlesen, wobei die einen sogleich in die Pfanne wanderten und die andern bis zur Fastenzeit ihren Winterschlaf hielten. Schnecken waren als Speise für fleischlose Tage von der Kirche erlaubt.

Noch heute finden in gewissen katholischen Gegenden der Schweiz in Kapuzinerklöstern offizielle Essen statt, bei denen nach dem Stockfisch Schnecken aufgetischt werden. Bis vor einigen Jahren wurde auch im Kapuzinerkloster von Sursee jeweils ein Schneckenmahl veranstaltet, und in Fribourg lädt man noch heute die Staatsräte dazu ein.

Die geistlichen Brüder bereiteten die Schnecken auf ähnliche Art zu, wie es im Burgund Brauch ist. Nach dem Abbrühen und Reinigen kochten sie die Schnecken und füllten sie zusammen mit einer raffiniert gewürzten Sauce wieder in die Häuschen ein. Die Herstellung der Gewürzbutter war und ist heute noch das Geheimnis des Mönchs, der das Rezept überliefert bekommt und je nach Begabung das Seine dazutut.

Berühmt waren seit jeher auch die Schnecken aus dem Val de Travers. Leider wurde aber in dieser Hinsicht so grosser Raubbau betrieben, dass der Fang heute in der ganzen Schweiz verboten ist. Hier die originellsten Schneckenrezepte.

Schnecken in Nussbutter
(Bündner Rezept)

Das geriebene Brot in 2 Essl. Butter hellgelb dünsten. Die Petersilie und die Baumnusskerne zugeben, gut mischen und mit der Milch zu einer Paste verrühren. Mit dem Brot und der restlichen, flüssiggemachten Butter vermengen. Mit Salz, Pfeffer und Muskatnuss pikant würzen. Die pfannenfertigen Schnecken in das Häuschen einfüllen und die Sauce darübergeben. Erkalten lassen.
Die Masse wird auch mit ausgelassener Butter zubereitet, weil sie haltbarer ist. Werden die Schnecken sofort verspeist, kann man die Butter schaumig rühren und in frischem Zustand mit Brot und Kräutern vermengen.

Für 50 Schnecken

2 Essl. geriebenes Weissbrot
200 g frische Butter
2 Essl. gehackte Petersilie
100 g feingehackte Baumnusskerne
1 dl Milch
Salz, Pfeffer, Muskatnuss

Escargots à la lie
(Schnecken mit «Lie»)

Die Schnecken abgiessen und gut abtropfen. Schalotten fein hacken und in der Butter 3–4 Minuten anziehen lassen. Schnecken und Kräuter beifügen. Mehrmals wenden und mit Salz und Pfeffer würzen. Mit Lie ablöschen. Die Schnecken portionenweise in kleine, vorgewärmte Tontöpfchen oder Souffléförmchen einfüllen. Mit knusprigem Brot servieren.
Man kann diese Schnecken auch mit Marc zubereiten, wenn keine Lie vorhanden ist.

Für 4 Personen als Vorspeise

24 Schnecken ohne Häuschen (pfannenfertig vorgekocht)
4 Schalotten
4 Essl. Tafelbutter
2 Essl. gemischte Kräuter (Petersilie, Majoran, Thymian, Salbei)
Salz, Pfeffer
2 Essl. Lie
(Drusenbrand s. S. 56)

Bei diesem Rezept weiss man nicht so sicher, ob es wirklich aus der Gegend stammt oder eventuell aus dem Elsass importiert wurde. Das Gericht schmeckt jedenfalls gut und ist originell in der Präsentation.

Jacquerie
(Neuenburger Rezept)

Für 4–5 Personen

500 g Sauerkraut
1 Zwiebel
1 Kalbsfuss, halbiert
2 Essl. eingesottene Butter
2 dl Weisswein
10 zerdrückte Wacholderbeeren
1 Lorbeerblatt
1 Prise Kümmelpulver
2 dl Bouillon
24–30 Schnecken (aus Dose)
Schneckenbutter
1–1 ½ dl Doppelrahm oder Sauerrahm
Butter für die Förmchen
Pfeffer aus der Mühle

Die feingehackte Zwiebel und den Kalbsfuss in der Butter einige Minuten anziehen lassen. Das gut abgetropfte Sauerkraut beifügen. Weisswein, Wacholderbeeren, Lorbeerblatt und Kümmelpulver zugeben. Aufkochen, dann die Bouillon zugiessen und eine Stunde zugedeckt kochen.
Das Sauerkraut nach dem Kochen gut abtropfen, in kleine bebutterte Eierplättchen einfüllen. Mit dem Stiel einer Holzkelle je 6 Vertiefungen anbringen. Die Schnecken hineinlegen. Mit Schneckenbutter belegen. Auf jede Schnecke zusätzlich etwas Rahm giessen. Mit Pfeffer aus der Mühle bestreuen. 8–10 Minuten im gut vorgeheizten Ofen gratinieren.

Zu den Fastenspeisen gehören auch die verschiedenen schmackhaften Suppen. Hier nur eine kleine Auswahl. Zuerst die Luzerner Chässoppe, die mehr ein Gericht als eine Suppe ist und den stärksten Hunger stillt, dann ein Märchler Rezept, das ähnlich gemacht wird wie die in dieser Zeit traditionelle Einsiedler Käsesuppe. (Weitere Käsesuppen s. S. 244.)

Luzärner Chässuppe

Für 4 Personen

300 g altbackenes Brot (sollte 3 Tage alt sein!)

Das Brot und den Käse in feine Scheibchen schneiden und diese lagenweise in eine Schüssel füllen. Mit Salz, Pfeffer und Muskatnuss würzen. Die Milch aufkochen und darübergiessen. Zudecken und über Nacht stehen lassen. Kurz vor dem

Essen zweimal rasch aufkochen und dabei nicht zu stark rühren. Brot und Käse dürfen nicht zu einem Brei zerfallen!
Zwiebeln in Ringe schneiden, in Butter goldgelb backen. Die Suppe anrichten und die Zwiebelschweitze darüber verteilen. Dazu werden Apfelstückli serviert.
Mit Weissbrot wird die Suppe feiner, aber mit Schwarzbrot bedeutend «chüschtiger».

450 g Käse (z. B. 300 g Greyerzer, 100 g Sbrinz, 50 g Emmentaler)
Salz, Pfeffer, Muskatnuss
1 l Milch
2 grosse Zwiebeln
4 Essl. eingesottene Butter

Käsesuppe nach Märchler Art
(altes Rezept)

Das Brot in Würfel schneiden und in heissem Wasser oder Bouillon eine Stunde einweichen. Gut abtropfen lassen, Brühe aufbewahren. Die Zwiebel fein hacken und in Butter 2–3 Minuten dünsten. Das Brot beigeben und unter Rühren kurze Zeit leicht anrösten. Mit dem Kartoffelstössel zerstampfen. Etwas Brotbrühe dazugeben. Den Käse unter das Brot mischen. Aufkochen, bis der Käse schmilzt. Die Käsesuppe darf dick, aber nicht trocken sein.
Die Zwiebel in Ringe schneiden und in Butter hellbraun braten. Die Zwiebelschwitze über die Käsesuppe geben.

Für 4 Personen

300 g altbackenes Brot
1 l heisses Wasser oder Bouillon
1 Zwiebel
2 Essl. Butter
200 g Käse, gerieben

Zwiebelschwitze:
1 grosse Zwiebel
2 Essl. Butter

Häufig erschien zu dieser Jahreszeit die «Sieben-Grün-Suppe» auf dem Speisezettel, auch Gründonnerstagsuppe genannt. Nach alter Überlieferung musste man unbedingt am Tag vor dem Karfreitag, der ein Fasttag war, eine Suppe essen, die sieben verschiedene Grün enthielt. Davon hing Glück oder Unglück der kommenden Monate ab.

Gründonnerstagsuppe

Für 4 Personen

1 Rüebli
1 Stück Sellerie
2 Lauchstengel
1 l Wasser oder Gemüsebouillon
2 Scheiben Weissbrot
2 Essl. Butter (1)
1 Essl. Mehl
1 ½ Essl. Butter (2)
1 Handvoll Spinat
1 Handvoll Mangold
1 Büschel Sauerampfer
1 kleines Büschel Bärlauch
Einige Salatblätter
1 Knoblauchzehe
2 Schalotten oder 1 kleine Zwiebel
1 Essl. gehackter Schnittlauch
1 Essl. gehackte Petersilie
Salz, Pfeffer, Muskatnuss
1 Eigelb
1 Essl. Rahm

Rüebli, Sellerie und Lauch grob hacken. Mit Wasser oder Bouillon 30 Minuten kochen. Das Brot in kleine Würfel schneiden und in der Butter goldgelb rösten. Das Mehl mit der Butter 2–3 Minuten dünsten, ohne Farbe annehmen zu lassen. Die passierte Gemüsebouillon unter Rühren darübergiessen und aufkochen. Spinat, Mangold, Sauerampfer, Bärlauch und Salatblätter in feine Streifchen schneiden. Knoblauch durchpressen und Schalotten fein hacken. Mit Schnittlauch und Petersilie in die Suppe geben. Mit Salz, Pfeffer und Muskatnuss würzen. Eigelb mit Rahm verklopfen, zur Suppe geben. Unter Rühren bis knapp vors Kochen bringen. Auf die gerösteten Brotwürfelchen anrichten.

Hier eine besonders schmackhafte Brotsuppe mit Rotwein und Kümmel. Wenn man sie mit einem guten Dessert ergänzt, wird daraus eine sättigende Mahlzeit.

Brotsuppe

Für 4 Personen

200 g Schwarzbrot
2 Zwiebeln

Das Brot in feine Scheiben schneiden. Die Zwiebeln hacken. Zusammen mit dem Brot in der Butter 1–2 Minuten dünsten. Die Bouillon zugiessen und mit Kümmel, Salz, Pfeffer und

Muskatnuss würzen. 20 Minuten kochen, dann die Suppe durch ein Sieb streichen. Wieder in die Pfanne geben. Rotwein und frische Butter beifügen. Langsam unter Rühren erwärmen. Mit dem geriebenen Käse auf den Tisch bringen.

2 Essl. Kochbutter
1 l Bouillon
½ Teel. Kümmel
Salz, Pfeffer, Muskatnuss
4 Essl. Rotwein
1 kleines Stück frische Butter
50 g geriebener Käse

Das erste Grün, das wir selbst ernten können und auch auf dem Markt finden, sind Sauerampfer und Löwenzahn. Beides ist zu Unrecht in Vergessenheit geraten.

Löwenzahnsalat

Die jungen, noch zarten Pflänzchen zum Reinigen kurze Zeit in Salzwasser einlegen. Die Knoblauchzehe etwas anschneiden und damit die Salatschüssel ausreiben. Öl, Salz und Zitronensaft oder Essig mit den Kräutern zu einer Sauce mischen. Die Löwenzahnblättchen zugeben. Im Gegensatz zu Kopfsalat ungefähr 30 Minuten vor dem Essen anmachen, damit die Blättchen etwas mürber werden.
Im Waadtland wird dieser Salat mit Vorliebe mit Nussöl zubereitet*. Oft werden kleine Speckwürfelchen und Knoblauch-Croûtons beigefügt.

* Nussöl ist erhältlich bei D. Chatelan, Place de la Palud, Lausanne, oder G. Bianchi AG, Comestibles, Marktgasse, Zürich.

Für 4 Personen
200 g zarte Löwenzahnblättchen
1 Knoblauchzehe
3 Essl. Öl
1 Prise Salz
1 Essl. Zitronensaft oder Weissweinessig
1 Essl. gehackte Petersilie und Schnittlauch

Sauerampfersuppe

Sauerampfer waschen und in feine Streifen schneiden. Die Hälfte davon mit den gehackten Zwiebeln in Butter anziehen lassen. Mehl zugeben und mitdünsten, bis es hellgelb wird. Mit Bouillon ablöschen und 10 Minuten kochen. Eigelb mit Rahm in der Suppenschüssel anrühren. Die kochende Suppe darüber anrichten. Restlichen, rohen Sauerampfer fein hacken und zur Suppe geben.

Für 4 Personen
2–3 Handvoll Sauerampfer
2 Essl. gehackte Zwiebeln
2 Essl. Butter
2 Essl. Mehl
1 l Fleisch- oder Gemüsebouillon
2 Eigelb
1 dl Rahm

Fridolinstag im Glarnerland

In die Fastenzeit fällt auch der Fridolinstag (6. März), ein Festtag im Glarnerland zu Ehren des Landespatrons. Das Festtagsgebäck an diesem Tag ist die Glarner Pastete, ein herrliches, prächtig aussehendes Gebäck. Es enthält zu gleichen Hälften zwei verschiedene süsse Füllungen, die eine aus Mandeln und die andere aus Zwetschgen. Die Miniaturausgaben dieser Spezialität mit nur einer Füllung heissen «Glarner Beggeli».

Glarner Pastete

500 g Blätterteig

Mandelfüllung:
30 g Butter
5 Essl. Zucker
2 Essl. Honig
1 Ei
150 g geriebene, geschälte Mandeln
1 Essl. Rahm
1 Essl. Rosenwasser
Saft und Schale einer Zitrone

Zwetschgenfüllung:
300 g gedörrte, entsteinte Zwetschgen oder Pflaumen
1 Messerspitze Zimt
1 Essl. Zucker
1 Essl. Kirsch

Mandelfüllung: Die Butter mit dem Zucker schaumig rühren, den Honig dazugeben und weiterrühren. Mandeln, Ei, Rahm, Rosenwasser und Zitrone beifügen.
Zwetschgenfüllung: Die Zwetschgen knapp mit kochendem Wasser übergiessen und zwei Stunden einweichen, dann abtropfen lassen. Die Zwetschgen durch die grobe Scheibe des Passevite treiben, mit dem Zucker, Kirsch und Zimt vermischen und mit wenig Kochwasser der Zwetschgen befeuchten, so dass ein festes Mus entsteht.
Blätterteig 3 mm dick zu einem grossen Rechteck auswallen. Mit einer Papierschablone zwei runde, bogenförmige Teigflächen ausschneiden, wobei die eine 2 cm grösser sein soll. Die grössere Teigfläche auf ein leicht benetztes Kuchenblech legen und den Pastetenboden zu einer Hälfte mit Zwetschgenmus und zur anderen mit Mandelfüllung belegen. Bei beiden Füllungen darauf achten, dass am Rand 2 cm frei bleiben. Den Teigdeckel mit einem scharfen, spitzen Messer acht- bis zehnmal einschneiden. Diese Schnitte öffnen sich beim Backen zu mandelförmigen Schlitzen, durch welche bei der fertigen Pastete die helle und die dunkelgefärbte Füllung etwas sichtbar werden. Nach dem Einschneiden den Teigdeckel sorgfältig über die Füllung legen, die bogenför-

migen Teigränder mit Wasser bestreichen und exakt aufeinanderlegen. Mit einer Gabel gut andrücken. Bei 230° 15–20 Minuten backen, dann Hitze auf 210° reduzieren. Etwa 30 Minuten weiterbacken. Die Pastete auf einem Kuchengitter auskühlen lassen und mit Puderzucker bestreuen.

Alte Kaffeemühle

Glarner Früchtebrot

Versuchen wir bei diesem kleinen kulinarischen Ausflug auch gleich das ausgezeichnete Glarner Früchtebrot und die delikaten Kalberwürste.

Mehl in eine vorgewärmte Schüssel sieben. Hefe mit 1 Teel. Zucker mischen und rühren, bis sie flüssig wird. Butter erwärmen, bis sie flüssig wird. 4 dl Milch dazugiessen. Im Mehl eine Vertiefung anbringen. Hefe und Butter-Milch-Mischung beifügen. Mit Teigkelle verarbeiten. Verquirlte Eier, Zucker und Salz zugeben. 10 Minuten rühren und klopfen. Dann den Teig auf den Tisch oder ein bemehltes Brett geben. Kräftig von Hand bearbeiten und mehrmals schlagen, bis er glänzt und elastisch ist. Den Teig in eine Schüssel legen, zudecken und an der Wärme (max. 35°) 1 Stunde gehen lassen. Birnen und Zwetschgen 24 Stunden in kaltes Wasser einlegen. Mit dem Einweichwasser 20 Minuten kochen, abgiessen und durch die Hackmaschine treiben. Grobgehackte Nüsse, vorher in Kirsch eingelegte Sulta-

750 g Halbweissmehl
40 g Hefe
50 g Zucker
100 g Butter
5 dl Milch
2 Eier
1 Essl. Salz
700 g Dörrbirnen
300 g gedörrte Zwetschgen, ohne Steine
200 g Baumnusskerne
200 g Sultaninen
2 Essl. Kirsch oder Zwetschgenwasser
100 g Zucker
1 1/2 Teel. Zimt
Je 1 Prise Nelkenpulver und Macis (Muskatblüte)

Butter für das Blech
2 Eigelb

ninen, Zucker und Gewürze unter das Fruchtmus mischen. ⅓ des Teiges darunterkneten. Die Masse zu 4–5 länglichen Broten formen. Restlichen Teig auswallen, in 4–5 Rechtecke schneiden und die Früchtebrote darin einpacken. Die Enden gut übereinanderlegen. Mit dem Verschluss nach unten auf grosse bebutterte Bleche legen. Mit einer Gabel oder dem Teigrädchen einstechen und verzieren. Etwa 1 Stunde an warmem Ort (35°) aufgehen lassen. Dann mit verquirltem Eigelb bestreichen und im vorgeheizten Ofen bei 170° ungefähr 1 Stunde backen. Wenn nötig mit Aluminiumfolie abdecken. Dieses Früchtebrot hält sich in Aluminiumfolie verpackt 3–4 Wochen.

Die Glarner Kalberwürste findet man in den lokalen Metzgereien. Sie sind sehr empfindlich und können deshalb nicht gut roh verschickt werden. Wer sie nach Hause tragen will, sollte sie kühl transportieren und so rasch wie möglich verbrauchen. Sie werden in einer feinen weissen Sauce gekocht und mit Kartoffelstock und Dörrzwetschgen-Kompott serviert.

Glarner Chalberwürscht
(Glarner Kalbswürste)

Für 4 Personen

4 frische, rohe Kalberwürste
1 grosse Zwiebel
4 Essl. Butter
1 Essl. Mehl
5 dl Milch
Salz, Pfeffer

Die Zwiebeln hacken. Die Butter in einer weiten Pfanne zerfliessen lassen. Zwiebeln zugeben, 2 bis 3 Minuten dünsten, ohne dass sie Farbe annehmen. Das Mehl beifügen. 1–2 Minuten mitdünsten. Die Milch zugeben und 10 Minuten unter gelegentlichem Rühren auf kleinem Feuer kochen. Die Pfanne von der Heizquelle wegziehen, würzen, einen Moment abkühlen lassen, dann die Würste hineinlegen. Ungefähr 30 Minuten bei ganz kleiner Hitze ziehen lassen. Darauf achten, dass die Sauce nie kocht, damit die Würste nicht aufplatzen.
Sofort heiss servieren.

Zum Abschluss ein gutes Rezept aus dem Kanton St. Gallen, das nicht nur zur Fastenzeit, sondern das ganze Jahr hindurch Anklang findet. Ich verdanke es einer liebenswürdigen Klosterfrau.

Wiler Hefeküchlein

Zuerst den Hefeteig zubereiten: Hefe, Milch und Mehl anrühren, dann Zucker, Salz, das verklopfte Ei und die flüssiggemachte Butter beifügen. Den Teig tüchtig kneten oder klopfen und 30–40 Minuten an der Wärme aufgehen lassen. Die in Schnitze oder Scheibchen geschnittenen Äpfel in eine gut bebutterte Pyrexform geben, Zucker, Zitronensaft und Sultaninen darübergeben. Aus dem Hefeteig etwa 7 Kugeln formen und diese auf die Äpfel legen. Die Form bei kleiner Wärme zum Aufgehen in den Ofen stellen, dann bei guter Mittelhitze 30–40 Minuten backen. Am Anfang einen Teil des Gusses, gegen Ende der Backzeit den Rest über die Hefeküchlein giessen.

Für 4 Personen

Hefeteig:
15 g Hefe
1 ½ dl Milch
250 g Mehl
40 g Zucker
¼ Teel. Salz
1 Ei
40 g Butter
500 g Äpfel
Butter für die Form
2–3 Essl. Zucker
Etwas Zitronensaft
50–100 g Sultaninen

Guss:
1 dl Milch
40 g Zucker
1 dl Rahm oder 40 g flüssige Butter

AMELÄMÄHL, AMELÄMÄHL.

In Zürich braucht man ohne fehl,
Des Jahrs viel Centner Amelmehl.

Ausrufbild:
Amelmehl (feines Weissmehl)

April 30 Tage

Traditionelle Osterspeisen

In vielen Gegenden unseres Landes steht am Karfreitag immer noch Fisch auf dem Speisezettel. Am Ostersonntag kommt ab und zu noch Gitzifleisch oder Lammbraten auf den Tisch, und als typisches Ostergebäck kennen wir vor allem die verschiedenen Reis- oder Mandelfladen sowie die Ostertaube im Tessin. Für das Osterzmorge werden Tübeli oder Osterkränze aus Hefeteig geflochten (s. Zopfteig S. 33).
Im Berner Mittelland isst man an Ostern oft noch Krautkuchen, und nirgends in unserem Lande dürfen die traditionellen Ostereier fehlen. An Ostern wurde schon seit jeher gut und reichlich gegessen. Daraus leitet sich auch der früher gebräuchliche Ausdruck «österlen» her, der soviel heisst wie «sich gütlich tun» oder «schmausen».

Gitzi und Lamm

Gitzi gibt es zur Osterzeit beim Metzger auf Bestellung. Dieses zarte, jedoch nicht sehr konsistente Fleisch ist allerdings nicht jedermanns Sache. Vielleicht verpacken die Appenzeller es deshalb vor dem Ausbacken in Teig, während die Bündner ihren Gitzibraten raffiniert füllen. Im übrigen sollen die Appenzeller ihre Gitzichüechli ursprünglich ebenfalls den Bündnern abgeguckt haben. Dies ist jedenfalls die Meinung einer hochbetagten Frau aus Teufen, die mir auch eingeschärft hat, man dürfe für den Ausbackteig mit Eiern nicht geizen!

Nächste Seite:
Tanz der Metzgerburschen vor dem Berner Rathaus am Ostermontag.
Zeichnung von P. F. Tessaro

Gitzipaches
(Gitzichüechli)

Das Mehl in eine Schüssel geben, eine Vertiefung formen und mit der gewürzten Milch von der Mitte aus zu einem Teig rühren. Die Butter zufügen und einige Stunden ruhen lassen. Zuletzt die verquirlten Eier beigeben.
Das Fleisch in Würfel schneiden und würzen. Wasser mit Weisswein, gespickter Zwiebel, Lauchstengel, Rüebli und Sellerie aufkochen. Die Fleischstücke hineingeben und 50 Minuten bei mittlerer Hitze kochen. Abgiessen und abkühlen lassen. Die Fleischwürfel zuerst im Mehl, dann im Ausbackteig wenden und im heissen Öl bei 180° schwimmend ausbacken. Mit Zitronenschnitzen garniert anrichten.

Für 4 Personen
250 g Weissmehl
4 dl Milch
1 Teel. Salz
1 Prise Muskat
1 Essl. flüssige, lauwarme Butter
4 Eier
1 kg Gitzifleisch von Schulter oder Hals
Salz
Schwarzer Pfeffer
2 l Wasser
3 dl trockener Weisswein
1 Zwiebel gespickt mit Lorbeerblatt und Nelke
1 mittelgrosser Lauchstengel
2 Rüebli
1 kleines Stück Sellerie
2 Essl. Mehl
1 Zitrone

Hier das Bündner Rezept, von welchem sich die Appenzeller wahrscheinlich inspirieren liessen: gebratenes Gitzifleisch, darüber einen dünnen, guten «Tatschteig», was so etwas wie eine dicke Fleischomelette ergibt, die mit Dörrobst oder Schnitzen serviert wird.

Gitziprägel

Das Mehl in eine Schüssel sieben. Mit den verquirlten Eiern, der Milch und etwas Salz zu einem glatten Teig verrühren. Eine Stunde stehen lassen.
Das Gitzifleisch in kleine Stücke schneiden. 3 dl Wasser, Lorbeerblatt, Zwiebel und etwas Salz aufkochen lassen. Das Gitzifleisch darin etwa

Für 4 Personen
Teig:
100 g Mehl
3 Eier
1 dl Milch
Wenig Salz

300 g Gitzifleisch (ohne Knochen)
1 Lorbeerblatt
1 Zwiebel, gehackt
Salz
2 Essl. eingesottene Butter

40 Minuten kochen. Wasser abgiessen. Butter in einer Omelettepfanne erhitzen. Die Fleischstücke darin ringsum anbraten. Den Teig darübergiessen. Sobald die Unterseite der Omelette gebacken ist, wenden und fertigbacken. Den «Tatsch» mit Dörrobst-Kompott servieren.

Ein Gitzibraten mit südlichem Einschlag aus dem Tessin.

Gebratenes Gitzi «della nonna»

Für 4 Personen

1 kg Gitzi, in Stücke geschnitten
2 Essl. Öl
1 Essl. Butter
Salz, Pfeffer
6 Salbeiblätter
1 Teel. Rosmarinnadeln
1 dl Marsala

Öl und Butter in einer Bratkasserolle erhitzen. Die Gitzistücke darin goldbraun anbraten. Mit Salz und Pfeffer würzen und die gehackten Salbeiblätter und Rosmarinnadeln beifügen. 2–3 Minuten dünsten, dann mit Marsala ablöschen und zugedeckt eine Stunde schmoren lassen. Wenn nötig von Zeit zu Zeit sehr wenig Wasser beifügen.

Zuletzt den Bratenfond mit ein wenig Wasser lösen, nachwürzen und diesen konzentrierten Bratenjus über das Fleisch verteilen.

Aber auch diesseits des Gotthards, im Kanton Schwyz, bereitet man einen ähnlichen, etwas «konventionelleren» Gitzibraten mit Weisswein und Bouillon, aber ohne Marsala zu.

Besonders interessant ist dieses gefüllte Gitzi:

Oster-Gitzi nach Puschlaver Art

Für 6–8 Personen

1 ganzes Gitzi (ohne Beine), vom Metzger zum Füllen vorbereitet

Das Brot reiben, mit Mandeln, Rahm, Zitronenschale, gewaschenen Rosinen und verquirlten Eiern gut mischen. Die Füllung soll weich, aber nicht zu flüssig sein. Mit Salz, Pfeffer und Majoran würzen. Sofern dies nicht beim Metzger geschehen ist, die Öffnungen des Gitzis bis auf etwa 4 cm zunähen. Die Füllung hineingeben und ganz zunähen. Das Gitzi in eine Bratkasserolle legen und mit der heissgemachten Butter übergiessen. Nach dem Anbraten mit Salz und Pfeffer würzen. Zwiebeln, Rüebli, Selleriekraut, Rosmarin, Knoblauch und Lorbeerblatt beifügen. Im Ofen bei 200° eine Stunde braten. Von Zeit zu Zeit etwas Weisswein beifügen. Das Gitzi soll schön knusprig und goldbraun werden.

Füllung:
1 Schildbrot (4 Bürli oder Brötchen)
4 Essl. geschälte, feingehackte Mandeln
4 Essl. Rahm
1 Teel. abgeriebene Zitronenschale
3 Essl. Rosinen
2 Eier
Salz, Pfeffer, Majoran
4 Essl. Butter
Salz, Pfeffer
3–4 kleine Zwiebeln
1 Rüebli
1 Zweiglein Selleriekraut
1 Zweig Rosmarin
1 Knoblauchzehe
1 Lorbeerblatt
2 dl Weisswein

In der Westschweiz ist vor allem ein guter Lammbraten beliebt.

Gigot d'agneau au four
(Lammgigot im Ofen)

Das Lammgigot dem Knochen entlang mit halbierten Knoblauchzehen spicken. Die Butter in einer Kasserolle oder Auflaufform erhitzen. Das Fleisch allseitig im Ofen darin goldbraun braten. Mit Salz und Pfeffer würzen. Lauch, Sellerie, Rüebli und gespickte Zwiebel zugeben. Nach 10 Minuten die Hälfte des Weissweines beifügen. Das Fleisch immer wieder mit dem Bratenfond übergiessen. Nach und nach den restlichen Wein zugeben. Nach 40 Minuten den Ofen abstellen und den Braten noch ungefähr 5 Minuten darin belassen. Das Fleisch sollte innen nicht ganz durchgebraten, sondern zartrosa sein. In der Westschweiz liebt man es sogar leicht «saignant». Flageolets (Kernbohnen) passen gut dazu.

Für 6–8 Personen
1 Lammgigot (etwa 1,3 kg)
3 Essl. eingesottene Butter
2 Knoblauchzehen
Salz
Schwarzer Pfeffer aus der Mühle
1 kleines Stück Lauch
1 kleines Stück Sellerie
1 Rüebli
1 Zwiebel, gespickt mit
1 Lorbeerblatt und
1 Gewürznelke
3 dl Weisswein

Luzern. Aus der Chronik von Etterlin Petermann, 1507

Wo gibt's den besten Osterfladen?

Das ist schwer zu sagen. Alte Kochbücher widersprechen sich. Wird der traditionelle Osterfladen mit Reis, mit Griess, mit einer Mischung aus Weggli und Mandeln oder sogar mit Quark und Rosinli gefüllt? Alle sind gut, und bei jedem bedauert man, dass es ihn nur an Ostern gibt. Hier die besten Rezepte unserer Urgrossmütter.

Luzerner Osterfladen

Mehl und weiche Butterflocken zwischen den Fingern zerreiben. Salz im Wasser auflösen. Rasch zu einem festen Teig verarbeiten. Nicht kneten und eine Stunde kühl ruhen lassen.
Milch, 1 dl Wasser, Salz und Butter aufkochen. Maispuder mit dem restlichen Wasser verrühren. Zugeben und zu einem dicklichen Brei kochen. Erkalten lassen. Verquirlte Eigelb unter den Brei mischen. Mandeln, Zucker, gewaschene Rosinen und Zitronenschale beifügen. Locker mit dem steifgeschlagenen Eiweiss mischen. Grosses Kuchenblech mit Butter bestreichen. Masse einfüllen. Bei 200° eine Stunde backen. Aus Karton eine Schablone anfertigen, auf den erkalteten Kuchen legen und mit Puderzucker bestreuen.

Teig:
250 g Mehl
125 g Butter
2 dl Wasser
1 Prise Salz

Füllung:
4 dl Milch
2 dl Wasser
1 Prise Salz
40 g Butter
3 Essl. Kartoffelmehl
2 Eigelb
4 Essl. geriebene, geschälte Mandeln
4 Essl. Zucker
120 g Rosinen
1 Teel. abgeriebene Zitronenschale
2 Eiweiss
Butter für die Form
Puderzucker zum Bestreuen

Osterkuchen mit Wegglifüllung
(Berner Familienrezept)

Weggli würfeln, in Butter ganz kurz dünsten. Mit heissgemachter Milch übergiessen, zudecken und 15 Minuten aufweichen lassen. Eigelb und Zukker zu einer sämigen Creme schlagen. Wegglimasse mit einer Gabel zu einem Brei zerdrücken, gegebenenfalls durch das Passevite treiben. Mit Eicreme und den übrigen Zutaten mischen. Steifgeschlagenes Eiweiss darunterziehen.
Grosses Kuchenblech gut ausbuttern und mit Teig auslegen. Füllung hineingeben und 40–50 Minuten bei 200° backen.

300 g geriebener Teig (wie Osterkuchen mit Reis)

Füllung:
4 Weggli
100 g Butter
2 dl Milch
4 Eigelb
150 g Zucker
120 g geschälte, geriebene Mandeln
1 dl Rahm oder Sauerrahm
1 Essl. abgeriebene Zitronenschale
1 Essl. Zitronensaft
50 g Rosinen oder Sultaninen
4 Eiweiss
Butter für das Blech

Osterkuchen mit Reis

Teig:
180 g Butter
250 g Mehl
3 Essl. Zucker
2 Prisen Salz
1 Ei
2 Essl. Rahm
1 Teel. abgeriebene Zitronenschale

Füllung:
5 dl Milch
1 dl Wasser
¼ Teel. Salz
125 g Reis
120 g Zucker
3 Eigelb
1 Teel. abgeriebene Zitronenschale
1 dl Rahm
120 g geschälte, geriebene Mandeln
3 Essl. Rosinen oder Sultaninen
3 Eiweiss
Butter für die Form

Butter schaumig rühren. Alle Zutaten mit Ausnahme des Mehles beigeben. 2–3 Minuten rühren. Mehl dazusieben. Rasch mischen. Teig mindestens eine Stunde kalt stellen.
Milch, Wasser und Salz aufkochen. Reis hineingeben. 40–50 Minuten auf kleinem Feuer zu einem dicken Brei kochen. Ab und zu sorgfältig rühren. Zucker und Eigelb sämig rühren. Mit Zitronenschale, Rahm, Mandeln und Rosinen oder Sultaninen unter den erkalteten Reisbrei rühren. Steifgeschlagenes Eiweiss darunterziehen. Mittelgrosse Springform gut ausbuttern. Mit Teig auslegen, dabei einen 4 cm hohen Rand hochziehen. Füllung hineingeben. Etwa eine Stunde bei 200° backen. Nach alten Zürcher Rezepten wird der Reisbrei durch ein Sieb gestrichen.
Es gibt auch Varianten ohne Reis oder Griess. Zum Binden muss man der Füllung 2–3 Löffel Kartoffelmehl beimischen. Der Rahm lässt sich durch Quark ersetzen, und bei der Luxusvariante wird der Teigboden mit Konfitüre bestrichen.

Rahmfladen

Das Rezept für dieses delikate Gebäck stammt aus einer Klosterküche im Kanton Schwyz. An Ostern wird die Füllung auf Blätterteig gebacken.

Teig:
250 g Mehl
3 Essl. Rahm
1 Teel. Salz
1 Ei
150 g Butter
Oder 400 g Blätterteig

Belag:
2½ dl Rahm
2 kleine Eier
2 Essl. Zucker
1 Teel. geriebene Zitronenschale
½ Teel. Zimt
1 Essl. Mehl
2 Essl. Rosinen

Das Mehl in eine Schüssel sieben, in der Mitte eine Vertiefung anbringen. Rahm, Salz und Ei verquirlen. Die Butter leicht erwärmen, bis sie flüssig wird. Alles rasch zu einem gleichmässigen Teig vermischen. Eine Stunde kühl ruhen lassen. Ein oder zwei Kuchenbleche mit Butter bestreichen. Den Teig 3 mm dick auswallen. Blech damit belegen. Den Teig mit einer Gabel mehrmals einstechen. Rahm, Eier, Zucker, Zitronenschale, Zimt und Mehl tüchtig klopfen. Die Rosinen waschen, gut abtropfen und auf dem Kuchenboden verteilen. Den Guss darübergeben. Bei 230° 20–25 Minuten backen.
Bei Verwendung von Blätterteig den Fladen beim Backen gut überwachen. Sobald sich beim Teigboden Blasen bilden, diese aufstechen.

Es muss nicht immer Fladen sein, es gibt auch anderes feines Ostergebäck, zum Beispiel die «Torta di pane» aus dem Tessin oder die delikate St. Galler Klostertorte sowie andere beliebte Spezialitäten.

Torta di pane
(Tessiner Brotkuchen)

Milch mit aufgeschlitzter Vanilleschote aufkochen. Über das kleingeschnittene Brot giessen und 3 Stunden zugedeckt stehen lassen. Amaretti oder Zwieback zerbröckeln, daruntermischen. 5 Minuten aufweichen lassen. Die Masse durch ein Sieb oder Passevite streichen. Eier, Salz und Zucker zu einer Creme schlagen. Zitronenschale, Orangeat, Cedrat, gewaschene Sultaninen, geschälte Mandeln, Muskatnuss, Zimt, geriebene Schokolade, gegebenenfalls Mandelaroma und Grappa zugeben. Brotmasse und Creme zu einem gleichmässigen Teig verarbeiten. Form dicht mit Butter bestreichen, mit Paniermehl bestreuen und Masse einfüllen. Pinienkerne darüber verteilen und mit kleinen Butterflocken bestreuen. Eine Stunde bei 180° backen.
Nach dem Backen sofort aus der Form lösen. Die Torta di pane lässt sich einige Tage aufbewahren.

250 g altbackenes Brot
1 l Milch
1 Vanilleschote
100 g Amaretti (Tessiner Mandelgebäck) oder Zwieback mit 3 Tropfen Mandelaroma
3 Eier
1 Prise Salz
180 g Zucker
1 Teel. geriebene Zitronenschale
Je 50 g Orangeat und Cedrat, fein gehackt
50 g Sultaninen
100 g geschälte Mandeln, gerieben
1 Teel. Zimtpulver
1 Prise Muskatpulver
50 g dunkle Schokolade
2 Essl. Grappa
50 g Butter
2 Essl. Pinienkerne
3 Essl. Paniermehl
30 g Butterflocken

Burg Mesaucini (Misox)

St. Galler Klostertorte

Für eine Springform von 24 cm Durchmesser

Teig:
300 g Mehl
1 Teel. Backpulver
120 g Zucker
125 g Mandeln, gerieben
150 g Butter
1 ½ Teel. Zimt
1 Essl. gesüsstes Schokoladepulver
1 Prise Nelkenpulver
2–3 Essl. Milch
Wenig Butter und Mehl für die Form
1 Glas dicke Johannisbeer- oder Himbeerkonfitüre
1 Eigelb

Gesiebtes Mehl mit Backpulver, Zucker und Mandeln mischen. Mit Butterflocken zwischen den Fingern zu Bröseln zerreiben. Zimt, Schokoladepulver, Nelkenpulver und Milch beigeben und rasch zu einem Teig verarbeiten, zugedeckt oder in einem feuchten Tuch eine Stunde im Kühlschrank ruhen lassen. Die Springform bebuttern und bemehlen, ¾ des Teiges auswallen, als Boden darauflegen. Den restlichen Teig ebenfalls auswallen und in Streifen schneiden. Den äussersten Rand des Bodens mit einem Streifen belegen und die Konfitüre auf dem Teigboden verteilen. Ein Teiggitter auf die Konfitüre legen, am Rand andrücken und mit Eigelb bepinseln. Bei Mittelhitze (180°) 45 Minuten backen.

Zimtpitte
(Rezept aus Chur)

250 g ungeschälte Mandeln
250 g Zucker
140 g Butter
140 g Mehl
2 Essl. Zimtpulver
1 Prise Nelkenpulver
2 Prisen Muskatblüte (Macis)
Abgeriebene Schale einer halben Zitrone
2 Eigelb
2 Eiweiss
Wenig Mehl und Butter für das Blech

80 g Mandeln mit kochendem Wasser übergiessen, schälen, auf Küchenpapier trocknen und beiseite legen.
Die übrigen Mandeln reiben und mit 170 g Zucker vermischen. Die bei Küchentemperatur weich gewordene Butter, das gesiebte Mehl, die Gewürze, die abgeriebene Zitronenschale und die verquirlten Eigelb dazugeben und rasch zu einem Teig verarbeiten.
Ein rechteckiges Kuchenblech mit Butter bestreichen und mit Mehl bestäuben. Den Teig etwa 4 mm dick auswallen und darauflegen. Die Eiweiss steifschlagen, den restlichen Zucker beifügen. Die zurückbehaltenen, geschälten Mandeln in Stifte schneiden. Mit den Eiweiss mischen und mit dem Spachtel gleichmässig auf dem Teig verteilen. Bei 170° etwa 20 Minuten hellgelb backen. Noch lauwarm in verschobene Vierecke schneiden.
Bei gewissen Rezepten wird der Teigboden vor dem Belegen mit der Glasur noch mit Konfitüre bestrichen.

Eierwettlaufen

Eiertütschen und Eierlaufen

Einige alte Osterbräuche haben sich bis auf den heutigen Tag erhalten.
Das Ei war von jeher ein Frühlingssymbol, ein Zeichen für das neu erwachende Leben und für die Fruchtbarkeit. Es wurde deshalb auch Gegenstand froher Spiele, wie sie in der Nordostschweiz, im Kanton Basel-Land und im bernischen Seeland noch heute in Form des Eierwettlaufens stattfinden.
Zur Osterzeit werden in der Schweiz nicht nur Eier gekocht, bunt gefärbt und versteckt, man macht auch gerne einen feinen «Eiertätsch», eine «Amelette», wie man in Zürich sagt, oder eine feine Creme aus Grossmutters Rezeptbuch.
Man kochte in der Schweiz seit jeher viel mit Eiern, gehörten sie doch zu den Produkten, die überall und jederzeit zur Hand waren.

Ostereier mit Naturfarben

Das Schmücken der Ostereier ist auch in der Schweiz ein alter Brauch. Das Färben mit Naturfarben kommt wieder in Mode.
Zwiebelschalen oder Tee *verleihen den Eiern einen warmen Braunton.*
Efeu- und Brennesselblätter *färben die Eier grün.*
Rot- und Blauholz *ergeben rote, blaue bis dunkelviolette Eier.*
Safran und Kümmel *verleihen den Eiern eine leuchtendgelbe Farbe.*
Alle diese Pflanzenteile werden zuerst mit Wasser aufgekocht. Je nach gewünschter Farbstärke werden bereits gekochte Eier mehr oder weniger lang im lauwarmen Absud liegengelassen. Rohe Eier können mitgekocht werden. Ein wenig Essig im Sud macht die Farben leuchtender.

Eiervoressen
(Rezept aus dem Emmental)

Für 4 Personen

8 frische Eier
2 Schalotten oder
1 mittelgrosse Zwiebel
2 Essl. Butter
1 ½ Essl. Mehl
1 dl Weisswein
3 dl Milch
½ Essl. getrocknete Kräuter (Estragon, Majoran, Thymian, Basilikum)
Salz, Pfeffer, Muskatnuss
1 Teel. scharfer Senf

Schalotten oder Zwiebel sehr fein hacken (mit Schalotten wird die Sauce aromatischer und feiner), in Butter dünsten, ohne dass sie Farbe annehmen. Mehl zugeben, 2–3 Minuten mitdämpfen und unter Rühren mit Wein ablöschen. Einen Moment vom Feuer nehmen, Milch zugiessen, gut durchrühren und 10 Minuten auf kleinem Feuer zu einer sämigen Sauce kochen. Dann gemischte Kräuter, Salz, Pfeffer, Muskatnuss, Senf und Rahm zugeben. Die Eier mit einer feinen Nadel 1–2mal einstechen, damit sie nicht springen (dafür gibt es im Haushaltgeschäft ein kleines Spezialinstrument). In kochendes Salzwasser geben und 6 Minuten «pflaumenweich» kochen.

Kalt abschrecken, vorsichtig schälen, in eine vorgewärmte Schüssel legen und langsam mit der heissen Sauce begiessen. Mit Schnittlauch und Petersilie bestreuen und mit Kartoffelstock auf den Tisch bringen.
Nach einem alten Berner Rezept wird die Sauce nicht mit Wein, sondern mit ein wenig Essig abgeschmeckt. Der Senf wird weggelassen.

3 Essl. Rahm
1 Essl. gehackter Schnittlauch
1 Essl. gehackte Petersilie

Schanfigger Eiertätsch

Rahm, verquirlte Eier, Salz und gesiebtes Mehl gut mischen. Eine Stunde stehen lassen. Den Teig in der Butter zu 4 dicken Omeletten ausbacken. Diese in grobe Stücke schneiden, warm servieren und nach Belieben mit Zimtzucker bestreuen.

Für 4 Personen

2 dl Sauerrahm oder Haushaltrahm
4 Eier
½ Teel. Salz
200 g Mehl
Eingesottene Butter zum Backen
Zimtzucker (nach Belieben)

Grosi Lüdis Rumcreme

Das ist die beste Creme, die ich je gegessen habe. Sie wurde mir im alten, sehr stark der Tradition verbundenen Gasthof Löwen in Heimiswil serviert. Grossmutters Rezept haben mir die Nachkommen allerdings nicht verraten. Ich habe aber versucht, es nachzukochen.

Eigelb, 120 g Zucker und Rum im Wasserbad zu einer Creme schwingen. Nach etwa 10 Minuten wird sie warm und fest. Eiweiss mit dem restlichen Zucker steifschlagen, sorgfältig unter die heisse Creme ziehen. Leicht abgekühlt servieren. Besonders gut gelingen hausgemachte Cremen nach Grossmutterart in einer Messingpfanne, sofern auf dem Flohmarkt eine aufzutreiben ist.

Für etwa 6 Personen

3 Eigelb
140 g Zucker
1 ½ dl Rum
3 Eiweiss

Aus dem handgeschriebenen Rezeptbuch meiner Grossmama.

Crème brûlée
(Gebrannte Creme)

100 g Würfelzucker
1 Zitrone
150 g Griesszucker
1 l Milch
5 Eier
2 dl Rahm (nach Belieben)

Die Zuckerwürfel an der gewaschenen Zitrone abreiben. Den Griesszucker mit 1 Essl. Wasser in eine Pfanne geben und unter Rühren hellbraun rösten. Die Milch und die abgeriebenen Zuckerwürfel zugeben. Unter Rühren aufkochen. Die Eier sämig rühren. Die Karamelmilch auf die Eiercreme geben, tüchtig schwingen. Die Creme nochmals bis knapp vors Kochen bringen. In eine Schüssel giessen, mit etwas Zucker bestreuen und erkalten lassen.
Nach Belieben steifgeschlagenen Rahm unter die Creme mischen oder damit garnieren.

Vanillecreme

Für 6–8 Personen
1 l Milch
1–1 ½ Vanillestengel
Abgeriebene Schale von 1 Zitrone
250–300 g Zucker
4 Eigelb
3 ganze Eier

Milch mit aufgeschlitztem Vanillestengel, etwa 200 g Zucker und Zitronenschale aufkochen. 100 g Zucker mit den Eigelb und den ganzen Eiern verquirlen und schlagen, bis eine Creme entsteht. Die Vanillemilch etwas abkühlen und unter Rühren über die Eiercreme giessen. Nochmals unter tüchtigem Schwingen auf kleinem Feuer bis vors Kochen bringen. Darauf achten, dass die Creme nicht kocht, sonst gerinnen die Eier, und die Creme wird griessig und wieder dünn. Erkalten lassen, dabei öfter rühren.

Chriesiwasser-Creme
(Basler Rezept)

6 Eigelb
200 g Zucker
½ dl Zitronensaft
½ dl Kirsch
6 Eiweiss
2 dl Rahm

Eigelb mit Zucker schaumig rühren. Zitronensaft, Kirsch und 1 dl Wasser beifügen. In einer Messingpfanne (wenn möglich) über schwachem Feuer rühren und knapp bis vors Kochen bringen. Vom Feuer nehmen, in eine Schüssel giessen und unter gelegentlichem Rühren erkalten lassen. Vor dem Servieren die Eiweiss steifschlagen und mit dem ebenfalls geschlagenen Rahm unter die Creme ziehen.

Eierwein und Eierlikör oder -grog wurden meistens als Erfrischung und Stärkung für Genesende empfohlen. Sicher wurde manch ein Gläslein auch zum Vergnügen getrunken!

Eierwein

Weisswein, Wasser, Würfelzucker und Muskatnuss aufkochen. Das Ei mit 1 Essl. Wasser schaumig rühren. Die heisse Flüssigkeit unter Rühren darübergiessen. In einem Fussglas servieren.

Pro Person
1 ½ dl Weisswein
½ dl Wasser
4 Würfelzucker
1 Prise Muskatnuss
1 Trinkei

Eiergrog

Eigelb, Zucker und Rum so lange rühren, bis der Zucker ganz geschmolzen ist. 1 dl heisses Wasser zugiessen, dabei ständig rühren. Heiss trinken.

Pro Person
1 Eigelb
3 Würfelzucker
½ dl Rum

Selbstbereiteter Eierlikör

Eier, Zucker und Vanillezucker schaumig rühren, bis der Zucker ganz aufgelöst ist. Die Spirituosen und den ungeschlagenen Rahm beimischen und in Flaschen abfüllen. Vor Gebrauch stets schütteln. Dieser rasch zubereitete Eierlikör ist lange haltbar (so steht es im Rezept!). Bei mir wurde er frisch getrunken.

8 frische ganze Eier
600 g Puderzucker
1 Päckli Vanillezucker
2 dl Kirsch
2 dl Kräuterschnaps
2 dl Malaga
5 dl Rahm

Das Zürcher Sechseläuten

Mit diesem Fest feiern die Zürcher den Abschied vom Winter. Seinen Namen hat es davon, dass nach dem Winter zum erstenmal wieder um 6 Uhr Feierabend geläutet wird. Höhepunkt des Festes ist Schlags 18 Uhr das Verbrennen des «Böögg», einer Strohpuppe, die den Winter verkörpert. Unter dem Jubel der Zuschauer umreiten Mitglieder der Zünfte, allen voran die als Beduinen verkleideten Kämbelzünfter, das Feuer. Überall auf den Strassen gibt es Bratwürste zu kaufen, in den Konditoreien findet man kleine, süsse «Böögge» auf dem Holzstoss und – wenn man Glück hat – Tabakrollen (s. S. 63). Der Tag gehört den Kindern. In hübschen Kostümen, vorwiegend in Biedermeierkleidli, ziehen sie durch die Stadt. Am Abend folgt der Schmaus der Zünfter. Man besucht sich gegenseitig in Zürichs schönen Zunfthäusern, wobei es an trefflichen Spottreden nicht fehlt. Früher begannen die Tafelfreuden der Zünfter manchmal schon mittags – wenn kein grosser Festumzug stattfand – und dauerten bis in den Abend hinein. Was da alles für Leckerbissen auf den Tisch kamen! So mussten sich die Saffran-Zünfter 1877 an ihrem Sechseläutenmahl durch fünfzehn Gänge essen.

Unter all den herrlichen Schlemmereien bekam man damals vor hundert Jahren auch im Bierteig gebackenen Kalbskopf vorgesetzt. Für Liebhaber dieser Spezialität hier ein entsprechendes Rezept.

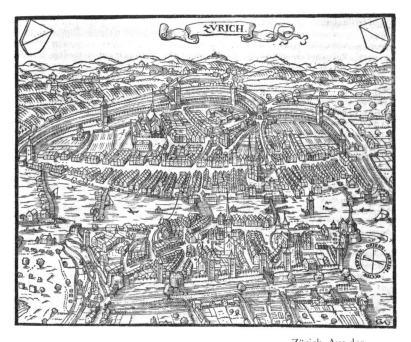

Zürich. Aus der Schweizer Chronik von J. Stumpf

Kalbskopf, gebacken

Das Fleisch in etwa 5–6 cm grosse Stücke schneiden. In eine Pfanne geben, mit Wasser bedecken. Weisswein, Salz, alle Gemüse und Gewürze zufügen und 2 Stunden auf kleinem Feuer kochen. Die Fleischstücke im Sud erkalten lassen. Gesiebtes Mehl, Bier oder Most, Öl und Salz zu einem glatten Teig verrühren. Eine Stunde ruhen lassen. Unmittelbar vor dem Gebrauch das steifgeschlagene Eiweiss darunterziehen. Die gut abgetropften Fleischstücke durch den Teig ziehen und im heissen Öl (etwa 170°) goldgelb ausbacken.
Heute serviert man zu diesem Gericht entweder Tomatensauce oder eine mit Kräutern vermischte Mayonnaise.

Für 4–6 Personen

1 kg Kalbskopf
2 l Wasser
2 dl Weisswein
½ Zwiebel
1 Lorbeerblatt
1 Nelke
4 Pfefferkörner
2 Rüebli
1 Lauchstengel
1 kleines Stück Sellerie

Teig:
150 g Mehl
2 dl Bier oder Most
1 Essl. Öl
½ Essl. Salz
2 Eiweiss
Öl für die Fritüre

Verweilen wir ein wenig bei den Zürcher Spezialitäten. Leider findet man heute in den Zunfthäusern selten unverfälschte Zürcher Gerichte. Nur noch die alten, schönen Kassettendecken, die herrlichen Kachelöfen, die Glasmalereien oder Butzenfenster künden von der alten Zeit. Einige wenige Gerichte aus früheren Zeiten wurden dem allgemeinen Geschmack und der Rationalisierung angepasst, andere neue erfunden. Ich möchte Ihnen hier einige überlieferte Zürcher Gerichte vorstellen, die ich seit Jahren zubereite. Ihre Herkunft ist aber nicht weiter als bis ins letzte Jahrhundert zurückzuverfolgen.

Manche sind der Ansicht, dem echten «Gschnätzlets» werde ein Viertel bis ein Drittel Kalbsniere beigegeben. Ich finde folgendes Rezept besonders gut.

Züri Gschnätzlets
(Gschnetzeltes nach Zürcher Art)

Für 4 Personen

600 g Kalbfleisch
4 Schalotten oder 1 kleine Zwiebel
2 dl Weisswein
Salz, Pfeffer
1 Prise Zitronenrinde
250 g Champignons
3 Essl. Butter
1 Essl. Mehl
2 dl Rahm
1 Essl. gehackte Petersilie

Kalbfleisch in kleine, dünne Scheibchen schneiden. Die Butter in der Bratpfanne erhitzen und das Fleisch bei starker Hitze ganz kurz anbraten. Bevor das Fleisch Saft abgibt, aus der Pfanne nehmen und warm stellen. Gehackte Schalotten in die Pfanne geben, leicht anziehen lassen. Champignons in feine Scheiben schneiden und beigeben. Mit Mehl bestäuben und mit Weisswein ablöschen. Bis zur Hälfte einkochen lassen, dann Rahm beimischen. Etwas eindicken lassen, gut würzen. Fleisch hineingeben (nicht mehr kochen) und sofort auf den Tisch bringen. Mit Petersilie bestreuen.

Wer Zürcher Gschnätzlets in einer wunderschönen Ambiance geniessen will, geht am besten in das Restaurant «Kronenhalle», wo es auch Kutteln und andere Zürcher Spezialitäten gibt. Soll es besonders gemütlich sein, ist Kaiser's Reblaube zu empfehlen.

Das folgende Eintopfgericht oder reichhaltige Pot-au-feu geht auf Zürcher Söldner zurück, die das Rezept im Mittelalter nach Hause brachten. Wunderschöne Bronzeschüsseln im Landesmuseum mit prächtigen Verzierungen zeugen davon, dass die «Spanischsuppe» damals schon ein vornehmes Essen war.

Spanischsuppe

Das Fleisch in Würfel schneiden. Kabis und Zwiebeln in feine Streifen schneiden. Rüebli und Sellerie schälen und grob hacken. Rindfleisch und Fleischbouillon aufkochen. Mit Salz, Pfeffer und Kräutern würzen, Lorbeerblätter und Nelken zugeben. Zugedeckt eine Stunde auf kleinem Feuer kochen lassen. Dann Kalbfleisch, Rippli und Gemüse zugeben, gegebenenfalls etwas nachwürzen. Nochmals eine Stunde weiterkochen. Lorbeerblätter entfernen. Dann Fleisch und Gemüse aus dem Topf nehmen. Die Fleischbrühe stark aufkochen lassen und Petersilie zugeben. Die Cipollatawürstchen in der Butter braten und das Gericht damit garnieren.

Für 10 Personen

600 g Kalbfleisch
600 g Rindfleisch
600 g Rippli
1 kg Kabis
250 g Zwiebeln
400 g Rüebli
300 g Sellerie
1 l Fleischbouillon
Salz, Pfeffer
2 Lorbeerblätter
2 Gewürznelken
Wenig Majoran,
Thymian und Rosmarin
1 Büschel gehackte
Petersilie
20 kleine
Cipollatawürstchen
1 Essl. Butter

Etwas ganz Spezielles, aber leider selten gut zubereitet, sind die

Kutteln nach Zürcher Art

Für 4 Personen

600 g Kutteln am Stück (vorgekocht beim Metzger)
1 grosse Zwiebel, fein gehackt
1 Lauchstengel, in dünne Rädchen geschnitten
2 Essl. Butter
1 Teel. Zitronensaft
1 Rüebli
1 Stück Sellerie
1 Essl. Mehl
1 dl Fleischbouillon
2 dl Weisswein
Salz, Pfeffer, Majoran
½ Teel. Kümmel
1 Lorbeerblatt

Die Kutteln in Streifen oder kleine Vierecke schneiden. Zwiebel und Lauch in Butter 2–3 Minuten dünsten. Kutteln, halbiertes Rüebli, Sellerie und Zitronensaft beifügen und ebenfalls kurz anziehen lassen. Mit Mehl bestäuben und mit Bouillon und Wein ablöschen. Gewürze zufügen und eine Stunde zugedeckt auf kleinem Feuer kochen. Lorbeerblatt, Rüebli und Sellerie herausfischen, nachwürzen, in einem rustikalen Topf servieren und «Gschwellti» dazureichen.

Zürcher Leberspiessli

Diese zarten Kalbsleberli sollten auch zart auf den Tisch kommen! Leider werden für dieses delikate Gericht viele Rezepte herumgeboten, für welche Rinds- oder Schweinsleber gerade gut genug wäre. Kalbsleberli müssen schonend zubereitet werden, deshalb ist das alte Zürcher Rezept unserer Urgrossmütter immer noch das richtige. Sie wickelten die Leberli mit Salbei in ein Schweinsnetz und schützten sie so vor allzu grosser Hitze. Wenn ich keine Zeit dazu habe, dann lasse ich die Spiesschen beiseite und brate die Leber kurz in der Pfanne. Hier das korrekte Rezept.

400 g Kalbsleber
1 dünnes Schweins- oder Kalbsnetz
4 Scheiben Magerspeck, dünn geschnitten
Salz, Pfeffer
8–12 Salbeiblättli

Die gehäutete und von allen Filamenten befreite Leber in 3 cm dicke Scheiben schneiden. Das Netz in lauwarmes Wasser einlegen, gut ausdrükken, ausbreiten und in etwa 8 cm grosse Vierecke schneiden. Die Specktranchen in 4 Stücke schneiden. Je 1 Leberscheibe auf ein Stück Netz legen, mit Pfeffer und wenig Salz bestreuen, 1 Speckscheibchen und ½ Blatt Salbei daraufgeben. Mit dem Netz zu Päckchen verschliessen. Die Päckchen auf Spiesse stecken. In der Pfanne in Butter beidseitig je 2–3 Minuten braten oder mit Öl bestreichen und 7–8 Minuten grillieren, dabei einmal wenden. Den Bratensatz entfetten, mit wenig Fleischbouillon aufkochen. Auf grünen Bohnen, die mit Speck und Zwiebeln gedünstet wurden, anrichten und den Fleischsaft darübergiessen.

4 Spiesschen
Butter oder Öl
½ dl Fleischbouillon

Zürcher Ratsherrentopf

Er wird im Zunfthaus «Zur Saffran» in Zürich mit Safere-Rys (Safranreis) serviert – vielleicht weil der Name der ehemaligen Krämerzunft dazu verpflichtet. Jedenfalls gehören Erbsli und Rüebli dazu, das schweizerische «Nationalgemüse».

Die Fleischstücke ganz kurz in 1 Essl. Butter beidseitig braten. Die Rindsfiletscheiben, die Lebern und die Nierli sollten innen rosa bleiben. Das Fleisch mit Salz, Pfeffer, Majoran und Thymian würzen und auf einem Kerzenrechaud warm stellen. Die Würstchen zuerst kurz abbrühen, auf Küchenpapier trocknen und dann zusammen mit dem Speck und dem Salbei leicht anbraten.
Die Kartoffeln und die Erbsli und Rüebli auf einer Platte schön anrichten. Die verschiedenen Fleischstücke darauf anordnen. Den Bratenfond mit 3–4 Essl. Bouillon stark aufkochen. Diesen konzentrierten Fleischsaft über das Gericht verteilen. Mit Petersilie bestreuen und servieren.

Für 4 Personen
Je 4 kleine Scheiben
Rinds-, Kalbs- und
Schweinsfilet
Je 4 Scheiben
Kalbsnieren, Kalbsleber,
Hirn- oder Kalbsmilken
4 Cipollatawürstchen
(nach Belieben)
4 dünne Speckscheiben
Salz und Pfeffer
1 Zwiebel
3 Essl. eingesottene
Butter
½ Teelöffel Salbei,
gehackt
Je 1 Prise Thymian und
Majoran
1 Essl. feingehackte
Petersilie

Beilagen:
Kleine, rund
ausgestochene
Bratkartoffeln
Erbsli und Rüebli

Jetzt wieder neu entdeckt wurden die «Müslichüechli», die ihren Namen der länglichen Form und dem Salbeistiel verdanken, der wie das Schwänzchen eines Mäuschens aus der Teighülle guckt. Diese Salbeimüsli bilden entweder eine originelle Beigabe zu Fleisch- oder Fischgerichten oder zu einem Glas Wein aus der Gegend. Man kann sie aber auch mit Zimtzucker bestreuen und als Zvieri zu Milchkaffee servieren.
Die Müslichüechli sind sogar in die Literatur eingegangen. Gottfried Keller schreibt darüber in den Züricher Novellen in «Das Fähnlein der sieben Aufrechten»: auch nahm sie (Frau Hediger) eine tüchtige Handvoll Salbeiblätter, tauchte sie in einen Eierteig und buk sie in heisser Butter zu sogenannten Mäuschen...»
Salbeimüsli gibt es auch in der Innerschweiz und in anderen Kantonen. Im Bündnerland heissen sie «Selfichüechli».
Hier mein Rezept: mit einem zarten Weinteig ohne Eigelb, der die Müsli leicht und knusprig macht. In den meisten Zürcher Rezepten werden allerdings die Müsli einfach durch Omeletten oder Bierteig gezogen.

Salbeimüsli

Für 4 Personen

16 Salbeiblätter
10 g Hefe
1 Prise Zucker
3 Essl. Mehl
5 Essl. Weisswein oder Apfelwein
1 Prise Salz, Pfeffer, Muskat
1 Eiweiss
Öl für die Fritüre

Hefe und Zucker mit 1 Teel. lauwarmem Wasser gut verrühren. 10 Minuten gehen lassen. Mehl mit Weisswein und Salz zu einem glatten Teig rühren. Die Hefe daruntermischen. Eine Stunde ruhen lassen. Die Salbeiblätter waschen, auf Küchenpapier trocknen. Das Eiweiss sehr steif schlagen und unter den Teig ziehen. Die Salbeiblätter beim Stiel anfassen, in den Teig tauchen und 1–2 Minuten bei 190° schwimmend backen.

Im Gasthof «Adler» in Rorbas, Kanton Zürich, einem traditionsreichen Gasthof mit dem Tavernenrecht seit 1406, findet man als löbliche Ausnahme eine ganze Anzahl von Zürcher Spezialitäten, die mit viel Liebe zubereitet werden. So gibt es dort Salbeimüsli (s. S. 149), Leberspiesschen, natürlich «Gschnätzlets» und die folgenden

Zürcher Zwiebelkartoffeln

Eine Gratinform mit Butter bestreichen. Kartoffeln schälen, in dünne Scheiben schneiden. Zwiebeln hacken und in Butter 10 Minuten dünsten. Mit Mehl bestreuen, 2–3 Minuten weiterdünsten, dann mit Milch ablöschen. Zu einer sämigen Creme einkochen. Mit Salz, Pfeffer und Muskatnuss würzen. Lagenweise mit den Kartoffeln in die Form einfüllen. Mit Rahm begiessen und mit Reibkäse bestreuen. Einige Butterflocken daraufgeben und im Ofen bei 220° 25–30 Minuten überbacken.

Für 4 Personen

500 g geschwellte Kartoffeln
4 Zwiebeln
2 Essl. Butter
1 Essl. Mehl
2 ½ dl Milch
Salz, Pfeffer, Muskatnuss
1 dl Rahm
4 Essl. geriebener Käse
Butterflocken

Ein liebenswürdiges Gericht ist auch das Plattenmüesli, eine Kinder- oder Krankenspeise aus früheren Zeiten, die aber auch Gesunde erfreuen kann.

Plattenmüesli

Alle Zutaten zusammen verquirlen, in eine bebutterte, flache Gratinplatte oder in vier mit Butter bestrichene Eierpfännli verteilen. Zugedeckt auf dem Herd oder im Ofen bei 170° fest werden lassen (ungefähr 15–20 Minuten). Das Plattenmüesli darf nicht trocken werden, und die Eier sollen nicht gerinnen. Mit Puderzucker bestreuen und sofort servieren.

Für 4 Personen

6 frische Eier
5 dl Milch
2 Essl. Zucker
1 Prise Salz
½ Teelöffel abgeriebene Zitronenschale
Butter für die Form
Puderzucker zum Bestreuen

Ein richtig schönes, altmodisches Zürcher Dessert oder Zvieri sind die Triätschnitten. Einige von uns werden sich vielleicht noch daran erinnern, wie etwa die Grossmutter die braunen Schnitten aus einer Blechdose nahm und sie auf dem Tisch mit Weinsauce begoss.

Triätschnitten

8 halbfingerdicke Einback- oder Zopfscheiben
150 g Zucker
1 ½ dl Wasser
2 Teel. Triätpulver*
200 g Puderzucker

Sauce:
60 g Würfelzucker
1 Zitrone
5 dl guter Rotwein
2 Essl. Zitronensaft
½ Zimtstengel

Zucker mit Wasser zum Fluge (dicker Sirup) kochen. Triätpulver mit Puderzucker mischen. Die Brotschnitten in den noch heissen Sirup tauchen, abtropfen lassen, auf ein Blech legen und auf einer Seite mit der Zucker-Triätpulvermischung bestreuen. Im warmen Ofen bei etwa 180° trocknen lassen. Die zweite Seite ebenso behandeln. Die hartgewordenen, aber noch warmen Schnitten nochmals mit Triätzucker bestreuen und nach Erkalten in Blechdosen legen.
Die Zuckerwürfel an der gut gewaschenen Zitrone abreiben. Mit Rotwein, Zitronensaft und Zimt erhitzen. Knapp vor dem Kochen vom Feuer nehmen. Nach dem Erkalten in eine Flasche giessen und gut verschliessen.
Pro Person 2 Triätschnitten auf einen Teller legen, mit dem vorbereiteten Rotwein übergiessen und 1–2 Stunden aufweichen lassen.

*) Triätpulver: 7 g Nelkenpulver, 7 g gemahlener Anis, 5 g Macispulver, 5 g geriebene Muskatnuss, 15 g Zimtpulver, 10 g Sandelholzpulver. Diese Mischung ist unter dem Namen «Triätpulver», «Magenträs» oder «Glarner Zucker» in Drogerien oder bei Landolt, Hauser, Gewürzmühle in Näfels, erhältlich.

Im übrigen kann man Triätschnitten in der Confiserie Sprüngli am Paradeplatz in Zürich kaufen.

Ebenfalls ein altes Zürcher Gebäck:

Zedernbrot

Eiweiss zu Schnee schlagen und mit Puderzucker und Zitronensaft so lange rühren, bis eine glatte und glänzende Masse entsteht. Davon eine Tasse zum Glasieren des Gebäckes beiseite stellen. Die restliche Masse mit den gemahlenen Mandeln und der abgeriebenen Zitronenschale vermischen. Es soll ein ziemlich fester Teig entstehen, der nicht mehr an den Händen klebt. Eine halbe Stunde ruhen lassen. Griesszucker auf den Tisch streuen und den Teig darauf 1 cm dick auswallen. In kleinfingergrosse Streifen schneiden und diese auf ein befettetes Backblech setzen. Mit der zurückbehaltenen Glasur bestreichen und im vorgeheizten Backofen bei 160° 15–18 Minuten bakken.

4 Eiweiss
500 g Puderzucker
Saft und Schale von 1 Zitrone
500 g geriebene Mandeln
Einige Essl. Zucker

Osterhasen-Schokolademodel

Schweizer Schokolade – in der ganzen Welt ein Begriff

Ein Schweizer Kochbuch ohne Schoggirezepte wäre wie ein Gugelhopf ohne Rosinen.
1697 trank ein Schweizer, der Zürcher Bürgermeister Heinrich Escher, erstmals Schokolade in Brüssel und brachte die Kunde von dem süssen Getränk nach Hause. 1792 eröffnete das Bündner Brüderpaar Josty in Berlin eine Konditorei und Schokoladefabrik. «Alles, was man bei Josty bekommt, ist

vortrefflich, die Schokolade geradezu klassisch», hiess es damals. 1819 entstand in Vevey die erste Schweizer Schokoladefabrik, 1875 gelang nach acht Versuchsjahren dem Schweizer Daniel Peter die erste Milchschokolade, und 1880 stellte der Berner Rudolf Lindt zum erstenmal eine Schokolade her, die auf der Zunge zerging.

Viele andere folgten, und so wurde die Schweizer Schokolade weltweit zu einem Qualitätsbegriff. Aber nicht nur «Schokoladekafi», wie die Zürcher die heisse Schokolade nennen, wurde getrunken, sondern die Schokolade diente auch zur Zubereitung von Cremes, Puddings und Torten. Hier ist eine kleine Auswahl von Süssspeisen, die bei uns – vor allem in den Städten – Mode wurden, als Schokolade in Tafeln auf den Markt kam.

Nuss-Schokolademodel

Wer nach alter Zürcher Art eine Tasse heisse Schokolade trinken möchte, sollte sich einen Besuch in der Konditorei Schober an der Napfgasse 4 im Niederdorf in Zürich nicht entgehen lassen. Das Haus der Café-Conditorei Schober blickt auf eine Tradition zurück, die bis ins Jahr 1310 zurückgeht. Damals gehörte es der berühmten Familie

Manesse. 1760 wurde es im Auftrag von Landvogt Lavater umgebaut, und 1834 eröffnete der Konditor Heinrich Eberle einen Süsskramladen, den später sein ehemaliger Lehrling Theodor Schober erwarb und zu dem machte, was er heute noch ist – eine überaus romantische Konditorei, die kürzlich dank der Bemühungen des Zürcher Konditors Adolf Teuscher vor dem Untergang gerettet wurde. Die bewährten Schober-Spezialitäten wie heisse Schokolade, Anismodel mit dekorativen Bildern, «Geduldszeltli», Quittenpasten und Quittenwürstli, Schoggi-Tierli, Gugelhupfe (nach Mass in alten, schönen Kupferformen gebacken) und anderes mehr werden nun weiterhin erhältlich sein.

Schoggoladekafi
(Trinkschokolade, altes Zürcher Rezept)

Die Schokolade zerbröckeln und mit 1 dl Wasser auf kleinem Feuer in einem Pfännchen schmelzen lassen. Die Milch zugeben und unter ständigem Rühren zum Kochen bringen. Nach Belieben mit Zucker süssen. Das Eigelb in einem Milchtopf verquirlen, die heisse Schokolade darübergiessen. Nochmals knapp bis vors Kochen bringen, dann in Tassen anrichten und nach Belieben mit etwas steifgeschlagenem Rahm garnieren.

1 Tafel dunkle Schokolade (100 g)
5 dl Milch
2–3 Essl. Zucker (nach Belieben)
1 Eigelb
Rahm zum Garnieren

Schokoladesuppe

Die Einbackschnitten längs halbieren und in Butter beidseitig ganz rösten. In Suppenteller verteilen. Die Schokolade zerbröckeln, mit ½ dl Wasser aufkochen, dann unter Rühren die Milch zugeben. Zucker beifügen. Die Schokolademilch über das Brot giessen.

4 Einbackschnitten
1 Essl. Butter
1 Tafel dunkle Schokolade (100 g)
1 l Milch
3 Essl. Zucker

Die tagesfrischen Truffes, die man vor allem in Zürich in bekannten Konfiserien kaufen kann, sind seit langem eine bekannte Schweizer Spezialität.

Schokolade-Truffes

150 g Süssrahmbutter
150 g Puderzucker
150 g Schokolade
2 Essl. starker Kaffee
1–2 Essl. Wasser
Schokoladepulver oder
Schokoladevermicelles

Die bei Zimmertemperatur weichgewordene Butter schaumig rühren und nach und nach den Puderzucker dazusieben. Die Schokolade in Stücke brechen, zusammen mit Kaffee und Wasser in ein kleines Pfännchen geben. Dieses ins Wasserbad stellen und auf kleinem Feuer unter Rühren schmelzen lassen. Etwas abkühlen lassen, unter die Butter arbeiten und die Masse über Nacht im Kühlschrank fest werden lassen. Mit einem Teelöffel nussgrosse Häufchen abstechen. Einzeln in ein Glas mit rundem Boden geben und durch kreisförmige Bewegungen Kugeln drehen. Man kann aber auch mit der Hand runde Kugeln formen. Diese in Schokoladenpulver oder Vermicelles wenden, in Praliné-Tütchen (in Papeterien erhältlich) oder auf ein Blech geben und bis zum Gebrauch im Kühlschrank aufbewahren. Wenn das Formen der Kugeln Mühe bereitet, kann man die Masse in einen Dressiersack mit sternförmiger Tülle einfüllen und Portiönchen in Praliné-Tütchen spritzen.

Varianten: Man kann der Truffemasse zur Abwechslung feingehacktes Orangeat oder Nüsse beifügen. Wenn nur Erwachsene mitessen, lässt sie sich ausserdem noch mit Cognac oder Rum verfeinern. In diesem Fall Wasser weglassen und durch die gewählte Spirituose ersetzen.

Mai 31 Tage

*«Get use, get use, viel Eier und Geld,
So chönne mir wyters und zieh übers Feld.
Get usen-ihr Lüt, get is Anke-n-u Mehl,
Die Chüechli sy hür no bas als fern.
E Chetti vo Guld wohl r'rings um das Hus,
U jetze-n-isch üses schön Meielied us.»*

Maisingen

So und ähnlich lauteten die Bettelverse anlässlich des Maisingens. Vor jeder Küche blieben die Sänger stehen und erhielten je nach Gegend Eier, Butter, Mehl, Zieger, geschwungene Nidel oder – wie im Neuenburger Jura – feine, zarte Bricelets. In Sursee gab es ein «Möhli», bestehend aus süsser Ankenmilch, Käse, Kuchen und Mutschli. Mit Liedern wird der Mai immer noch empfangen: in Zürich begrüssen ihn die Singstudenten, in Ragaz wird der Maibär in die Tamina geworfen, in Genf tragen die Kinder an der «Fête du Feuillu» Laubgestelle zu seinen Ehren herum, und an vielen Orten des Tessins kennt man noch die «Maggiolata», wo Kinder um den Maibaum tanzen. Obwohl diese Bräuche nicht kulinarischen Charakters sind, wird danach doch fröhlich gegessen und getrunken.

Nächste Seite:
Der Kiltgang.
Aus «Die Schweiz historisch, naturhistorisch und malerisch dargestellt», 1837.

Und nun natürlich zuerst einen

Maitrank

Zucker in 1 l Weisswein gut auflösen. Erdbeeren zugeben. Das Waldmeisterkraut zusammenbinden und so in den Wein hängen, dass die Stiele nicht nass werden. Nach 30 Minuten das Kraut wieder herausnehmen, sonst wird der Waldmeistergeschmack zu intensiv. Die Lösung und den restlichen Wein kühl stellen. Vor dem Servieren beides zusammengiessen. Die Zitronenschale zugeben. In Bowlen- oder Rotweingläsern servieren. Beim Schöpfen die Erdbeeren verteilen. Man kann die Erdbeeren auch weglassen. Bei neueren Rezepten wird dieser Bowle anstelle von Rotwein Schaumwein zugegeben.

Für 10–12 Personen

1–2 Büschel Waldmeisterkraut (ohne offene Blüten)
200 g Zucker
3 l leichter Weisswein
300 g Walderdbeeren (oder gewöhnliche Erdbeeren)
1 Flasche leichter Rotwein
1 Zitronenschale

Die Neuenburger und Fribourger Bricelets und die Emmentaler Bretzeli werden auf ähnliche Weise zubereitet wie die Berner Bretzeli. Oft wird der Zimt weggelassen, und bei den beiden ersteren wird anstelle von Butter teilweise Schweinefett verwendet.

Bricelets
(Berner Rezept)

Eier und Zucker zu einer weisslichen Creme rühren. Zimt, Zitronenschale, Salz, Kirsch, Butter (lauwarm) und das gesiebte Mehl nach und nach darunterrühren. Den Teig 2–3 Stunden ruhen las-

6 Eier
200 g Zucker
½ Teel. Zimt

1 Teel. abgeriebene Zitronenschale
1 Prise Salz
1 Essl. Kirsch (nach Belieben)
250 g Butter
500 g Mehl

sen. Kleine Kugeln formen, auf das Bretzeleisen geben und goldgelb ausbacken.
(Das Bretzeleisen jeweils mit einer Speckschwarte oder ein wenig eingesottener Butter einfetten.)

Noch zwei weitere originelle Bricelets-Rezepte:

Bricelets fins
(Waadtländer Rahmbretzel)

2½ dl Vollrahm
2½ dl Dorin
500 g Zucker
1 Teel. abgeriebene Zitronenschale
1 Prise Salz
600 g Mehl
1 Essl. Kirsch

Rahm, Wein und Zucker mit dem Schwingbesen mischen. Zitronenschale und Salz zugeben. Mehl sieben und löffelweise darunterarbeiten. Kirsch dazumischen. Teig mindestens eine Stunde kühl ruhen lassen. Bretzeleisen mit Butter bestreichen und mit je 4 Kugeln belegen. Etwa 30 Sekunden zu Bretzeln backen. Die noch warmen Bretzeln um den Stiel einer Teigkelle rollen. Die gerollten Bretzel in einer Blechdose aufbewahren.
(Das Bretzeleisen jeweils mit einer Speckschwarte oder ein wenig eingesottener Butter einfetten.)

Bricelets au cumin
(Bretzeln mit Kümmel)

½ Teel. Salz
2 dl Wasser
500 g Mehl
250 g Butter
2½ dl Rahm
1 Ei
1 Essl. Kümmel

Salz im Wasser auflösen. Mehl mit der weichgemachten Butter, dem Rahm, dem Ei und dem Salzwasser zu einem gleichmässigen Teig verarbeiten. Zuletzt den Kümmel darunter verteilen. Über Nacht ruhen lassen. Kleine Portionen auf das Waffeleisen (elektrischer Apparat) geben und goldgelbe Bricelets backen.
Nach diesem Rezept lassen sich auch Käse-Bricelets zubereiten: Kümmel durch 100 g geriebenen Greyerzer Käse ersetzen und dafür nur 150 g Butter zugeben.
(Das Bretzeleisen jeweils mit einer Speckschwarte oder ein wenig eingesottener Butter einfetten.)

Spargelzeit

Wie freut man sich doch jedes Jahr auf die ersten Spargeln! Bis zum längsten Tag (21. Juni), so sagt man, werden sie im Wallis, aber auch im Berner Seeland – in der Gegend von Ins – und Flaach im Kanton Zürich gestochen.

Spargeln
(Grundrezept)

Die Spargeln dick schälen, so dass alle harten Teile entfernt werden. Sofort in Zitronenwasser einlegen. Wasser aufkochen, Salz, Zucker und Butter zugeben. Die Spargeln je nach Alter 15–30 Minuten darin kochen. Gut abtropfen und auf einer mit einer Serviette belegten Platte anrichten.

Für 4 Personen (als Hauptgericht)

2 Bund Spargeln
Saft von 1 Zitrone
Wenig Salz
1 Teel. Zucker
1 kleines Stück Butter

Walliser Spargelgratin
Rezept von Monsieur Fritz Balestra, Hôtel des Alpes, Champéry

Die Spargeln wie im Grundrezept beschrieben kochen. (Beim Rüsten alles Harte wegschneiden.) 2 Essl. Butter und das Mehl zusammen hellgelb dünsten. Mit Spargelsud ablöschen. 10 Minuten kochen. Rahm beifügen und eventuell damit Bouillon etwas verdünnen, wenn die Sauce zu dick sein sollte. Mit Salz und Pfeffer würzen. Die Tomaten kurz in heisses Wasser tauchen, schälen und in kleine Würfelchen schneiden. Auspressen und in der restlichen Butter 3–4 Minuten dünsten. Die Tomaten in eine bebutterte Gratinform

Für 4 Personen

1,2 kg Walliser Spargeln
3 Essl. Butter
2 Essl. Mehl
5 dl Spargelsud
1 dl Rahm
2–3 Essl. Fleischbouillon
Salz, Pfeffer

5 schöne Walliser Tomaten
Butter für die Form
1–2 Essl. Bratensauce
2–3 Essl. geriebener Käse (nach Belieben)

verteilen. Bratensauce darübergeben. Die gekochten Spargeln gut abtropfen, darauflegen, mit weisser Sauce bedecken und nach Belieben mit Käse bestreuen und im Backofen bei 230° überbacken, bis sich hellbraune Flecken bilden. Monsieur Balestra verleiht diesem Gericht mit ein wenig Cognac und einer Spur Cayennepfeffer eine eigene Note.

Spargelkuchen nach Walliser Art

Für ein Kuchenblech von 24 cm Durchmesser

300 g geriebener Teig
Butter für das Blech
1 kg Walliser Spargeln (mitteldicke)
2 Essl. Butter
2 dl dicker Rahm (Doppelrahm)
Salz, Pfeffer, Muskatnuss
2 Essl. geriebener Raclette-Käse (nach Belieben)

Den Teig etwa 3 mm dick auswallen. Das bebutterte Blech damit auslegen, mehrmals mit einer Gabel einstechen und mit getrockneten Kirschensteinen oder weissen Bohnen beschweren (Pergamentpapier oder Aluminiumfolie darunterlegen). Den Teigboden 15–20 Minuten bei 200° blind backen. Die Spargeln vor dem Kochen halbieren (den unteren Teil für Spargelsuppe verwenden) und nach dem Grundrezept knapp garkochen. Gut abtropfen. Die Butter in einer grossen Bratpfanne erhitzen. Die Spargelspitzen darin 2–3 Minuten dünsten. Das Feuer klein stellen, den Rahm zugiessen und 5–10 Minuten eindicken lassen. Mit Salz, Pfeffer und Muskatnuss würzen und nach Belieben den geriebenen Raclette-Käse daruntermischen. Sollte der Rahm nicht in der gewünschten Qualität erhältlich sein, verrührt man ihn vor dem Beigeben mit etwas Kartoffelmehl. Die Spargeln mit dem Rahm auf den von den Kirschensteinen oder Bohnen befreiten Teigboden geben und im Ofen bei 220° 10 Minuten fertigbacken. Heiss servieren.

Spargelcremesuppe
(Walliser Rezept)

Für 4 Personen

1 kg dünne Walliser Spargeln
1 l Fleischbouillon
2 Stück Würfelzucker
1 kleines Stück Butter

Die Fleischbouillon mit dem Zucker und dem Butterstückchen aufkochen. Die Spargeln grosszügig schälen und das harte untere Ende abschneiden. 6 Spargelstangen in 2 cm lange Stücke schneiden. Die ganzen Spargeln zusammenbinden und mit den Spargelstücken in der Bouillon kochen. Die Stückchen herausfischen, sobald sie halb gar sind. Gut abtropfen lassen und in Butter weichdünsten. Die weichgekochten Spargelstangen im Mixer pürieren oder durch ein Sieb streichen. Das Kartoffelmehl mit wenig Spargelsud verrühren. Diese Mischung zum Spargelsud in der Pfanne geben und unter Rühren kochen, bis die Suppe leicht gebunden ist. Das Spargelpüree und die gedünsteten Spargelstücke beifügen. Rahm und Eigelb verrühren, etwas Suppe daraufgeben, dann in die Pfanne giessen. Nur noch knapp bis vors Kochen kommen lassen. Mit wenig Salz, Pfeffer und Muskatnuss nachwürzen. Sofort servieren.

2 Essl. Butter
2 Essl. Kartoffelmehl
1 1/2 dl Rahm
2 Eigelb
Salz, Pfeffer,
Muskatnuss

Spinatrezepte

Hier der Berner «Chrut-Chueche», den man auch im Aargau und im Solothurnischen kennt. «Chrut» ist nicht etwa Kabis, sondern frischer Spinat.

Chrut-Chueche
(Berner Rezept)

Den Spinat waschen und gut abtropfen. Die Zwiebel fein hacken und mit der Petersilie in der Butter 2–3 Minuten dünsten. Dann die Spinatblätter beifügen und mitdämpfen, bis sie lahm werden. Den Spinat mit dem Wiegemesser hakken. Den Teig dünn auswallen, das bebutterte Blech damit auslegen. Den Teigboden mehrmals mit einer Gabel einstechen und mit Käse bestreuen. Eier und Rahm verklopfen, den gut ausgepressten Spinat beifügen. Mit Salz, Pfeffer und Muskat würzen und die Kräuter daruntermischen. Diese Masse auf den Teig geben. Den Speck in ganz feine Scheibchen schneiden und auf die Füllung verteilen. 45–50 Minuten bei 230° backen. Wenn nötig mit einer Aluminiumfolie etwas abdecken.

Für ein Kuchenblech von 24 cm Durchmesser

1 kg Spinat (evtl. mit Mangoldblättern gemischt)
1 Zwiebel
2 Essl. Butter
2 Essl. gehackte Petersilie
300 g geriebener Teig (s. S. 138) oder Weggliteig
2 Essl. geriebener Käse
3 Eier
5 Essl. Rahm oder Haushaltnidel
Salz, Pfeffer, Muskatnuss
1 Essl. frisch gehackte Kräuter (Majoran und Kerbel)
100 g Magerspeck

«Laubfrösche»

(Spinatröllchen)

Das Grundrezept dazu stammt aus dem Kochbuch von Frau Pfarrer Gschwind, Kaiseraugst, aus dem Jahre 1896

500 g grosse Spinatblätter
1 Zwiebel
1 Essl. Butter
Je 250 g Schweinefleisch und Rindfleisch oder Fleischreste gehackt
2 Eier
Salz, Pfeffer, Muskatnuss
2–3 Essl. geriebenes Brot
Butter für die Kasserolle
2 dl Fleischbouillon

Die Zwiebel hacken und 2–3 Minuten in Butter dünsten. Mit dem Hackfleisch mischen. Die Eier verklopfen und darunterziehen. Mit Salz, Pfeffer und Muskatnuss würzen. So viel geriebenes Brot zugeben, bis eine feste Masse entsteht. Die Spinatblätter waschen, die Stiele entfernen, dann in Salzwasser überwellen, damit die Blätter lahm werden. Die Spinatblätter abgiessen, auf Küchenpapier ausbreiten und abkühlen lassen. Aus der Füllung kleine Rollen formen, auf die Blätter verteilen und einwickeln. Mit den Blattenden nach unten in eine mit Butter bestrichene Kasserolle oder Auflaufform legen. Bouillon dazugiessen und etwa 30 Minuten im Backofen bei 200° schmoren. Dazu servierte Frau Pfarrer Gschwind eine mit Eigelb legierte Buttersauce.

In anderen Rezepten heisst es, man solle die Laubfrösche zusätzlich noch mit Butterflocken bestreuen und unter öfterem Begiessen auf dem Herd leise schmoren lassen. In diesem Fall kann anstelle von Bouillon auch Bratensauce verwendet werden. Die Laubfrösche werden auch mit Mangoldblättern zubereitet.

Und nun noch eine Art Ravioli aus dem Bündnerland.

Krautkräpfli

Für 4 Personen

300 g Mehl
½ Teel. Salz
2 Eier
2–3 Essl. Wasser

Füllung:
500 g Spinat
1 kleine Zwiebel

Das Mehl in eine Schüssel sieben. Salz, verquirlte Eier und wenig Wasser zugeben. Zu einem festen Nudelteig verarbeiten. Den Spinat waschen, entstielen und roh mit dem Wiegemesser hacken. Die Zwiebel ebenfalls fein hacken und alles zusammen mit Petersilie, Schnittlauch und Pfefferminze in der Butter 2–3 Minuten dünsten. Das Brötchen reiben und zugeben (man kann zur Not auch etwas Paniermehl verwenden). 2–3 Minuten unter Wenden mitdünsten. Diese Füllung fast er-

kalten lassen. Mit dem Ei und den Pinienkernen mischen und mit Salz, Pfeffer, Muskatnuss und Majoran würzen.
Den Teig so dünn wie möglich auswallen und wie Strudelteig ausziehen, am besten auf einem Tischtuch. Die Hälfte des Teiges in Abständen von etwa 4 cm mit kleinen Spinathäuflein belegen. Mit einem mit Wasser benetzten Pinsel die Zwischenräume befeuchten. Die zweite Hälfte des Teiges darüberschlagen. Zwischen der Füllung etwas anpressen und mit dem Teigrädchen viereckige Kräpfli ausrädeln. Diese portionenweise in siedendes Salzwasser geben. 2–3 Minuten ziehen lassen. Sobald sie an die Oberfläche kommen, mit der Schaumkelle herausfischen, in eine vorgewärmte Schüssel legen und weitere Kräpfli ins Salzwasser geben.
Inzwischen die grosse Zwiebel in Streifen schneiden und in Butter goldgelb backen. Die Kräpfli mit Käse bestreuen und die Zwiebelschwitze darüber anrichten.

Je 1 Essl. Petersilie, Schnittlauch und frische Pfefferminzblätter, alles fein gehackt
2 Essl. Butter
½ Brötchen
1 Essl. gehackte Pinienkerne
Salz, Pfeffer, Muskatnuss, Majoran

Zwiebelschwitze:
1 grosse Zwiebel
2 Essl. Butter
100 g geriebener Käse

Frische Krebse – nur für Kenner

Der idyllische Mauensee im Kanton Luzern, mit seiner kleinen Insel, auf der sich das Schlösschen gleichen Namens erhebt, enthält seit Jahrhunderten Süsswasserkrebse, die früher, so erklärte man mir, von den Deutschschweizern nicht sonderlich geschätzt wurden. Es kamen aber Feinschmecker aus Lausanne, die wohl wussten, wie gut Krebse sein können, wenn man sie zuzubereiten versteht. Nun, inzwischen hat sich das geändert. Krebse aus unseren kleinen Seen und Bächen sind mittlerweile zur Delikatesse avanciert.
Es gibt für die Zubereitung von Krebsen keine nachweisbar schweizerischen Rezepte. In der deutschen Schweiz kocht man sie meistens im Sud, und in der Westschweiz bereitet man daraus oft einen delikaten, von der französischen

Küche inspirierten Krebsgratin. Nachdem in unseren Bächen und kleinen Seen Krebse vorkommen, hier zwei Grundrezepte.

Chräbs im Sud
(Krebse im Sud)
(Luzerner Rezept)

Für 4 Personen

24 Krebse
2 Rüebli
1 grosse Zwiebel
1 Lorbeerblatt
1 Zweiglein Thymian
1 Büschel Petersilie
1 Knoblauchzehe (nach Belieben)
Salz

Die Krebse mit einer Bürste gründlich waschen. 2 l Wasser mit Rüebli, grob geschnittener Zwiebel, Lorbeerblatt, Thymian, Petersilie und halbierter Knoblauchzehe aufkochen. Den Sud salzen und 30 Minuten kochen. Dann die Krebse paarweise in den kochenden Sud geben. Pfanne zudecken. Sobald der Sud wieder kocht, die nächsten Krebse beifügen. Es ist unbedingt darauf zu achten, dass die Krebse ins kochende Wasser geworfen werden. Am besten verwendet man gleichzeitig 2 Pfannen, damit alle Krebse ungefähr gleichzeitig gar und rot werden. Kochzeit etwa 15 Minuten. Im Sud servieren.

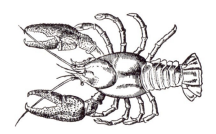

Gratin aux écrevisses
(Genfer Rezept)

Für 4 Personen

Sud:
24 Krebse
4 dl Weisswein

Weisswein mit gleichviel Wasser, Lorbeerblatt, grobgeschnittener Zwiebel, Thymian, Pfefferkörnern und wenig Salz 30 Minuten kochen. Die Krebse gut waschen, abbürsten und paarweise in den kochenden Sud geben. Vorgehen wie beim

vorigen Rezept «Krebse im Sud». Die Krebse schälen und die Krebsschwänze in eine bebutterte Gratinform legen.
Krebssud passieren, davon 5 dl nochmals aufkochen und auf die Hälfte einkochen lassen. Mehl und Butter mit einer Gabel kneten, zum eingekochten Sud geben und auf kleinem Feuer rühren, bis die Sauce sämig wird. Rahm beifügen und mit Salz und Pfeffer nachwürzen. 5 Minuten kochen. Die Sauce über die Krebsschwänze geben, mit Käse bestreuen und im Ofen bei 230° kurz gratinieren.

½ Lorbeerblatt
1 grosse Zwiebel
1 Zweiglein Thymian
6 Pfefferkörner
Salz

1 Teel. Mehl
1 Essl. Butter
2 dl Rahm
Salz, weisser Pfeffer
2 Essl. geriebener Käse (Greyerzer)

Milch – ein ganz besonderer Saft

Im Zürcher Oberland spendeten die Bauern den Armen jeweils «Pfingstmilch». Dies taten sie allerdings mit gewissen Hintergedanken. Sie versprachen sich durch diese Wohltätigkeit einen reicheren Milchertrag. Das Kochen mit Milch haben wir inzwischen ein bisschen verlernt. Darum hier einige typische Milchrezepte. Zuerst die Milchsuppe. Dass einst die Kappeler Milchsuppe auch so zubereitet wurde, kann ich allerdings nicht beschwören.

Milchsuppe
(aus dem Züribiet)

Die Dünkli in eine Suppenschüssel geben. Milch aufkochen. Mehl und Eigelb verklopfen, in die heisse Milch geben und knapp vors Kochen bringen. Mit Salz würzen und die heisse Suppe über die Dünkli verteilen.
Man kann das Mehl weglassen und dafür 2 Eigelb mehr in die Suppe geben.

Für 4 Personen

Dünkli (im Ofen gebähte, dünn geschnittene Brotscheiben)
1 ½ l Milch
2 Essl. Hafermehl oder Mehl
4 Eigelb
Salz

Milchmädchen. Radierung von Franz Niklaus König, Zürich, 1803

Unsere Bergkantone haben alle ihre besonderen Milchrezepte. Hier eines aus dem Oberwallis.

Gewürzter Milchreis

Für 4 Personen

1 l Milchwasser (halb/halb)
2 Nelken
1 Lorbeerblatt
1 Teel. Salz
1 Prise Safran
250 g Reis (Rundkorn)

Das Milchwasser mit Nelken, Lorbeerblatt, Salz und Safran aufkochen. Den Reis beigeben und etwa 40 Minuten auf kleinstem Feuer gar werden lassen. Zu gesottenem Fleisch servieren.

Dieser gesalzene Milchreis wird auf verschiedene Arten variiert:
– mit feingeschnittenem Speck oder luftgetrocknetem Schinken, der von Anfang an mitgekocht wird.

- mit Kartoffelwürfelchen und gehacktem Mangold, im Oberwallis «Heimini» oder «Grüner Heinrich» genannt; diese Zutaten werden dem Reis beigegeben. Zuletzt wird noch Nidel und Butter daruntergezogen.
- ohne Safran.

Das Milchmuseum

In Kiesen, einem Dorf zwischen Bern und Thun, gibt es in der ehemaligen Dorfkäserei ein kleines nationales Milchmuseum, wo eine Käseküche und milchwirtschaftliche Geräte zu sehen sind.

Torta di latte
(Milchtorte)

Weissbrot in die Milch bröckeln und einweichen, bis es die Milch aufgesogen hat und sich zu Brei verrühren lässt. Mit den übrigen Zutaten gut mischen, in eine mit Butter bestrichene Form geben. Mit Butterflocken belegen und 45 Minuten bei 200° backen, bis die Oberfläche des Kuchens schön gelb wird.

500 g Weissbrot
1 ½ l Milch
8 Eier
200 g Zucker
125 g Sultaninen oder Rosinen
½ Teel. Fenchel
1 Teel. Zimt
1 Teel. Vanillezucker
200 g Butterflocken

Haben Sie schon einmal einen Milchbraten gegessen? Ein Rezept dafür finden Sie auf S. 179.

Reisschnitten

Für 4 Personen

200 g Reis
2 ½ dl Wasser
7 ½ dl Milch
1 Prise Salz
100 g Zucker
1 Ei
½ Teel. Zimt
4 Weissbrotschnitten
2 Essl. Butter

Reis gleich zubereiten wie im vorigen Rezept (aber ohne Spezialgewürze). Etwas abkühlen lassen und Zucker, Ei und Zimt darunterziehen. Auf eine Marmorplatte oder ein bebuttertes Blech giessen und erkalten lassen. Weissbrotschnitten beidseitig in Butter leicht anrösten. Auf ein Blech legen, 1 cm hoch mit dem Reis belegen. Die Schnitten auf ein Backblech legen und bei Oberhitze im vorgeheizten Backofen überbräunen lassen.

Griesspudding nach alter Art

Für eine grosse Pudding- oder Gugelhopfform

¾ l Milch
30 g Butter
100 g Zucker
2 Prisen Salz
1 Vanillestengel
120 g Griess
4 Eigelb
¼ l Rahm
4 Eiweiss
Butter für die Form
4 Essl. geraspelte Mandeln
Sirup zum Begiessen

Milch, Butter, Zucker, 1 Prise Salz und aufgeschlitzten Vanillestengel aufkochen. Griess, Eigelb und Rahm zusammen verrühren. Milch vom Herd wegziehen, Mischung unter Rühren beigeben. Auf kleinem Feuer unter Rühren langsam aufquellen lassen. Eiweiss mit Salz steifschlagen. Unter die etwas abgekühlte Puddingmasse ziehen. Die Form mit Butter bestreichen. Griessbrei einfüllen und 3–4 Stunden im Kühlschrank fest werden lassen. Inzwischen die geraspelten Mandeln in einer trockenen Bratpfanne hellgelb rösten. Den gestürzten Pudding damit bestreuen. Sirup dazu servieren.

Seidenmüslein

(Zürcher Rezept)

Für 4 Personen

100 g Mehl
1 l Milch
1 kleine Prise Salz
1 Päcklein Vanillezucker
2 Eier
4–6 Essl. Zucker

Mehl mit etwas Milch glattrühren, die restliche Milch mit Salz und Vanillezucker in einer Pfanne zum Kochen bringen. Das Mehlteiglein unter ständigem Rühren einlaufen lassen und einige Minuten leise köcheln. Eier sehr gut verklopfen, dem Brei unter kräftigem Rühren beigeben, nicht mehr kochen und in einer tiefen Schüssel anrichten. Etwas auskühlen lassen. Mit Zucker bestreuen und mit einem fast glühend gemachten Eisenschäufelchen ein Muster brennen. Man kann anstelle des Zuckers mit einem dünnen Strahl Himbeersirup ein Muster auf das Müslein träufeln.

Familienfeste

Berner Hochzeit. Stich von Nilson nach Danzer

Hochzyt

Auch in userm Land wird nach wie vor mit Vorliebe im Mai geheiratet. Früher war eine solche Hochzeit eine Gelegenheit zum Auftischen und Schlemmen, ähnlich wie die Taufi. Oft dauerten die Festlichkeiten mehrere Tage, oder es kamen, wie zum Beispiel in der Ostschweiz, an die hundert Frauen am nächsten Tag zum Hochzeitskaffee. Spezielle Hochzeitsmenüs kennt man heute nicht mehr. Hier aber noch zwei süsse Hochzeitsspezialitäten.

Die lustig geschlungenen und knusprig ausgebackenen Küchlein aus Schleitheim im Kanton Schaffhausen durften früher an keiner Hochzeit fehlen.

Schlaatemer Rickli
(Schleitheimer Rickli)

Für 4 Personen
150 g Zucker
4 Eier
500 g Mehl
½ Teel. Salz
70 g Butter
1 Teel. abgeriebene Zitronenschale
1 ½ dl Rahm
Öl zum Schwimmend-Backen
Puderzucker zum Bestreuen

Zucker und Eier zu einer sämigen, weisslichen Creme rühren. Mehl mit Salz mischen. Zur Eicreme sieben. Butter erwärmen, bis sie schmilzt. Etwas abkühlen lassen, dann zusammen mit Zitronenschale und Rahm zufügen. Alles rasch zu einem glatten Teig mischen. Den Teig zu einer Kugel formen, in eine Schüssel geben, mit einem Tüchlein zudecken und über Nacht ruhen lassen. Den Teig 3–4 mm dick auswallen, 7 cm breite Streifen ausrädeln, dann Rechtecke von etwa 12 cm Länge schneiden. An jedem Rechteck der Länge nach 2 Einschnitte anbringen. Die Ecken der Rechtecke von unten her durch die beiden Schlitze durchziehen. Die Küchlein auf dem Teigbrett etwas flachdrücken, eine halbe Stunde kühl stellen und dann bei 170° etwa 2 Minuten goldbraun ausbacken. Gut abtropfen und erkalten lassen, dann mit Puderzucker bestreuen.

Krokant
(Nougattafeln)

100 g Mandeln oder Haselnüsse
100 g Zucker
2 Essl. Wasser
Wenig Öl

Die Mandeln oder Haselnüsse kurz mit kochendem Wasser überbrühen, dann schälen, trocknen und hacken. Den Zucker mit dem Wasser hellbraun rösten. Die gehackten Mandeln oder Haselnüsse zugeben und kurz mitkaramelisieren. Die Masse auf eine mit Öl bestrichene Marmorplatte oder ein Kuchenblech giessen. Mit einem eingeölten Messer in kleine Vierecke (etwa 3–5 cm) schneiden.

In fast allen Gegenden der Schweiz erhielten Wöchnerinnen zur Stärkung eine Chindbettisuppe, die in der Westschweiz «Soupe des accouchées» genannt wurde. Immer ist eine kräftigende Bouillon die Basis dafür, und es gehören unbedingt Eier hinein.

Chindbettisuppe
(Wöchnerinnensuppe)
(Berner Rezept)

Das Suppenhuhn mit Wasser, geschältem Rüebli, Sellerie, Petersilienzweig und Lorbeerblatt 2–2½ Stunden kochen. Die Bouillon absieben und das Suppenhuhn für beliebige Weiterverwendung aufheben. Die Bouillon wieder in die Pfanne geben, bis auf ungefähr 7 dl Flüssigkeit einkochen, würzen. Die Milch in einer zweiten Pfanne zum Kochen bringen. Zur Bouillon geben. Eier mit Rahm in einer vorgewärmten Suppenschüssel gut verklopfen. Die heisse Suppe daraufgiessen, dabei ständig mit dem Schwingbesen rühren. Schnittlauch zugeben und sofort servieren. Man kann die Suppe auch nochmals bis knapp vors Kochen bringen, muss aber aufpassen, dass sich die Eier nicht trennen.

Für etwa 1,2 l Suppe

1 Suppenhuhn
1 ½ l Wasser
1 Rüebli
1 Stück Sellerie
1 Zweig Petersilie
1 Lorbeerblatt
Salz, Muskatnuss
½ l Milch
4 tagesfrische Eier
3 Essl. Rahm
1 Essl. Schnittlauch, fein gehackt

Bern. Stich von J. L. Aberli

Ein etwas merkwürdiges Rezept für kalt zubereitete Fleischbrühe ging mir von einer meiner Leserinnen zu. Sie entnahm es dem Buch «Eberts Schweizer Köchin» vom damaligen Jent-Verlag in Bern aus dem Jahre 1869. Als Kuriosum sei es hier wiedergegeben.

Fleischbrühe, kalt bereitet
125 g frisches, mageres Rindfleisch wird roh gehackt oder geschabt, mit einer Prise Salz, 2 Tropfen Salzsäure und einem Liter kaltem Wasser in einen irdenen Topf gebracht und zugedeckt 2 Stunden stehen gelassen. Hernach durch ein reines, ausgespültes Tuch gegossen und löffelweise gereicht. Diese Brühe wird vom schwächsten Magen vertragen und ist sehr kräftigend.

Hirn, Milken und Mark galten von jeher als leichte Kost. So wurden auch Wöchnerinnen damit aufgepäppelt und Kranke damit verwöhnt.

Süsse Markschnitten

Für 2 Personen

8 Markbeine
4 Essl. geriebenes Weissbrot
1 Ei
2 Essl. Rahm
1 Prise Salz
1 Essl. Zucker
1 Prise Zimt
2 Scheiben Weissbrot
2 Essl. Butter

Die Markbeine eine Stunde in kaltes Wasser legen, dann abtrocknen. Das Mark herauslösen, mit Brot bestreuen und mit dem Wiegemesser fein hacken. Mit Ei, Rahm, Salz, Zucker und Zimt gut mischen. Die Brotscheiben auf der einen Seite in Butter hellgelb braten. Auf der gebratenen Seite mit dem Mark dicht bestreichen, ausbacken und wenden. Sofort heiss servieren.
Varianten: Man kann Zucker und Zimt weglassen und dafür etwas mehr Salz und Schnittlauch zugeben.
Kalbshirn lässt sich ebenfalls auf die beschriebene Art zubereiten.

Chindstaufi

Früher feierte man das Tauffest zu Hause. Es gab nicht nur Speisen und Getränke im Überfluss, man durfte vielerorts auch noch ein «Bhaltis» – Gebäck oder Brot – mit nach Hause nehmen. Auch Gotte und Götti sparten nicht mit Geschenken. Im Emmental war es zum Beispiel Brauch, eine schön dekorierte Taufiflasche mit der eingravierten Jahreszahl des Täuflings als Gabe zu überreichen. Diese Flasche kam dann ein Leben lang bei allen festlichen Gelegenheiten auf den Tisch.

Die schönste Beschreibung einer Kindstaufe verdanken wir Jeremias Gotthelf. In der Novelle «Die schwarze Spinne» lässt sich nachlesen, wie es zu und her ging und was alles auf den Tisch kam: eine goldgelbe Fleischsuppe mit Safran gewürzt, verschiedene Voressen von Hirn, Schaffleisch und Leber, dann eine Art Berner Platte mit Birnenschnitzen und viele gute «Chrömli».

Berner Taufeflasche

Taufessen in einer Bürgerfamilie. Stich von C. Meyer, 1645

Heute gibt man sich etwas bescheidener. Man begnügt sich meist mit einem schmackhaftem Schafsvoressen (s. S. 293), einem hausgeräucherten Hammen und Herdöpfelsalat (s. S. 426), einer Berner Platte (s. S. 420) oder einem guten Braten. Was dabei aber nie fehlen darf, ist eine goldene Ankezüpfe.

Unsere besten Sonntagsbraten

Nirgends gibt es bessere Braten als zu Hause. Zum Leidwesen vieler Ehefrauen sprechen Männer ein Leben lang vom besten Braten ihres Lebens, den die Mutter oder Grossmutter einfach einmalig zuzubereiten wusste. Wenn man der Sache nachgeht, findet man bald heraus, dass die damaligen Rezepte keine grossen Geheimnisse enthalten, aber dass viel Geduld und Sorgfalt für den Sonntagsbraten aufgewendet wurde. Dem Anbraten im «Brattüpfi» wurde entscheidende Bedeutung beigemessen, das Ablöschen geschah im richtigen Moment, und der Bratenjus war kräftig und konzentriert. Das oft mitgebratene «Abhäuli» (Brot), so ganz von Sauce durchzogen, schmeckte einfach herrlich. Man kochte meistens für mehrere Personen und konnte sich ein grosses Fleischstück leisten. Greifen Sie doch beim nächsten Familienfest zurück auf den einfachen, guten Braten. Der Erfolg wird nicht ausbleiben!
Wer meinen Rat befolgen und wieder einmal ein Familienfest – zum Beispiel eine Konfirmation oder eine Firmung – auf rustikale Weise zu Hause feiern möchte, findet hier eine Anzahl

schmackhafter Braten, die man ohnehin meist nur für eine grössere Tischrunde zubereitet.

Schweinebraten an Milchsauce
(Waadtländer Rezept)

Die Knoblauchzehe in 4 Stifte schneiden und die Schweinsfilets damit spicken. Mit Salz, Pfeffer und Muskatnuss gut einreiben. Butter in einer Auflaufform im Ofen flüssig werden lassen und das Fleisch darin gut anbraten. Die gespickte Zwiebel zugeben und mit wenig Milch begiessen. Immer wieder Milch nachgiessen und den Braten wenden. Die Milch muss zu einer hellgelben Sauce einkochen. Nach der halben Bratzeit die Hitze etwas drosseln und wenn nötig das Fleisch mit einer Aluminiumfolie zudecken. Dauer der Bratzeit ungefähr 1 1/2 Stunden.

Für 6 Personen

2 Schweinsfilets zu je 600 g
1 Knoblauchzehe
Salz, Pfeffer, Muskatnuss
2 Essl. Butter
1 geschälte Zwiebel, mit Gewürznelke besteckt
1 l Milch

Bei diesem Gericht nach einem alten Rezept aus dem Kochbuch meiner Grossmutter, das ich meiner Familie und Freunden immer wieder gerne auftische, ist es die Zubereitungsart, die aus der einfachen Kalbsbrust etwas Besonderes macht.

Kalbsbrust nach Berner Art

Das Fleisch mit Pfeffer, Muskatnuss, Salbei und Rosmarin einreiben. Die Butter in einer Bratkasserolle erhitzen. Die Kalbsbrust hineinlegen und mit der heissen Butter mehrmals begiessen. In den vorgeheizten Backofen schieben und 20 Minuten bei 240° anbraten. Nach Ablauf dieser Zeit das Fleischstück wenden und weitere 15 Minuten braten. Dann die Backofenhitze auf 180° reduzieren. Gespickte Zwiebel und halbierte Rüebli

Für 4–6 Personen

800 g Kalbsbrust am Stück
Salz, Pfeffer, Muskatnuss, Salbei, Rosmarin
2 Essl. eingesottene Butter

*1 Zwiebel, gespickt mit
1 Lorbeerblatt und
Gewürznelke
2 Rüebli
2 ½ dl Weisswein*

zufügen. Das Fleisch beidseitig salzen. Weisswein in einem kleinen Pfännchen erwärmen. Alle 5–10 Minuten 1 Essl. Wein zum Fleisch geben. Die Kalbsbrust ab und zu wenden. Eine Stunde auf diese Art braten. Die Backofentüre immer einen Spaltbreit offen lassen, damit der Dampf abziehen kann. Bei diesem Braten kommt es darauf an, dass das Fleisch saftig und zart bleibt, gleichzeitig aber aussen knusprig gebraten ist. Nach einer Bratzeit von insgesamt etwa 1 ½ Stunden sollte das erreicht sein. Fleisch aus dem Ofen nehmen. Bratensatz mit 2–3 Essl. Wasser lösen und aufkochen. Nach Belieben nachwürzen. Den Bratensaft konzentriert einkochen.

Die Kalbsbrust auf einem Brett servieren. In Tranchen von etwa 1 cm Breite schneiden. Den Jus gesondert auftischen. Dazu passt Kartoffelsalat oder Kartoffelstock.

Weit und breit die beste gefüllte Kalbsbrust gibt es im Wirtshaus «Galliker» in Luzern.

Gefüllte Kalbsbrust in Variationen

Grundrezept (ohne Füllung) für 6 Personen

*1 kg Kalbsbrust, ausgebeint
Weisser Pfeffer
2–3 Kalbsknochen
2 Essl. eingesottene Butter
1 Rüebli
1 Zwiebel, gespickt mit
1 Lorbeerblatt und
1 Nelke
1 Zweig Selleriekraut
Salz
2 dl Weisswein
1–2 dl Bouillon*

Füllung nach Belieben

Brot in Stücke brechen, mit heisser Milchbouillon übergiessen. Zudecken und 10 Minuten stehen lassen. Speckwürfel, Zwiebel, Petersilie in Butter anziehen lassen. Das gut ausgedrückte Brot beifügen und unter Wenden so lange dünsten, bis sich ein Kloss formt. In eine Schüssel geben. Das verquirlte Ei dazumischen und mit Salz, Pfeffer, Majoran und Thymian würzen.

Wie füllt man eine Kalbsbrust? Vom Metzger in der Kalbsbrust eine taschenartige Öffnung anbringen lassen. Der Schnitt sollte bis etwa 1 cm vor dem Rand angebracht werden.

Fleischtasche vor dem Füllen würzen. Füllung locker in die Tasche einfüllen. Nicht zuviel Masse in die Tasche geben, weil die Füllung beim Braten aufgehen wird.

Die Öffnung der Tasche mit Küchenfaden und einer nicht zu dicken Küchen- oder Nähnadel zu-

nähen. Dabei die Fleischränder nicht allzu tief einstechen und kleine Stiche machen, damit die Naht nicht grob und breit wird. Die Füllung darf beim Braten nicht herausquellen.
Brot für die Füllung nicht in kleine Würfel schneiden, sondern in Stücke brechen, sonst wird die Masse pappig. Sollte die Füllung dennoch zu weich sein, ein wenig Kartoffelmehl beifügen.

Die gefüllte und zugenähte Kalbsbrust mit weissem Pfeffer einreiben. Mit den Knochen in eine grosse Auflaufform oder Bratkasserolle legen. Butter erwärmen und darübergiessen. Im Ofen bei guter Hitze (240°) etwa 30 Minuten goldbraun braten. Ofentemperatur auf 200° reduzieren. Rüebli, gespickte Zwiebel und Selleriekraut beigeben. Das Fleisch beidseitig etwas salzen, mit dem Wein ablöschen und etwa eine Stunde schmoren lassen.
Wird das Fleisch zu dunkel, mit Aluminiumfolie abdecken. Die Kalbsbrust aus der Kasserolle nehmen und warm stellen. Den Bratsatz mit Bouillon lösen. Mit den Knochen in ein Pfännchen geben und auf starkem Feuer einkochen lassen. Kalbsbrust in 1 cm dicke Tranchen schneiden und anschliessend mit dem Bratenjus begiessen.

Brotfüllung:
100 g Weissbrot ohne Rinde
1 dl Bouillon
1 dl heisse Milch
30 g kleine Speckwürfel
1 Zwiebel, fein gehackt
1 Essl. Petersilie, fein gehackt
1 Essl. Butter
1 Ei
Salz, Pfeffer, Muskatnuss, Majoran, Thymian

Dieses Rezept ist in erster Linie für grosszügig kochende Männer und Frauen bestimmt, denn die Zutaten der Marinade werden weggegossen.

Saurer Mocken

Die Hälfte der Gemüse und der Gewürze sowie 1½ l Rotwein ganz kurz aufkochen. Das Fleisch in eine tiefe Schüssel geben und mit dem heissen Wein übergiessen. 5 Tage an einem kühlen Ort ruhen lassen. Nach dieser Zeit das Fleisch aus der Beize, die nun weggegossen wird, herausnehmen und mit saugfähigem Küchenpapier abtupfen. Anschliessend in 2 Esslöffel Butter allseitig gut anbraten. Die zweite Hälfte des Gemüses und der Gewürze und das Brot kurz mitdämpfen. Mit Wein ablöschen und 2 Stunden schmoren lassen. Dann die aufgelöste Bratensauce dazugiessen und ungedeckt eindicken lassen. Mehl und restliche

Für 6–8 Personen
2 Hufdeckel vom Rind
1 Sellerieknolle
2 Lauchstengel und
2 Rüebli, alles in feine Streifen geschnitten
2 Knoblauchzehen
2 Gewürznelken
10 Wacholderbeeren
6 Kardamomenkapseln
6 Korianderkörner
20 Pfefferkörner
Thymian

2 l Rotwein
2 dl Bratensauce
3 Essl. Butter
1 Essl. Mehl
Salz, Pfeffer
2–3 Essl. Sauerrahm
1 Stückchen Brot
(Anschnitt)

Butter zusammen verarbeiten und die Mischung unter Rühren in die Sauce geben. Mit Salz und Pfeffer abschmecken und mit Sauerrahm verfeinern. Auf kleinem Feuer 15 Minuten köcheln lassen.
Mit Kartoffelstock auf den Tisch bringen.

Tessiner Rindsbraten

Für 6 Personen

1 kg Rindsbraten (wenn möglich Hufdeckel)
Salz, schwarzer Pfeffer aus der Mühle
2 Essl. Butter
1 Rüebli
1 Stück Sellerie
1 kleiner Lauchstengel
1 Zwiebel, gespickt mit
1 Lorbeerblatt und
1 Gewürznelke
3 dl Merlot
2 Tomaten
3 Knoblauchzehen
2 Teel. gemischte Kräuter wie Rosmarin, Basilikum, Thymian und Estragon
Bouillon nach Bedarf
2 dl klare Bratensauce

Fleischstück salzen, pfeffern und auf allen Seiten in der Butter gut anbraten. Die in kleine Stücke geschnittenen Gemüse sowie die gespickte Zwiebel zugeben und kurz mitdünsten. Mit dem Wein ablöschen. Dann die geschälten, fein geschnittenen Tomaten, durchgepressten Knoblauchzehen und Kräuter zugeben. Flüssigkeit etwas einkochen lassen. Das Fleisch etwa 1½ Stunden schmoren lassen. Von Zeit zu Zeit ein wenig Bouillon nachgiessen. Garprobe machen, das Fleisch muss sehr weich sein. Dann den Braten aus der Pfanne nehmen, warm stellen und die Sauce mit der «Klaren Sauce» verlängern. Mit Salz und Pfeffer abschmecken.
Dazu mit Käse überstreute Makkaroni servieren.

Rôti au vin
(Waadtländer Rezept)

Für 6 Personen

1 kg magerer Schweinshals
1 Flasche roter Waadtländer Wein
2 Zwiebeln
4 Nelken
2 Lorbeerblätter

Das Fleisch in eine tiefe Schüssel legen. Mit Wein begiessen. Grob geschnittene Zwiebeln, Nelken, Lorbeerblätter, Lauch und frisch gehackte Kräuter sowie das Salbeiblatt zufügen. 4 Tage marinieren lassen. Dann das Fleisch herausnehmen, gut abtrocknen und in der Butter oder im Schweinefett anbraten. Das überschüssige Fett abgiessen. Die Schalotten fein hacken, beifügen und

1–2 Minuten im Bratsatz schmoren lassen. Die Hälfte der Marinade durch ein Sieb neben den Braten giessen. Das Fleisch mit Salz und Pfeffer würzen, zudecken und 2¼ Stunden im Ofen bei 180° schmoren lassen. Von Zeit zu Zeit etwas Marinade nachgiessen. Das Fleisch aus dem Bräter nehmen. Den Bratenjus stark aufkochen lassen. Rahm und Kartoffelmehl gut verquirlen. Die Sauce damit binden. Das Fleisch aufschneiden, mit wenig Sauce begiessen, den Rest in einer Saucière gesondert servieren. Dazu passt der «Gratin des amis de Morges» oder ein «Papet» ohne weisse Sauce (s. S. 327 und 80).

½ Lauchstengel
Thymian, Rosmarin,
Majoran, Bohnenkraut
1 Blatt Salbei
2 Essl. Butter oder
Schweinefett
4 Schalotten
Salz, Pfeffer
1 dl Rahm
1 Essl. Kartoffelmehl

In Gasthöfen auf dem Lande ist es ab und zu auch heute noch Sitte, dass man am Sonntag nicht nur Kalbsbraten serviert, sondern noch Poulet dazu. Das ist so schön «bhäbig», man will damit zeigen, dass es einen nicht reut.

Kalbsnierenbraten

Das Fleisch vom Metzger entbeinen und so auseinanderschneiden lassen, dass ein flaches Stück entsteht. Mit Salz, Pfeffer, Majoran und Thymian würzen. Die Niere entfetten und häuten, der Länge nach entzweischneiden, auf das Fleisch legen, einrollen und mit Küchenfaden zusammenbinden. (Kalbsnierenbraten ist auch bereits gerollt erhältlich.) Die Butter in einem Bräter erhitzen. Das Fleisch mit den Knochen und der Speckschwarte hineingeben und im Ofen bei 230° allseitig goldbraun anbraten. Die Zwiebel mit Lorbeer und Nelke spicken. Rüebli und Sellerie schälen und halbieren. Alles zu dem angebratenen Fleisch geben. Das Fleisch würzen und 30 Minuten bei 200° weiterbraten. Dann die Bouillon nach und nach beigeben und das Fleisch immer wieder begiessen. Die Hitze auf 180° reduzieren und 45 Minuten weiterbraten. Das Fleisch aus dem Bräter nehmen, den Bratenfond mit wenig Bouillon aufkratzen und aufkochen. Nach Belieben Rahm und Kartoffelmehl mischen und die Sauce damit binden. Den Bratenjus oder die Sauce in eine Saucière passieren.

Für 6–8 Personen

1 ½ kg Kalbsnierstück
mit der Niere
Salz, Pfeffer, Majoran,
Thymian
3 Essl. eingesottene
Butter
500 g Bratenknochen
1 Speckschwarte
1 Zwiebel mit der
braunen Schale
1 Lorbeerblatt
1 Nelke
2 Rüebli
1 Stück Sellerieknolle
2 dl Bouillon
3–4 Essl. Rahm (nach
Belieben)
1 Teel. Kartoffelmehl
(nach Belieben)

Den Braten behutsam aufschneiden, damit die Niere nicht herausfällt. Dazu passen Kartoffelstock, Erbsli und Rüebli (klassisch!) oder andere Gemüse.

Ein rassiger Braten aus dem Kanton Schwyz:

Suubäggli mit suure Gummeli

Für 6–8 Personen, je nach Grösse des Schinkens

1 Beinschinken ohne Knochen (vorgekocht)
10 kleine Lorbeerblätter
10 Nelkenköpfchen

Den vorgekochten Schinken entschwarten, solange er noch warm ist. Das Fett krapfenförmig einschneiden. Die Lorbeerblätter darauf verteilen und mit den Nelkenköpfchen befestigen. 30–35 Minuten im Ofen (200°) überbacken. Warm mit «Suure Gummeli» (s. S. 42) servieren.

Hackbraten nach Grossmutterart

Für 4 Personen

600 g gemischtes Hackfleisch (halb Schwein, halb Rind)
150 g Weissbrot
1 Zwiebel
2 Essl. eingesottene Butter
1 Essl. Peterli, gehackt
1 Ei
Salz, Pfeffer, Muskatnuss, Majoran, Thymian
2–3 Essl. Paniermehl
1 dünnes Kalbsnetz
4 dünne Speckstreifen
3 Essl. Rotwein
3 dl Bouillon
2 Essl. Haushaltrahm (nach Belieben)

Das Brot in lauwarmes Wasser einweichen. Die Zwiebel hacken. In 1 Essl. Butter 2–3 Minuten dünsten. Peterli zugeben. Erkalten lassen und mit Hackfleisch, ausgepresstem und passiertem Brot, Ei und Gewürzen gut mischen. Nach Bedarf Paniermehl zugeben. Das Netz in lauwarmes Wasser tauchen, ausdrücken und auf einem Brett ausbreiten. Die Speckscheiben darauflegen. Die Fleischmasse zu einem Braten formen, darauflegen, einpacken und die Enden gut verschliessen und umlegen. Die restliche Butter in einer Bratkasserolle erhitzen, den Braten mit den Verschlussenden nach unten hineinlegen. Ringsum gut anbraten. Zugedeckt auf kleinem Feuer eine Stunde braten. Nach und nach Rotwein zugeben. Den Braten nach halber Bratzeit mit zwei Bratschaufeln wenden. Vor dem Anrichten herausheben und warm stellen. Den Bratsatz mit Bouillon lösen, stark einkochen lassen und nach Belieben mit Rahm verfeinern. Nachwürzen. Die Sauce separat zum Fleisch servieren.

Ein klassischer Bündner Braten, der je nach Saison auch mit Lamm- oder Schweinefleisch zubereitet wird. Das «Becki» ist eine rechteckige Kupferpfanne. Sie kann durch einen gut schliessenden Bräter aus Stahl ersetzt werden.

Bündner Beckibraten

Das Fleisch mit durchgepresstem Knoblauch und Pfeffer gut einreiben. In der Butter allseitig gut anbraten. Die Zwiebeln grob schneiden, zufügen, Rotwein und Nelke beigeben, Deckel aufsetzen und in den gut vorgeheizten Ofen schieben (190°). 50 Minuten braten. Inzwischen den Sellerie, die Rüebli und die Kartoffeln schälen und würfeln. Die Gemüse zum Fleisch geben und zusammen mit dem Thymian 10 Minuten mitbraten, dann nach und nach die Bouillon beifügen. Eine Stunde weiterschmoren. Das Fleisch aus dem Bräter nehmen, Faden entfernen, tranchieren und mit dem Gemüse und dem Bratensaft im Bräter servieren.

Für 6 Personen

1,5 kg Schafsstotzen
2 Knoblauchzehen
Salz, Pfeffer
2 Essl. Butter
2 Zwiebeln
2 dl Rotwein (evtl. Veltliner)
1 Nelke
3 Rüebli
1 Stück Sellerie
500 g Kartoffeln
1 Zweiglein Thymian
2–3 dl Bouillon

Ein origineller Braten für warme Tage. Das Rezept verdanke ich einer Bündner Familie.

Saurer Kalbsbraten

Den Braten in der Butter allseitig gut anbraten. Mit Salz und Pfeffer würzen und unter ständigem Begiessen eine Stunde braten. Den Braten aus der Kasserolle nehmen. In dünne Scheiben tranchie-

Für 6 Personen

1 kg Kalbfleisch (Laffe oder Nüssli)

2 Essl. Butter
Salz, Pfeffer
4 Essl. Öl
1 Essl. Essig
2 hartgekochte Eier
4 Essl. frisch gehackte Kräuter
(Schnittlauch, Petersilie, Pfefferminze, Salbei)

ren, dabei jedoch nicht ganz durchschneiden, damit das Fleischstück nicht auseinanderfällt. Öl, Essig, gehackte Eier, Kräuter mit Salz und Pfeffer zu einer rassigen Sauce mischen. Diese Sauce mehrmals über den Braten giessen, damit sie auch in die Zwischenräume dringt. Am Tisch fertig aufschneiden und lauwarm mit Bürlibrot servieren.

Man kann natürlich auch Reste von Kalbsbraten auf diese Art auftischen. Aber frisch gebratenes Fleisch schmeckt besser.

Gespickter Rindsbraten
(Rheintaler Rezept)

Für 4–6 Personen

1 kg gespickter Rindsbraten
2 Saucenbeine
1 Stück Schwarzbrot (Anschnitt)
2 Essl. Butter
1 Zwiebel, gespickt mit
2 Nelken und
1 Lorbeerblatt
2 Rüebli
2 dl Rotwein
Salz, Pfeffer
1 dl Bouillon

Den Braten mit dem Knochen und dem Brot in der Butter allseitig gut anbraten. Zwiebel und halbierte Rüebli zugeben. 1–2 Minuten mitbraten. Mit Rotwein ablöschen. Das Fleisch mit Salz und Pfeffer würzen. Zudecken und 2 Stunden auf kleinem Feuer schmoren lassen. Das Fleisch und das Brot herausheben. Den Bratenfond etwas entfetten, mit Bouillon aufkochen. Die Sauce absieben und separat zum Fleisch servieren. Die Rüebli und das Brot dazulegen.

Ein altes, originelles Bratenrezept, das einem bürgerlichen Kochbuch aus der Zeit der Jahrhundertwende entnommen ist.

Gefüllter Sonntagsbraten

Für 6 Personen

1 kg Rindsbraten (Roastbeef oder Huft)
8 dünne Brotscheiben
8 dünne Speckscheiben
Salz, Pfeffer
1 Essl. Butter
1 Rüebli
1 Stück Sellerie

Das Fleisch in dicke Scheiben tranchieren, aber nicht ganz durchschneiden, damit das Fleischstück noch zusammenhängt. Je eine Scheibe Brot und Speck in die Zwischenräume legen. Den Braten mit Pfeffer bestreuen und mit Küchenfaden zusammenbinden. Die Butter in einer Bratkasserolle erhitzen, den Braten hineingeben. 15 Minuten im Ofen bei 240° anbraten. Nach dieser Zeit mit Salz bestreuen. Halbiertes Rüebli, Sellerie, Peter-

silie und gespickte Zwiebel beifügen. Häufig begiessen. Totale Bratzeit: laut Originalrezept 45 Minuten (bei 230°). Ich brate ihn jeweils nur 30–35 Minuten, weil ich das Fleisch gern à point habe.
Den Braten aus der Kasserolle nehmen. Etwas Fett weggiessen, den Bratenfond mit Bouillon lösen und stark aufkochen. Den Jus separat dazu servieren.

1 Zweiglein Petersilie
1 Zwiebel, gespickt mit
1 Lorbeerblatt und
1 Nelke
3 dl Bouillon

Zu diesem Braten aus dem Aargau gehören – wie könnte es anders sein – Rüebli und gedämpfte Dörrzwetschgen.

Kalbsschenkel nach Aargauer Art

Zwetschgen in Weisswein einlegen. Lauch in Streifen schneiden. Zwiebel, Sellerie und Rüebli grob hacken. Die Kalbsschenkel in einer Bratkasserolle in 2 Essl. Butter allseitig anbraten. Dies kann auf dem Herd oder im Ofen geschehen. Sobald das Fleisch schön braun ist, würzen und die vorbereitete Gemüsemischung zufügen. Hitze etwas reduzieren und das Gemüse 10 Minuten mitbraten. Wein und Kalbsfuss zugeben. Das Fleisch immer wieder mit dem Bratenfond begiessen. Wenn nötig von Zeit zu Zeit etwas Wasser nachgiessen. Den Kalbsfuss herausnehmen und mit 2 dl Wasser, Lorbeerblatt und Nelke in einem Pfännchen 30 Minuten auskochen. Sellerieknolle und Rüebli schälen und in Würfel schneiden. Mit Perlzwiebeln in wenig Butter andünsten, dann mit 2–3 Essl. Kalbsfuss-Sud weichdünsten. Dörrzwetschgen in Wein mit 2 Essl. Zucker 5–10 Minuten kochen. Nach 1 1/2 Std. prüfen, ob das Fleisch weich ist. Aus dem Bräter nehmen und warm stellen. Den Bratenfond mit Kalbsfuss-Sud lösen, aufkochen und passieren. Die Sauce mit Madeira, Tomatenpüree und aufgelöstem Maizena sämig kochen. 1 Essl. Zucker mit 1 Essl. Butter hellgelb dünsten, die vorgekochten, gut abgetropften Gemüsewürfel zufügen und unter Wenden glasieren. Zum Fleisch anrichten. Mit den Zwetschgen garnieren. Die Sauce separat dazu servieren.

Für 6 Personen

2 Kalbsschenkel
1 Kalbsfuss, halbiert
1 Lauchstengel
1/2 Zwiebel
1 Stück Sellerie
1 Rüebli
3 Essl. Butter
Salz und Pfeffer
1 dl Weisswein
1 Lorbeerblatt, 1 Nelke
1/2 Sellerieknolle
3 Rüebli
100 g Perlzwiebeln
2 Essl. Madeira
1 Teel. Tomatenpüree
1 Teel. Maizena

Garnitur:
150 g Dörrzwetschgen
1 dl Weisswein
3 Essl. Zucker

Das Originelle an diesem Braten ist die Beigabe von Safran. Anstelle von Essig und Bouillon kann man Weisswein verwenden, die Sauce wird dadurch etwas feiner.

Gelber Braten
(Berner Rezept)

Für 6 Personen

1 kg magerer Schweinsbraten
2 Essl. eingesottene Butter
1 Saucenbein oder ½ Schweinsfüessli
Salz, Pfeffer
1 Zwiebel, gespickt mit 1 Lorbeerblatt und 2 Nelken
2 Rüebli
1 Zweig Selleriekraut
1 Speckschwarte
2 Essl. frischgehackte Kräuter (Thymian, Majoran, Maggikraut)
3 dl Bouillon
1 Teel. Essig
2 Prisen Safran
2 dl Sauerrahm
1 Essl. Mehl

Die Butter in einer Bratkasserolle im Ofen erhitzen. Das Fleisch und das Saucenbein oder die Schweinsfüessli darin bei 230° allseitig anbraten. Mit Salz und Pfeffer würzen. Die gespickte Zwiebel, die halbierten Rüebli, das Selleriekraut, die Speckschwarte und die Kräuter beifügen. Bouillon mit Essig und Safran mischen und davon ab und zu ein wenig neben den Braten giessen. Die Hitze auf 190° reduzieren, zugedeckt 1¼ Stunde schmoren lassen. Den Braten aus der Kasserolle nehmen. Wenn nötig den Bratenfond etwas entfetten, mit wenig Bouillon oder Wasser aufkochen. Reduzieren, bis nur 2–3 Essl. Sauce vorhanden sind, dann Sauerrahm und Mehl verrühren, dazugeben und langsam erwärmen. Das Fleisch in Tranchen schneiden und die Sauce darüber verteilen. Dazu Kartoffelstock servieren.

Gebeizter Schweinshals
(Aargauer Familienrezept)

Für 6 Personen

1 kg Schweinshals
2 Essl. Senf
3 dl saurer Rahm (Saurer Halbrahm)
2 Knoblauchzehen
2 Essl. Mehl
2 Essl. eingesottene Butter
1 Zwiebel, gespickt mit 1 Lorbeerblatt und 1 Nelke
Salz, Pfeffer
3 dl Most

Das Fleisch mit Senf bestreichen. In eine Schüssel legen und mit dem Sauerrahm begiessen. Mindestens 6 Tage kühl ruhen lassen. Ab und zu mit Rahm übergiessen.

Das Fleisch aus der Schüssel nehmen. Mit dem Messerrücken Rahm und Senf abstreifen. Die Knoblauchzehen schälen, der Länge nach halbieren und den Braten damit spicken. Im Mehl wenden und allseitig in Butter anbraten. Gespickte Zwiebel beifügen. Mit Salz und Pfeffer würzen. Nach und nach den Most zugeben und 1½ Stunden auf mittlerem Feuer schmoren lassen. Nach dieser Zeit sollte das Fleisch gar sein. Aus der Kasserolle nehmen und warm stellen. Die Rahm-

beize zugeben, aufkochen, bis eine sämige Sauce entsteht. Zum Fleisch servieren.
Kartoffelstock oder «Gschwellti» passen am besten dazu.

Mistchratzerli im Häfeli
(Gebackenes Güggeli)

das Geheimnis der Köchin einer – leider verschwundenen – «Güggelibeiz». Dazu braucht es, wenn das Gericht perfekt sein soll, echte Mistchratzerli, die, bevor sie in die Pfanne kommen, noch frei herumlaufen dürfen. Sie werden in frischer Butter «usegsüderlet». Man muss beim Braten immer dabeibleiben und achtgeben, dass die Butter nicht schwarz wird. Es ist also kein Gericht für eilige Leute, und zum Abnehmen ist es ebenfalls nicht ideal. Aber dafür schmeckt es viel besser als auf übliche Art gebratene Poulets.

Die Mistchratzerli innen und aussen gut mit Pfeffer würzen. Etwas Salz und Rosmarin oder Salbeiblätter in den Bauch geben. Die Butter erhitzen, bis sie flüssig wird. Sie darf aber keine Farbe annehmen. Die Mistchratzerli hineingeben und 30–35 Minuten braten. Dabei die Butter alle 5 Minuten über die Güggeli giessen. Nach 15 Minuten die Güggeli wenden und mit Salz bestreuen. Nun muss die Oberseite in der Butter liegen. Immer darauf achten, dass die Butter nicht braun wird. Wenn sie dunkel wird, zersetzt sie sich und wird unverdaulich. Die Mistchratzerli aus dem «Häfeli» nehmen, anrichten und etwas Butter darübergiessen. Die zurückbleibende Butter kann für andere Zwecke weiterverwendet werden.
Man kann auch eingesottene Butter nehmen (man muss dann weniger aufpassen) und die Mistchratzerli beim Anrichten mit etwas frisch geschmolzener Butter übergiessen. Dieses bequemere Verfahren soll allerdings nicht ganz kunstgerecht sein!

Für 4 Personen
2 Mistchratzerli (kleine Güggeli)
Salz, Pfeffer
2 Zweiglein Rosmarin oder
2 Salbeiblätter
300 g frische Butter

Ein Braten, der hier nicht fehlen darf.

Chüngelibraten
(Luzerner Rezept)

Für 6 Personen

1 Chüngeli (Kaninchen) zu etwa 1,5 kg
2 Essl. eingesottene Butter
Salz, Pfeffer, Majoran, Thymian
1 Speckschwarte
1 Rüebli
1 Zweiglein Selleriekraut
1 Zwiebel, gespickt mit
1 Lorbeerblatt und
1 Nelke
1 Büschel Petersilie
3 dl Bouillon
1 Essl. Zitronensaft
1 Essl. Senf
1 Teel. Kartoffelmehl
4 Essl. Sauerrahm (nach Belieben)

Das Kaninchen in grosse Stücke teilen. In Butter allseitig gut anbraten. Mit Salz, Pfeffer, Majoran und Thymian würzen. Speckschwarte, halbiertes Rüebli, Selleriekraut, gespickte Zwiebel und Petersilie zugeben. 2–3 Minuten mitbraten. Dann mit der Hälfte der Bouillon ablöschen. Halb zugedeckt eine Stunde auf kleinem Feuer schmoren lassen. Nach Bedarf Bouillon zugiessen.
Das Fleisch herausnehmen. Zitronensaft und Senf zur Sauce geben, etwas einkochen lassen. Kartoffelmehl mit Sauerrahm oder 1–2 Essl. Bouillon auflösen und die Sauce damit leicht binden.
Am besten schmeckt Kartoffelstock dazu.

Radierung von
Franz Niklaus König
Zürich, 1803

Rhabarber

Wer die dicken rötlichen und saftigen Stengel in seinem Garten hat, verfügt jederzeit über die Möglichkeit, damit herrliche, zum Teil vergessene Süssspeisen zuzubereiten. Die ersten zarten und rosafarbenen Stengel ergeben das feinste Kompott, dicke und robuste hingegen kann man für Kuchen verwenden.

Rhabarberschnitten
(Ostschweizer Rezept)

Rhabarber in 1½ cm lange Stücke schneiden. Weisswein, Zucker, Zimtstengel und Zitronenschale miteinander aufkochen. Rhabarber zugeben und zu einem dicken Kompott kochen. Zimtstengel und Zitronenschale entfernen. Erkalten lassen. Die Einbackschnitten oder quer halbierten Weggli mit der Milch beträufeln und in Butter beidseitig hellgelb rösten. Unmittelbar vor dem Servieren das Rhabarbermus dick darauf verteilen.

Für 4 Personen
1 kg saftiger, junger Rhabarber
1 dl Weisswein
100 g Zucker
½ Zimtstengel
1 Stück Zitronenschale
8 Einbackschnitten oder 4 Weggli
1 dl Milch
3 Essl. Butter

Rhabarberkompott mit Brotwürfeli
(Berner Rezept)

Rhabarber wenn nötig schälen, in 3 cm lange Stücke schneiden. Mit 2 dl Wasser, 50 g Zucker und Zimtstengel aufkochen, bis die Rhabarberstücke weich sind, aber nicht zerfallen. Zimtstengel entfernen. Erkalten lassen. Zitronensaft und restlichen Zucker zufügen. Weggli in kleine Würfelchen schneiden, in Butter hellgelb rösten und am Tisch über das Kompott verteilen.
Die Zitrone soll bewirken, dass weniger Zucker gebraucht wird. Das scheint paradox, aber schon unsere Urgrossmütter gaben diese Erfahrung weiter.

Für 4 Personen
1 kg Rhabarber
100 g Zucker
½ Zimtstengel (nach Belieben)
Saft von ½ Zitrone
2 Weggli
2 Essl. Butter

Rhabarberwähe
(Zürcher Rezept)

Für ein Kuchenblech von 28 cm Durchmesser

1 kg Rhabarber
Butter für das Blech
400 g Weggliteig
2 Essl. Paniermehl (nach Belieben)
Butterflocken
5 Essl. Zucker
2 Eier
1 Teel. Kartoffelmehl
2 ½ dl Milch oder Rahm
½ Teel. Zimt oder Vanillezucker

Die Rhabarberstengel in kleine Würfelchen schneiden. Das bebutterte Blech mit 3 mm dick ausgewalltem Teig auslegen. Mit einer Gabel mehrmals einstechen. Nach Belieben mit Paniermehl bestreuen, zuerst die Butterflocken, nachher die Rhabarberwürfel darauf verteilen. Mit 3 Essl. Zucker bestreuen und 20 Minuten bei 230° bakken. Verquirlte Eier, Kartoffelmehl, Milch oder Rahm mit Zimt oder Vanillezucker verrühren. Den Guss über den Kuchen giessen. 25–30 Minuten weiterbacken. Wenn nötig mit Aluminiumfolie abdecken. Restlichen Zucker darüberstreuen und nochmals für 5 Minuten in den Ofen schieben.

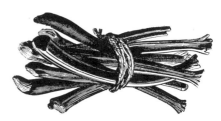

Rhabarber-Weggli-Chueche
(Zürcher Rezept)

Für eine Springform von 24 cm Durchmesser

750 g Rhabarber
2 Essl. Zucker
300 g Kuchenteig
4 Weggli
2 Essl. Butter
3 dl Milch
3 Eigelb
1 Essl. Kirsch (nach Belieben)
120 g Rohzucker
½ Teel. Zimt
3 Eiweiss
3 Essl. geriebene Mandeln oder Haselnüsse
Puderzucker

Die Rhabarberstengel in 2 cm lange Stücke schneiden und mit 2 Essl. Wasser und Zucker aufkochen. Erkalten lassen. Die Springform mit Butter bestreichen und mit dem 3 mm dick ausgewallten Teig auslegen. Einen Rand von 4 cm hochziehen. Die Weggli klein würfeln, in Butter kurz dünsten, dann in eine Schüssel geben und mit der heissgemachten Milch übergiessen. Durch das Passevite treiben. Eigelb, Kirsch, Rohzucker und Zimt zu einer sämigen Creme schlagen. Unter die Wegglimasse ziehen. Die Eiweiss steifschlagen. Rhabarber, Mandeln und Masse mischen. Die Eiweiss darunterziehen. Den Teigboden mit einer Gabel mehrmals einstechen. Die Füllung daraufgeben und bei 190° eine Stunde backen. Der Kuchen soll goldbraun werden. Nach dem Erkalten mit Puderzucker bestreuen.

Und nun noch der etwas vornehmere Rhabarberkuchen aus der Westschweiz. Ich habe ihn «à la mode de Chardonne» getauft, weil ich ihn dort vor vielen Jahren zum erstenmal gegessen habe. Er wurde – so war es in diesem Bistro Brauch – mit einer guten Flasche Chardonne serviert. Ein Zvieri, das sich sehen lassen kann!

Gâteau à la rhubarbe à la mode de Chardonne

Butter in kleine Stücke schneiden. Mit gesiebtem Mehl, Zucker, Salz und Mandeln mischen. Eigelb und Vanille-Extrakt beifügen. Sehr rasch zu einem Teig verarbeiten. 12 Stunden im Kühlschrank ruhen lassen. (In Aluminiumfolie einpacken.)
Den delikaten Teig auf das bebutterte Kuchenblech legen und von Hand verteilen. Einen 2 cm hohen Rand aufziehen. Die Rhabarber schälen, in Stücke schneiden. Den Teigboden mit einer Gabel mehrmals einstechen und den Rhabarber dicht auf den Kuchen verteilen. Mit 2–3 Essl. Zucker bestreuen. Bei 220° etwa 30 Minuten backen. Darauf achten, dass der Teig nicht zu dunkel wird. Nach dieser Zeit den Rhabarber mit Weisswein beträufeln, mit Butterflocken und dem restlichen Zucker bestreuen. 5–10 Minuten fertigbacken.

Für ein Kuchenblech von etwa 26 cm Durchmesser

Teig:
60 g Butter
120 g Mehl
30 g Zucker
1 Prise Salz
25 g Mandeln, geschält und gerieben
1 Eigelb
1 g Vanille-Extrakt
1 kg Rhabarber
4–5 Essl. Zucker
2–3 Essl. Weisswein
Wenig Butterflocken

Morcheln – delikat und rar!

Frische Morcheln kennen die meisten von uns nur vom Hörensagen. Und doch gibt es diese eigenwilligen Pilze bei uns – etwa an den steilen Hängen der Rigi oder im Jura. Sie wachsen nur dort, wo es ihnen wirklich behagt. Pilzkenner wissen sie an Geheimplätzen zu finden.

Touristen auf der Rigi

So werden Morcheln zubereitet:

Morchelsuppe nach Weggiser Art

Für 4 Personen

100 g frische Rigimorcheln
1 Rüebli
1 kleines Stück Sellerie
1 Essl. Butter
1 Essl. gehackte Zwiebeln
8 dl hausgemachte Fleischbouillon (nach Belieben entfettet)
Salz, Pfeffer
2 Eigelb
1 dl Rahm

Die Morcheln entstielen, in kaltes Wasser legen und mehrmals waschen, bis kein Sand mehr vorhanden ist. Rüebli und Sellerie schälen, in ganz feine Streifchen schneiden. Mit der gehackten Zwiebel in Butter anziehen lassen. Die abgetropften Morcheln zugeben (grosse halbieren). 10 Minuten zugedeckt dünsten. Die Bouillon zufügen und langsam erwärmen. Mit Salz und Pfeffer nachwürzen. Eigelb und Rahm verquirlen, zugeben. knapp bis vors Kochen kommen lassen. Sofort anrichten und mit frischem Ruchbrot servieren.

Dieses Rezept kann auch mit getrockneten Morcheln zubereitet werden, die man eine Zeitlang einlegt und länger dünstet. Allerdings schmeckt das Gericht auf diese Art nicht so gut wie mit den frischen Pilzen.

In der Westschweiz gibt es die herrlichen

Morilles à la crème

Die Morcheln gründlich waschen und je nach Grösse halbieren oder vierteln. Getrocknete Morcheln eine Stunde in Wasser einweichen und das Wasser mehrmals wechseln. Die Zwiebeln in der Butter 1–2 Minuten dünsten. Die gut abgetropften Morcheln beifügen. Zugedeckt 10 Minuten dünsten (getrocknete Morcheln etwas länger). Mit Mehl bestäuben, Weisswein beifügen, etwas einkochen lassen, dann den Rahm zugiessen. Auf kleinem Feuer etwas eindicken lassen. Mit Salz und Pfeffer würzen. Um das Eigenaroma der Morcheln nicht zu verfälschen, sollten diesem Gericht weder Gewürze noch Bouillon oder Zitronensaft beigefügt werden.
Es gibt Jurarezepte, die eine Spur geriebenen Jurakäse enthalten. Das ist jedoch Geschmackssache.

Für 4 Personen
300–400 g frische Morcheln (oder 40 g getrocknete)
2 Essl. feingehackte Zwiebeln
1 Essl. Butter
1 Teel. Mehl
3 Essl. Weisswein
Salz, Pfeffer
2½ dl Doppelrahm (Crème de Gruyère)

Croûtes aux morilles

(Rezept aus dem Waadtländer Jura)

Die Morcheln mehrmals im kalten Wasser waschen, bis alle Sandrückstände weggespült sind. Dann die Morcheln eine Stunde in kaltes Wasser einlegen. Grosse Morcheln der Länge nach halbieren. Die Schalotten hacken, 2–3 Minuten in Butter dünsten, die Morcheln zugeben, mit 2–3 Essl. Wasser begiessen und zugedeckt 30 Minuten dünsten (frische Morcheln nur 15 Minuten). Dann die Morcheln mit Mehl bestäuben, Wein dazugeben, mit Salz und Pfeffer würzen. Etwas eindampfen lassen. Den Rahm zufügen und 10 Minuten eindicken lassen. Ab und zu rühren. Die Brotscheiben beidseitig in Butter goldgelb rösten. Je 2 Brotscheiben auf vorgewärmte Teller legen und mit den Morcheln und der Sauce belegen. Nach dem gleichen Rezept kann man auch «Croûtes aux champignons» zubereiten. Für dieses Gericht etwas mehr Weisswein und weniger Rahm verwenden.

30 g getrocknete Morcheln (oder 300 g frische)
2 Schalotten
2 Essl. Butter
1 Essl. Mehl
2 Essl. Weisswein
Salz, Pfeffer
3 dl Rahm
4 dünn geschnittene Modelbrotscheiben

Einige ausgefallene Einmachrezepte

Nun noch als Kuriosa einige ausgefallene Einmachrezepte. Ich habe sie in sehr alten Zeitschriften gefunden. Weil ich aber schon nach solchen Rezepten gefragt wurde, nehme ich sie hier auf. Viel Glück, falls Sie sie ausprobieren wollen!

Löwenzahn-Gelee

2 Handvoll Löwenzahnblüten mit Wasser bedecken und kochen, bis sich das Wasser gelb verfärbt. Durch ein Tuch oder Haarsieb passieren. Den Saft abmessen und 1 Liter Saft mit gleichviel Zucker zur gewünschten Dicke einkochen. Man sollte nie mehr als 1 Liter Saft auf einmal einkochen. Wie Gelee abfüllen und verschliessen.

Löwenzahnhonig

2 Handvoll Löwenzahnblüten mit 1 ½ l Wasser 15 Minuten kochen. 1 kg Zucker in einer trockenen Pfanne hellbraun rösten. Den Saft einer Zitrone beimischen. Den Löwenzahnsaft durch ein Sieb dazugeben. Einkochen, bis ein dickflüssiger Honig entsteht. Je schneller die gewünschte Dicke erreicht wird, desto besser bleibt das Aroma erhalten. Deshalb grosse Pfanne nehmen und nur wenig auf einmal zubereiten. In kleine Flaschen mit Bügelverschluss heiss einfüllen und verschliessen.

Tannenschösslikonfitüre

Junge weiche Triebe von Rottannen in eine Pfanne geben, knapp mit Wasser bedecken und zwei- bis dreimal aufkochen. Zudecken und 2–3 Tage im Keller stehen lassen. Absieben, abwiegen und mit gleichviel Kandiszucker bis zur gewünschten Dicke einkochen. Ein ausgezeichnetes Hausmittel gegen Husten und Erkältungen und ein aromatischer Brotaufstrich.

Airolo mit Blick gegen den Gotthardpass und das Bedrettotal. Stich von Weber nach Corrodi

Eine Fahrt ins Tessin

Ein Ausflug in unsern Südkanton ist nicht nur hinsichtlich der Landschaft ein vielversprechendes Erlebnis. Schon bei der Abfahrt denkt mancher an die kulinarischen Genüsse, die einen «ennet» des Gotthard erwarten, an den Merlot, an Risotto, Osso bucco usw. Bereits am Ende des Vierwaldstättersees findet man auf der Speisekarte erste Vorboten südlicher Küche.
Obschon der Kanton Uri eine äusserst karge Landschaft aufweist, ist seine Küche wohl eine der interessantesten der Innerschweiz. Sie weist deutlich südliche Einflüsse auf, denn schon bald einmal hatten via Gotthard Kastanien, Reis, Mais, Knoblauch und pikante Gewürze Eingang in die Urner Kochtöpfe gefunden. Die Urner Hausfrauen scheinen seit jeher experimentierfreudige

Köchinnen gewesen zu sein, und so finden sich schon in alten Kochbüchern Rezepte mit südländischem Charakter, seien es reichhaltige Familienrezepte oder einfachere, urchige Eintopfgerichte und Käsespeisen.
Lustigerweise haben sich im Kanton Uri gewisse Gerichte eingebürgert, die im Tessin kaum mehr zubereitet werden und nur noch in Grossmutters Kochbuch zu finden sind, so z. B. die «Rossumada» (s. S. 216), ein Zabaione aus Rotwein. Daneben kennen die Urner eine ganze Reihe von Rezepten, die sie den italienischen Arbeitern abgeguckt haben, die einst beim Gotthardtunnelbau mitgeholfen haben. Dazu gehört unter anderem die «Cazzuola», ein Eintopfgericht mit typisch südlichem Einschlag, ferner der «Merluzzo» (getrockneter und gesalzener Stockfisch, s. S. 101), der allerdings auch als Realper Karfreitags-Spezialität gilt, sowie verschiedene Makkaronigerichte.
Es ist kaum möglich, all die verschiedenen Komponenten fein säuberlich auseinanderzuhalten. Als Illustration möge hier ein kurzer Querschnitt durch die abwechslungsreiche Urner Küche dienen. Rys und Pohr nennen die Urner eine Art Risotto mit Lauch, über dessen Zubereitung man sich nicht ganz einig ist, wie meine Umfrage ergab. Der Ausdruck «Pohr» leitet sich vom italienischen «porro» (Lauch) her. Ich würde folgendem Familienrezept den Vorzug geben.

Rys und Pohr

Zwiebeln hacken und Knoblauch durchpressen. In der Butter hellgelb dünsten. Lauch in 1 cm breite Rädchen schneiden, zugeben und 2–3 Minuten anziehen lassen. Nach Belieben mit Mehl bestreuen (bindet besser!), mit Bouillon auffüllen und 3–4 Minuten kochen. Den Reis hineingeben, würzen und etwa 20 Minuten auf kleinem Feuer kochen. Vor dem Anrichten Käse und frische Butter unter den Reis ziehen.
Nach Belieben eine Zwiebelschwitze zubereiten: Zwiebeln in Ringe schneiden, in der Butter goldbraun braten und über das Gericht verteilen.

Für 4 Personen

1 grosse Zwiebel
2–3 Knoblauchzehen
2 Essl. Butter
500 g Lauch
1 Teel. Mehl (nach Belieben)
7½ dl Bouillon
300 g Reis (Vialone oder Arborio)
Salz, Pfeffer
120 g Urner Bergkäse oder Sbrinz, gerieben
1 Stück frische Butter

Nach Belieben
4 Zwiebeln
3 Essl. eingesottene Butter

Ein originelles Rezept, das den Tessiner Einfluss nicht verleugnen kann.

Schwynigs und Cheschtenä

Über Nacht die gedörrten Kastanien in kaltem Wasser einweichen. Die braunen Häutchen entfernen. Gleichzeitig das geräucherte Schweinefleisch 45 Minuten in Wasser kochen. In einer zweiten Pfanne wenig Zucker braun rösten, die Kastanien dazugeben, kurz schwenken und vom Feuer nehmen. Jetzt mit Fleischsud ablöschen, mit wenig Salz und Pfeffer vorsichtig würzen, Fleisch zugeben und nochmals 30 Minuten kochen. Die Kastanien sollten nicht zerfallen. Inzwischen die Salzkartoffeln zubereiten. Fleisch in nicht zu dünne Scheiben schneiden, auf den Kastanien in einer flachen Platte anrichten und mit einem Kranz von Salzkartoffeln umgeben.

Für 4 Personen

400 g getrocknete Kastanien
1 kg geräuchertes Schweinefleisch (Rippli, Schüfeli, Wädli oder Speck)
50 g Zucker
Salz, Pfeffer
400 g Kartoffeln

Berner Gemsjäger.
Lithographie von
A. Merian nach
J. Senn

Zur Jagdzeit gibt's

Gämschipfäffer
(Urner Gemspfeffer)

Das Fleisch mit den Gemüsen und Wacholderbeeren in einen irdenen Topf geben und mit dem Rotwein und dem Essig übergiessen. 3–5 Tage in der Beize belassen, die Säure macht es mürbe.
Nach dieser Zeit das Fleisch herausnehmen, mit Küchenpapier abtrocknen und in heisser, eingesottener Butter auf allen Seiten scharf anbraten. Die Beize in einer gusseisernen Kasserolle aufkochen und das Fleisch dazugeben. Es soll von Flüssigkeit bedeckt sein; eventuell mit Rotwein strecken. Mit Salz, Pfeffer, Thymian und Majoran würzen. In einer Bratpfanne Mehl ohne Butter dunkelbraun rösten und zum Fleisch geben. Zudecken und 1½ bis 2 Stunden schmoren. Wenn das Fleisch gar ist, aus der Sauce nehmen und warm stellen. Sauce passieren, eine Prise Zucker beigeben, nachwürzen und zum Fleisch geben.
Der Gemspfeffer wird mit Polenta gereicht und mit italienischem Rotwein begossen!

Für 4 Personen
2 kg Gemsfleisch, in Ragoutstücke geschnitten
1 Stück Sellerieknollen
1 Rüebli
1 besteckte Zwiebel (mit Lorbeerblatt und Nelke)
6 Wacholderbeeren
1 l italienischer Rotwein
½ dl Essig
50 g eingesottene Butter
Salz, Pfeffer, Thymian, Majoran
100 g Mehl

Älplermagrone nach Urner Art
(Makkaronigericht)

Im Gegensatz zu den Länder-Magronen wird diese Urner Spezialität meistens ohne Kartoffeln zubereitet.

Die Teigwaren knapp garkochen und gut abtropfen lassen. Inzwischen die Zwiebeln in Streifen schneiden und in der Butter goldgelb braten. Rahm oder Milch aufkochen, 100 g Käse hineingeben und gut rühren. Die Teigwaren mit der Hälfte des restlichen Käses mischen, mit Salz und Pfeffer würzen und in eine Bratpfanne oder feuerfeste Form einfüllen. Mit der Käsesauce begiessen und mit dem restlichen Käse bestreuen. Die Zwiebelschwitze darüber verteilen. Zugedeckt auf dem Herd oder im Backofen erwärmen, bis der Käse schmilzt.

Für 4 Personen
500 g grosse Hörnli oder Makkaroni
2 grosse Zwiebeln
2 Essl. eingesottene Butter
3 dl Rahm oder Milch
300 g geriebener Käse (am besten rezenter Urner Bergkäse)
Salz, Pfeffer

Bei der ganz ähnlich zubereiteten Ländermagrone werden noch 3 grosse geschwellte, in Würfel geschnittene Kartoffeln unter die Teigwaren gemischt.

Noch ein währschaftes Urner Gericht.

Urner Chässuppe

Für 4 Personen

300 g altbackenes Brot (evtl. Rinde von Brotschinken)
1 ½ l leichte Bouillon
2 grosse Zwiebeln
2 Essl. eingesottene Butter
250 g Urner Bergkäse oder Sbrinz, gerieben
Salz, Pfeffer, Muskatnuss
Zwiebelschwitze (nach Belieben)

Das Brot in dünne Scheiben schneiden. In eine grosse Schüssel geben und mit heisser Bouillon begiessen. Zwiebeln hacken, in Butter hellbraun braten. Das aufgeweichte Brot lagenweise mit Käse in eine Pfanne geben. Mit Salz, Pfeffer und Muskatnuss würzen und wenn nötig noch etwas Bouillon zufügen. Auf dem Herd 45 Minuten kochen. In Suppenteller anrichten und die Zwiebelschwitze darüber verteilen.

Ein originelles Sonntagsessen aus dicken Spaghetti, Fleisch, Blätterteig und Tomatensauce. Aber Vorsicht beim Servieren — das Gericht fällt gerne auseinander, was mir bei einer Sendung im Tessiner Fernsehen einmal passierte.

Makkaroni-Pastete

Für 4 Personen

800 g Blätterteig
150 g dicke Spaghetti oder dünne Makkaroni (nicht geschnitten)
250 g Schweinefleisch, gehackt
1 Ei
50 g Magerspeck, gehackt
1 Teel. Mehl
Salz, Pfeffer, Muskatnuss, Majoran
100 g Schinken

Zuerst einen bauchigen Fisch von der Länge eines rechteckigen Backbleches auf einen Karton zeichnen und ausschneiden. Blätterteig 4–5 mm dick auswallen, die Schablone drauflegen und zwei Fische ausschneiden, die mindestens 2 cm grösser sind als die Schablone. Die eine Fischform auf das Kuchenblech legen. Die Teigwaren «al dente» kochen. Schweinefleisch, verquirltes Ei, Speck und Mehl gut mischen. Mit Salz, Pfeffer, Muskatnuss und Majoran kräftig würzen. Die Hälfte dieser Mischung auf dem Teigboden verteilen, dabei einen Rand von etwa 2 cm frei lassen. Den Schinken in feine Streifchen schneiden und einen Drittel davon über das Fleisch geben. Teigwaren abgiessen, würzen, mit den restlichen Schinkenstreifen mischen und auf den Teigfisch geben. Den Teigdeckel mit der restlichen Fleischmasse belegen, dabei einen 2 cm breiten Rand freilassen und diesen mit leicht verklopftem Eiweiss bestreichen. Den Deckel mit dem Fleischbelag nach unten aufsetzen und die Ränder gut mit Eiweiss zusammenkleben.

Auf der Oberseite des Fisches mit einem Ausstecher 3 Dampflöcher machen. Den ganzen Fisch mit einer Gabel mehrmals einstechen. Die Löcher mit einem gezackten Teigringchen verzieren. Nach Belieben aus Teigresten weitere Dekorationen (Flossen, Schuppen usw.) anbringen. Den Fisch mit verquirltem Eigelb bestreichen. 30–40 Minuten bei 200° backen. Wenn nötig mit einer Folie etwas abdecken. Wichtig ist, dass der Teig fest gebacken wird, damit die Pastete beim Servieren nicht auseinanderbricht. Inzwischen eine dicke, gut gewürzte Tomatensauce zubereiten. Und jetzt kommt der «Clou»: Die Pastete aus dem Ofen nehmen, anrichten und einen Teil der Tomatensauce durch die Dampflöcher in die Pastete giessen. Wegen dieser Sauce ist es besonders wichtig, dass die Pastete gut gebacken ist und der Teig nicht allzu dünn ausgewallt wurde.

Sofort servieren und restliche Sauce dazureichen. Mit einem grünen Salat eine sättigende Mahlzeit.

1 Eiweiss
1 Eigelb
5 dl Tomatensauce

Und hier die «Cazzuola», das Eintopfgericht der einst beim Gotthardtunnelbau beschäftigten Italiener. Die Urner Hausfrauen haben es auf ihre Art abgewandelt und in ihren Speisezettel aufgenommen.

Cazzuola

Das Fleisch 2–3 Stunden wässern, damit es beim Kochen nicht zu salzig wird. Lauch und Kabis in 2 cm breite Streifen schneiden. Stangensellerie in Stücke schneiden oder Sellerieknollen grob hakken. Rüebli schälen und in Rädchen schneiden. Das Fleisch abgiessen, auf Küchenpapier trocknen und in Butter oder Öl unter öfterem Wenden anbraten. Die Hälfte des Bratfettes abgiessen, Zwie-

Für 4 Personen

800 g Rippli oder Speck aus dem Salz
2 Essl. Butter oder Öl
1 grosse Zwiebel
2–3 Knoblauchzehen
1 kleiner Kabis
2 Rüebli

*1 Stangensellerie oder
½ Sellerieknollen
1 Lauchstengel
2 dl Rotwein
2 dl Wasser oder
Fleischbouillon
4 grosse Kartoffeln
Salz, Pfeffer,
Muskatnuss*

beln und durchgepressten Knoblauch zugeben. Gut wenden und mit Wein und nach Belieben mit Wasser oder Fleisch 2–3 Minuten dünsten, dann die Gemüse zugeben. Gut wenden und mit Wein und nach Belieben mit Wasser oder Fleischbouillon ablöschen. Gut würzen. Zugedeckt ¾ Stunden kochen. Inzwischen die Kartoffeln zugeben und 40 Minuten mitkochen. Gut würzen.

Dieses Gericht wird durch Zugabe von Rotwein besonders würzig und schmackhaft. Die Kartoffeln werden allerdings dadurch etwas unansehnlich. Wer das vermeiden will, kocht sie separat oder gibt der «Cazzuola» Weisswein zu.

Ein Erfolgsrezept, das ich besonders verwöhnten Gästen vorsetze. Das Originalrezept enthält keinen Birnenhonig. Die Sauce wird aber durch diese Zugabe sämig und noch besser.

Brischtener Birä

(Gedörrte Birnen in Wein)

*Für 4 Personen
100 g gedörrte Birnen
(ganze, fleischige)
4 dl Rotwein
50 g Zucker
1 Stück Zimtrinde
1 Gewürznelke
100 g Birnenhonig
(Obstsaftkonzentrat)
3 dl Rahm*

Die Birnen einige Stunden in kaltes Wasser einlegen. Wein, Zucker, Zimt und Nelke aufkochen, Birnen mit 1 dl Einweichwasser zugeben. Etwa 40 Minuten kochen. In der Flüssigkeit erkalten lassen. Birnenhonig beifügen und nochmals ein wenig eindicken. Die Birnen auf steifgeschlagenem Rahm anrichten und die Sauce separat dazureichen.

Ein weiteres Rezept mit südlichem Einfluss, eine der verschiedenen Urner Polenta-Varianten.

Poläntä-Chüächä

(Polenta-Kuchen)

*Für 4 Personen
1,8 l Wasser oder
Fleischbouillon*

Die Birnenschnitze am Vorabend in kaltes Wasser einweichen. Den Speck in etwa 1½ cm grosse Würfel schneiden. Wasser mit Salz oder Bouillon aufkochen. Mais und Maismehl mischen. Im Sturz zugeben. Unter Rühren auf kleinem Feuer aufkochen lassen. 10 Minuten weiterrühren. Vom Feuer nehmen. Die Speckwürfel in einer Bratpfanne leicht anbraten, bis sie glasig werden. Mit den gut abgetropften Birnenschnitzen unter die Polenta mischen. Eine nicht zu hohe Auflaufform mit Butter ausstreichen, den Maisbrei hineingeben, mit Butterflocken belegen und etwa 40 Minuten bei 200° backen. Mit Milchkaffee (s. Länder-Milchkaffee, S. 389) servieren.

1 Essl. Salz
300 g Mais
(Polentagriess)
80 g Maismehl
200 g gedörrte
Birnenschnitze
200 g Magerspeck
30 g Butterflocken
Butter für die Form

Eine dicke Bohnensuppe, die vor allem durch die Altdorfer Suppenanstalt bekannt geworden ist. Sie wird aber in verschiedenen Varianten auch von Hausfrauen zubereitet. Hier eines dieser Rezepte.

Beenälisuppe

Die Bohnen am Vorabend in lauwarmem Wasser einweichen. Zwiebel hacken. Mit dem durchgepressten Knoblauch in Butter 5 Minuten dünsten. Mehl beifügen und unter ständigem Rühren hellbraun rösten. Mit Wasser oder Bouillon ablöschen. Liebstöckel und Bohnenkraut zufügen. So lange rühren, bis keine Knöllchen mehr vorhanden sind. Bohnen abgiessen, zufügen und eine Stunde kochen. Reis beifügen und wenn nötig noch mit Wasser etwas verdünnen. Mit Salz und Muskatnuss nachwürzen. 20 Minuten weiterkochen.

Für 6 Personen

120 g braune, gedörrte Bohnen
1 grosse Zwiebel
1 Knoblauchzehe
4 Essl. Butter
6 Essl. Mehl
1 ½ l Wasser oder Bouillon
1 Zweiglein Liebstöckelkraut
1 Teel. gehacktes Bohnenkraut
5 Essl. Reis
Salz, Muskatnuss

Giornico im Livinental. Stich von Bodmer nach Scheuchzer

Ricette della nonna

Die Suche nach althergebrachten typischen Tessiner Rezepten erwies sich als reichlich kompliziert. Wendet man sich diesbezüglich an Tessiner in Locarno, Ascona oder Lugano, erhält man bestenfalls Rezepte für den bereits weitgehend bekannten Risotto (s. S. 76), die Minestrone, ein Kaninchenragout oder Ossi bucchi. Auch in den Grotti findet man manchmal nicht viel mehr als einen Fisch in carpione, ein Güggeli oder vielleicht einen Stufato (Schmorbraten) nach Grossmutterart auf dem Speisezettel. Wer wirklich echte Tessiner Kost ausprobieren will, muss einen der kleinen Gasthöfe in den Tessiner Seitentälern aufsuchen, wo für Gäste höchstens drei bis vier Tische zur Verfügung stehen und nur das aufgetischt wird, was für die Familie gekocht wird.

Manchmal entwickeln im Tessin ansässige Deutschschweizer ein besonderes Talent, nach Tessiner Art zu kochen, so unter anderem auch die bekannte Frau Agnese im Ristorante Stazione in Intragna. Ihr grosser Erfolg kommt sicher nicht von ungefähr, denn alle Tessinfahrer von «ennet» dem Gotthard schwärmen für echte Tessiner Kost. Gibt es denn etwas Besseres als eine gekonnt zubereitete Tessiner Polenta, die nach alter Art noch mit einer Schnur in Stücke geschnitten wird, die man mit rassiger Steinpilzsauce begiesst oder zu der Luganighe, Coniglio (Kaninchenragout) oder ein feiner Arrosto (Braten) serviert werden?
Hier meine Tessiner Lieblingsgerichte. Eine echte Tessiner Polenta ist nicht bloss ein simpler, eine halbe Stunde lang gekochter Maisbrei. Sie ist eine Tradition, ein seit alters im gleichen Stile mit viel Liebe und Sorgfalt zubereitetes Gericht. Leider können sie nur noch die wenigsten am Kamin oder auf dem Holzkohlenfeuer kochen. Sie schmeckt aber, nach altem Brauch dreissig Minuten in gleicher Richtung gerührt, trotzdem ausgezeichnet, auch wenn wir keine Kupferkessel mehr zur Verfügung haben.

Kalbsvögel nach Tessiner Art

Für 4 Personen

1 Brötchen oder Weggli
50 g Magerspeck
1 grosse Zwiebel, fein gehackt
1 Essl. gehackte Petersilie
2 Essl. Butter
200 g frische Steinpilze (oder 30 g getrocknete)
8 sehr dünn geschnittene Kalbsplätzchen
Pfeffer
Salz, Rosmarin, Thymian
1 dl Rotwein
2 grosse Tomaten, geschält

Das Brötchen in kleine Stücke brechen, mit heissem Wasser übergiessen, nach dem Weichwerden gut ausdrücken, mit einer Gabel zerstossen oder passieren. Den Speck hacken, zusammen mit 2 Essl. gehackter Zwiebel und Petersilie in ½ Essl. Butter 3 Minuten dünsten. Die Hälfte der Steinpilze mit dem Wiegemesser hacken (getrocknete zuerst einweichen). Brot, Speckmischung und Steinpilze miteinander vermengen. Die Kalbsplätzchen auslegen, beidseitig mit wenig Pfeffer bestreuen. Die Füllung darauf verteilen, einrollen und mit Rouladenklammern oder Zahnstochern fixieren. In 1 Essl. Butter anbraten, mit Salz, Rosmarin und Thymian würzen. Wein zugeben und halb zugedeckt 15 Minuten schmoren lassen.
Inzwischen in einer Bratpfanne die restlichen Zwiebeln und gut ausgedrückte und gewürfelte Tomaten in Butter 5 Minuten dünsten, bis alle Flüssigkeit verdampft ist. Die restlichen feingeschnittenen Steinpilze beifügen und mit Salz, Pfeffer und Rosmarin würzen. Die Fleischvögel anrichten und die Tomaten-Pilz-Mischung darüber verteilen.

Coniglio alla campagnola
(Kaninchen nach ländlicher Art)

Für 4 Personen

1 kg Kaninchen, in Stücke geschnitten
2 Essl. Butter
150 g Magerspeck
½ Essl. Mehl
2 Rüebli
1 Lorbeerblatt
2 Gewürznelken
2 dl Rotwein
2 dl Bouillon
1 Zwiebel
1 Knoblauchzehe

Das Fleisch mit dem fein geschnittenen Speck in Butter anbraten. Mit Mehl bestäuben, dann Rüebli, Lorbeerblatt, Gewürznelken, Wein, Bouillon, gehackte Zwiebeln, durchgepressten Knoblauch und Kräuter zugeben. Mit Salz und Pfeffer würzen. Eine Stunde zugedeckt schmoren lassen. Dann die gescheibelten Steinpilze beigeben (getrocknete zuerst einweichen). 15–20 Minuten weichschmoren lassen. Dann das Fleisch aus der Kasserolle nehmen und warm stellen. Die Sauce auf grossem Feuer auf die Hälfte einkochen lassen. Lorbeerblatt, Gewürznelken und Rüebli herausnehmen. Die gehackte Kaninchenleber mit

Rahm und Blut mischen. Zur Sauce geben, auf kleinem Feuer eindicken lassen, aber nicht mehr kochen! Über das Fleisch anrichten. Man kann das Blut auch weglassen und die Sauce mit Bratensauce und wenig Tomatenpüree binden.

2 Essl. gemischte, gehackte Kräuter (Rosmarin, Majoran, Thymian, Salbei)
Salz, Pfeffer
300 g Steinpilze (oder 30 g getrocknete)
100 g Kaninchenleber
1 dl Rahm
1 dl Kaninchen-, Schweins- oder Rindsblut (nach Belieben)

Polenta nach Tessiner Art

Das Wasser mit Salz in einer grossen Pfanne aufkochen. Den Mais unter Rühren hineingeben. Immer in der gleichen Richtung rühren, bis die Polenta glatt ist. Es dürfen sich keine Klumpen bilden. Die Hitze reduzieren und langsam weiterrühren, bis sich nach ungefähr 30 Minuten am Pfannenrand eine dünne Kruste bildet. Von diesem Zeitpunkt an nochmals 10–15 Minuten weiterkochen. Die Polenta auf ein Holzbrett oder ein flaches Weidenkörbchen stürzen. Mit einem Leinentüchlein bedeckt auf den Tisch bringen. Mit einer dünnen Schnur oder einem hölzernen Polentamesser in Portionen aufteilen. Dazu ein Tessiner Saucengericht servieren.
Kinder und auch Erwachsene tauchen die heisse Polenta manchmal in kalte Milch.

Für 4–6 Personen

1 ½ l Wasser
1 Essl. Salz
500 g Mais (Polentagriess, nach Belieben grobkörnig oder fein)

Polenta mit Luganighe
(Mais mit Kochsalami)

Milchwasser mit Salz aufkochen. Das Maisgriess im Faden einrühren. Dann das Feuer kleiner stellen und 30 Minuten weiterrühren. Wenn sich am Pfannenrand eine leichte Kruste bildet, braucht die Polenta nochmals 10–15 Minuten Kochzeit. Die Zwiebeln in Ringe schneiden und in Butter oder Öl hellbraun ausbacken. Zuletzt gehackte Salbeiblätter 1–2 Minuten mitbraten. Die Polenta auf eine vorgewärmte Platte stürzen und die Zwiebeln darüber anrichten. Mit heissen Luganighe (kleine Kochsalami aus Lugano) servieren. Man kann die Polenta auch mit gedünstetem, gut ausgedrücktem und in Butter leicht gebratenem Blattspinat und gerösteten Zwiebeln belegen.

Für 4 Personen

1,2 l Milchwasser (halb Milch, halb Wasser)
Salz
400 g mittelgrobes Maisgriess
3 grosse Zwiebeln
2 Essl. Butter oder Öl
4 Salbeiblätter
4 Luganighe

Osso bucco alla casalinga

(Kalbshaxen nach Hausfrauenart)

Für 4 Personen

4 Kalbshaxen zu etwa 250 g
Salz, schwarzer Pfeffer
1 dl Olivenöl
1 grosse Zwiebel
2 Rüebli, 1 Stück Sellerie,
½ Lauchstengel
4 dl Weisswein
1 Knoblauchzehe, durchgepresst
½ Teel. getrocknete Zitronenschale
Rosmarin, Basilikum, Thymian, Salbei
1 Essl. Tomatenpüree
20 g Butter
1 Büschel Petersilie

Kalbshaxen mit Pfeffer und Salz gut würzen und in Öl goldgelb anbraten. Fleisch aus der Pfanne nehmen. Im Bratenfond die feingehackte Zwiebel und die kleingeschnittenen Gemüse anziehen lassen. Mit Wein ablöschen, gut aufkochen, dann das angebratene Fleisch, Knoblauch, Gewürze und Tomatenpüree beigeben. Mindestens eine Stunde zugedeckt schmoren lassen, bis die Kalbshaxen weich sind. Das Fleisch auf eine vorgewärmte Platte anrichten. Die Sauce passieren, eventuell nachwürzen. Die gehackte Petersilie kurz in Butter dünsten und die Mischung über die Kalbshaxen geben.

Spaghetti nach Asconeser Art

Für 4 Personen

4 schöne Tomaten
100 g Champignons
400 g Spaghetti
Salz, schwarzer, grobgemahlener Pfeffer
400 g Kalb- oder Geflügelfleisch, geschnetzelt
2 Essl. Butter
1 Zwiebel, fein gehackt
1 Knoblauchzehe
1 Prise Oregano
100 g Rohschinken
2 Essl. gehackte Petersilie
100 g Sbrinz

Die Tomaten kurz in kochendes Wasser tauchen. Die Haut abziehen und das Fruchtfleisch würfeln. Die Champignons scheibeln und sofort mit den Tomaten mischen.
Die Spaghetti in viel kochendes Salzwasser geben. Mit einer Holzkelle etwas eintauchen und darauf achten, dass sie nicht zusammenkleben. Ungefähr 10 Minuten kochen. Die Spaghetti sollen «al dente» bleiben.
Inzwischen das Fleisch in der Butter 3–4 Minuten braten. Aus der Pfanne nehmen. Zuerst die Zwiebeln im Bratenfond leicht dünsten, dann Tomaten, Champignons und durchgepressten Knoblauch beifügen. Mit Salz, Pfeffer und Oregano würzen. Kurz vor dem Anrichten den in Streifen geschnittenen Rohschinken beifügen und 10 Minuten mitdämpfen. Die Sauce über die gut abgetropften Spaghetti anrichten. Mit Petersilie bestreuen. Den Sbrinz am Tisch frisch gerieben darübergeben.

Busecca

(Tessiner Kuttelsuppe)

Zwiebeln und Knoblauch fein hacken, zusammen mit Speckwürfelchen im heissen Öl hellgelb rösten. Kartoffeln, Rüebli, Sellerie und Tomaten in Würfel, den Lauch in feine Rädchen schneiden. Alles zusammen mit den Kutteln beigeben und kurz dämpfen. Mit den Gewürzen überstreuen, Tomatenpüree beifügen, alles vermischen, mit Fleischbrühe aufgiessen. 30 Minuten kochen. Geriebenen Sbrinz dazu servieren.

Für 4 Personen

1 Zwiebel
2 Knoblauchzehen
2 Essl. Olivenöl
50 g Speckwürfelchen
5 Kartoffeln
3 Rüebli
½ Sellerieknolle
3 Tomaten
2 Lauchstengel
400 g vorgekochte, in Streifen geschnittene Kutteln
1 Teel. Salz, 1 Prise Pfeffer
Je 1 Prise Safran, Majoran, Basilikum, Rosmarin
2 Essl. Tomatenpüree
1 l Fleischbrühe
Geriebener Sbrinz

Minestrone

Rüebli, Sellerie und Lauch rüsten und kleinschneiden. Olivenöl erhitzen. Zwiebeln und Speckwürfelchen darin dünsten. Durchgepressten Knoblauch, Borlotti-Bohnen und die kleingeschnittenen Gemüse zugeben und kurz mitdämpfen. Bouillon, Fleisch und Gewürze zugeben und zugedeckt 1–1½ Stunden leise kochen lassen, bis das Fleisch weich ist. 20 Minuten vor Ende der Kochzeit Reis zugeben.

Doppelte Portion für 4 Personen

2 Rüebli
1 grosses Stück Sellerie
1 Lauchstengel
2 Essl. Olivenöl
2 Zwiebeln, gehackt
100 g Speckwürfelchen
4 Knoblauchzehen
4 kleine Tomaten, geschält
100 g Borlotti-Bohnen, eingeweicht
2–2½ l Fleischbouillon
400 g Rindfleisch
Salz, Pfeffer
Majoran, Rosmarin, Basilikum
100 g Reis
Geriebener Sbrinz

Was könnte gemütlicher sein als ein Sommerabend in einem romantischen Tessiner Grotto bei einem Glas Merlot, einem Güggeli oder einer andern Spezialität? Ein besonders schmackhaftes Gericht ist «Lavarello in carpione», eine Art Felchen, die in einer pikanten Gemüse-Essig-Beize eingelegt werden. Das Rezept stammt aus dem «Grotto Broggini» in Losone.

Lavarello in carpione

Für 4 Personen

4 ganze Lavarelli (Felchenart) zu etwa 220 g
2 Essl. Mehl
1 ½ dl Öl
1 Zwiebel
1 grosses Rüebli
1 Stück Sellerieknolle
1 Lauchstengel
1 Knoblauchzehe
1 Lorbeerblatt
2 dl weisser Essig
1 dl Weisswein
2 dl Bouillon
Salz, Pfeffer
1 Prise Zucker
2 Essl. Petersilie, gehackt

Die ausgenommenen Fische im Mehl wenden, dann in ½ dl Öl goldgelb braten und in ein tiefes Geschirr legen. Zwiebeln, Rüebli, Sellerie und Lauch in sehr feine Streifchen schneiden (Julienne). Die Gemüse im restlichen Öl anziehen lassen. Durchgepressten Knoblauch und Lorbeerblatt beifügen. Mit Essig, Weisswein und Bouillon ablöschen. Mit Salz, Pfeffer und Zucker würzen. Diese Beize über die Fische giessen. Mit Petersilie bestreuen und kalt servieren. Das Gericht schmeckt erst nach etwa 3 Tagen richtig gut.

Die Tessiner kochen zwar traditionsgemäss meistens mit Butter und nicht mit Olivenöl. Dieses eher italienische Gericht ist aber so herrlich aromatisch, dass ich das Rezept trotzdem hier anführen möchte.

Coniglio all'olio
(Kaninchen in Öl)

Für 4–6 Personen

1 Kaninchen (etwa 1,5 kg, in Stücke geschnitten)
2 Essl. Olivenöl
2 Zwiebeln
3 Knoblauchzehen

Öl erhitzen, die Kaninchenstücke hineingeben und unter ständigem Wenden goldgelb anbraten. Hitze reduzieren, gehackte Zwiebeln und durchgepressten Knoblauch, Salbei und Thymian beifügen. Rüeblischeiben, Rosmarin und Petersilie 2–3 Minuten dünsten. Tomaten kurz in heisses Wasser tauchen, schälen, halbieren, entkernen und gut ausdrücken. Zugeben und 45 Minuten ungedeckt dünsten. 5 Minuten zugedeckt auf ganz kleinem Feuer nachdünsten, würzen und servieren.

2–3 Salbeiblätter
1 Zweiglein Thymian
1 Rüebli
1 Zweig Rosmarin
2 Essl. Petersilie, gehackt
2 Tomaten
Salz, Pfeffer

Ein Grottorezept, das ich seit Jahren mit Erfolg zubereite.

Güggeli nach Asconeser Art
(Familienrezept)

Olivenöl mit den Gewürzen mischen. Die Poulets damit begiessen und mindestens 12 Stunden ziehen lassen.
Die Poulets gut abtropfen, innen und aussen nochmals mit Pfeffer und Salz gut würzen. Rosmarinzweige in den Bauch geben und am Spiess auf dem Holzkohlenfeuer grillieren.
Hat man keinen Spiess, kann man die Güggeli auch halbieren, mit dem Küchenbeil flachschlagen und beidseitig auf dem Rost grillieren.

Für 2 Personen
2 kleine Mistkratzerli

Marinade:
1 dl Olivenöl
2 Knoblauchzehen, durchgepresst
Schwarzer Pfeffer aus der Mühle
1 Teel. Rosmarinnadeln
2 Rosmarinzweige
Salz

Eine Delikatesse als kleine Zwischenverpflegung oder als Dessert nach einem guten Tessiner Gericht.

Formaggini

Legen Sie 2 oder 3 kleine Formaggini in ein Glasgefäss. Streuen Sie viel schwarzen Pfeffer, gemischte Kräuter (Petersilie, Salbei, Basilikum, Rosmarin) darüber, träufeln Sie durchgepressten Knoblauch darauf und übergiessen Sie das Ganze mit Olivenöl, bis es davon bedeckt ist. Nach 2–3 Tagen schmeckt dieser Käse ausgezeichnet zu Cornetti oder Tessiner Brot.

Und hier ein Rezept für den klassischen

Zabaione
(Weincreme)

Für 4 Personen

6 Eigelb
100 g Zucker
½ Teel. abgeriebene Zitronenschale
3 dl Marsala

Eigelb mit dem Zucker in einer kleinen Pfanne schlagen. Zitronenschale und Marsala zugeben und unter ständigem Rühren auf kleinem Feuer kochen, bis eine dicke, schaumige Masse entsteht. Sobald die Creme steigt, in Tassen oder Gläser anrichten.

Und nachfolgend die alte, neuentdeckte Rotweinvariante, die Rossumada.
Sie gleicht weitgehend dem Marsala-Zabaione. Es gibt allerdings Rezepte, nach denen dieser Zabaione kalt zubereitet wird, was meiner Ansicht nach weniger gute Resultate ergibt.
Vorsichtige bereiten den Zabaione im Wasserbad zu.

Rossumada

Für 4 Personen

2 Eier
3 Eigelb

Die Eier teilen. Eiweiss zu steifem Schnee schlagen. Eigelb mit Zucker und Zimt in einem Pfännchen zu einer sämigen Creme schlagen. Rotwein zufügen und unter ständigem Rühren bei mässiger Hitze zu einer schaumigen Masse rühren. Eischnee zugeben und etwa 1 Minute weiterrühren. Sobald die Creme steigt, in Rotweingläser einfüllen und servieren.

120 g Zucker
1 Prise Zimt (nach Belieben)
3 dl gehaltvoller Rotwein (z. B. guter Merlot)

Eine nach Grossmutterart zubereitete Creme ist der

Cavolatte

Milch mit aufgeschlitztem Vanillestengel und Zitronenschale oder Pfirsichblättern aufkochen. Vom Feuer nehmen. Inzwischen die Eigelbe mit Zucker zu einer weisslichen Creme schlagen. Wenig heisse Milch auf die Eicreme geben und mit dem Schwingbesen gut vermischen. Zur Milch geben und nochmals knapp bis vors Kochen bringen. 1–2 Minuten neben der Herdplatte weiterschlagen. Mit Zucker bestreuen und erkalten lassen. Vor dem Servieren nochmals gut durchrühren.

Für 4 Personen
½ l Milch
1 Vanillestengel
½ Teel. abgeriebene Zitronenschale oder im Sommer gehackte Pfirsichblätter
5 Eigelb
150 g Zucker
2 Essl. Zucker

Ein mürber Kuchen mit Konfitüre, der etwas in Vergessenheit geraten ist.

Frolla della nonna

Butter in Flocken schneiden. Das Mehl in eine Schüssel sieben. Butter, Zucker, Salz, verquirlte Eier, Zitronenschale und Grappa oder Maraschino zugeben. Alles sehr rasch zu einem glatten Teig verarbeiten. 3–4 Stunden ruhen lassen.

Für ein Kuchenblech von etwa 26 cm Durchmesser

200 g Butter
350 g Mehl

120 g Zucker
1 Prise Salz
2 Eier
1 Teel. abgeriebene Zitronenschale
1 Essl. Grappa oder Maraschino
6 Essl. Aprikosenkonfitüre
Butter für das Blech
1 Ei zum Bestreichen

Den Teig etwa ½ cm hoch auswallen. Das mit Butter ausgestrichene Blech damit auslegen. Aus einer Teigrolle einen Rand formen. Mit Konfitüre belegen. Aus Teigresten dünne Rollen formen und diese gitterartig über den Kuchen legen. Die Teigstreifen mit ein wenig verquirltem Ei festkleben. Das Teiggitter und den Rand des Kuchens mit verquirltem Ei bestreichen. 30–40 Minuten bei 180° backen. Wenn nötig mit Aluminiumfolie abdecken.

(Weitere Tessiner Spezialitäten s. S. 76)

Auch die Tessiner haben ihre fritierten Küchlein, die vor allem am Tag des San Giuseppe gebacken werden.

Tortelli di San Giuseppe

70 g Butter
1 Essl. Zucker
2 ½ dl Wasser
1 Prise Salz
150 g Mehl
4 Eier
1 Essl. Rum (nach Belieben)
1 Essl. abgeriebene Zitronenschale
Öl für die Frittüre
Puderzucker zum Bestreuen

Butter, Zucker, Wasser und Salz aufkochen. Das gesiebte Mehl im Sturz beigeben. Rühren, bis sich ein glatter Teigklumpen bildet, der sich von Wand und Boden der Pfanne löst. Die Pfanne von der Heizquelle wegziehen und ein Ei nach dem andern mit dem Teig verarbeiten. Zuletzt Rum und Zitronenschale zugeben und erkalten lassen. Mit einem Löffel Kugeln abstechen und im heissen Öl bei 170° goldgelb ausbacken. Vor dem Servieren mit Puderzucker bestreuen.

Wer kennt die Amaretti nicht? Sollten Sie «ennet» dem Gotthard keine finden, hier ein Rezept für hausgemachte, die vielleicht etwas rustikaler aussehen als die gekauften.

Amaretti
(Tessiner Mandelgebäck)

270 g süsse Mandeln
30 g bittere Mandeln
300 g Zucker

Die Mandeln kurz in kochendes Wasser tauchen und schälen. Auf ein Kuchenblech legen und bei schwach geheiztem Ofen eine Stunde trocknen.

Nach dem Erkalten die Mandeln in einem Mörser sehr fein zerstossen. Zucker zugeben und beides zusammen im Mörser gut verarbeiten, bis die Mischung gleichmässig ist. Eiweiss ganz leicht verquirlen. Nach und nach zu den Mandeln geben, bis ein fester Teig entsteht.
Ein Backblech mit Mehl bestäuben. Kleine Häufchen daraufsetzen. Diese beidseitig mit Daumen und Zeigefinger etwas eindrücken, damit sie ihre typische Form erhalten. Mit Puderzucker bestreuen und im Ofen bei 60° 20 Minuten trocknnen. Nach dem Backen nochmals mit Puderzucker bestreuen.
Man kann die Amaretti auch auf Pergamentpapier oder Aluminiumfolie setzen. Sie lassen sich dann besser abheben.

2–3 Eiweiss
Puderzucker zum
Bestreuen
1 Essl. Mehl

Hier noch die Tessiner Fasnachtsküchlein.

I cenci della nonna

Das Mehl in eine Schüssel sieben. Eine Vertiefung anbringen. Zucker, Rahm, Salz, Zitronenschale und leicht verquirlte Eier hineingeben. Rasch zu einem Teig verarbeiten. Eine Stunde ruhen lassen.
Den Teig 3–4 mm dick auswallen. Streifen von 3 cm Breite ausrädeln und etwa 12 cm lange Stücke abschneiden. Die Streifen locker zu einer Masche schlingen und im heissen Öl bei etwa 170° goldgelb ausbacken. Gut abtropfen, mit Puderzucker bestreuen und frisch servieren.

500 g Mehl
175 g Zucker
2 dl Rahm
1 Prise Salz
1 Teel. abgeriebene
Zitronenschale
4 Eier
Öl für die Friture
Puderzucker zum
Bestreuen

Erdbeeren

«Als die Frau die schönen Erdbeeren betrachtete, dachte sie, wenn die jetzt in der Stadt wären, aus denen löste man viel Geld, so schöne sind dort selten. Aber die Stadt war weit, «doch», dachte sie, «liebt man vielleicht in den vielen Herrenhäusern da herum Erdbeeren auch mit Zucker als Erdbeerisalat oder auf andere Weise. Wenn man ihnen brächte, wären sie froh darüber.» Wie sie merken mochte, tat dies niemand. Die Leute sammelten wohl Erdbeeren, aber für sich zu einem Erdbeeristurm (Erdbeeren an der Milch und Habermehl), aber nicht zum Verkauf...

Aus dem «Erdbeerimareili»
von Jeremias Gotthelf

EPPÉRI, EPPÉRI.

Die erste, schönste, beste frucht,
Verkaufft die magd mit ehr und zucht.

Ausrufbild: Erdbeeren, Erdbeeren!

Erdbeeri mit Nidle

Am liebsten isst man bei uns in der Schweiz Erdbeeren mit Nidle, sei es, dass sie mit flüssigem Rahm übergossen werden oder dass man auf den köstlichen Beeren einen ganzen Berg Schlagrahm aufhäuft. In neuester Zeit hat man für besonders anspruchsvolle Schlemmer sogar den üppigen Doppelrahm, die Crème de Gruyère wiederentdeckt.
Im Tessin werden Erdbeeren auf einfache und natürliche Weise serviert, begossen mit einem Schuss Wein, Marsala, Zitronen- oder Orangensaft mit Zucker oder – für verwöhnte Gaumen – mit ein wenig Maraschino.
Dann gibt es natürlich auch in unserem Land die klassischen Erdbeerschnitten, den festlichen Vacherin, eine Erdbeeromelette oder Erdbeercreme und in der Westschweiz die «Fraises au pinot», ein sehr beliebtes Erdbeerdessert.

Walliser Erdbeerschnitten

Zucker, Eigelb und Zitronenschale zu einer weisslichen Creme schlagen. Eiweiss mit Salz steifschlagen. Mehl und Kartoffelmehl zur Eicreme sieben. Gut vermischen. Die Masse auf die Eiweiss geben und locker vermengen. Marc zugeben. Das Blech mit Butter bestreichen, die Masse gleichmässig darauf verteilen. 8–10 Minuten bei 200° goldgelb backen. Nach dem Backen aus dem Ofen nehmen und samt dem Blech auf eine Marmorplatte oder eine Aluminiumfolie stürzen. Das Blech darauf belassen, bis das Biskuit ausgekühlt ist. Durch dieses Vorgehen bleibt es feucht und wird nicht brüchig.

Für ein rechteckiges Backblech

120 g Zucker
4 Eigelb
1 Teel. abgeriebene Zitronenschale
4 Eiweiss
1 Prise Salz
60 g Mehl
60 g Kartoffelmehl
1 Essl. Marc
40 g Butter
Butter für das Blech

750 g Erdbeeren
100 g Puderzucker
4 Blatt Gelatine
2½ dl Rahm

Die Erdbeeren waschen und entstielen. Die Hälfte davon mit Zucker mischen, im Mixer pürieren oder durch ein Sieb streichen. Die Gelatine in kaltes Wasser einlegen. Nach einigen Minuten ausdrücken und in 1 Essl. heissem Wasser auflösen. Unter das Erdbeerpüree mischen. Rahm steifschlagen. Sobald das Erdbeerpüree leicht anzieht, den Rahm darunterziehen. 2/3 der restlichen Erdbeeren halbieren und unter die Creme mischen. Die Füllung auf das Biskuit streichen. Im Kühlschrank fest werden lassen. Vor dem Servieren mit einem scharfen Messer in Schnitten oder Rechtecke schneiden. Dabei das Messer immer wieder in heisses Wasser tauchen. Die Schnitten mit den restlichen Erdbeeren garnieren.

*«Und sider isch kei sege me
im beeri-esse gsi.
I ha mi leblig nüt so gse,
si bschiessen eben nie.
Iss hampflevoll, so vil de witt,
si stillen eim de hunger nitt!»*

Erdbeerschnitten nach Basler Art

Für 4 Personen

4 Einback
2 Essl. eingesottene Butter
250 g Erdbeeren
2 Essl. Zucker
½ Teel. Zimt

Die Einbackschnitten quer halbieren. Beidseitig in Butter goldgelb backen. Die Erdbeeren halbieren, in eine Schüssel geben, mit Zucker und Zimt bestreuen und mit einer Gabel zerdrücken. Dieses Mus auf die gebackenen Brotscheiben verteilen. Lauwarm oder kalt, aber unmittelbar nach der Zubereitung servieren.
Varianten: Man kann die Brotschnitten zuerst in Wein tauchen, mit dem Erdbeermus belegen und anschliessend auf der Unterseite in Butter hellgelb rösten. Oft werden die Brotschnitten zuerst durch eine Mischung von 2 Eiern und 3 Essl. Milch gezogen, in Butter gebacken und dann mit dem Erdbeermus belegt.

Erdbeer-Vacherin

Die Erdbeeren waschen, entstielen und auf Küchenpapier trocknen. ¾ der Beeren halbieren oder vierteln, mit Zucker bestreuen und 10 Minuten ziehen lassen. Rahm mit Vanillezucker steifschlagen. Meringueschalen kranzförmig auf einer runden Platte anordnen, dabei mit wenig Rahm aneinanderkleben. Die Erdbeeren mit ⅔ des geschlagenen Rahms mischen und auf der flachen Seite aneinanderkleben. Den Beerenrahm auf die Meringueschalen oder den Tortenboden verteilen und mit einem Spachtel glattstreichen. Die Mitte der Torte und den Rand mit Rahmrosetten und restlichen Erdbeeren garnieren. Sofort servieren.

Für 6 Personen

750 g Erdbeeren
3 Essl. Zucker
5 dl Rahm
1 Teel. Vanillezucker
12 Meringueschalen
oder ein
Meringue-Tortenboden

Fraises «au pinot»
(Walliser Rezept)

Erdbeeren waschen, entstielen, etwas trocknen lassen, dann je nach Grösse halbieren oder vierteln. Mit Zucker und Zitronensaft mischen. Eine Stunde ziehen lassen. In Schalen verteilen und mit dem kühlen Pinot begiessen.

Für 4 Personen

500 g Erdbeeren
3 Essl. Zucker
2 Essl. Zitronensaft
2 ½ dl Pinot (Walliser Rotwein)

Erdbeeromelette
(Zürcher Rezept)

Die Erdbeeren waschen, entstielen, halbieren, mit 4 Essl. Zucker bestreuen und mit Zitronensaft beträufeln. ½ Stunde ziehen lassen. Die Eier mit wenig Salz, 1 Essl. Zucker und Rahm leicht verklopfen. Die Butter in einer grossen Bratpfanne erhitzen. Eine Omelette backen, auf eine warme Platte gleiten lassen, mit den Erdbeeren belegen und zusammenfalten.

Für 3–4 Personen

300 g Erdbeeren (am besten Walderdbeeren)
5 Essl. Zucker
1 Essl. Zitronensaft
6 frische Eier
1 Prise Salz
4 Essl. Rahm
50 g Butter

Erdbeercreme mit Kirsch

Für 4 Personen

600 g Erdbeeren
150 g Puderzucker
2 Essl. Kirsch
3 dl Rahm

Die Erdbeeren waschen, entstielen, kleinschneiden und durch ein feines Sieb streichen. Die Kerne sollen zurückbleiben. Das Mus mit Puderzucker und Kirsch verrühren. 3 Stunden kalt stellen. Rahm steifschlagen, das Erdbeerpüree daruntermischen. In schöne Gläser füllen und sofort servieren.

Erdbeeren mit Zwieback

(altes Klosterrezept aus dem Kanton Schwyz)

Für 4 Personen

8 Zwieback
1 kg Erdbeeren
100 g Zucker
2 Teel. Zimt
1 Essl. Zitronensaft
¼ l Weiss- oder Rotwein

Zwieback zerbröckeln und in eine Schale geben. Erdbeeren waschen, entstielen und durch ein Sieb streichen. Mit Zucker und Zimt mischen. Eine Stunde stehen lassen. Dann mit Zitronensaft und Wein mischen. Über den Zwieback geben und ½ Stunde stehen lassen.

Martigny im Wallis.
Stich von K. Gunkel
nach L. Rohbock

Goldene Aprikosen

Aprikosenbäumchen wurden in der Schweiz erstmals im Jahre 1838 vom Walliser Bauern Gabriel Luizet auf einem kleinen Stück Land angepflanzt. Dank dem milden Klima gediehen sie prächtig. Obwohl ursprünglich aus Armenien stammend, wurde die herrliche Frucht im Wallis bald recht heimisch und zählt heute zu den traditionellen Schweizer Früchten.
Die Aprikosen werden bei uns mit Vorliebe für Kuchen und Konfitüre verwendet. Hier einige erprobte Familienrezepte, für die es allerdings schön goldener, ausgereifter Früchte bedarf. Leider findet man auf dem Markt meist nur steinharte Exemplare.

Aprikosenkompott nach alter Art

Für 6 Personen

1 kg Aprikosen
150 g Zucker
3 dl Wasser
1 Vanillestengel
3–4 Aprikosensteine

Aprikosen waschen, halbieren und entsteinen. Die Steine aufbrechen, in heisses Wasser legen und schälen. Zucker mit Wasser und aufgeschlitztem Vanillestengel aufkochen. Die Früchte samt den Kernen darin portionenweise weichkochen. Zuletzt den Sirup sämig einkochen und über die Früchte giessen. Kalt servieren.

Aprikosen-Biskuit
(Walliser Rezept)

Für 6 Personen

500 g Aprikosen
2 ½ dl Weisswein
100 g Zucker
2 Essl. Zitronensaft
1 Teel. abgeriebene Zitronenschale

Sauce:
1 dl Weisswein
2 Essl. Maispuder
2 Eigelb
1 rechteckiges Biskuit (s. Walliser Erdbeerschnitten)
1 dl Rahm

Weisswein und Zucker aufkochen. Die halbierten und entsteinten Aprikosen mit Zitronensaft und -schale darin kochen, bis sich die Haut leicht von der Frucht löst. Im Sirup erkalten lassen. Die Aprikosen herausnehmen, den Sirup bis zur Hälfte einkochen. Weisswein und Maispuder gut mischen. Zum Sirup geben und unter Rühren auf kleinem Feuer sämig kochen. Vom Feuer nehmen, Eigelb zufügen und nur noch knapp bis vors Kochen bringen. Die Aprikosen mit der Wölbung nach unten auf das Biskuit verteilen. Die Sauce darüber löffeln. Kalt stellen und fest werden lassen. Nach dem Erkalten in Vierecke schneiden und mit Rahm garnieren.

Aprikosenkuchen nach Walliser Art

Für ein Kuchenblech von 28 cm Durchmesser

250 g Mehl
50 g Schweinefett
100 g Butter
1 Prise Salz
4 Essl. Zucker
2 Eier

Das Mehl in eine Schüssel sieben. Fett und Butter in Flocken schneiden. Salz und Zucker beifügen. Alle Zutaten mit den Fingerspitzen verreiben, bis eine gleichmässige, krümelige Mischung entsteht. Eier leicht verklopfen, beifügen und rasch zu einem Teig verarbeiten. Nach Bedarf 2–3 Essl. Wasser zufügen. Den Teig zu einer Kugel formen und mindestens eine Stunde ruhen lassen. Aprikosen halbieren, entsteinen. Teig 3 mm dick auswallen. 1 Essl. Zucker, Mehl und Zimt mischen

und darüberstreuen. Dann sehr dicht mit halben oder geviertelten Aprikosen belegen. 35–40 Minuten bei 230° backen. Nach 15 Minuten Backzeit mit restlichem Zucker bestreuen.
Lauwarm oder kalt, aber ganz frisch servieren.

Belag:
1 kg Aprikosen
2 Essl. Zucker
1 Teel. Mehl
½ Teel. Zimt

Flan aux abricots
(Walliser Aprikosenflan)

Die Aprikosen waschen, halbieren und entkernen und mit der Schnittfläche nach unten in eine nicht zu hohe, bebutterte Gratinform einfüllen. Jede Lage mit wenig Zucker bestreuen. Eier leicht verklopfen, mit Salz, restlichem Zucker, Milch oder Rahm und Vanille-Extrakt mischen. Über die Aprikosen verteilen. Die Gratinform in ein Wasserbad stellen (grösseres Gefäss bis zur halben Höhe der Gratinform mit Wasser füllen) und im Ofen bei 180° etwa 20 Minuten backen. Die Creme soll fest, aber nicht trocken werden.

Für 4–6 Personen

750 g schöne, reife Aprikosen
Butter für die Form
4 Essl. Zucker
6 Eier
1 Prise Salz
6 dl Milch oder Rahm
1 Teel. Vanille-Extrakt

Aprikosenkonfitüre à l'ancienne

(Berner Familienrezept)

1 kg schöne, reife Aprikosen
1 kg Zucker
12 Aprikosensteine

Aprikosen sorgfältig waschen, kleinschneiden. Mit Zucker mischen und 2–3 Stunden stehen lassen. Inzwischen 12 Aprikosensteine öffnen, die Kerne in heisses Wasser tauchen, schälen und grob hacken. Zu den Aprikosen geben. Die Mischung in eine grosse Pfanne geben (früher kochte man Konfitüre in Messingpfannen), unter Rühren zum Kochen bringen. Bis zum Breitlauf kochen (Safttropfen muss an der Holzkelle gelieren), heiss in Gläser füllen und diese wie üblich sofort verschliessen.

Chriesizyt

Wer jetzt über den Markt geht, sieht Kirschen in allen Grössen, von den grossen, dunklen Basler Sorten bis zu den kleinen, aber aromatischen Weggiser Kirschen. Ab und zu findet man sogar die immer seltener werdenden Sauerkirschen, aus welchen man so herrliche Kuchen und Konfitüren zubereiten kann. Wer in der Westschweiz Ausschau hält, findet die beige-roten Bigarreaux, die beim Hineinbeissen so richtig knacken.
Früher musste man für die Konfi die Kirschen noch entsteinen, gross und klein hatte blaue Hände und ein verspritztes Gesicht, aber die Arbeit machte Spass. Man freute sich auf die Chriesi-Omelette oder andere Herrlichkeiten. Heute haben wir es gut, denn wir können die Kirschen bereits entsteint kaufen – ein guter Grund, ein paar alte, bewährte Rezepte hervorzukramen.

Zuerst ein Gericht, das die Zürcher «Chriesitotsch» nennen. Hier die Berner Variante davon. Beim Zürcher Rezept wird das Schwarzbrot durch Zwieback ersetzt.

Berner Chirschi-Tschu

Für 4–6 Personen

250 g kleingeschnittenes altbackenes Schwarzbrot
50–70 g geröstete Brotwürfeli
2 ½ dl Milch
80 g Butter
100 g Zucker
4 Eier
1 kg entsteinte schwarze Kirschen
60 g geriebene Mandeln
Puderzucker
Butter und Paniermehl für die Springform

Schwarzbrot in kochender Milch einweichen und fein zerstossen. Butter, Zucker und Eigelb rühren, bis die Masse etwa das doppelte Volumen angenommen hat (nach Wunsch mit Ingwerpulver oder Bittermandelaroma würzen). Eingeweichtes Brot, Brotwürfelchen, Mandeln und Kirschen unter die Masse mischen, zuletzt die sehr steif geschlagenen Eiweiss locker darunterziehen. Die Masse in eine bebutterte und mit Paniermehl bestäubte Springform verteilen und den Tschu im vorgeheizten Backofen bei 180° etwa ¾ bis eine Stunde backen. In der Form auskühlen lassen, dann sorgfältig auf eine Tortenplatte geben. Mit gesiebtem Puderzucker bestreuen und nach Belieben noch mit Kirschen garnieren.

Bethlj. Radierung von Franz Niklaus König, Zürich, 1803

Chriesitütschli

So heissen im Aargau die Chriesichüechli. Ein lustiges Rezept, bei welchem man die Kirschen büschelweise am Stiel fasst, durch den Teig zieht und schwimmend ausbackt.

Mehl, Salz, Zucker und Zitronenschale mischen. Nach und nach Apfelsaft oder Apfelwein unterrühren, bis der Teig Blasen wirft. Mindestens 30 Minuten ruhen lassen, dann Öl dazurühren und unmittelbar vor Gebrauch die steifgeschlagenen Eiweiss darunterziehen.
Je 3–5 Kirschen am untersten Ende der Stiele mit Faden zusammenbinden, dann mit Puderzucker bestreuen. Durch den Teig ziehen und 1–2 Minuten bei 170° goldgelb fritieren.
Mit Zimtzucker bestreuen und sofort auf den Tisch bringen.

Für 4 Personen

Teig:
150 g Mehl
1 Essl. Öl
Wenig Salz
¼ l Apfelsaft oder Apfelwein
2 Essl. Zucker
Abgeriebene Schale von ½ Zitrone
2 Eiweiss

500 g Kirschen mit Stiel
1 Essl. Puderzucker
Zimtzucker
Öl für die Fritüre

Chriesi-Omelette

(Zürcher Rezept)

Zuerst den Crêpeteig zubereiten. Mehl in eine tiefe Schüssel sieben. Eine Mulde formen und Vanillezucker, Salz, Eier und Milch zugeben. Alles gut mischen. Mit dem Schwingbesen verarbeiten, bis ein glatter Teig entsteht. Dann die flüssiggemachte Butter zufügen und den Teig wenn möglich etwa 3 Stunden ruhen lassen.
Kleine Omelettpfanne mit flüssiger Butter bepinseln und heiss werden lassen. Den Teig hineingeben. Die Pfanne so drehen, dass der Teig überall bis zum Rande verläuft, damit schöne runde Pfannkuchen entstehen. 2 Essl. gezuckerte Kirschen auf dem Teig verteilen und mit der Bratschaufel gut andrücken. Sobald die Crêpe auf einer Seite angebacken ist, noch ein wenig Teig auf die Kirschen giessen, etwas fest werden lassen, wenden und auf der zweiten Seite backen. Nach Belieben mit Zimtzucker bestreuen und heiss servieren. Gegebenenfalls etwas flüssigen Rahm dazugeben.

Für 4–6 Personen

Crêpeteig:
250 g Mehl
40 g Vanillezucker
50 g Butter
2 Prisen Salz
4 Eier
4 dl Milch

500 g entsteinte Kirschen ohne Saft
2 Essl. Zucker
Butter zum Backen
Zimtzucker

Bündner Kirschenauflauf

4 Weggli oder Brötchen
½ l Milch
150 g geschälte, geriebene Mandeln
1 Teel. abgeriebene Zitronenschale
4 Eigelb
150 g Zucker
150 g Butter
4 Eiweiss
1 kg kleine, schwarze Kirschen (nach Belieben entsteint)
Butter für die Form
Puderzucker zum Bestreuen

Die Weggli in kleine Stücke schneiden und in eine Schüssel geben. Die Milch erwärmen und darübergiessen. 15 Minuten stehen lassen, dann gut ausdrücken. Mandeln und Zitronenschale daruntermischen. Die Eigelb mit dem Zucker zu einer sämigen Creme rühren. Zur Brotmischung geben. Die Butter schaumig rühren und unter den Teig ziehen. Die Eiweiss zu steifem Schnee schlagen. Zuerst die abgestielten Kirschen, dann den Eierschnee mit dem Teig mischen. Eine Auflauf- oder Springform gut ausbuttern, die Masse einfüllen und etwa 35 Minuten bei 200° backen. Vor dem Servieren mit Puderzucker bestreuen.

Basler Chriesischnitte

Dazu gehört unbedingt «Aiback», der – nach Aussage von Basler Freunden – beim «Pfluddebegg» noch heute erhältlich ist. Das Gebäck ist auch in anderen Kantonen bekannt.

Für 4 Personen

12 Einbackschnitten
3 Essl. Butter
750 g entsteinte Kirschen
3 Essl. Zucker
Zimtzucker

Einbackschnitten beidseitig in Butter goldgelb backen. Auf einer Platte anordnen.
Kirschen in eine Schüssel geben. Mit dem Zucker mischen. ½ Stunde ziehen lassen. Dann Saft abgiessen und in einem kleinen Pfännchen einkochen, bis ein dicker Sirup entsteht. Die Kirschen unmittelbar vor dem Servieren auf die gebackenen Einbackschnitten verteilen. Mit dem erkalteten Saft begiessen und Zimtzucker darüberstreuen.

Chriesibrägel

Kirschen mit Apfelsaft, Zimtstengel und Zucker aufkochen, auf kleinem Feuer 4–5 Minuten ziehen lassen. Das Kompott abgiessen, den Saft mit Wasser und Maizena mischen und nochmals aufs Feuer setzen. Unter Rühren zu Sirup kochen. Die Kirschen wieder daruntermischen, dann in einer nicht zu flachen Platte anrichten und die Brotwürfeli kurz vor dem Servieren darüberstreuen.

Für 4 Personen

1 kg entsteinte Kirschen
2 dl Apfelsaft
3 Essl. Zucker
1 Zimtstengel
1 Teel. Maizena
1 Essl. Wasser
Geröstete Brotwürfeli

Suurchriesi-Chueche
(Zürcher Rezept)

Die entsteinten Kirschen mit dem Zucker in eine Schüssel geben. 3 Stunden ziehen lassen. Die Kirschen in einem Sieb abtropfen lassen und den Saft auffangen. Unterdessen den Teig 3 mm dick auswallen und das bebutterte Blech damit auslegen. Mit einer Gabel mehrmals einstechen und dicht mit den gut abgetropften Kirschen belegen. Bei 230° 35 Minuten backen. Wenn nötig mit Aluminiumfolie abdecken. Inzwischen den Kirschensaft mit dem Zitronensaft und 1 dl Wasser zu Sirup kochen.
Das Kartoffelmehl in 2–3 Essl. Wasser auflösen, zum Sirup geben und unter Rühren auf kleinem Feuer kochen, bis sich eine geleeartige Masse bildet. Über den gebackenen, noch warmen Kuchen verteilen und erkalten lassen.

Für ein rundes Kuchenblech von 24 cm Durchmesser

1 kg entsteinte Sauerkirschen
100 g Zucker
400 g geriebener Teig
Butter für das Blech
1 Essl. Zitronensaft
1 Essl. Kartoffelmehl

Luzärner Chriesisuppe

Kirschen waschen und entstielen. In eine Schüssel geben und mit Zucker bedecken. Das Mehl in eine grosse, trockene Bratpfanne geben und unter Rühren auf kleinem Feuer hellbraun rösten. Erkalten lassen, dann in eine grosse Schüssel geben und mit der kalten Milch zu einem gleichmässigen, dünnen Brei rühren. Die Kirschen mit dem Saft darunterziehen. 1–2 Stunden im Kühlschrank ziehen lassen. Vor dem Servieren eventuell nochmals etwas Milch beigeben, die Suppe darf nicht zu dick sein. Kühl servieren.

Für 4–6 Personen

1 kg Kirschen, nicht entsteint
4 Essl. Zucker
4–5 dl Milch
200 g Mehl

Zürcher Wähen werden mit Äpfeln, Birnen, Zwetschgen und Kirschen auf dieselbe Art zubereitet. Im Bündnerland streut man über Fruchtwähen geriebenes Weissbrot, Mandeln und Butterflöckchen, zuletzt Zucker und Zimt und lässt den Guss weg.

Zürcher Chriesiwähe

300 g Weggliteig
1 kg Kirschen
2 Essl. Zucker

Eierguss:
2 Eier
¼ l Milch oder halb Milch, halb Rahm
4 Essl. Zucker
1 gestrichener Essl. Maizena

Teig 3 mm dick ausrollen. Das Blech damit belegen. Einen Teigrand hochziehen und mit der Gabel verzieren. Teigboden mit einer Gabel mehrmals einstechen. Kirschen dicht nebeneinander anordnen. Den Kuchen in den vorgeheizten Ofen (230°) schieben. Die Zutaten für den Guss miteinander verrühren. Nach 10 Minuten Backzeit über den Kuchen geben. 20–25 Minuten weiterbacken. Aus dem Ofen nehmen und mit Zucker überstreuen.

Ähnlich wird der Chriesichueche nach Luzerner Art zubereitet. Anstelle von Weggliteig wird 300 g geriebener Teig verwendet und dem Guss 2 dl Sauerrahm, 100 g Zieger, 1 Päckchen Vanillezucker und eine Prise Zimt beigemischt.

Noch ein originelles Rezept für Kirschenmus aus dem Appenzellerland.

Chriesilatwäri

1 kg entsteinte Kirschen
100 g Zucker
Abgeriebene Schale von 1 Zitrone
1 Prise Muskatnuss
1 Zimtstengel
Etwas Kirsch zum Verschliessen der Gläser

Die entsteinten Kirschen 30 Minuten unter Umrühren leise kochen. Zucker, Zitronenschale, Muskatnuss und zerbrochenen Zimtstengel zugeben und 15 Minuten weiterkochen. Es soll ein dickes, dunkles Mus entstehen.

Die Latwäri in saubere Gläser abfüllen und, sobald sich ein feines Häutchen gebildet hat, diese mit einem in Kirsch getauchten Pergamentpapier verschliessen.

Natürlich kann man die Latwerge auch auf moderne Art verschliessen.

Zum Abschluss noch ein Rezept aus dem Puschlav für das Einkochen von Weichseln.

Marenata

Die Kirschen entsteinen, mit dem Zucker mischen und 3–4 Stunden ruhen lassen. In einer grossen Pfanne (mit Vorteil in einer Messingpfanne) kochen, bis der Saft eindickt (Gelierprobe machen!). Die Marenata sehr heiss in gut vorgewärmte Gläser mit Bügelverschluss einfüllen und diese sofort verschliessen.

Auf dieselbe Art lässt sich Weichselsirup zubereiten. In diesem Fall die Kirschen nach 10 Minuten Kochzeit ohne Zucker durch ein Sieb drücken, damit die Steine zurückbleiben. Den gewonnenen Saft mit Zucker zu Sirup einkochen.

1 kg Weichseln
1 kg Zucker

Appenzeller Älplerleben. Stich von Jakob Lips nach J. Lory sen.

Älperchoscht

In der Sommermitte oder «mi-été», wie es in der Westschweiz heisst, pflegen die Viehbesitzer die Sennen auf der Alp zu besuchen. Aus diesen Besuchen, die schon immer ein willkommener Anlass zu kleineren Festen waren, haben sich die Alpfeste im Berner Oberland entwickelt. Im Saaner Gebiet kennt man heute noch den besonderen «Suufsunntig», einen Sonntag, der seinen Namen aber nicht dem «Saufen» verdankt, sondern der dickflüssigen, geronnenen Milch im Käsekessel, die man «Suuf» oder «Schluck» nennt. Jede Alp hat ihren eigenen «Suufsunntig», an dem die Leitkuh bekränzt wird. Andere Bergfeste werden als Chilbi mit Tanz, Fahnenschwingen und Alphornblasen gefeiert. Vielerorts gibt es auch Schwingfeste, zum Beispiel auf der Grossen Scheidegg, auf dem Brünig und auf dem Hahnenmoos. Eine willkommene Abwechslung für die Sennen, die vom Mai bis im Herbst auf der Alp leben.

Wohl zu den beliebtesten Sennengerichten gehören die verschiedenen «Magronen». Am bekanntesten dürften die Älplermagronen nach Urner Art (s. S. 203) und die Ländermagronen sein, die durch die Beigabe von gerösteten Zwiebeln besonders rassig werden. Als klassische Älplerkost gelten die einfachen

Milchmakkaroni
(Luzerner Rezept)

Die Hörnli im Salzwasser nicht ganz weichkochen. Währenddessen die Milch erhitzen und die Butter dazugeben. Dann die Hörnli ganz gut abtropfen lassen und in die leise köchelnde Milch-Buttersauce geben. Etwa 5 Minuten auf ganz kleinem Feuer weiterkochen. Zuletzt den Käse reiben und daruntermischen. Mit fein geschnittenem Schnittlauch bestreuen.
Dazu gibt es Apfelstückli (s. S. 49).

300 g grosse Hörnli
2 dl Milch
20 g Butter
75 g Emmentaler Käse
1 Büscheli Schnittlauch

Die Milch-Makkaroni sind die Grundlage für viele Sennenmagronen und -hörnli in der ganzen Schweiz. In den Freiburger Alpen beispielsweise werden sie mit Vacherin zubereitet, die Tessiner fügen ab und zu Salamistückchen bei, im Appenzell gehört der rassige Rässkäse hinein, und im Engadin würzt man dieses Gericht mit gedünsteten Zwiebeln. Besonders rezent schmecken dank dem Schabzieger die

Glarner Hörnli

Die feingehackte Zwiebel in Butter hellgelb dünsten. Die Hörnli zugeben. 1–2 Minuten unter Rühren mitdünsten. Mit der Hälfte der Bouillon ablöschen. Bouillon nachgeben, bis die Hörnli

Für 4 Personen

1 grosse Zwiebel
2 Essl. eingesottene Butter

400 g Hörnli
1–1 ½ l Bouillon
150 g Schabzieger, gerieben
50 g frische Butter
1 Essl. gehackte Petersilie
Pfeffer und Salz

weich sind (je nach Teigwarensorte 15–20 Minuten). Die Flüssigkeit sollte ganz aufgesogen werden. Vor dem Anrichten die Hörnli mit dem Schabzieger, der in Flocken geschnittenen Butter und der Petersilie mischen. Mit frisch gemahlenem Pfeffer und etwas Salz nachwürzen.
Gekochte Apfelstückli dazu servieren.

Glarner Schabzieger

Schabzieger wird ausschliesslich im Glarnerland hergestellt, und zwar aus Magermilch und Kräuterpulver. Die Kräutermischung verdankt ihren einzigartigen Charakter dem Ziegerklee, der nur für die Schabziegerfabrikation gepflanzt wird.

Schabzieger ist erhältlich in konischen Stöckli von 45–100 g, je nach Gebrauch weich oder hart. Man kann ihn auch als Fertigfabrikat mit Butter gemischt in Karton- und Alubechern oder als Portionenmödeli kaufen.

Das Aroma dieses Käses ist unverwechselbar würzig-pikant. Er macht eine mehrmonatige Reifezeit durch, bevor er mit dem Kräuterpulver vermischt und zu Stöckli verarbeitet wird.

Die Ziegerstöckli in der Originalverpackung sind, kühl und trocken gelagert, 2–3 Wochen haltbar. Der Schabzieger eignet sich als rassige Abwechslung für die Käseplatte. Mit Butter vermischt oder mit etwas Rahm vermengt, lässt er sich als Brotaufstrich oder als Beigabe zu geschwellten Kartoffeln verwenden.

Appenzeller Ziegenmelker. Aus «Beschreibung der schweiz. Alpen- und Landwirtschaft» von J. R. Steinmüller, Bd. II, 1804

Ein typisches Sennengericht ist der Milch- oder Molkenbrei, der je nach Gegend «Fenz», «Fänz» oder «Rümli» heisst. Zu Brei eingekochter Rahm-«Rümli», «Ghium», «Rahmzonne» (Appenzell), «Stunggewärni» (Schwyz) oder «Milchelleta» (Wallis) genannt – ist eine vornehmere Variante dieser Gerichte.
All diese Älperspeisen werden in der «Beinpfanne» auf dem Holzfeuer gekocht.

Beliebt ist bei den Sennen – besonders in der Innerschweiz – auch der «Nitlä-Riis». Dieser Älper-Nidelreis wurde früher in einer Kupferpfanne auf dem Feuerherd gekocht und schmeckte grad noch einmal so gut!

Nidelreis
(Rezept aus Sisikon)

Für 4 Personen
1 l Milch
1 ½ dl Rahm
1 ½ Tasse Reis
1 Prise Salz

Milch und Salz zum Sieden bringen. Reis hineinrühren (aufpassen, dass es keine Knollen gibt!) und eine halbe Stunde nicht stark kochen lassen. Dann den Rahm beifügen und bei kleinem Feuer eine weitere Stunde köcheln lassen. Hie und da rühren, damit er nicht anbrennt. Je länger man den Reis kocht, um so besser wird er.
Oft wird zuletzt noch ein Stückchen Butter unter den Reis gezogen.

Melchterli oder hölzernes Melkgefäss

Blick in eine Sennhütte (Appenzell). Stich von C. Burkhardt nach J. Schiess

Aus dem Bündner Oberland stammt das «Nidelbrot», das man in vielen Varianten auch in anderen Bergkantonen findet.

Nidelbrot

Die Hälfte der Milch erwärmen, das fein gescheibelte Brot beifügen. Salz, Zucker, Zimt und die gewaschenen und eingeweichten Sultaninen daruntergeben. 5 Minuten kochen. Dann schussweise die restliche rohe Milch zufügen, das Brot muss ziemlich feucht sein. Die verquirlten Eier darunterziehen und sofort auf eine heisse Platte anrichten und die flüssige Butter darunterrühren. Mit einem Suppenlöffel gitterartige Rillen ziehen und den Nidel darübergiessen.

Für 4 Personen

1 1/2 l Milch
500 g altbackenes Brot
1 Prise Salz
100 g Zucker
1/2 Teel. Zimt
1/2 Tasse Sultaninen
2 Eier
1 Essl. Butter
2 1/2 dl Rahm

Brotomeletten

Das Brot durch die Hackmaschine treiben, mit Milch befeuchten. Eier mit Salz verklopfen, dann mit dem Brot, der Milch und dem fein geschnittenen Schinken vermischen. Butter oder Fett heiss werden lassen und 1/4 der Masse bei mässiger Hitze hellbraun backen. Nach dem Wenden wird die Omelette zugedeckt und unter gelegentlichem Rütteln der Pfanne fertiggebacken. Warm stellen und die weiteren 3 Omeletten backen. Mit Salat servieren.

Für 4 Personen

400 g Brot (oder Brotresten)
6 dl Milch
4–5 Eier
1 Prise Salz
200 g Schinken (oder Fleischresten)
2 Essl. Butter oder Fett

Auf der Alp kocht man sich auch gerne eines jener währschaften Gerichte aus Brot und Käse, die meist noch lustige Namen haben. So nennen die Appenzeller ein solches Gericht:

«Alte Maa»
(Brot-Käse-Gericht nach Appenzeller Art)

Für 4 Personen

400 g altbackenes Brot
200 g Appenzeller Rässkäse
2 dl Milch
½ dl Rahm
3 Essl. eingesottene Butter

Das Brot in «Dünkli» oder Würfel schneiden. Lagenweise mit dem geriebenen Käse in eine Schüssel geben. Die Milch und den Rahm darübergiessen und eine Stunde stehen lassen. Das Brot darf nass, aber nicht breiig werden. Dann die Butter erhitzen und das Brot zugedeckt unter öfterem Wenden «rösch» braten.
Dazu gehört Milchkaffee.
Bei ähnlichen Gerichten, die auch «Sterz» heissen, werden gehackte Zwiebeln mitgebraten.
Gut schmeckt auch das ähnlich zubereitete «Käsegezänk» aus dem Prättigau, bei welchem das Brot mit Wasser anstatt mit Milch befeuchtet wird.
Die Älpler sind Meister in der Zubereitung von Käsesuppen. Auch da gibt es unzählige Varianten. Als Abwechslung zu den bestbekannten Luzerner und Schwyzer Käsesuppen (s. S. 118) finde ich die Variante aus Graubünden interessant.

Bündner Chässuppe

Pro Portion

100 g Brot oder
1 ½ Wasserbrötchen
30 g Speckwürfel
30 g Kochbutter
80 g geriebener Bergkäse
1 ½ dl Bouillon
Einige Tropfen Zitronensaft
Butterflocken

Brötchen fein scheibeln, mit den Speckwürfeln in der heissen Butter goldgelb rösten. Abwechslungsweise mit 50 g Bergkäse und Speckwürfeln in ein feuerfestes Geschirr schichten. Die kochende Bouillon mit Zitronensaft abschmecken, darübergiessen. Den restlichen Käse und die Butterflocken darauf verteilen und im heissen Ofen bei 230° überbacken, bis der Käse goldgelb wird. Nach anderen Rezepten aus diesem Kanton wird die Suppe zuerst zugedeckt im Ofen gekocht. 10 Minuten vor Ende der Kochzeit kommt pro Person ein verklopftes Ei über das Ganze und zuletzt beim Anrichten eine zünftige Zwiebelschwitze. Währschaft und gut!

Sennengerichte aus der Westschweiz

Im Freiburgischen gibt es ein interessantes Sennengericht, eine Art Fondue aus Rahm, Tomme und einem Schluck Wein. Es wird vielerorts «Le Brôt» genannt. Das genaue Rezept ist mir unbekannt, auch wiegen die Sennen die Zutaten nicht ab, sie haben es «im Griff». Vielleicht könnte man es trotzdem einmal probieren:
Einige Kellen Rahm in eine Pfanne giessen, ein paar Tommes (luftgetrocknete Käsesorte, die es nur auf der Alp gibt) dazuschnetzeln. Unter Rühren schmelzen lassen und zuletzt etwas Weisswein dazugeben. Mit Salz und Pfeffer würzen. Mit Brotwürfeln mischen und mit Löffeln gemeinsam aus dem Topf essen.

Wildheuer

Nicht immer sind welsche Sennengerichte so exklusiv. Oft mischt man einfach in die Suppe, was gerade vorhanden ist. Das ergibt eine Art Minestrone, die man zum Schluss mit Rahm verfeinert. Jedenfalls sind auf den Alpen der Westschweiz die Älplermagronen ebenfalls bekannt.

Hier eine besonders gute Käsesuppe aus der Vallée d'Illiez

La soupe au plat

Für 4 Personen

2 grosse Zwiebeln
3 Essl. Butter
300 g Walliser Bergkäse (harte Sorte)
500 g altbackenes Brot
2 1/2 dl Bouillon
Muskatnuss

Die Zwiebeln hacken und in Butter 4–5 Minuten dünsten, ohne dass sie Farbe annehmen. Den Käse reiben. Brot in 1 cm dicke Scheiben schneiden, mit Zwiebeln und geriebenem Käse lagenweise in ein feuerfestes Geschirr geben. Mit Käse abschliessen. Die Bouillon aufkochen, mit Muskatnuss abschmecken, darübergiessen und mit einer Schaumkelle alles gut zusammendrücken, damit das Brot die Flüssigkeit aufsaugt. 30 Minuten bei 200° Oberhitze im Ofen überbacken.
Die Bündner bereiten ihre Käsesuppe ähnlich zu, Die Bündner bereiten ihre Käsesuppe ähnlich zu, lassen aber in vielen Rezepten die Zwiebeln weg und geben dafür kleine Speckwürfelchen zu.
Weitere Käsesuppen s. S. 118 u. 204.

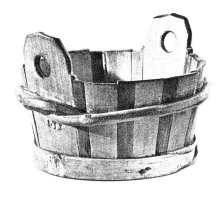

Markttag in Bern.
Stich von Von Arx
nach C. Schinz

«Es watt es Froueli g' Märit gah...»

Der Markt – ein besonderes Erlebnis

Wer die Angewohnheit hat, ab und zu frühmorgens mit dem Korb über den Markt zu schlendern, weiss, was damit gemeint ist. Aber nicht jedermann hat Gelegenheit, den Markt «zu Hause» zu besuchen. Wäre es nicht eine gute Idee, einmal als «Tourist» die Märkte und die damit verbundenen folkloristischen Traditionen in unserem Lande kennenzulernen?

Ein Samstagausflug könnte uns zunächst einmal nach Bern, der traditionsgebundenen Stadt, führen. Dort bieten die Berner Bäuerinnen auf ihren Ständen von der Bundesgasse über den Bären- und Bundesplatz bis in die Altstadt hinunter die vielfältigsten Gemüsesorten feil, und auf dem Fleischmarkt an der Münstergasse wähnt man sich fast im Schlaraffenland der Würste, Rippli und schön dressierten Fleischstücke.

Ein andermal fahren wir vielleicht über Fribourg und Vevey nach Lausanne. Bereits in Fribourg kann man auf der Place de l'Hôtel de Ville «en passant» ein bisschen Käse einkaufen, das Gemüse der Fribourger Landschaft beschnuppern und, falls es gerade der erste Samstag im Monat ist, auf dem Flohmarkt (dem «marché aux puces») nach einem originellen oder gar antiken Gegenstand

Marktszene in Bern. Zeichnung von Karl Gehri

Ausschau halten. Weiter geht es nach Vevey, wo im Hochsommer mitten in der Stadt ein folkloristischer Markt stattfindet. Folkloristisch deshalb, weil hier Waadtländer und Waadtländerinnen in ihren hübschen Trachten Gemüse, Würste und Käse verkaufen und die Weinbaugenossenschaften in kleinen, mit dem Wappen «Liberté et patrie» versehenen Stiefelgläschen Weisswein «à discrétion» anbieten. Dazu gibt es «Salées au fromage», die sehr bekannten Waadtländer Käseküchlein. Blasmusik, Tänze, Gesang und andere Darbietungen gehören zu dem Anlass.

Der Höhepunkt aber erwartet uns in Lausanne, wo wir den schönsten und grössten der noch «echten» Märkte der Westschweiz finden, der sich über die ganze Innenstadt ausbreitet. Der Rundgang könnte zum Beispiel in der schmalen, hübschen Rue de Bourg beginnen und durch die sehr steile Rue Saint-François bis in die Nähe der Endstation der Drahtseilbahn hinunterführen, welche die Stadt mit Ouchy verbindet. Wie in alten Zeiten stehen hier vor den Marktfrauen auf ihren kleinen Schemeln die gefüllten Körbe am Boden und bieten einen Querschnitt durch den Segen ihres Gartens: einige Eier, ein Huhn, schönes Gemüse, Zierkürbisse und Landblumen in allen Farben und Sorten. Zum Abschluss wandern wir hinauf zur Place de la Palud, dann zur Riponne, wo die herrlichen Waadtländer Spezialitäten angeboten werden: Bratwurst am Meter, mit oder ohne Knoblauch, Saucissons, Fleischpastetchen, Salées, Taillés (ein salziges Gebäck mit Speckgrieben

s. S. 86), Tomme vaudoise und Käsesorten aus den Nachbarkantonen. Wir brauchen aber nicht immer in die Ferne zu schweifen, besonders wenn wir etwa in Zürich oder Basel wohnen. In Zürich findet man zweimal in der Woche in den Bürkliplatzanlagen an Gemüsen, Früchten und Blumen, was das Herz begehrt. Basel stellt seinen wunderschönen Marktplatz zur Verfügung und verwöhnt die Einkaufenden mit einem herrlichen Angebot an zartesten Gemüsen, Salaten und leuchtenden Blumen.
Damit Sie Ihre grossen oder kleinen Marktfahrten ohne Mühe organisieren können, finden Sie auf Seite 506 eine Aufstellung über die Schweizer Wochenmärkte.
Besuchen wir nun auf den nächsten Seiten einen Julimarkt! Dazu einige in Vergessenheit geratene Rezepte.

Wer in seinem Garten noch Stachelbeeren hat, darf sich glücklich schätzen, denn sie werden heute nur noch zu astronomischen Preisen angeboten. Für Kompott und Kuchen sollen sich die grünen am besten eignen.

Stachelbeerkompott
(Waadtländer Rezept)

1 kg harte, grüne Stachelbeeren
2 ½ dl Weisswein
2 dl Wasser
1 Zimststengel
200 g Zucker
2 Essl. Zitronensaft

Die Stachelbeeren in 1 Liter kochendes Wasser geben, überwellen lassen, dann abgiessen. Die Stiele und Butzen mit einem spitzigen Schnitzerchen entfernen. Weisswein, Wasser, Zimt und Zucker aufkochen. Die Stachelbeeren mit dem Zitronensaft hineingeben und mit einem (silbernen!) Löffel umrühren. Auf kleinem Feuer kochen, bis die Beeren weich sind. Diese dann mit der Schaumkelle aus der Pfanne heben, in eine Schüssel geben. Den Saft bis zur Hälfte einkochen und den Sirup über das Kompott giessen. Kalt servieren.

Trübelichueche
(Johannisbeerkuchen)

Das Mehl auf ein Teigbrett oder in eine grosse Schüssel sieben. Die Butter in Flocken schneiden, zugeben und alles mit Zucker, verquirltem Ei und Salz rasch zu einem Teig kneten. Eine Stunde kühl ruhen lassen. Die Johannisbeeren waschen, gut abtropfen, die Beeren abstreifen, in eine Schüssel geben und mit 2 Essl. Zucker bestreuen. Restlichen Zucker mit den 2 ganzen Eiern cremig rühren. Die Mandeln darunterziehen. Die Eiweiss steifschlagen. Die Mandelmasse und die Beeren zugeben und alles sorgfältig mischen. Den Teig 3–4 mm dick auswallen. Eine bebutterte Springform damit auskleiden, dabei einen Rand von etwa 4 cm hochziehen. Die Füllung darauf verteilen. 35–40 Minuten bei 200° backen. Darauf achten, dass die Füllung nicht dunkel wird. Eventuell nach halber Backzeit mit Aluminiumfolie abdecken. Die Mandelmasse darf hellgelb werden.

Teig:
210 g Mehl
140 g Butter
4 Essl. Zucker
1 Ei
1 Prise Salz

Füllung:
500 g Johannisbeeren
200 g Zucker
2 Eier
5 Essl. geschälte, geriebene Mandeln
3 Eiweiss
Butter für die Form

Johannisbeerwein

Ausgereifte Johannisbeeren von den Stielen streifen, zerdrücken und in einem grossen Gefäss 3–4 Tage in den Keller stellen. Dann Gärstoff entfernen und den Saft durch eine Serviette passieren.

Sehr reife Johannisbeeren
Pro dl Saft 100 g Zucker

Pro Deziliter Saft 2 dl reines Brunnenwasser und 100 g Zucker beifügen und das Ganze in weite Flaschen oder Steinkrüge abfüllen. Zum Nachfüllen eine Flasche Saft zurückbehalten. Die Gefässe werden bis oben gefüllt und nur leicht mit Papier bedeckt, damit der Gärstoff ablaufen kann. Hat sich nach einigen Tagen die Flüssigkeit vermindert, muss der Gärstoff mit einem silbernen Löffel oder Sieb weggeschöpft werden. Die Gefässe mit dem zurückbehaltenen Saft wieder auffüllen. Nach 5–7 Wochen ist der Gärungsprozess abgeschlossen, und es steigen keine Bläschen mehr auf. Leere Flaschen mit Branntwein ausspülen und den klaren und hellen Johannisbeerwein einfüllen. Gut verpfropfen und verlacken und im Keller auf Sand legen. Nach einem Jahr ist der Wein trinkbereit. Er hält sich lange.

Ausrufbild: Wollt ihr Johannisbeeren?

Likör von schwarzen Johannisbeeren

Abgestielte Trübeli und Johannisbeerblätter mit Schnaps in eine Korbflasche füllen und 7–8 Wochen an der Sonne ziehen lassen. Die Flasche nur mit einem Lappen schliessen. Nach Ablauf dieser Zeit Wein, Zucker, Orangenblüten, Nelken, Zimt und Anis zusammen aufkochen. Den Schnaps dazusieben, gut mischen und in Flaschen abfüllen. Diese gut verschliessen und mindestens bis im Winter im Keller belassen. Der Likör ist je älter, desto besser.

1 kg schwarze Trübeli
1 l Schnaps (Kernobstbranntwein)
10–12 Johannisbeerblätter
1 l Rotwein
1 kg Zucker
40 g Orangenblüten (nach Belieben)
10 Nelken
1 Zimtstengel
½ Teel. Anis (nach Belieben)

Ein bewährtes altes Hausrezept gegen allerlei Gebresten.

Heidelbeerschnaps

Zuerst Branntwein, Zucker und Kandiszucker gut mischen. Früchte und Gewürze zugeben und in der ersten Woche täglich umrühren. In einer Strohflasche den Sommer über an der Wärme stehen lassen (Flasche nicht ganz verschliessen!). Dann filtrieren und in Flaschen abfüllen.

3 l gewöhnlicher Obstbranntwein
1 kg Zucker
250 Kandiszucker, zerstossen
500 g Heidelbeeren
250 g Sauerkirschen
Etwas Stangenzimt
Einige Gewürznelken

Bohnä Gumäli
(altes Urner Rezept für Bohnen mit Kartoffeln)

Butter in der Pfanne zergehen lassen. Die feingehackte Zwiebel beigeben und anziehen lassen. Sie darf nicht braun werden. Dann die in 5 cm Länge geschnittenen Bohnen und die in Möckli geschnittenen Kartoffeln beigeben. Wenig Bouillon dazugiessen. Die Flüssigkeit von Zeit zu Zeit ergänzen. Kurz vor dem Servieren die Petersilie dazugeben. Wenn alles gar ist, sofort servieren.
Mit heissen Blutwürsten schmeckt dieses Gericht am besten.

Für 4–6 Personen

10 g Butter
1 Zwiebel, mittelgross
1 kg Bohnen
1 kg Kartoffeln
Etwa 6 dl Bouillon
1 Essl. Petersilie, gehackt

Ferien im Bündnerland

Wie wäre es mit einem kulinarischen Streifzug durch Graubünden? Die Bündner Küche ist ebenso interessant wie die Bündner Landschaft. In ihrer Eigenart lässt sie sich mit keiner andern der Schweiz vergleichen. Die charakteristischen einheimischen Produkte und manche Einflüsse aus Österreich und Italien ergaben eine reiche Auswahl an phantasievollen und schmackhaften Gerichten, die in Graubünden – im Gegensatz zu anderen Gegenden in der Schweiz – als bewährte Tradition liebevoll gehegt und gepflegt werden. Und, wie mir scheint, schmeckt in den Bergen einfach alles doppelt so gut, angefangen beim herrlichen Bindenfleisch, das man zusammen mit einem Glas Veltliner geniesst, bis zur einmaligen Gerstensuppe. Wobei man natürlich die herrlichen Pitten und Torten nicht vergessen darf, die in diesem Kanton mit grossem Können gebacken werden.

Aus dem Bündnerland habe ich so viele Rezepte zusammentragen können, dass mir die Auswahl schwerfällt. Ich möchte mit einem berühmten Gericht aus dem Puschlav beginnen, das mir in liebenswürdiger Weise von Frau Myriam Albrecht zur Verfügung gestellt wurde. Sie ist Heimwehbündnerin, wohnt in Wädenswil und gewann mit diesem Rezept ihrer Grossmutter den Grand Prix des Koch-Studios 1973.

Gratin «La Rösa»

Gratinform ausbuttern und die Hälfte der Nudeln hineingeben. Etwas Sbrinz darüberstreuen und mit einer Lage Tomatenscheiben bedecken. Mit wenig Salz und Pfeffer würzen. Eine Lage Mortadella-Scheiben und eine Lage Zucchettischeiben darauflegen. Jede Lage nochmals wiederholen, zuoberst Zucchettischeiben. Mit kleinen, halbierten Tomaten nach Belieben garnieren. Eier und Milch verquirlen, noch etwas Sbrinz und Muskat beifügen und über das Gericht giessen. Mit Butterflocken belegen. In den auf 240° vorgeheizten Backofen geben und 35 Minuten gratinieren.

Für 4 Personen
200 g Nudeln, al dente gekocht (evtl. Resten vom Vortag)
Wenig Butter für die Form
100 g Sbrinz
400 g Zucchettischeiben
Salz, Pfeffer
300 g Puschlaver Mortadella, in Scheiben geschnitten, paniert und gebraten
4 kleine Tomaten
2 Eier
1 ½ dl Milch
Muskat
Butterflocken

Eine Puschlaver Spezialität nach Grossmutters Rezept.

Puschlaver Pizzöcchar

In einer grossen Pfanne 3–4 l Wasser zum Kochen bringen und salzen. Zuerst die Rüeblistückli, dann jeweils im Abstand von etwa 10 Minuten die übrigen Gemüse in das kochende Salzwasser geben. Kochen, bis das Ganze fast gar ist. Unterdessen den Spätzliteig zubereiten, auf ein Brett geben und mit dem Messer kleine Spätzli ins Gemüse schaben. Nochmals etwa 5 Minuten kochen. Wie folgt in einer vorgewärmten Schüssel anrichten: 1 Lage Pizzöcchar, 1 Lage geriebenen Parmesan, 1 Lage Pizzöcchar usw. Zuletzt nochmals Parmesan.
Knoblauchzehen in Scheibchen schneiden und in heisser Butter goldbraun werden lassen. Über das fertige Gericht geben.
Dazu trinken die Erwachsenen Veltliner und die Kinder Süssmost.
Noch ein Tip zu den Pizockels: Man kann den Teig zur Abwechslung mit 3 Essl. gehackten Pfefferminzblättern mischen, wie beschrieben kochen und nach dem Anrichten mit viel Käse bestreuen und mit Butter überschmelzen. Ein originelles Essen!

★Heidemehl ist erhältlich bei Molino e Pastisicio SA, 7742 Poschiavo

Für 6 Personen
400 g Rüebli (in Rädchen geschnitten)
400 g Bohnen (in etwa 4 cm lange Stücke geschnitten)
300 g Weisskabis (in Streifen geschnitten)
1 Sellerieknolle (gewürfelt)
150 g Spinat (ganze Blätter)
Etwas Selleriekraut (geschnitten)
200 g Kartoffeln (gewürfelt)

Für den Spätzliteig:
50 g Heidemehl★
25 g Weissmehl
1 Büschel Schnittlauch (fein geschnitten)
1 Prise Salz
Etwas kaltes Wasser
150 g Parmesan, gerieben
70 g Kochbutter
2 Knoblauchzehen

Eine Spezialität aus dem Val Calanca, das bereits Tessiner Einschlag hat.

Minestra Calanchina

Für 4 Personen

1 l Fleischbouillon
1 Teel. Butter
3–4 Kartoffeln, gewürfelt
1 Lauchstengel, fein geschnitten
2 Krautstiele, fein geschnitten
200 g Reis
½ l Milch
Salz, Pfeffer

Die Bouillon aufkochen und die Butter beifügen. Die zerkleinerten Gemüse und den Reis hineingeben und weichkochen. Vor dem Servieren die Milch dazugiessen und nochmals kurz aufkochen. Würzen.
Mit Geisskäse und dunklem Brot zu Tisch bringen. Nach Belieben kann die Minestra noch mit kalter Milch verdünnt werden.

Das vielleicht bekannteste Bündner Gericht, die Gerstensuppe, die man als währschafte Suppe oder, kombiniert mit Würsten, als Eintopfgericht auftischen kann.

Bündner Gerstensuppe

Für 6–8 Personen

2 Rüebli
100 g Knollensellerie
2 grosse Kartoffeln
2 Lauchstengel
2 Sellerieblätter
4–5 Wirsingblätter
½ Kalbsfuss
1 Essl. Butter

Rüebli, Sellerie und Kartoffeln schälen und fein würfeln. Lauch, Sellerie- und Wirsingblätter in feine Streifen schneiden. Die Gemüse mit dem Kalbsfuss unter Wenden in der Butter anziehen lassen. Gerste zugeben und kurze Zeit mitdünsten. Mit Bouillon ablöschen und mit Salz und Pfeffer würzen. Gespickte Zwiebel, Speck, Schweinefleisch und Rindfleisch beifügen. 2½ Stunden kochen.

Fleisch, Speck, Kalbsfuss und die gespickte Zwiebel aus der Suppe nehmen. Das Fleisch in kleine Würfel schneiden (den Kalbsfuss zuerst vom Knochen lösen) und wieder zur Suppe geben. Das Eigelb mit dem Rahm verquirlen. Zur Suppe geben und diese bis knapp vors Kochen bringen.

Man kann, abgesehen vom Kalbsfuss, das Fleisch auch weglassen und eine Speckschwarte, Beinwurst oder Engadinerwürste mitkochen und gesondert dazu servieren. Wenn die Suppe nicht als Eintopfgericht gedacht ist, genügt das Mitkochen der Speckschwarte. In diesem Fall kann man auch Eigelb und Rahm weglassen.

Bei einer Engadiner Variante dieser Suppe werden noch Siedfleisch und nach Belieben Engadiner Würste mitgekocht.

80 g Gerste
2 l Bouillon
Salz, Pfeffer
1 Zwiebel, gespickt mit Lorbeerblatt und Gewürznelke
100 g geräucherter Speck
300 g geräuchertes Schweinefleisch
200 g geräuchertes Rindfleisch
1 Eigelb
1 dl Rahm

Plain in pigna
(Kartoffelpitta)

Die Hälfte der Kartoffeln auf der Bircherraffel reiben, den Rest in dünne Scheibchen schneiden. Speck und Salami oder Salsiz in kleine Würfelchen schneiden. Mit Maismehl, Maisgriess und nach Belieben mit gewaschenen Rosinen unter die Kartoffeln mischen. Eine Gratinform mit den Speckscheiben auslegen. Die Kartoffelmischung daraufgeben. Die Butter erwärmen, mit der aufgekochten Milch mischen. Mit Salz, Pfeffer und Muskatnuss würzen und über den Inhalt der Gratinplatte verteilen. Mit Butterflocken belegen und eine Stunde bei 190° backen. Wenn nötig mit einer Aluminiumfolie abdecken.

Für 4 Personen

1 kg Kartoffeln
100 g Magerspeck
100 g Salami oder Salsiz
1 Essl. Maismehl
2 Essl. Maisgriess
50 g Rosinen (nach Belieben)
2–3 dünne Magerspeckscheiben
1 Essl. Butter
2 ½ dl Milch
Salz, Pfeffer, Muskatnuss
Butterflocken

Plain in Padella
(Oberengadiner Rezept)

Die Weggli auf der Bircherraffel reiben. Das geriebene Brot in der Butter hellgelb rösten. Die gewaschenen Rosinen, Zimt, Zucker und heisse Milch daruntermengen. Die Eier verklopfen, über die Masse verteilen und das Ganze weiterbraten, bis sich der «Tatsch» von der Bratpfanne löst. Wenden und die zweite Seite ebenfalls goldbraun braten.

Für 4 Personen

4 altbackene Weggli
2 Essl. Butter
2 Essl. Rosinen
1 Teel. Zimt
3 Essl. Zucker
3 dl Milch
4 Eier

Nusslikör

Aus einem alten Bündner Kochbuch:

15–20 g grüne Nüsse, Ende Juni gepflückt, 3 l Branntwein, 15 g gerösteter und gemahlener Kaffee, 1 ½ g geschnittene Vanille, 750 g gestossener Zucker. Man schneidet die Nüsse in Stücke und lässt sie einen Monat im Branntwein, fügt die 4 obgenannten Zutaten bei, lässt sie noch 14 Tage stehen und filtriert dann das Ganze.

Ein ausgezeichnetes Maluns-Rezept aus dem Hotel «Stern» in Chur, wo die Liebe zur Bündner Küche gross geschrieben wird. Der Besitzer, Herr Pfister, sammelt seit Jahren Spezialrezepte seiner Heimat. Den Maluns serviert er seinen Gästen mit hausgemachtem Apfelmus und Alpkäse.

Maluns
(Bündner Kartoffelgericht)

Für 4 Personen

1,2 kg Kartoffeln
400 g Mehl
100 g Butter
Salz
20 g Butterflocken

Die Kartoffeln 1–2 Tage zuvor in der Schale kochen, schälen und auf der Röstiraffel reiben. Mehl mit den Kartoffeln ganz gut vermischen – mit der Hand fest zerreiben, bis kein Mehl mehr separat vorhanden ist.
Einen Drittel der Butter in einer Eisen-Bratpfanne erhitzen, die Masse beigeben und leicht salzen. Etwa 40 Minuten unter ständigem Stochern und Wenden rösten. Die weitere Butter nach und nach beigeben. Wenn das Ganze in kleine, flockige, weiche, hellbraune Stückchen zerfällt, ist der Maluns fertig.
Dieses Gericht erfordert viel Sorgfalt und Aufmerksamkeit. Nie braten, nur rösten und niemals mit dem Schwingbesen arbeiten. Den Maluns anrichten, Butterflocken darübergeben und mit hausgemachtem Apfelmus und Alpkäse servieren.

Dazu passen entweder Milchkaffee oder Veltliner.
Besonders zu beachten:
- Nicht zuviel Butter auf einmal beigeben, sonst wird der Maluns hart.
- Prüfen, ob der Maluns genug gesalzen ist. Bei Anrichten eventuell nochmals würzen.

«Capuns» oder auch «Krut Capuna» sei das Lieblingsgericht von Zarli Carigiet, wurde mir einmal erzählt. Er sei nämlich nicht nur der eigenwilligste Schweizer Kabarettist, sondern auch ein guter Hobbykoch, der schon als kleiner Bub um die Mutter herumgestrichen sei und keine Ruhe gegeben habe, bis er selber ein kleines «Malünsli», ein «Capünsli» oder ein kleines Törtchen zubereiten durfte. «Capuns» sei seine Spezialität. Freilich mache er die Gäste jeweils darauf aufmerksam, dass es sich um etwas Ausgefallenes handle. Wem das nicht behage, für den gebe es im nahe gelegenen Wirtshaus Beefsteaks und Koteletts.
Hier sein Rezept.

Capuns

Mehl mit Eiern, Milchwasser und ein wenig Salz zu einem Spätzliteig klopfen, bis er Blasen wirft. Magerspeck und Brot in sehr kleine Würfelchen schneiden. Zwiebel fein schneiden. Speck, Brot und Zwiebeln zusammen in der Butter anziehen lassen, dann mit 2 Esslöffel gehackten Kräutern und den Korinthen unter den Teig mischen.
Die Schnittmangoldblätter kurz in kochendes Salzwasser geben. Sie sollen lahm werden, dürfen aber nicht weichgekocht sein. Gut abtropfen lassen und in jedes Blatt einen Esslöffel voll Spätzliteig einrollen. Diese grünen Bündeli in leise kochendem Salzwasser 20 Minuten ziehen lassen. Mit einem Schaumlöffel sorgfältig aus der Pfanne nehmen, auf eine vorgewärmte Platte geben und

Für 4–6 Personen

300 g Weissmehl
3 Eier
1 ½ dl verdünnte Milch
Wenig Salz
150 g Magerspeck
100 g Weissbrot
1 Zwiebel
40 g Butter
4 Essl. gehackte Kräuter (Peterli, Schnittlauch, Rosmarin, Basilikum)
100 g Korinthen
40 Schnittmangoldblätter

200 g geriebener Käse (Sbrinz)
100 g Butter

mit den restlichen Kräutern und viel Käse bestreuen. Zuletzt mit brutzelnd heisser, hellbraun geschmolzener Butter übergiessen.
Statt Speckwürfeli kann man auch Landjäger, Salsiz oder Rohschinken verwenden.

Zwei ganz ausgezeichnete Rezepte, die ich Morosanis «Posthotel» in Davos verdanke.

Caponetti con buleus
(Caponetti mit Steinpilzen)

Für 5–6 Personen

Sauce:
2 Essl. Zwiebel, fein gehackt
20 g Butter
½ Knoblauchzehe
150 g Steinpilze (frisch oder aus der Dose)
150 g Tomaten, geschält
Salz, Pfeffer aus der Mühle, Majoran

Teig:
300 g Paniermehl
75 g Butter
300 g Mehl
6 Eier
4 dl Milch
100 g Spinat, gekocht und gehackt
1 Essl. Peterli, gehackt

Zum Überschmelzen:
100 g Sbrinz, gerieben
75 g Butter
100 g Paniermehl

Zuerst die Sauce zubereiten. Zwiebel und durchgepressten Knoblauch in der heissen Butter anziehen lassen, bis sie hellgelb werden. Steinpilze in Scheiben schneiden, zugeben und 1–2 Minuten mitdünsten. Tomaten hacken und beifügen. Mit Salz, Pfeffer und Majoran würzen. 5 Minuten auf kleiner Flamme leise köcheln lassen.
300 g Paniermehl in 75 g Butter goldbraun rösten und auskühlen lassen. Mehl, Eier und Milch mischen. Geröstetes Paniermehl dazugeben. Spinat und Petersilie darunterziehen. Grosse Spätzli ab dem Brett in siedendes Salzwasser geben. (Grösse etwa Kleinfingerspitze.) Sobald sie obenauf schwimmen, mit der Schaumkelle herausnehmen und in einer vorgewärmten Platte anrichten. Mit Steinpilzsauce überziehen. Das Ganze mit geriebenem Sbrinz und Paniermehl bestreuen. Mit Butter abschmelzen.

Eine Spezialität aus dem Albulatal, die ohne weitere Beilagen als Hauptgericht serviert werden kann.

Scarpatscha

Brot in Milch einlegen. Mangold, Lauch und Sellerie fein schneiden. Mit der Petersilie in 2 Essl. Butter 2–3 Minuten dünsten. Brot auspressen und mit dem gedünsteten Gemüse mischen. Mit Käse, restlicher, weichgemachter Butter und verquirlten Eiern vermengen. Mit Salz und Pfeffer würzen. Eine Auflaufform mit Butter bestreichen, die Masse einfüllen. Eine Stunde bei 180° backen. Der Auflauf muss eine goldbraune Kruste bekommen.

Für 4 Personen
300 g Schwarzbrot
2 dl Milch
300 g Mangold
1 Lauchstengel
2 Sellerieblätter
2 Essl. gehackte Petersilie
200 g Butter
200 g Bergkäse
3 Eier
Salz, Pfeffer

Bündner Polenta

Die Bündner Polenta kommt aus dem Puschlav. Sie wird dort auf gleiche Weise – immer mit Wasser – zubereitet wie im Tessin und vielfältig variiert.

Wird sie ohne Fleisch und Sauce gegessen, kann man die Polenta auf verschiedene Arten bereichern:

mit Käse
Lagenweise mit Käse anrichten und mit Butter überschmelzen.

mit Butter
Grosses Stück Butter und zum Schluss etwas Reibkäse darunterrühren.

mit Rahm
Wie beschrieben auftragen und dazu neben jedem Teller eine Tasse mit frischem Rahm aufstellen. So wurde sie früher im San Bernardino Hospiz aufgetragen.

mit Zucker und Zimt
Mit Butter verfeinern und mit einer Mischung aus 4 Essl. Zucker und 1 Teel. Zimt bestreuen.

Hexenpolenta
In Chur auch «Polenta stria» genannt, ist sie nichts anderes als Polenta, die mit Zucker, Butter und Rosinen gekocht und anschliessend als flacher Kuchen oder in Schnitten beidseitig in Butter ausgebacken wird.

Bramataschnitten sind nichts anderes als Maisschnitten. Die Polenta wird in diesem Fall immer mit Wasser zubereitet.

Bramataschnitten

Für 4 Personen

1 l Wasser
Salz, Muskatnuss
50 g Butter
250 g Bramata
(Polentamais)
100 g geriebener Sbrinz

Wasser, Salz, Muskat und Butter zum Kochen bringen. Den Mais «sturzartig» beifügen. Unter ständigem Rühren auf starkem Feuer aufkochen. 1½ Stunde zugedeckt im Ofen bei 150° ziehen lassen.
Den Sbrinz unter die Polenta ziehen. etwa 2½ cm hoch auf einem Blech ausstreichen und erkalten lassen. In gleichmässige Schnitten von etwa 5 × 5 cm schneiden. Die Bramataschnitten je nach Beilage leicht in Butter braten oder im Ofen erwärmen. Zu Saucengerichten nicht allzu fest braten, sondern nur in Butter leicht erwärmen.

Diese Kalbsleberschnitten (Rezept aus dem Hotel «Stern» in Chur) werden auf Maisschnitten angerichtet. Die rassige, raffiniert gewürzte Veltliner Sauce passt besonders gut zu den kunstgerecht zubereiteten Bramataschnitten.

Kalbsleber «dolce brusco»
(Kalbsleber an Veltliner Sauce)

Zuerst die Sauce zubereiten. Wein, Gewürze und halbierte Zitrone zusammen aufkochen. Die Flüssigkeit bis auf die Hälfte einkochen lassen. Bratensauce und Johannisbeergelee zufügen. Etwas einkochen lassen, dann durch ein Sieb passieren. Die Sauce darf nicht zu dünn sein.
Die Kalbslebertranchen mit Salz, Pfeffer und Zitronensaft würzen. Im Paniermehl wenden und im heissen Öl oder in Butter rasch beidseitig braten. Sie sollen innen rosa bleiben. Auf Bramataschnitten anrichten, mit heisser Butter abschmelzen, mit Zitronenschnitzen garnieren und mit etwas Sauce umranden. Restliche Sauce separat dazu servieren.

Für 4 Personen

4 Tranchen Kalbsleber zu je 120 g
1 Spritzer Zitronensaft
Salz, Pfeffer aus der Mühle
100 g weisses Paniermehl
2 Essl. Öl oder eingesottene Butter
1 Zitrone
40 g Butter

Sauce:
6–8 dl Veltliner Wein
¼ Zimtstengel
10 zerdrückte Pfefferkörner
1 Gewürznelke
1 Lorbeerblatt
5 Wacholderbeeren
1 Zitrone (halbiert)
2 dl Bratensauce
200 g Johannisbeergelee

Aus Bramata (Maisgriess) werden im Bündnerland noch weitere Spezialitäten zubereitet, zum Beispiel:

Polentaknödel

Das Maisgriess in eine Schüssel geben. 2 dl heisse Milch darübergiessen und eine Stunde stehenlassen. Dann gesiebtes Mehl, Salz, gewaschene Rosinen und Petersilie beifügen. Alles rasch zu einem festen Teig kneten. Wenn nötig noch etwas Milch zugeben. Aus der Masse kleine runde Knödel formen. Diese in schwachem Salzwasser 45 Minuten leise ziehen lassen. Die Knödel mit der Schaumkelle aus der Pfanne heben, in eine vorgewärmte Schüssel legen, mit Käse bestreuen und mit der geschmolzenen Butter übergiessen.

Für 4 Personen

150 g grobgemahlenes Maisgriess (Bramata)
2–3 dl Milch
150 g Mehl
½ Teel. Salz
100 g Rosinen
1 Essl. gehackte Petersilie (nach Belieben)
100 g geriebener Käse
50 g Butter

Neben dem «Bündner Beckibraten» (s. S. 185) gibt es noch dieses bäuerliche Schafgericht, das bis zum heutigen Tage nichts von seiner Urchigkeit eingebüsst hat.

Bündner Schafverdämpf

Für 4 Personen

800 g Schaffleisch, in kleine Stücke geschnitten (Schulter oder Brust)
2 Essl. Butter
3 Zwiebeln
2 Lorbeerblätter
1 Knoblauchzehe
½ Zimtstengel
Salz, Pfeffer
3–3½ dl Fleischbouillon
6 Kartoffeln

Das Fleisch in der Butter gut anbraten. Die Zwiebeln in Scheiben schneiden, beifügen und mitbraten, bis sie schön Farbe annehmen. Dabei immer rühren, damit sie gleichmässig gebraten werden. Lorbeerblätter, Salz, Pfeffer, durchgepressten Knoblauch, Zimtstengel und Bouillon zufügen. Mit einem passenden Deckel gut verschliessen und auf dem Herd oder im Ofen 1½ Stunden schmoren lassen. (Die benötigte Zeit hängt von der Qualität des Fleisches ab.) Die Kartoffeln schälen, in Stücke schneiden, beifügen und alles zusammen 30 Minuten weiterkochen. Darauf achten, dass genügend Flüssigkeit vorhanden ist, es soll nach dem Garwerden der Kartoffeln noch etwas Sauce übrigbleiben. Wenn nötig von Zeit zu Zeit noch Bouillon nachgiessen.

Berühmt und bekannt ist die

Churer Fleischtorte

Für 4 Personen

Teig:
220 g Mehl
175 g Butter

Mehl mit Butterflocken in eine Schüssel geben. Zwischen den Fingern fein zerreiben. Leicht verquirltes Eigelb, lauwarme Milch und Salz beigeben und rasch zu einem gleichmässigen Teig zu-

sammenkneten. Zugedeckt eine Stunde kühl ruhen lassen.
Butter in einer grossen Bratpfanne erhitzen. Gehacktes Fleisch beifügen und unter Wenden anbraten. Speckwürfelchen und Zwiebel beigeben. 5 Minuten dünsten. Semmel in kleine Würfel schneiden, mit lauwarmer Milch übergiessen und etwas aufweichen lassen. Gut ausdrücken, durch ein Sieb treiben und mit dem Fleisch gut mischen. Den Bratenfond in der Bratpfanne mit Rotwein und $1/2$ dl Bratensauce aufkochen. Rahm zugiessen und 2–3 Minuten einkochen lassen. Die Sauce zur Fleischmasse geben. Mit Salz, Paprika und Majoran pikant würzen.
Teig auswallen, eine Rondelle von etwa 22 cm Durchmesser ausrädeln. Auf ein bebuttertes Blech legen. Die Füllung daraufgeben. Einen Rand von rund 2 cm leer lassen und mit wenig Milch bestreichen. Einen Teigdeckel von 24 cm Durchmesser ausschneiden, darüberlegen und ringsum gut andrücken. Die Oberfläche der Torte mit einer Gabel, einem spitzen Messer oder dem Teigrädchen mehrmals einstechen und nach Belieben verzieren. Mit Eigelb bestreichen und bei 220° im vorgeheizten Ofen 45 Minuten backen. Die Füllung dieser Fleischtorte kann auch in Nudel- oder Kuchenteig zu kleinen Krapfen verpackt und im heissen Fett schwimmend oder im Ofen gebacken werden.

$1/2$ dl Milch, lauwarm
1 Eigelb
Wenig Salz

Füllung:
250 g Schweinefleisch, gehackt
250 g Kalbfleisch, gehackt
1 Essl. eingesottene Butter
1 Semmel
$1/2$ dl Milch, lauwarm
100 g Magerspeckwürfelchen
1 grosse Zwiebel, gehackt
$1/2$ dl Rotwein (am besten Veltliner)
$1/2$ dl Bratensauce
$1/2$ dl Rahm
Salz, Paprika, Majoran
Butter für das Blech
1 Eigelb zum Bestreichen

Ein eigenartiges Gericht ist sicher der Conterser Bock, ein mehrmals gebackenes «Omelettenei».

Conterser Bock

Zuerst das Ei etwa 7 Minuten kochen, kalt abschrecken und schälen.
Eier mit Milch verquirlen, mit Mehl und Salz zu einem glatten dicken Omelettenteig rühren. Eine Stunde ruhen lassen, dann das Öl zugeben. Für die Sauce Wasser, Zucker, Nelken, Zimtstengel und Zitronenscheibe aufkochen. Den Wein zufügen. Nochmals erhitzen, ohne kochen zu lassen. Die Sauce durchpassieren. Das Ei in den Teig tauchen (er muss so dick sein, dass er hängenbleibt).

Für 4 Personen
1 Ei

Teig:
4 Eier
200 g Mehl
$2\,1/2$ dl Milch
1 Prise Salz
1 Essl. Öl

Sauce:
2 dl Wasser
125 g Zucker
2 Nelken
1 Zimtstengel
1 Zitronenscheibe
½ l Rotwein
Butter oder Fett zum Ausbacken

In einer Fritierpfanne in Butter oder Fett schwimmend ausbacken, herausnehmen, auf einem Küchenpapier kurz abtropfen lassen, wieder in den Teig tauchen, backen und so weiterfahren, bis der Bock gross und dick ist.
Den fertigen Bock in 8 gleich grosse Stücke schneiden, damit jedes noch ein Stück Ei erhält. Mit Rotweinsauce übergiessen und sofort auftragen.

Diese Fideriser Torte brachte mir in den letzten Jahren verschiedene Briefe ein. Das Originalrezept, das ich früher bereits einmal publiziert hatte, schreibt 3 Tropfen Rosenöl vor. In der Folge machte man mich auf den hohen Preis dieser Zutat aufmerksam. Das bewog mich, den Kuchen mit Rosenwasser zu backen, was natürlich nicht ganz den gleichen Effekt hat. Später schrieb mir ein Enkel des ehemaligen Besitzers des

«Fideriser Bad», in seinem Familienrezept sei kein Rosenwasser, sondern Kirsch erwähnt! Hier nun das Rezept mit dem Rosenwasser. Wenn Sie dieses durch Kirsch ersetzen, schmeckt die Torte ebenfalls ausgezeichnet.

Fideriser Torte

Zucker und Eigelb schaumig schlagen. Lauwarme, flüssiggemachte Butter darunterrühren. Gesiebtes Mehl, Salz, Zimt, Rosenwasser oder Kirsch, Mandeln und Zitronenschale zugeben und die steifgeschlagenen Eiweiss sorgfältig darunterziehen. Eine Springform gut ausbuttern, mit Mandeln bestreuen, ⅔ der Masse hineingeben und glattstreichen. Die Konfitüre darüber verteilen und den Rest des Teiges darübergeben. Seitlich gut andrücken und bei Mittelhitze etwa 40 Minuten backen. Wenn nötig mit Aluminiumfolie abdecken, damit die Torte nicht zu braun wird.

Für eine mittelgrosse Springform
200 g Zucker
3 Eier
200 g Butter
1 Messerspitze Salz
½ Teel. Zimt
1 Essl. Rosenwasser (in der Drogerie erhältlich) oder Kirsch
375 g Mehl
200 g Mandeln, gerieben
Abgeriebene Schale von 1 Zitrone
200 g Himbeerkonfitüre
Butter für die Form

Ähnlich wird die Noeinsertorte aus dem Domleschg zubereitet. Sie enthält etwas weniger Mehl, dafür geriebenes Brot, und wird erst nach dem Backen mit Konfitüre bestrichen.

Noeinsertorte
(Domleschger Rezept)

Die Brötchen in eine Schüssel reiben. Butterflokken, Mandeln, Zucker, Gewürze und verquirlte Eier gut mischen. Mit dem Rum befeuchten und rasch zu einem Teig verkneten. Nach Bedarf Mehl zugeben, bis ein mittelfester Teig entsteht. Eine Springform von 26 cm Durchmesser mit Butter bestreichen. Den Teig einfüllen und bei 220° etwa 30 Minuten goldgelb backen. Nach dem Backen aus der Form lösen und sofort mit Johannisbeer-Gelee bestreichen.

2 altbackene Brötchen
200 g Butter
250 g gemahlene, ungeschälte Mandeln
150 g Zucker
1 Teel. Zimt
1 Prise Nelkenpulver
2 Eier
3 Essl. Rum
2–3 Essl. Mehl
Butter für die Form
6 Essl. Johannisbeer-Gelee

Bündner Schokoladentorte

6 Eigelb
200 g Zucker
150 g ungeschälte, geriebene Mandeln
100 g geriebenes Schwarzbrot
80 g Butter
200 g dunkle, gute Schokolade
6 Eiweiss
1 Prise Salz

Eigelb und Zucker zu einer sämigen Creme schlagen. Mandeln, geriebenes Brot und die geschmolzene, lauwarme Butter darunterziehen. Die Schokolade mit 2 Essl. Wasser im Wasserbad schmelzen lassen. Unter den Teig geben. Die Eiweiss mit dem Salz steifschlagen. Den Teig vorsichtig zum Eiweiss geben, locker mischen und in eine bebutterte und mit Paniermehl ausgestreute Springform giessen. 50–60 Minuten bei 180° backen.

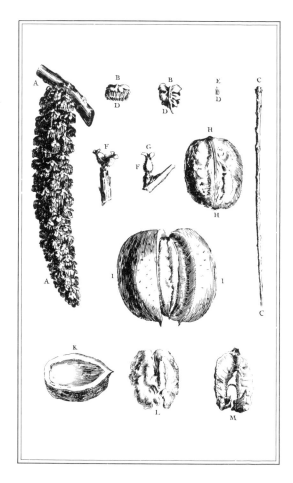

Engadiner Zuckerbäcker sind weltberühmt. Der karge Boden ihrer Heimat vermochte sie nicht alle zu ernähren, und so mussten sie auswandern. Nur den Erfolgreichen war es vergönnt zurückzukehren, um ihren Lebensabend im Engadin zu verbringen. Auf dem kleinen Anhängeprospektchen einer bekannten Konditorei in Pontresina steht deshalb zu lesen: «Früher gingen unsere Vorfahren ins Ausland ... heute schicken wir unsere Engadiner Nusstorte in die Welt!»

Engadiner Nusstorte

Diese Torte gibt es in vielen Variationen. Einmal ist der Teig fest und gerieben, dann wieder mürb. Der Teigboden wird ab und zu mit Konfitüre bestrichen, den Baumnüssen werden einige Pinienkerne beigemischt, und besonders raffinerte Rezepte schreiben für die Füllung noch feingehacktes Zitronat und Orangeat vor. Hier ein klassisches Engadiner Rezept, wie ich es seit Jahren selbst anwende.

Engadiner Nusstorte

Mehl, kleingeschnittene Butter, Salz und 150 g Zucker in eine vorgekühlte Schüssel geben. Eine Mulde formen und die verquirlten Eier hineingeben. Mit kühlen Händen (vorher unter den Kaltwasserhahnen halten!) sehr rasch zu einem mürben Teig zusammenkneten. 20 Minuten kühl ruhen lassen. 250 g Zucker in eine trockene Bratpfanne geben. Ohne Wasserzugabe unter Rühren hellbraun rösten. Baumnusskerne dazugeben und 2–3 Minuten mitrösten. Rahm beifügen. Sobald sich der Zucker aufgelöst hat, den Honig daruntermischen. Zwei Drittel des Teiges 3 mm dick auswallen. Springform mit Butter bepinseln. Mit Teig auslegen, dabei einen Rand von ungefähr

Für eine Springform von 26 cm Durchmesser

300 g Mehl
200 g Butter
1 Prise Salz
400 g Zucker
2 kleine Eier
240 g Baumnusskerne
¼ l Rahm
1 Essl. Honig
2 Essl. Johannisbeergelee

5 cm Höhe formen. Den Teigboden mit Johannisbeergelee bestreichen. Die Nussfüllung gleichmässig auf den Teigboden verteilen. Aus dem restlichen Teig einen Deckel im Ausmass der Springform auswallen. Den Teigrand des Bodens leicht über die Füllung zurückbiegen und mit wenig Wasser befeuchten. Den Teigdeckel darüberlegen. Die Torte mit einer Gabel mehrmals einstechen. Bei 180° 60 Minuten backen. Sie darf nicht dunkel werden (gegen Ende der Backzeit zur Vorsicht mit Aluminiumfolie abdecken).

Türkenbund

250 g Butter
280 g Maismehl
1 ½ dl Wasser
1 Prise Salz
Butter für die Form
4 Essl. Himbeer- oder Johannisbeerkonfitüre
125 g Haselnüsse
125 g süsse Mandeln
250 g Zucker
1 Handvoll Sultaninen
Abgeriebene Schale einer Orange
3 Eier

Zuerst aus Butter, Maismehl, Wasser und Salz einen Teig zubereiten. Eine bebutterte Springform damit auslegen. Den Teigboden mit Konfitüre bestreichen. Haselnüsse, Mandeln und Zucker fein zerstossen. Sultaninen, Orangenschale und Eier zugeben. Alles mischen und die Füllung auf den Teig geben. Bei 180° 30 Minuten backen.

Die drei Eidgenossen

1. August – Schweizerische Bundesfeier

Am 1. August feiern wir den Rütlischwur, das Bündnis der Urkantone von 1291. Abends pflegt man Feuerwerk abzubrennen und weithin sichtbare Höhenfeuer zu entzünden. Natürlich dürfen bei der traditionellen Feier auch die leiblichen Genüsse nicht fehlen.

Meist gibt es einen gemütlichen Festschmaus im Freien. Beim Braten über der Glut des Erst-August-Feuers kommen die Schweizer Würste – die «chüschtigen» St. Galler Kalbsbratwürste, Servelats und Schützenwürste – zu Ehren. Beliebt sind aber auch rassige Wurst- und Fleischweggen sowie pikante Salate aller Art. Hier ein einfaches Wurstweggen-Rezept.

Luzerner Wurstweggen

Den Inhalt der Bratwürste mit dem Hackfleisch, der gehackten Petersilie, der fein geschnittenen und leicht gedämpften Zwiebel, Eiern und Mehl mischen. Gewürze beifügen. Die Masse mit der Hand gut verarbeiten, bis sie zusammenhängt und sich von der Schüssel löst.
Den Teig 3 mm dünn auswallen und 12 × 10 cm grosse Rechtecke ausschneiden. Die Teigstücke in der Mitte füllen, beide Ränder mit Eiweiss oder Wasser bepinseln, den Teig von beiden Seiten her darüberschlagen. Andrücken und mit dem Verschluss nach unten auf das kalt abgespülte Blech legen. Mit dem verquirlten und mit einigen Tropfen Öl vermischten Eigelb bepinseln und im vorgeheizten Ofen bei guter Hitze etwa 30 Minuten backen.

1 Paket Blätterteig
3 rohe Bauernbratwürste
300 g gehacktes Schweinefleisch
1 Büschel Petersilie
1 Zwiebel
2 Eier
1 Essl. Mehl
je 1 Prise Majoran, Koriander, Salz, Pfeffer
1 Ei
Einige Tropfen Öl

Ein altes Rezept aus einer Bäckersfamilie.

St. Galler Fleischpastetli nach alter Art

Das Fleisch zweimal durch die Hackmaschine drehen (oder vom Metzger fein hacken lassen). Die Weggli oder Semmeli in Stücke schneiden, in Milch einweichen. Dann gut ausdrücken und ebenfalls durch die Hackmaschine treiben. Petersilie und Zwiebel hacken und in Butter dämpfen.

200 g Schweinefleisch
200 g Rindfleisch
2 Weggli oder Semmeli
2 dl Milch
2 Essl. gehackte Petersilie

1 Zwiebel
2 Essl. Butter
1 Ei
Salz, Majoran
2–3 Essl. Rahm

500 g Blätterteig
2 Eigelb zum Bestreichen

Mit Ei, Salz und Majoran zum Fleisch geben, alles gut mischen und mit dem Rahm zu einer weichen Masse rühren.
Den Blätterteig 3 mm dick auswallen. Runde Plätzchen von etwa 7 cm ausstechen. Auf die Hälfte der Plätzchen je ein Häufchen Füllung geben. Den Rand mit wenig Wasser befeuchten, die restlichen Teigrondellen darauflegen und den Rand gut andrücken. Mit einer Gabel die Pastetchen mehrmals einstechen. Mit Eigelb bestreichen und bei 210° 15–20 Minuten goldgelb bakken.

Nachdem das Birchermüesli in die Geschichte der Schweizer Küche eingegangen ist, darf es natürlich in einem echten Schweizer Kochbuch nicht fehlen. Ich möchte hier das Originalrezept nach Dr. med. M. Bircher-Benner anführen.

Birchermüesli

Für 4 Personen

6 Essl. Haferflocken
12 Essl. Wasser
6 Essl. gezuckerte Kondensmilch
Saft von 3–4 Zitronen
1 kg Äpfel
6 Essl. geriebene Mandeln, Hasel- oder Baumnüsse

Die Haferflocken 12 Stunden in kaltem Wasser einweichen. Kondensmilch und Zitronensaft beifügen. Die Äpfel waschen, Fliege entfernen, dann auf der Bircherraffel direkt in den Haferbrei raffeln. Ab und zu umrühren, damit die Äpfel nicht braun werden. Das Müesli mit den Nüssen bestreuen. Sofort nach der Zubereitung servieren, sei es als Frühstück, Abendessen oder Zwischenverpflegung.
Dieses Birchermüesli ist natürlich im Verlaufe der Zeit vielfach abgewandelt worden. Es entstanden Luxusvarianten mit Beeren, Saisonfrüchten, Joghurt, Rahm oder Sauermilch, die ich hier nicht erwähnen möchte. Jede Hausfrau hat ihr eigenes Rezept.

In einem echten Schweizer Kochbuch sollte das Parade-Essen unserer Armee nicht fehlen. Das Rezept stammt aus der Broschüre «Kochrezepte für die Militärküche».

Spatz

Das Fleisch ausbeinen, Fett wegschneiden, in Portionen schneiden. Wasser auf die notwendigen Kochkessel verteilen und aufkochen. Fleischportionen in Kochkessel geben, aufkochen und abschäumen. Salzen und würzen. 40 Minuten vorkochen. Fein geschnittenes Suppengemüse beigeben und aufkochen. Abschmecken. Kochkessel schliessen, sorgfältig in die Kisten verpacken und nicht vor 4 Stunden öffnen. Das Kochen in der Kochkiste kann durch normales Kochen auf dem Herd (etwa 2½ Stunden) ersetzt werden. Anmerkung: Dieses Gericht eignet sich besonders bei:
– Fehlen von Frischgemüse zur Zubereitung von Pot-au-feu
– Zeitmangel, z. B. unvorhergesehenes Biwak, Mobilmachung
– ungenügender Anzahl Kochkisten

Da das Rezept für eine ganze Kompanie berechnet wurde, habe ich es durch 10 geteilt. Spatz soll nämlich nur gut sein, wenn er für mindestens 10 Personen zubereitet wird. Die klassische Zubereitung erfolgt in der Kochkiste.

2 kg Rindfleisch zum Sieden (z. B. Federstück)
200 g Zwiebeln
200 g Rüebli
200 g Lauch
200 g Sellerie
400 g Kabis oder Kohl
Salz, Muskat,
¼ Lorbeerblatt,
1 Nelke
5 l Wasser

Schweizer Wachtsoldat, seine Abenteuer nach dem Essen erzählend

Wem würde an einem warmen Augustabend nicht auch ein pikanter Käsesalat willkommen sein?

Käsesalat nach Appenzeller Art

Für 4 Personen

300 g Appenzeller Rässkäse
1 Zwiebel
1 Bund Schnittlauch
3 Essl. Öl
1 Essl. Essig
Wenig Pfeffer

Den Käse in sehr feine Scheibchen schneiden. Die Zwiebel fein schneiden oder hacken. Schnittlauch mit einer Schere zerschneiden. Öl, Essig und etwas Pfeffer gut mischen.
Alle Zutaten in eine Schüssel geben und eine Stunde ziehen lassen. Ab und zu umrühren.
Dazu passt ein währschaftes Bauernbrot.

Der Appenzeller Käse

Der Appenzeller stammt ursprünglich – wie der Name besagt – aus dem Appenzellerland. Heute wird er aber auch in den Kantonen St. Gallen und Thurgau hergestellt. Er war schon im frühen Mittelalter über die Landesgrenzen hinaus berühmt.
Die 6–8 Kilo schweren Laibe messen etwa 30 cm im Durchmesser und 9 cm in der Höhe. Sie haben eine feuchte, genarbte, braungraue Rinde. Der Teig des vollfetten Appenzellers ist zart und weichschnittig und hat nur wenige, erbsengrosse Löcher.
Sein Aroma ist herb, würzig und eigenwillig. Der Appenzeller ist nach 3–4 Monaten mittelreif und erreicht die volle Reife mit 5–6 Monaten. Die Laibe werden anfänglich täglich, später mindestens zweimal in der Woche gewendet und mit einer Sulze aus Wasser, Weisswein, Salz, Pfeffer und Gewürzen gewaschen.
Der Appenzeller eignet sich sehr gut als Tafelkäse auf der Käsplatte und ist auch sehr beliebt als Zugabe zu Geschwellten. Ein kleines Stück reifer, vollfetter Appenzeller verleiht auch dem Fondue eine würzige Note.

Der Appenzeller Käsefladen schmeckt besonders gut, wenn er nach alter Art mit Anis und Koriander (Aenesli ond Pöpperli) gewürzt wird.

Appenzeller Chäsflade

Das mit Butter bestrichene Blech mit ausgewalltem Teig auslegen. Teig mit einer Gabel mehrmals einstechen. Zwiebeln in Butter 2–3 Minuten dünsten. Erkalten lassen. Mit dem geriebenen Käse auf den Kuchenboden verteilen. Eier, Mehl, Rahm, Milch und Gewürze verklopfen. Den Guss auf den Käse geben und bei 200° 25–30 Minuten backen. Heiss servieren.

Für ein Blech von 28 cm Durchmesser

500 g Brotteig oder
300 g geriebener Teig
250 g rässer Appenzeller Käse
3 Essl. Zwiebeln, fein gehackt (nach Belieben)
1 Essl. Butter (nach Belieben)
2 Eier
4 Essl. Mehl
1 ½ dl Rahm
2 ½ dl Milch
Je ½ Teel. Anis- und Korianderpulver
Salz, Pfeffer
Butter für das Blech

Originell wie die Bevölkerung des Appenzellerlandes ist auch dieses dort übliche Käsegericht. Käse-Omelettenteig wird durch einen Trichter in das heisse Öl gegossen. Dadurch bilden sich schneckenförmige Küchlein.

Appenzeller Chäshappech

Den Käse in feine Scheibchen schnetzeln. Die Milch erwärmen, den Käse zugeben und unter Rühren auflösen. Erkalten lassen. Das Mehl in eine Schüssel sieben. Bier zufügen und gut verrühren. Diesen Teig zur Käsemilch geben und die verquirlten Eier beifügen. Der Teig soll etwas dickflüssiger sein als gewöhnlicher Omelettenteig. Eine Stunde ruhen lassen. Portionenweise durch einen Trichter schneckenförmig in die heisse Fritüre (170°) giessen.
Hellgelb ausbacken. Passt gut zu Salat und zu einem Glas Wein oder Bier.

Für 4 Personen

300 g rässer Appenzeller Käse
4 dl Milch
500 g Mehl
1 Teel. Backpulver
3–4 dl Bier
8 Eier
Öl für die Fritüre

Originell sind die Bacheschnette. Dazu werden Appenzeller Leckerli in Ausbackteig gewendet und ausgebacken. Man bereitet diese Schnitten zur Feier des Fasnachts- und Funkensonntags zu.

Bacheschnette

Für 4 Personen

3–4 Appenzeller Leckerli

Teig:
150 g Mehl
2 dl Milchwasser
1 Prise Salz
2 Essl. Zucker
½ Teel. Zimt
1 Eigelb
1 Eiweiss
Öl für die Fritüre

Gesiebtes Mehl, Milchwasser, Salz und Eigelb in einer Schüssel zu einem gleichmässigen Teig verrühren. Eiweiss zu Schnee schlagen. Unmittelbar vor dem Backen unter den Teig ziehen und bei 180° im Öl schwimmend ausbacken. Die Bacheschnette im Zimtzucker wenden und warm oder kalt servieren.

Die schmackhaften Chüechli sind schnell zubereitet und munden ausgezeichnet, wenn man sie frisch und knusprig serviert.

Appenzeller Chäs-Chüechli

Für 4 Personen

150 g Appenzeller Käse
2 dl Milch
250 g Mehl
1 Teel. Backpulver
Wenig Salz
2 dl Bier
4 Eier
Öl für die Fritüre

Käse reiben. Milch aufkochen, den Käse darin schmelzen lassen. Mehl mit Backpulver mischen, in die erkaltete Milch sieben. Bier zufügen. Die Eier teilen. Eigelbe eines nach dem andern unter den Teig arbeiten. Eiweiss mit Salz zu Schnee schlagen. Unmittelbar vor dem Backen unter den Teig ziehen. Den Teig in einen Spritzsack füllen und nussgrosse Portionen in das heisse Öl geben. Bei 180° goldgelb backen, gut abtropfen lassen und heiss servieren.
Die Küchlein dürfen nicht dunkel werden, sonst schmecken sie bitter.

Das Fischessen in Rheinfelden

Einer hübschen Tradition huldigt die Fischerzunft in Rheinfelden jedes Jahr Ende August unter den Bäumen des Burgkastells auf einer kleinen Insel im Rhein. Da darf sich gross und klein an Hechten, Egli, Aal und Felchen erlaben, die von den Mitgliedern der Fischerzunft im Freien fritiert werden. Es gibt weder Teller noch Gabeln, dafür genügend Mayonnaise und Zitronen und natürlich etwas gegen den Durst!

Die Monate August und September sind die beste Fangzeit für den Hecht. So passt denn auch dieses aus der Rheingegend stammende Rezept für gebackenen Hecht sehr gut in diesen Abschnitt.

Hecht, gebacken

Den ausgenommenen und pfannenfertigen Hecht in $1^1/_2$–2 cm dicke Tranchen schneiden. In eine Schüssel legen, mit Salz und Pfeffer würzen und mit Zitronensaft beträufeln. Eine Stunde ziehen lassen. Dann die Fischtranchen gut abtropfen, mit Küchenpapier etwas abtupfen, im Mehl wenden und im heissen Öl (etwa 170°) 3–4 Minuten schwimmend ausbacken. Gut abtropfen. Eine Papierserviette oder ein Tortenpapier auf eine Platte legen, die fritierten Fischtranchen darauf anordnen und mit Zitronenschnitzen garnieren. Dazu passt Mayonnaise am besten.

Ab und zu werden die Fischtranchen auch zuerst in Mehl, dann noch in verklopftem Ei gewendet oder mit Mehl, Ei und Paniermehl paniert. Eine weitere Zubereitungsart ist das Fritieren im Bierteig, die ich aber wegen der Gräte nicht ideal finde.

Für 4 Personen

1 kleiner Hecht (etwa 1 kg)
Salz, Pfeffer
Saft von 1 Zitrone
3–4 Essl. Mehl
Öl zum Backen
2 Zitronen

Eine Delikatesse, die von Kennern, vor allem auch von Fischern geschätzt wird. Hecht blau gibt es ab und zu auch im guten Fischrestaurant.

Hecht blau

Für 3–4 Personen

1 Hecht von etwa 1 kg

Für den Sud:
1 ½ l Wasser
½ dl Essig
3 dl Weisswein
4 Pfefferkörner
½ Knoblauchzehe
1 Zwiebel, fein geschnitten
½ Lauchstengel
1 Rüebli, in Rädchen geschnitten
1 ½ Essl. Salz
1 Büschel Petersilie
1 Zitrone

100 g frische Butter

Den Hecht mit wenig Essig beidseitig beträufeln. Alle Zutaten für den Sud zusammen aufkochen. 15 Minuten kochen und dann etwas abkühlen lassen. Den Hecht hineingeben und auf kleinem Feuer 15–20 Minuten ziehen lassen. Den Hecht auf einer gefalteten Serviette anrichten und mit dem Petersiliensträusschen und der Zitrone garnieren. Die Butter zergehen lassen und auf einem kleinen Rechaud gesondert dazu servieren.

Eine etwas seltenere Zubereitungsart aus der Bodenseegegend, eine Abwechslung zum gebackenen Hecht.

Hecht nach Arenenberger Art

Für 3–4 Personen

1 Hecht von etwa 1 kg
Salz und Pfeffer
50 g Butter
5 Schalotten
1 Büschel Petersilie
Kerbel, Lorbeerblatt, Basilikum
5 dl Ostschweizer Riesling
30 g Butterflocken

Die feingehackten Schalotten in einer grossen Kasserolle mit Butter anziehen lassen. Den ausgenommenen Hecht mit Salz und Pfeffer würzen. Die Haut des Fisches beidseitig im Zickzack einschneiden. Dann den Hecht in die Kasserolle legen, mit Kerbel, Basilikum und feingehackter Petersilie bestreuen, Lorbeerblatt zugeben und mit dem Wein begiessen. Mit einer Aluminiumfolie oder einem Pergamentpapier abdecken und im vorgeheizten Ofen bei etwa 200° weichdünsten. Den Fisch, sobald er gar ist, warm stellen. Den Sud stark einkochen lassen, Lorbeerblatt herausfischen und unter heftigem Schwingen – neben dem Feuer – die Butterflocken daruntermischen. Die Sauce über den Hecht giessen und den Fisch zusammen mit Salzkartoffeln und gedämpftem Blattspinat servieren.

Eine Zubereitungsart, die man sowohl am Rhein als auch an unseren Seen antrifft. Je nach Teigrezept sind die gebackenen Fische knusprig oder mürb. Am häufigsten findet wohl Bierteig Verwendung.

Fischfilets im Bierteig

Mehl, Salz, Bier, Öl und Eigelb zu einem glatten Teig verrühren. Den Teig 2–3 Stunden stehen lassen. Knapp vor Gebrauch das steifgeschlagene Eiweiss darunterziehen.
Die Fischfilets mit Salz, Pfeffer und Zitronensaft marinieren. Die Fische nacheinander durch den Bierteig ziehen. 2–4 Filets zusammen fritieren. Aus der Friture nehmen, abtropfen lassen und mit Zitronenvierteln und Petersilie garniert möglichst frisch servieren.
Tip: Der Bierteig wird besonders leicht und luftig, wenn das dazu verwendete Bier etwas abgestanden ist.

Für 4 Personen

Teig:
180 g Mehl
Wenig Salz
3 dl Bier
1 Essl. Öl
2 Eigelb
3 Eiweiss

700 g Egli- oder Felchenfilets
Salz und Pfeffer
Saft von 1 Zitrone
1 Zitrone zum Garnieren
Petersilie

Trüsche nach Fischerart

Die pfannenfertige Trüsche in eine Auflaufform legen, innen und aussen mit Salz und Pfeffer würzen. Die flüssiggemachte Butter darübergiessen und zugedeckt bei 180° im Ofen 10 Minuten dämpfen. Die Petersilie zugeben, sorgfältig wenden und 10 Minuten weiterdämpfen. Der Fisch sollte keine Farbe annehmen, wenn nötig die Ofentemperatur reduzieren und die Garzeit etwas verlängern. Mit Salzkartoffeln servieren.

Für 2 Personen

1 mittelgrosse Trüsche
Salz, Pfeffer
100 g Butter
2 Essl. gehackte Petersilie

Schleie, gebraten

Für 2 Personen

1 mittelgrosse Schleie, pfannenfertig
Salz, Pfeffer
1 dl Milch oder
2 Eiweiss
Wenig Mehl
50 g Butter
Saft von ½ Zitrone
1 Essl. gehackte Kräuter: Petersilie, Schnittlauch, Dill, Salbei, Thymian
1 Zitrone

Den Fisch beidseitig mit einem scharfen Messer im Zickzack einschneiden und innen und aussen mit Salz und Pfeffer gut würzen. Durch die Milch oder das Eiweiss ziehen und im Mehl wenden. Die Butter in einer grossen Bratpfanne erhitzen und den Fisch beidseitig darin goldgelb und knusprig braten (6–10 Minuten). Auf eine vorgewärmte Platte anrichten, mit Zitronensaft beträufeln und mit den Kräutern bestreuen. Zitronenschnitze dazu servieren.

Alpsegen und Alpnutzen

Den Himmel um das Gedeihen der Frucht zu bitten, schreitet der Pfarrer die Fluren ab, steigt auf die Alpen und segnet Weiden, Ställe und Tiere. Als Gegengabe erhält die Kirche von den Älplern Käse und Milch. In dieser Spende lässt sich noch ein Überrest des alten «Zehnten» erkennen. Bekannt ist der Brauch vor allem noch in Vissoie, dem Hauptort des Eifischtales (Val d'Anniviers), wo die Sennen am Sonntag nach dem 24. August dem Pfarrer reichverzierte Käse überbringen.

Senn in der Sennhütte

Der Raclette-Käse
Seit wann stellt man diesen samtenen Fettkäse her, der auf der Zunge wie Butter zergeht? Eine müssige Frage! Seitdem die Bewohner des Wallis, durch hohe Berge von der Umwelt abgeschlossen, sich ihren Lebensunterhalt mit der Alpweidwirtschaft sichern. Der Käse wird auf den Alpen gekocht; entrahmen wäre zu kompliziert, darum wird Vollmilch verwendet. Je höher die Weideplätze liegen (im Wallis bis zu 2500 m), desto würziger ist das Gras und desto wohlschmeckender werden Milch und Käse. Der Käse von Bagnes verdankt seinen Wohlgeschmack dem herben Duft dieser Kräuter – die hier feiner und aromatischer sein sollen als anderswo – aber auch der Geschicklichkeit der Hirten, die den Käse täglich zubereiten.
Heute ist die Nachfrage nach dieser Spezialität so gross, dass auch in anderen Bergkantonen Raclette-Käse hergestellt wird.

So wurde die Raclette erfunden

Erste Zeugnisse über die Zubereitung der Raclette stammen aus dem 16. Jahrhundert. Nach anderen Quellen wurde die Raclette erst im Jahre 1875 erfunden, wie die folgende kleine Geschichte illustriert.
An einem nebligen Herbsttag arbeiteten ein paar Walliser Winzer bei beissender Kälte oberhalb Siders in den Rebbergen. Zum Mittagsimbiss kramten sie Brot, Käse und Wein aus ihren Rucksäcken. Um sich zu wärmen, entfachten sie ein Feuer aus trockenem Rebholz. Einer der Männer, der entsetzlich an den Händen fror, hielt seinen Bergkäse aus Versehen so nahe an die Flamme, dass der Käse

schmolz. Kurzentschlossen strich er die weiche, brutzelnde Masse auf sein Brot. Die Raclette war erfunden...
Wie dem auch sei, die Raclette blieb ein Bauern- und Sennengericht bis zum Jahre 1909, als man sie anlässlich der «Exposition cantonale industrielle» von Sion erstmals Journalisten als Beigabe zu den Walliser Weinen servierte. Damit erzielte man einen solch durchschlagenden Erfolg, dass die Raclette nicht nur im Wallis, sondern bald in der ganzen Schweiz bekannt wurde.

Die Raclette im Freien

Im Wallis gibt es kein Fest ohne Raclette. Sei es eine Hochzeit, eine Taufe oder eine Beerdigung – immer gehört sie dazu! Im Freien schmeckt sie doppelt so gut:
Heben Sie eine Grube aus und stellen Sie zu beiden Seiten Steinplatten auf. Mit Reisig ein Feuer entfachen, für Holznachschub (der Walliser schwört auf Lärchenholz!) sorgen. In einem Kessel mit Wasser ungefähr gleich grosse Kartoffeln aufsetzen. Wenn sie gar sind, den Topf wegstellen und das Braten des Käses vorbereiten: Vor der Feuerstelle ein Plätzchen herrichten für einen flachen Stein, auf den man den Käse zum Braten legt. Es empfiehlt sich, einen oder zwei Ersatzsteine bereitzuhalten, damit der erste ausgewechselt werden kann, wenn er zu heiss wird und die Rinde des Käses aufzuweichen droht.
Die Hälfte oder einen Viertel des Raclette-Käses mit der Schnittfläche

gegen das Feuer auf die Steinplatte legen. Ans Feuer schieben. Sobald die Schnittfläche flüssig wird, die geschmolzene Käsemasse mit einem grossen Messer auf einen Teller abstreichen («racler»). Mit frisch gemahlenem Pfeffer bestreuen und zusammen mit einer geschwellten Kartoffel und einigen Cornichons und Perlzwiebeln sofort essen. Der Käse darf nicht kalt werden.
Wissen Sie übrigens, dass die goldgelbe Franse auf dem Teller, das heisst die knusprige, angesengte Rinde des Käses im Wallis «dentelle» oder «réligieuse» genannt wird? Vielleicht, weil sie sich so lieblich kräuselt wie der Schleier um das blasse Gesicht einer blutjungen, hübschen Nonne.

Die Raclette zu Hause

Das wird uns heute leicht gemacht, gibt es doch unzählige Geräte und Öfchen, die uns das offene Feuer ersetzen. So wird die Raclette immer beliebter. Der geschmeidige, vollfette Käse gleitet so sanft und fröhlich die Kehle hinunter wie der funkelnde goldene Wein, der ihn begleitet.

Walliser Hobelkäse
Beste Beilage zu einem guten Walliser Wein: Frisch gehobelter Bergkäse, dazu ganz dünn geschnittenes, mit Butter bestrichenes Walliser Brot.

Walliser Spezialitäten

Kulinarisch gesehen müsste man eigentlich zwei Walliser Küchen unterscheiden: Die urchige aus dem Oberwallis, wo die Gerichte – ganz ähnlich wie die Sprache – robust und originell sind; und die etwas elegantere im Unterwallis, wo viel mit Wein gekocht wird und auch früher schon eine etwas reichhaltigere Auswahl an Nahrungsmitteln zur Verfügung stand. In dieser Gegend werden die Spezialitäten zudem auch mit französischen Namen bezeichnet.

Beginnen wir mit zwei ausgezeichneten Spezialitäten, der Kartoffeltorte aus Savièse und den delikat zubereiteten Kalbsschnitzeln aus der Gegend von St-Maurice, deren Rezept mir vom Besitzer des «Hôtel des Alpes» in Champéry verraten wurde. Walliser Käsekartoffeln s. S. 44.

Tarte saviésanne
(Savieser Kartoffelkuchen)

Für eine Springform von 26 cm Durchmesser

500 g Blätterteig
850 g Gemüselauch (oder Weisses von Lauchstengeln)
1 Essl. Butter
1 Essl. Mehl
⅛ l Fleischbrühe
⅛ l Fendant (Walliser Weisswein)
3 Essl. Rahm
Salz, weisser Pfeffer
1 Prise Muskatnuss
300 g Kartoffeln

Lauch in 4 cm lange Stücke schneiden. In Salzwasser knapp weichkochen und gut abtropfen lassen.
Das Mehl in der Butter in einer kleinen Pfanne dünsten, ohne dass es Farbe annimmt. Mit Fleischbrühe ablöschen, gut rühren, Fendant zugeben und 5 Minuten auf kleinem Feuer kochen. Mit Rahm verfeinern und mit Pfeffer, Salz und Muskatnuss würzen. Die Sauce erkalten lassen. Inzwischen ⅔ des Teiges 3 mm dick auswallen. Die kalt ausgespülte Springform damit auslegen. Einen Rand von 5 cm hochziehen. Kartoffeln schälen, in 2 mm dicke Scheiben schneiden und den mehrmals mit einer Gabel eingestochenen Teigboden damit belegen. Die weisse Sauce dar-

über verteilen. Den vorgekochten Lauch darübergeben. Zuletzt Magerspeck darauflegen. Restlichen Teig auswallen. Teigrand über die Füllung zurücklegen. Einen Deckel in der Grösse der Springform ausschneiden und über die Form geben. Mit verquirltem Eigelb bestreichen und 1¼ Stunden bei 180° goldgelb backen. Nach etwa 20 Minuten mit Aluminiumfolie abdecken.

200 g Bergkäse (Raclettekäse)
100 g dünn geschnittener Magerspeck
2 Eigelb

Escalope agaunoise
(Schnitzel mit Schinken und Tomaten)

Die Tomaten in dünne Scheiben schneiden. Je drei davon mit einer Käsescheibe in den Schinken einwickeln. Die Schnitzel flachklopfen und würzen. Die Schinkenfüllung auf 4 Schnitzeln anordnen, mit den restlichen Schnitzeln zudecken. Mit Mehl bestäuben, durch verklopftes Ei ziehen und im geriebenen Brot gut panieren. In der Butter langsam beidseitig ausbacken.

Für 4 Personen

2 Tomaten
4 Scheiben Raclette- oder Greyerzer Käse
4 Scheiben dünn geschnittener gekochter Schinken
8 sehr dünn geschnittene Kalbsschnitzel
Salz, Pfeffer
2–3 Essl. Mehl
2 Eier
100 g feingeriebenes Weissbrot
3 Essl. Butter

Auf der Simplon-Passstrasse. Gemälde von Lory jun.

Walliser Käsekuchen

Für ein Kuchenblech von 24 cm Durchmesser

Teig:
250 g Mehl
100 g Butter
½ dl Salzwasser
½ dl Fendant

Füllung:
2 Eier
Salz, Pfeffer, Muskatnuss
2 Essl. Parmesan, gerieben
1 dl Fendant
300 g Walliser Bergkäse

Mehl auf ein Teigbrett sieben. Einen Kranz formen und die in Flocken geschnittene Butter in die Mitte geben. Butter mit Mehl verreiben und die Masse mit Salzwasser und Wein zu einem Teig zusammenarbeiten, nicht kneten. 2 Stunden kühl stellen. Auswallen und gebutterte Kuchenform damit auslegen.
Eier verquirlen, Gewürze, Parmesan und Fendant dazugeben. Den Teig mit dem in feine Scheiben geschnittenen Walliser Bergkäse belegen, Eierguss darübergiessen. Im vorgeheizten Backofen bei Mittelhitze etwa 45 Minuten backen. Sehr heiss servieren.

Im Oberwallis findet man viele Gerichte mit überaus originellen Bezeichnungen. So wird im Goms ein Kuchen zubereitet, der «Cholera» genannt wird. Woher diese eher merkwürdige Bezeichnung stammt, ist mir nicht bekannt. Der Kuchen schmeckt jedenfalls ausgezeichnet.

Cholera

für ein Backblech von etwa 28 cm Durchmesser

400 g geriebener Teig
2–3 geschwellte Kartoffeln vom Vortag
1 grosse Zwiebel oder 1 Lauchstengel
2 Essl. Butter
200 g Gomser Käse
1 grosser Apfel
1 Eigelb (nach Belieben)
2 dl Nidel
1 Ei
Salz, Pfeffer

Das bebutterte Backblech mit 3 mm dick ausgewalltem Teig auslegen. Kartoffeln schälen und grob raffeln. Lauch und Zwiebeln in feine Streifen schneiden und in Butter 4–5 Minuten hellgelb dünsten. Den Käse in feine Scheibchen schneiden. Apfel schälen, das Kernhaus entfernen und ebenfalls sehr dünn scheibeln oder raffeln. Zuerst die Kartoffeln, den Lauch, dann die Zwiebeln auf den Teigboden verteilen. Gut würzen. Den Gomser Käse und schliesslich die Äpfel darüber verteilen. Aus Teigresten Streifen ausrädeln. Den Kuchen gitterartig damit belegen. Nach Belieben mit Eigelb bestreichen.
Bei 220° etwa 35–40 Minuten backen. 10 Minuten vor Ende der Kochzeit Rahm und Ei verklopfen. Würzen und durch die Zwischenräume des Teigdeckels über die Füllung verteilen.

«D' Büobu loifunt na de Geissu,
gänt dum Schtzji siesse Riis,
Schpäck und Nüdlu, ja das weiss mu,
Tiful, das ischt güeti Schpiis!»

Einfach und bekömmlich ist auch der Gomser Fladen oder «Tätere».

Gomser Fladen

Das Blech mit Butter bestreichen. Den Teig 3 mm dick auswallen und das Blech damit auslegen. Mit einer Gabel mehrmals einstechen. Die Weinbeeren oder Rosinen gut waschen. Auf den Teig verteilen. Rahm oder Milch mit Eiern, Zukker und Mehl gut verklopfen. Über die Rosinen oder Weinbeeren verteilen. 35–40 Minuten bei 220° backen.

Für ein Kuchenblech von etwa 26 cm Durchmesser

400 g Kuchenteig
100 g Weinbeeren oder Rosinen
3 dl Rahm oder Milch
3 Eier
3 Essl. Zucker
1 Teel. Mehl
Butter für das Blech

La potée valaisanne
(Walliser Eintopf)

Zwiebeln in dünne Scheiben schneiden. In Butter leicht andünsten. Rüben in Scheiben schneiden und daraufgeben. Kohl in 6 Schnitze schneiden, daraufleger und mit den beiden Specksorten bedecken. Wein, Bouillon, wenig Salz und Majoran zufügen. Zugedeckt 50 Minuten schmoren lassen. Kartoffeln schälen, in Stücke schneiden, mit der Rauchwurst zugeben und etwa 30 Minuten auf kleinem Feuer weiterkochen. Das Gemüse anrichten und mit Speckstücken und aufgeschnittener Wurst garnieren. Die separat weichgekochten Dörrbirnen dazu servieren.

Für 4–6 Personen

2 Essl. Butter
2 Zwiebeln
300 g weisse oder gelbe Rüben
1 grosser Kohl
4 Lauchstengel
250 g Speck aus dem Salz
250 g Speck, geräuchert
2 ½ dl Fendant
2 ½ dl Bouillon
Salz, Pfeffer
1 Zweiglein Majoran
600 g Kartoffeln
1 Rauchwurst
200 g Dörrbirnen

Eine währschafte «Waliser Minestra», die auf vielerlei Arten zubereitet wird. Je nach Gegend und nach dem, was im «Chuchigänterli» vorhanden ist, kommen nebst Gemüsen, Kartoffeln, Reis und Teigwaren auch Trockenfleisch, Speck oder Kutteln mit hinein. Hier eine einfache Variante, die nach Belieben bereichert werden kann.

Chuchisuppa

Für 6 Personen

1 kg Rindsknochen
2 Kartoffeln
1 Lauchstengel
2 Rüebli
1 Zwiebel
½ Kabis
100 g Speckwürfel
100 g Hörnli
1 ½ l Bouillon
100 g Reis
Je 2 Essl. feingehackte, junge Brennesseln und Heimini, «Guter Heinrich», d. h. Mangold
Salz, Pfeffer
100 geriebener Käse

Die Rindsknochen in 1½ Liter Wasser eine Stunde aussieden. Kartoffeln, Lauch, Rüebli, Zwiebel und Kabis fein schneiden. Speckwürfel in einer grossen Pfanne im eigenen Fett glasig dünsten. Die Gemüse zugeben, leicht anziehen lassen, mit der Bouillon ablöschen. 20 Minuten kochen, dann Hörnli und Reis zufügen. Mit Salz und Pfeffer würzen und 20 Minuten weiterkochen. Mit viel Reibkäse servieren.

Safran im Wallis
Wussten Sie, dass heute noch im Wallis Safran angepflanzt wird? Und zwar im Dörfchen Mund im Oberwallis, dem einzigen Ort, wo dieses Gewürz hierzulande heimisch ist. Allerdings handelt es sich nicht um eine grosse Plantage. Der Anbau wäre nicht wirtschaftlich genug. Er soll aber wieder vermehrt gefördert werden. Safran gedeiht nur auf kargem Boden. In Mund wird er in Roggenfeldern angepflanzt. Dieses Kuriosum erklärt vielleicht, weshalb wir in alten Walliser und Berner Rezepten Safran finden.

Wiikaffee
Starken Kaffee zubereiten, nach Belieben Zucker zugeben. Nach Belieben einen kleineren oder grösseren Gutsch Wein zugeben.

Villeneuve am Genfersee. Stich von Née nach Bremdoin

Ein originelles Rezept:

Gibachne Heimini
(Gebackener Mangold)

Zuerst einen dicken Omelettenteig zubereiten. Eine Stunde ruhen lassen. Die Mangoldstiele von den Blättern befreien. In 4–5 cm lange Stücke schneiden. In wenig Salzwasser halbweich kochen. Gut abtropfen. Die Mangoldstiele durch den Teig ziehen und im heissen Öl ausbacken.

Für 4 Personen

750 g Mangoldstiele
Salz

Teig:
150 g Mehl
2–2 1/2 dl Milch
2 Eier
Salz
Öl zum Fritieren

Ebenfalls ausgezeichnet sind die

Escalopes au fromage
(Käseschnitzel)

Butter schmelzen lassen und die gewürzten Schnitzel darin beidseitig goldbraun braten. Das Fleisch aus der Bratpfanne nehmen und in bebutterter Auflaufform anordnen. Schnitzel mit Schinken belegen und mit einer Scheibe Käse abdecken. Im gut vorgeheizten Backofen überbacken, bis der Käse geschmolzen ist. Inzwischen den Bratenfond mit Weisswein aufkochen, eindicken lassen und über das Fleisch geben. Vor dem Servieren den Käse mit Pfeffer bestreuen.

Für 4 Personen

1 Essl. Butter
4 grosse Kalbsschnitzel
4 halbe Scheiben Schinken
4 Scheiben Walliser Bergkäse
1 1/2 dl Fendant
Salz, Pfeffer
Butter für die Form

U we de Lüdere-Chilbi isch,
De gah mir eis gah schwinge
U jutzen öppen o ne chly
U bi me Tröpfli chüehle Wy
Cheu mir gar fröhlech singe.

Der Mäher. Radierung
von Franz Niklaus
König, Zürich, 1803

Sichlete und Chilbi im Emmental

Die Sichlete ist eine Art Erntedankfest. Alle, die mitgeholfen haben, die Ernte einzubringen, werden zu einem währschaften Essen eingeladen. Bei diesem darf das Emmentaler Schafsvoressen auf keinen Fall fehlen, es gibt Hamme und Züpfe oder eine Berner Platte, viel Nidle und zuletzt einen feinen «Gaffee», «Brächete Brönnts», Chüechli und Chueche. Wer da mithalten will, muss einen recht guten Appetit haben.
Im August beginnen im Emmental auch die Älplerfeste und Schwingete, unter anderem die bekannte «Lüdere-Chilbi» hoch oben auf dem Berg oberhalb Sumiswald. Dort wird um Chacheli, Züpfen und Lebkuchen am Rad gezwirbelt, in der Tracht getanzt und etwas Währschaftes gegessen.
Beides gute Gelegenheiten, die Küche des Emmentals kennenzulernen.

Emmentaler Schafsvoressen

Das Fleisch in grosse Würfel schneiden. Mit Kalbsfuss oder Saucenknochen in der Butter leicht anziehen lassen. Zwiebeln, Sellerie, halbiertes Rüebli und den in Ringe geschnittenen Lauch zugeben und 1–2 Minuten mitdünsten. Mit Bouillon ablöschen. Salz, Pfeffer, Muskatnuss, Lorbeerblatt und Nelke zugeben und 45 Minuten auf kleinem Feuer zugedeckt kochen. Lorbeerblatt entfernen. Mehl mit ein wenig Wein gut verrühren. Mit dem Safran zur Sauce geben. Etwas eindicken lassen. Das Eigelb mit dem Rahm oder der Milch verquirlen, etwas heisse

Für 4 Personen

600 g Schaffleisch (Schulter, entbeint)
½ Kalbsfuss oder 2–3 Saucenknochen
2 Essl. Butter
1 grosse Zwiebel, gehackt
1 Stück Sellerie
1 Rüebli
½ Lauchstengel
4 dl Fleischbouillon

*Salz, Pfeffer,
Muskatnuss
1 Lorbeerblatt
1 Gewürznelke
1 Essl. Mehl
1 dl Wein
1 Messerspitze Safran
1 Eigelb
1 dl Rahm oder Milch*

Sauce dazugeben, dann in die Pfanne giessen und bis knapp vors Kochen bringen. Nachwürzen und anrichten. Mit Kartoffelstock servieren.

Man kann das Eigelb auch weglassen und dafür ein wenig mehr Safran zugeben.

Heimberger Keramik

Kartoffelsuppe nach Emmentaler Art

Für 6 Personen

*1 kg Kartoffeln
1 Zwiebel
2 Essl. eingesottene Butter
2 Lauchstengel
2 Rüebli
1 ½ l Bouillon
1 Teel. Mehl
3–4 Essl. Haushaltrahm
1 Essl. frisch gehackter Majoran
2 Essl. gehackte Petersilie
Salz, Pfeffer, Muskatnuss
1 Schuss Essig*

Zwiebel hacken, in Butter hellgelb dünsten. Kartoffeln schälen und würfeln. Lauch und Rüebli schälen und kleinschneiden. Mit den Kartoffeln zugeben, 1–2 Minuten mitdünsten. Mit Bouillon auffüllen und 30 Minuten kochen. Durch das Passevite treiben. Mehl mit Rahm gut verklopfen. Zusammen mit Majoran und Petersilie zugeben. 10 Minuten unter gelegentlichem Rühren auf kleinem Feuer kochen. Mit Salz, Pfeffer und Muskatnuss würzen. Vor dem Anrichten einen kleinen Schuss Essig beifügen. Dazu nach Belieben geröstete Brotwürfeli servieren oder fein gescheibelten Emmentaler Käse in die Suppenteller legen und die heisse Suppe darübergiessen.

Bauernvoressen

Für 4 Personen

*600 g Rindfleisch
1 Essl. eingesottene Butter
50 g Magerspeck
1 Zwiebel*

Das Fleisch in Würfel schneiden. In der Butter allseitig braun braten. Speck und Zwiebel hacken. Beides zufügen und 2–3 Minuten mitdünsten. Den Lauch in Streifen und die Rüebli in Rädchen schneiden. Sellerie kleinschneiden. Das Gemüse zusammen mit dem Mehl zum Fleisch geben,

1–2mal wenden, mit Salz, Pfeffer und Majoran würzen und die Bouillon zugeben. Das Brattüpfi zudecken und das Fleisch auf dem Herd oder besser im Ofen 1½ Stunden schmoren. Die Kartoffeln schälen, in Würfel schneiden, zugeben und nochmals 30 Minuten weiterkochen. Anrichten und mit Petersilie bestreuen.

1 Lauchstengel
3 Rüebli
1 Stück Sellerieknolle
1 Essl. Mehl
Salz, Pfeffer
Wenig frisch gehackter Majoran
5 dl Fleischbouillon
4 grosse Kartoffeln
1 Essl. gehackte Petersilie

Emmentaler Schinken-Makkaroni

Die Makkaroni in reichlich Salzwasser knapp weichkochen. Den Schinken in kleine Würfelchen schneiden und unter die Teigwaren mischen. In eine bebutterte Gratinform einfüllen. Den Rahm und die Eier verquirlen. Mit Salz, Pfeffer, Majoran, Thymian und Muskatnuss würzen. Den Guss über die Makkaroni verteilen. Mit dem geriebenen Käse bestreuen und bei guter Hitze 20 Minuten überbacken, bis sich eine goldene Kruste bildet.

Für 4 Personen
400 g Makkaroni
Salz, Pfeffer
200 g Bauernschinken
Butter für die Form
3 dl Rahm
2 Eier
Majoran, Thymian, Muskatnuss
50 g Emmentaler, gerieben

Heuernte. Radierung von Franz Niklaus König, Zürich, 1803

Berner Landmädchen.
Radierung von Franz
Niklaus König,
Zürich, 1803

Der Emmentaler

Dieser wichtigste Exportkäse unseres Landes ist in der ganzen Welt für seine stattlichen Löcher bekannt. Trotzdem wurde er mir im Ausland auch schon als «Gruyère d'Emmental» angeboten.
Dieser König der Käse stammt, wie sein Name besagt, aus dem Emmental. Die Laibe haben einen Durchmesser von 80–90 cm und wiegen im Durchschnitt etwas 85 Kilo. Für die Herstellung eines Emmentaler Käses von 81 Kilo braucht es rund 1000 Liter Milch. Der Emmentaler Käse ist vollfett, elfenbeinfarbig, elastisch und weist etwa kirschengrosse Löcher auf. Das Aroma ist abgerundet und harmonisch – sanft wie die Landschaft des Emmentals – und erinnert schwach an Haselnüsse. Seines milden Geschmackes wegen wird er von meiner Familie «Kontrastkäse» genannt. Schon deshalb sollte er auf keiner Käseplatte fehlen. Als Reib- und Kochkäse eignet er sich für viele Schweizer Gerichte ausgezeichnet, weil er den Geschmack der Speisen nicht übertönt. Allerdings zieht der Emmentaler in heissen Käsegerichten Fäden. Beim Gratinieren bildet sich eine schöne braune Kruste.

Chüngel-Ragout
(Kaninchen-Voressen)

Die Fleischstücke in Butter allseitig goldbraun anbraten. Mit Salz, Pfeffer und etwas Salbei würzen. Aus der Pfanne nehmen. Die geschälten kleinen Zwiebeln oder die in Streifen geschnittene grosse Zwiebel zugeben. Im Bratenfond leicht anziehen lassen. Mit Mehl bestäuben und dieses hellgelb rösten. Das Fleisch wieder zugeben und mit Most ablöschen. Gut durchrühren, auf schwachem Feuer zugedeckt 1 1/4 Stunden schmoren lassen. Die Fleischstücke aus dem Brattüpfi nehmen, die Sauce etwas einkochen lassen und über das Fleisch anrichten. Kartoffelstock dazu servieren.

Für 4 Personen

1 kg Kaninchenfleisch, in Stücke geschnitten
2 Essl. Butter
Salz, Pfeffer, Salbei
12 kleine Zwiebeln oder
1 grosse Zwiebel
2 Essl. Mehl
1/2 l vergorener Most

Weitere Emmentalergerichte: Berner Platte (s.S. 420), Kartoffelsalat (s. S. 426), Apfelkuchen (s. S. 344), Erbsensuppe (s. S. 426), Chüechli s. bei «Spinnet», S. 53.

Berner Rösti

Es ist erstaunlich, wie wenige Hausfrauen eine wirklich gute Rösti zubereiten können. Entweder ist sie so trocken, dass man daran fast erstickt, oder sie ist wie gebratener Kartoffelstock. Man streitet sich darüber, ob man sie mit Butter oder Schweinefett braten soll, und viele behaupten, eine echte Berner Rösti müsse einfach auch noch Speck enthalten. Die einen schwören auf geraffelte Kartoffeln, während andere sagen, man dürfe sie nur fein scheibeln. Umstritten ist auch, ob man sie nur auf der einen Seite oder wie einen Kuchen beidseitig schön knusprig braten soll. Nun, jedem seine Rösti und hier mein Rezept, das vom Berner Teil meiner Familie von Generation zu Generation überliefert wurde.

Landfrau beim Nähen. Radierung von Franz Niklaus König, Zürich, 1803

Berner Rösti
(Rezept)

Für 4 Personen

1 kg nicht zu weich gekochte Kartoffeln vom Vortag
2 Essl. eingesottene Butter
1 Teel. Salz
2 Essl. Milch

Die kalten, in der Schale gekochten Kartoffeln schälen und mit der groben Raffel in Streifchen schneiden. Die Butter in einer Eisenpfanne oder in einer Bratpfanne mit Teflonbelag erhitzen. Die Kartoffeln mit dem Salz mischen und hineingeben. Mit der Bratschaufel zu einem Kuchen pressen, mit Milch beträufeln und hermetisch zudecken. Am besten nimmt man dazu einen alten Suppenteller, wenn er im Format zur Bratpfanne passt, oder einen schweren Deckel. Zwischen der Rösti und dem Deckel darf praktisch kein Hohlraum sein. Sobald die Kartoffeln schön brutzeln, muss das Feuer ganz klein gestellt werden. Während 30 Minuten ganz leise braten lassen. In dieser Zeit bildet sich eine herrliche Kruste. Die meisten Frauen kümmern sich zu viel um die Kartoffeln und rühren oft die Rösti durcheinander – wohl die Hauptursache des Misserfolges. Nach den erwähnten 30 Minuten die Rösti auf den Teller, welcher als Deckel gedient hat, oder auf eine Platte stürzen.

Man kann zur Abwechslung auch eine Rösti aus rohen, fein gescheibelten Kartoffeln zubereiten, die zuerst in der heissen Butter 1–2mal mit der Bratschaufel gewendet, dann zu einem Kuchen zusammengedrückt und gut zugedeckt 15–20 Minuten auf mittelgrossem Feuer weitergebraten werden.

Rösti-Varianten

Rösti mit Speck. Magerspeck ganz fein hacken, unter die Kartoffeln mischen und mitbraten.

Rösti mit Zwiebeln. So machen es vor allem die Aargauer! Nach Belieben in Streifen geschnittene Zwiebeln mit den gescheibelten Kartoffeln braten. Nach Belieben etwas Speck zugeben.

Rösti mit Käse. Die Urner, Walliser und Appenzeller scheibeln fetten Käse in die Rösti. In den ersteren beiden Kantonen gibt man fein geschnittene Zwiebeln dazu und lässt den Speck weg, während man im Appenzellerland gerade umgekehrt vorgeht: da gehört Speck dazu. Viele Hausfrauen giessen noch etwas helles Kafiwasser oder Milchkaffee dazu (s. S. 44).

Rösti mit Hörnli. Zu meinem Entsetzen musste ich in meinem ersten Luzernerjahr feststellen, dass man hier Hörnli unter die Rösti mischt! Das soll übrigens auch in Schaffhausen beliebt sein.

Rösti mit Schabzieger. So sollen es die Glarner machen. Vielleicht ist es auch nur angedichtet, denn bei allem, was die Glarner zubereiten, erwartet man eine Beigabe dieses würzigen Käses.

Wirtshausschild aus dem Jahre 1690

Rösslifahrt und Essen à la Gotthelf

Wie wäre es mit einer fröhlichen Rösslifahrt durchs Emmental an einem schönen Sommertag? Das Hotel «Kreuz» in Weier führt solche Fahrten durch und lädt mit seiner Speisekarte zu Emmentaler Gerichten – frei nach Gotthelf – ein. Da gibt es Ziberlihoger-Lisi-Filets, Chlepfer-Änni-Topf, Dorngrüt-Zimis, Heimisbacher Schnitte, Jumpfere-Tätschli und eine feine gebrannte Creme von der «Gotte Mina», danach einen «Blitzloch»-Kaffee oder ein «Chrüz-Gschlaber» mit einheimischem Schnaps.

Brächete-Brönnts

Dieser gewürzte Schnaps wird vor allem für die «Brächete» (Brechen des Kornes), die erst im September stattfindet, angesetzt. Aber da und dort wird er sicher schon früher hervorgeholt und zusammen mit dem «Bätziwasser» auf den Tisch gestellt.

Kandiszucker mit ½ l Wasser, Rotwein, Nelken, Kümmel, zerbrochenem Zimtstengel und Wacholderbeeren aufkochen. 15 Minuten bei grossem Feuer weiterkochen. Nach dem Erkalten absieben, mit Bätziwasser oder Kirsch mischen und in Flaschen abfüllen. Verkorken und im Keller aufbewahren.

500 g Kandiszucker
1 l Rotwein
6 Nelken
1 Essl. Kümmel
1 Zimtstengel
1 Essl. Wacholderbeeren
½–1 l Bätziwasser oder Kirsch

Dörrzwetschgen in Rotwein
(Emmentaler Rezept)

Die Zwetschgen über Nacht in Wein einlegen. Mit der Flüssigkeit in eine Pfanne geben. Zucker, Zimtstengel, Zitronenschale (mit einem Rüstmesser Streifen abziehen), Gewürznelken und Lorbeerblatt zugeben und alles zusammen aufkochen. In gut verschliessbare Gläser einfüllen. Diese Zwetschgen sind gut 14 Tage haltbar.

1 kg Zwetschgen
2 l Rotwein
400 g Zucker
1 Zimtstengel
1 Zitrone
2 Gewürznelken
1 Lorbeerblatt

Schloss Brandis im Emmental vor 1798. Stich von F. Hegi nach G. Lory

Holunder

Unsere Grossmütter wussten viel damit anzufangen. Wollen wir es auch einmal probieren?

Holderchueche
(Berner Rezept)

Für den Teig:

250 g Mehl
125 g Butter
1 Ei
½ Teel. Salz
1 dl Wasser

¼ l Holundersirup
1 Essl. Maispuder
Butter für die Form
80 g grobgehackte Haselnüsse
2 dl Rahm steifgeschlagen und leicht gesüsst

Das Mehl sieben, alle übrigen Zutaten dazugeben und leicht mit den Fingern vermischen — nicht zuviel bearbeiten. Zu einer Kugel formen, in ein Tuch einwickeln und mindestens 3 Stunden kühl ruhen lassen. Den Holundersirup in einem kleinen Pfännchen aufkochen und mit dem Maispuder während 15 Minuten auf kleinem Feuer eindicken lassen. Dann kühl stellen. Inzwischen eine bebutterte Kuchenform mit der Hälfte des Teiges belegen, mit einer Gabel mehrmals einstechen und den kalten Sirup darauf verteilen. Die Haselnüsse darüberstreuen, Teigdeckel daraufgeben und den Kuchen etwa 50 Minuten im mittelheissen Ofen backen. Lauwarm mit steifgeschlagenem Rahm servieren.

Holderzonne
(Holunderbeerkompott nach Appenzeller Art)

Zucker mit 1 dl Wasser und nach Belieben mit Zimt zu Sirup kochen. Die Holunderbeeren hineingeben und aufkochen. Kartoffelmehl mit 1 Essl. Wasser verrühren, zugeben, nochmals aufkochen und erkalten lassen.
Man kann das Kartoffelmehl auch weglassen und eventuell das Kompott mit gebackenen Brotwürfeli garnieren.
So wird es noch in der Innerschweiz und im Kanton Bern zubereitet.

500 g Holunderbeeren (abgestielt)
100 g Zucker
½ Zimtstengel (nach Belieben)
1 Teel. Kartoffelmehl

Holdersirup

Die Beeren entsaften (eventuell mit dem Entsafter des Dampfkochtopfes). Den Saft abmessen und mit dem Zucker etwa 10 Minuten kochen, bis Sirup entsteht. Heiss in Flaschen mit Bügelverschluss einfüllen.

2 kg Holunderbeeren
400 g Zucker auf einen Liter Saft

Aus Holunder bereitet man im Wallis zwei originelle Desserts zu, die sich sehr ähnlich sind. Das «Hollermües» stammt aus dem Oberwallis und das «Sii» aus dem Unterwallis, und zwar ursprünglich aus Savièse. Letzteres wird auf etwas raffiniertere Art zubereitet und mit Wein verfeinert.

Hollermües
(Holundermus)

Die Butter in einer grossen Bratpfanne erhitzen. Mehl und in kleine Würfel geschnittenes Brot hineingeben. Unter ständigem Wenden hellbraun rösten. Leicht salzen. Den Holundersaft beifügen, nach Belieben süssen, aufkochen und anrichten. Lauwarm servieren. Holundersaft lässt sich in kleine Flaschen mit Bügelverschluss heiss einfüllen und bis zum Winter aufbewahren.

Für 4 Personen
1 l Holundersaft
2 Essl. Butter
4 Essl. Mehl
200 g Walliser Brot
1 Prise Salz
4 Essl. Zucker

Sii

Für 4 Personen

*1 ½ dl Holundersirup
oder sehr konzentrierter
Holundersaft
250 g Walliser Brot
4 dl Dôle
100 g Rosinen
4 Teel. Butter
2 dl Rahm*

Das Brot in kleine Würfel schneiden. In eine Schüssel geben, mit 3 ½ dl Wein begiessen und über Nacht stehen lassen. Die Rosinen waschen und ebenfalls im restlichen Wein einlegen. Am andern Tag die Masse mit einer Gabel zerdrücken oder durch das Passevite treiben. Rosinen und Holundersirup zugeben. Die Masse in vier Portionen teilen. 1 Teel. Butter in eine Pfanne geben, zerfliessen lassen, dann eine Portion des Muses hineingeben. Unter Rühren lauwarm werden lassen. Die restlichen Portionen auf die gleiche Art zubereiten. Lauwarm in Portionenschalen servieren, leicht geschlagenen Rahm darübergeben.

Holderchüechli

Für 4–6 Personen

*Teig:
150 g Mehl
2 dl Milch
1 Teel. Salz
1 Eigelb
1 Eiweiss*

*8–12 Holderblüten
(man kann auch Dolden
mit Beeren verwenden)
Öl für die Fritüre
Puderzucker zum
Bestreuen*

Mehl, Milch, Salz und Eigelb zu einem Omelettenteig verrühren. Eine Stunde stehen lassen. Vor der Verwendung das steifgeschlagene Eiweiss darunterziehen. Die Holderblüten beim Stiel anfassen, durch den Teig ziehen und schwimmend ausbacken. Mit Puderzucker bestreuen.

La Bénichon

So heisst eine Art Erntedankfest und Chilbi im Kanton Fribourg. «La Bénichon» bedeutet soviel wie «die Segnung». So gipfelt denn auch das Ritual der Ehrenbezeigung für die einheimischen Produkte in einem Festmahl, das den ganzen Reichtum der Erde des «Uechtlandes» repräsentiert. Ein solches Menü wird unter anderem im Restaurant «Aux Sciernes d'Albeuves» (Gruyère) in vorzüglicher Qualität serviert. Die Besitzerin, Madame Marthe Comba, versteht es meisterhaft, diese Tradition hochzuhalten, und die traditionelle «Moutarde de Bénichon» und die karamelisierten «Poires à botzi» werden nirgends so gut zubereitet wie bei ihr. Lesen Sie selbst, was bei dieser Gelegenheit den Gästen alles vorgesetzt wird.

Dessert unter Napoleon I., von Küchenmeister Burnet

Le Grand Menu

Cuchaule et moutarde de bénichon
La motte de beurre

★

Pot-au-feu fribourgeois

★

Ragoût d'agneau aux raisins
Poires «à botzi»

★

Le coup du milieu

★

Le jambon de la borne, lard, le saucisson,
choux et haricots

★

Gigot à l'ail
Pommes purée et salade aux betteraves rouges

★

Plat de fromage

★

Crème de Gruyère en baquet
Meringues, mures, beignets, bricelets, cuquettes,
pain d'anis

Dieses Menü – ein Querschnitt durch die echt fribourgische Spezialitätenküche – scheint unwahrscheinlich üppig zu sein. Mit Vernunft genossen, ist es aber ein kulinarischer Hochgenuss.
Zuerst wird die traditionelle Cuchaule serviert, ein dem Zopf ähnliches Hefegebäck, aber rund und durch Beigabe von Safran leicht gelb gefärbt. Darauf streicht man die herrlich mundende Butter aus der Gegend und die raffinierte «Moutarde de Bénichon», die alles andere ist als ein gewöhnlicher Senf, enthält sie doch ausser Senfpulver auch noch Weisswein, Zucker, Honig und Gewürze.
Darauf folgt das reichhaltige Pot-au-feu, zuerst die Fleischsuppe, dann das Siedfleisch mit Gemüsen, Kartoffeln und Markbeinen. Als Abwechslung gibt es anschliessend ein zartes Lammragout mit den «Poires à botzi», «Püschelibirnen» (s. S. 347), die im karamelisierten Zucker gekocht werden.
Nun ist der richtige Moment gekommen für den «Coup du milieu», einen kalt servierten Apfelschnaps aus der Gegend, sozusagen die Ouvertüre für das Prunkstück des Mahles, den saftigen Schinken mit Speck, Würsten, Kabis und Bohnen. Als Abschluss kommt wiederum Lamm auf den Tisch, diesmal ein mit Knoblauch gespicktes, zartes Gigot (s. S. 133), von Kartoffelstock und Randensalat begleitet.
In diesem Reigen darf auch der Käse nicht fehlen: rassiger Gruyère und zartschmelzender Fribourger Vacherin. Aber das ist noch nicht alles. Nun kommen die Desserts: die dicke Nidel aus dem Greyerzerland, im Melchterli serviert, mit Meringues, Brombeeren, Bretzeli (s. S. 161), «Pain d'anis» (s. S. 465) und Chilbigebäck wie die «Beignets» und «Cuquettes».

Für Chilbisenf gibt es unzählige Rezepte, von der Improvisation – Senf mit Zucker und Weisswein vermischt – bis zu den vielfältigsten Gewürzvarianten.
Folgendes Rezept scheint mir das beste zu sein:

Fribourger Chilbisenf
(Moutarde de Bénichon)

2 Essl. Senfpulver
2 dl Weisswein
120 g Kandiszucker
2 Zimtstengel
1 Prise Nelkenpulver
1 Prise Sternanis
½ Mokkal. Aniskörner
100 g Mehl
½ dl Obstsaftkonzentrat (Raisiné oder Birnenhonig s. S. 385
2 Essl. Honig
120 g Rohzucker
1 Prise Salz

Senfpulver mit dem Weisswein verrühren. 48 Stunden ziehen lassen. Kandiszucker, gebrochenen Zimtstengel, Nelkenpulver, zerteilten Sternanis und Aniskörner in 7 dl Wasser aufkochen. Zugedeckt 30 Minuten stehen lassen. Das Zuckerwasser sieben und mit dem Mehl gut vermischen. Unter Rühren 15 Minuten sämigkochen. Das Obstsaftkonzentrat, den Honig, die Senf-Wein-Mischung, den Rohzucker und das Salz zugeben. Unter Rühren auf kleinem Feuer weiterkochen, bis eine geleeartige Konfitüre entsteht. Sofort heiss in Gläser einfüllen und kühl aufbewahren. Der Chilbisenf ist im Kühlschrank ungefähr 10 Tage haltbar.
Mit der traditionellen «Cuchaule» und Süssrahmbutter als Vorspeise oder Zvieri servieren. Der Chilbisenf schmeckt auch mit «Berner Züpfe» (s. S. 33) sehr gut.

Fribourger Pot-au-feu

Für 4 Personen

800 g Rindfleisch zum Sieden (Federstück, Schulter- oder Brustspitz)
Salz
1 Zwiebel, mit Lorbeerblatt und Gewürznelke besteckt
1 kleiner Weisskabis
6 Rüebli
1 Lauchstengel
1 Stück Sellerieknolle
1 weisse Rübe
3–4 Kartoffeln
Geriebener Käse

2½–3 Liter Wasser zum Sieden bringen, salzen und das Fleisch und die besteckte Zwiebel hineingeben. Etwa 1½ Stunden leise kochen lassen. Nach den ersten 10 Minuten abschäumen. Unterdessen die Gemüse vorbereiten, Kabis und Lauchstengel, Rüebli, Sellerie und weisse Rübe in Stücke schneiden. Dem Fleisch beifügen und weitere 30 Minuten köcheln lassen. Die in Scheiben geschnittenen Kartoffeln zugeben und nochmals eine halbe Stunde kochen.
Das Fleisch in schöne Tranchen schneiden und mit dem Gemüse anrichten. Die Suppe mit geriebenem Käse servieren. Zum Fleisch reicht man ausser Senf Salzgurken oder Cornichons und Perlzwiebelchen.

Die Cuchaule ist im allgemeinen süss. Ich habe sie aber auch schon gesalzen gegessen, und mir persönlich schmeckt sie auf diese Weise besser, insbesondere wenn der Chilbisenf mitserviert wird. In diesem Fall muss man beim folgenden Rezept den Zucker durch einen Essl. Salz ersetzen.

Fribourger Safranbrot
(Cuchaule)

Das Mehl in eine grosse, vorgewärmte Schüssel sieben. Eine Vertiefung anbringen. Die Hefe mit dem Zucker anrühren, bis sie flüssig geworden ist. 2 Essl. lauwarme Milch und 1 Essl. Mehl verrühren. Diese vorbereiteten Zutaten in die Mulde des Mehles geben, zudecken und 20 Minuten warm stellen. Die Milch erwärmen. Vom Feuer nehmen und die Butter darin schmelzen lassen. Rahm zugiessen und alles nach und nach mit dem Mehl mischen. Salz, Ei und Safran verrühren, zugeben und alle Zutaten zu einem glatten Teig verarbeiten. Den Teig so lange kneten, bis er Blasen wirft und nicht mehr klebt. In eine bemehlte Schüssel legen, mit einem Tüchlein zudecken und ungefähr um das Doppelte aufgehen lassen (etwa 1½ Stunden). Aus dem Teig 2 oder 3 runde Brote formen, die mit der Spitze des Messers oder mit einer Schere gitterartig eingeritzt werden. Man kann auch ovale, nach dem einen Ende hin zugespitzte, «tannenzapfenförmige» Brotlaibe formen und die Oberfläche mit dem Messer schuppenartig verzieren. Nochmals ungefähr 10 Minuten kühl stellen und anschliessend mit verquirltem Eigelb bestreichen. 35–40 Minuten (je nach Grösse) bei 190° goldbraun backen.

Für 2–3 Brote

1 kg Mehl
40 g frische Hefe
150 g Zucker
½ l Milchwasser (halb Milch, halb Wasser)
80 g Butter
1 dl Rahm
1 Teel. Salz
1 Ei
1 Messerspitze Safran
1 Eigelb zum Bestreichen

Schinken und Speck werden im Kanton Fribourg und im Waadtland auf ähnliche Art zubereitet. Hier ein Original-Bauernrezept, das ich aus eigener Erfahrung empfehlen kann. Oft wird eine halbe Stunde vor Ende der

Kochzeit noch ein Saucisson beigefügt und im Kanton Fribourg geräucherte Zunge und Euter mitgekocht.

Schinken und Speck nach Bauernart

Für 8–10 Personen

1 geräucherter oder gesalzener Schinken
3 grosse Weisskabisköpfe (oder 1 1/2 kg grüne Bohnen)
3 Essl. Butter oder Schweinefett
750 g geräucherter oder gesalzener Speck
1 Zwiebel, gespickt mit 1 Lorbeerblatt und 1 Nelke
1 kg Kartoffeln
Salz, Pfeffer

Den geräucherten Schinken nach Belieben 12 Stunden in kaltes Wasser einlegen (empfiehlt sich vor allem für stark gesalzenes Fleisch) und mindestens eine Stunde allein in Wasser vorkochen. Dann nach Belieben entschwarten.
Die Kabisköpfe vierteln und Blatt um Blatt vom Strunk wegschneiden. Die äussern Blätter entfernen. Die Butter oder das Fett erhitzen, die Kabisblätter darin kurz anziehen lassen. 3 dl Wasser zufügen, die Pfanne zudecken und 5–10 Minuten kochen. Dann den Schinken und den Speck sowie die besteckte Zwiebel zugeben. 1 1/2 Stunden kochen. 40 Minuten vor Ende der Kochzeit die geschälten und halbierten Kartoffeln beifügen. Vorsichtig mit Pfeffer und Salz nachwürzen. Bei Verwendung von grünen Bohnen diese mit Bohnenkraut würzen.

Freiburg i. Üe.
Lithographie von
F. Kretschmann nach
D. Quaglio

Dieses Lammragout wurde früher meistens aus Schulter und Brust zubereitet. Heute liebt man dieses Gericht etwas weniger fett und kann deshalb entbeinte Lammschulter nehmen. Auch das Binden der Sauce ist Geschmackssache. Die einen bestäuben das Fleisch bereits vor dem Anbraten mit Mehl, die anderen geben es zum Schluss mit etwas Rahm bei. Wichtig ist jedenfalls, dass man das Fleisch vor der Zubereitung mariniert. Dadurch wird das Gericht besonders schmackhaft.

Lammragout nach Fribourger Art
(Ragoût d'agneau aux raisins)

Das Fleisch in Voressenstücke zerkleinern und in eine Schüssel legen. 1 Zwiebel in Streifen schneiden und mit Thymian, 2 halbierten Knoblauchzehen und ½ Lorbeerblatt zugeben. Mit Rotwein bedecken und zugedeckt 2–3 Tage im Kühlschrank marinieren. Ab und zu wenden, damit die Fleischstücke immer vom Wein bedeckt sind. Die Fleischstücke aus der Marinade nehmen, auf Küchenpapier trocknen und in der heissen Butter allseitig anbraten. Die Marinade passieren und die gewaschenen Weinbeeren darin einlegen. Die zweite Zwiebel mit dem restlichen Lorbeerblatt und den Nelken spicken. Mit dem Salbeiblatt zum Fleisch geben und auch die Marinade mit den Weinbeeren und dem restlichen durchgepressten Knoblauch zufügen. Mit Salz und Pfeffer würzen. Zugedeckt 50–60 Minuten schmoren lassen. Das Fleisch soll weich werden, darf aber nicht zerfahren. Das Fleisch aus der Kasserolle nehmen und warm stellen. Die Sauce 3–4 Minuten auf grossem Feuer einkochen. Den Rahm mit dem Mehl verrühren, beifügen und unter Rühren weiterköcheln, bis die Sauce sämig wird.
Kartoffelstock und «Püschelibire» passen am besten dazu.

Für 4 Personen

1 kg Lammfleisch (Schulter und Brust)
2 grosse Zwiebeln
1 Zweiglein Thymian
3 Knoblauchzehen
1 Lorbeerblatt
2½–3 dl Rotwein
2 Essl. eingesottene Butter
100 g Weinbeeren
2 Nelken
1 Salbeiblatt
Salz, Pfeffer
1 dl Rahm (nach Belieben)
1 Essl. Mehl (nach Belieben)

Für die Fribourger Chilbichüechli gibt es fast so viele Rezepte wie Hausfrauen.

Beignets de Bénichon
(Rezept aus einem Fribourger Pfarrhaus)

3 grosse Eier
3 Eigelb
4 Essl. Zucker
50 g Butter
500 g Mehl
1 dl Rahm
2 Essl. Kirsch
1 Prise Salz
Eingesottene Butter oder Schmalz zum Ausbacken
Puderzucker zum Bestreuen

Eier und Zucker zu einer sämigen Creme schlagen. Die Butter auf kleinem Feuer schmelzen und wieder etwas abkühlen lassen. Das Mehl in eine Schüssel sieben. Butter, Eicreme, Rahm, Kirsch und Salz mischen. Das Mehl löffelweise darunterrühren, bis ein fester Teig entsteht. Den Teig aus der Schüssel nehmen und auf dem Tisch 10–15 Minuten kneten. 3–4 Stunden bei Küchentemperatur ruhen lassen. Kleine Kugeln formen, mit dem Wallholz so dünn wie möglich auswallen und portionenweise in der heissen Fritüre (180°) goldgelb ausbacken.
Darauf achten, dass die Küchlein beidseitig gebacken werden. Gut abtropfen und auf Küchenpapier ein wenig entfetten. Mit Puderzucker bestreuen.

Diese typischen runden Fladen bestehen aus einer Art Rahmblätterteig und sind originelle Beigaben zu geschwungener Nidel.

Fladen nach Fribourger Art
(Cuquettes)

1 Eigelb
4 Essl. Zucker
3 dl Doppelrahm (Crème de Gruyère)
1 Prise Salz
400 g Mehl
100 g Butter, in Flocken geschnitten

Eigelb und 2 Essl. Zucker zu einer sämigen Creme schlagen. Mit Rahm und Salz mischen. Nach und nach das gesiebte Mehl zugeben und zu einem festen Teig verarbeiten. Eine Stunde kühl ruhen lassen. Dann den Teig etwa 1 cm dick zu einem langen Rechteck auswallen. Die Butterflocken gleichmässig darauf verteilen, dann den Teig in vier Teile zusammenfalten. Wiederum 10 Minuten kalt stellen, nochmals 2–3 mal auswallen und zusammenfalten. Den Teig 12–24 Stunden kühl ruhen lassen. Kleine Kugeln vom Teig abstechen und diese sehr dünn (etwa 2 mm) auf die Grösse eines Desserttellers auswal-

len. Mit dem Teigrädchen im Abstand von etwa
1 1/2 cm parallele Schnitte in den Fladen anbringen, dabei rundherum einen Rand von ungefähr
2 cm stehen lassen, damit sie nicht auseinanderfallen. Die Fladen auf ein gebuttertes Blech legen
und etwa 5 Minuten bei 220° backen, dann mit
dem restlichen Zucker bestreuen, Temperatur auf
200° reduzieren und etwa 10 Minuten weiterbacken, bis sie schön goldgelb sind. Die Cuquettes werden nach dem Erkalten aufeinandergelegt.

Der Fribourger Vacherin
Er ist ein herrlich aromatischer, rassiger Halbhart-Käse, der nicht nur im Fondue (s. S. 437), sondern auch auf der Käseplatte geschätzt wird. Je nach Alter ist er milder oder rezenter. Er wird in grossen Laiben hergestellt und von erfahrenen Käsern gehegt und gepflegt, bis er die nötige Reife erreicht.

Der Greyerzer Käse
Ursprünglich stammt dieser Hartkäse aus der Gegend von Gruyère. Schon im 12. Jahrhundert wurden auf den zur Abtei Rougemont gehörenden Alpweiden die grossen Käselaibe hergestellt. Heute wird der würzige Greyerzer im ganzen Kanton Fribourg, im Waadtland, in Neuenburg, im Berner Jura und in vielen Käsereien der deutschen Schweiz produziert. Im Gegensatz zum Emmentaler hat er nur wenige, erbsengrosse Löcher. Oft weist er auch kleine Risse auf, in der Fachsprache «Gläs» genannt, die aber keine Qualitätsverminderung bedeuten. Im Gegenteil, diese Erscheinung ist charakteristisch für den besonders mürben, aromatischen Käse. Greyerzer wird in verschiedenen Reifegraden – mild bis rassig – gegessen. Kenner lieben es, ihn auf der Käseplatte in verschiedenen Reifegraden vorzufinden. Eine weniger bekannte Variante aus dem Greyerzerland ist der «Doulce Gruyère», ein sanfter Halbweichkäse, der die Käseplatte um eine angenehme Abwechslung bereichert.

Weitere Rezepte aus der Gegend:

Fribourger Matafan

Für 4 Personen

8 Modelbrotscheiben, etwa 1 cm dick geschnitten
7 dl Milch
150 g Mehl
3 Eier
Salz
3 Essl. Zucker
1 Essl. Butter
Butter für das Blech
Butterflocken
Zucker zum Bestreuen

Das Brot in eine grosse Schüssel legen. 3 dl Milch erhitzen und darübergiessen. 4–5 Minuten stehen lassen. Das Mehl in eine Schüssel sieben. Verquirlte Eier und restliche Milch zu einem Teig verrühren. Salz, Zucker und lauwarme, flüssige Butter zugeben. Die abgetropften Modelbrotscheiben dicht nebeneinander auf ein bebuttertes Kuchenblech legen, mit dem Teig übergiessen und mit Butterflocken belegen. Bei 180° 20–30 Minuten backen. Es soll ein goldgelb gebackener Kuchen entstehen. Noch warm in Stücke schneiden, mit Zucker bestreuen und mit Apfelmus oder Kompott servieren.

Ein Erfolgsrezept aus Gruyère

Käsekuchen nach Greyerzer Art

Für ein Kuchenblech von 24 cm Durchmesser

300 g geriebener Teig
5 dl Doppelrahm (crème double de Gruyère)
1 dl Milch
1 Essl. Mehl
2 Eigelb
4 Eier
250 g rassiger Greyerzer Käse
Salz, Pfeffer, Muskatnuss

Rahm, Eigelb und ganze Eier gut verklopfen. Mehl mit Milch verrühren. Alles mischen und mit Salz, Pfeffer und Muskatnuss würzen. Teig 3 mm dick auswallen. Das bebutterte Blech damit auslegen. Mit einer Gabel mehrmals einstechen. Käse reiben und auf den Teigboden verteilen. Den Eierguss daraufgiessen und bei 200° im Ofen etwa 40 Minuten backen. Die Oberfläche des Kuchens darf braun werden.

Mass

Kleine Freiburger Ramequins

Die Rinde der Milchbrötchen entfernen (für Brotsuppe oder etwas Ähnliches weiterverwenden), in Scheiben schneiden, in Milch einweichen, bis alle Flüssigkeit aufgesogen ist. 20 g Butter in einem Pfännchen schmelzen, das Brot zugeben und auf mittlerem Feuer rühren, bis sich die Masse von der Pfanne löst. Die restliche Butter schaumig rühren, mit Eigelb, Gewürzen und dem Käse vermischen. Die Brotmasse zufügen, alles glattrühren und zuletzt die steifgeschlagenen Eiweiss darunterziehen. Die Masse in gut ausgebutterte Souffléförmchen einfüllen. Bei 200° im Ofen 15–20 Minuten backen.
Sofort heiss servieren.

Für 4 Personen

3 Milchbrötchen
2 ½ dl Milch
70 g Butter
4 Eier
Salz, Muskatnuss
150 g Greyerzer Käse, gerieben

Winzerfeste

Nach Beendigung der Weinlese veranstaltet man in den Rebgebieten ein fröhliches Fest für alle, die bei der Traubenernte mitgeholfen haben. Da geht es meist hoch her.
Das gemeinsame Mahl, der «Ressac», wie dieses Essen vielerorts genannt wird, besteht meistens aus rustikalen Gerichten der Gegend.
Aber auch am Zürichsee und in der Ostschweiz gibt es eine «Trottenmahlzeit» und im Tessin die «Vendemmia». Überall geht es lustig zu. Um dem Wein auch kulinarisch ein Kränzchen zu winden, habe ich hier einige typische Rezepte aus Weingegenden der Westschweiz zusammengestellt, in welchen meistens ein Schuss Wein nicht fehlen darf oder die ausgezeichnet zu einem guten Tropfen passen.

Haben Sie übrigens schon einmal Sauser (Moût) probiert? Er schmeckt ausgezeichnet, vor allem zu frischen Baumnüssen und Käse. Versuchen Sie es doch einmal.

Zunächst zwei einfache, aber schmackhafte Gerichte aus dem Waadtland, die während der Weinlese auf den Tisch kommen.

Lard rôti au four
(Gebratener Speck)

Für 4 Personen

400 g weisser Speck, in 3 cm breite Streifen geschnitten (wie Spickspeck)

Den Speck auf ein Blech legen. 10 Minuten bei 240° backen. Nach dieser Zeit das Fett abgiessen und auffangen (für andere Zwecke weiterverwenden). Den Speck weiterbraten, bis er braun und knusperig ist. Heiss mit «Carottes paysannes» (Rüebli nach Bauernart) servieren.

Carottes paysannes
(Rüebli nach Bauernart)

Für 4 Personen

1 kg Rüebli
1 grosse Zwiebel
2 Essl. Butter oder Schweinefett
Salz, Pfeffer

Die Rüebli schälen und in kleine Stengel schneiden. Die Zwiebel fein hacken, in Butter hellgelb dünsten, dann die Rüebli beifügen. 1 dl Wasser, Salz und Pfeffer zugeben und 1¼ Stunden zugedeckt dünsten.

Winzerfreuden. Stich von M. Gächter nach F. W. Moritz

La grande tarte

(Käsespeckkuchen nach Waadtländer Art)

Den Teig 3 mm dick auswallen und damit ein grosses bebuttertes Blech auslegen. Mit einer Gabel mehrmals einstechen. Den Speck in kleine dünne Lamellen schneiden. Den Käse reiben. Beides gut mischen und auf den Teigboden verteilen. 15 Minuten bei 200° vorbacken. Die Eier mit dem Öl und dem Wein schaumig schlagen. Mit Salz und Pfeffer würzen. Nach Belieben Rahm beifügen. (Kenner sagen zwar, dass man ihn weglassen soll.) Den Guss über den Speck und den inzwischen verlaufenen Käse geben. 10–15 Minuten fertigbacken. Mit oder ohne Kümmel heiss servieren.

Oft wird der Eiguss noch mit etwas Mehl gebunden.

Dazu passt ein grüner Salat mit Knoblauch-Croûtons.

400 g geriebener Teig
Butter für die Form
100 g
Magerspeckscheiben
200 g Greyerzerkäse
2 Eier
1 Teel. Öl
1 dl Weisswein
Salz, Pfeffer
1 dl dicker Rahm (nach Belieben)
1 Teel. Kümmel (nach Belieben)

Ein Gericht, dessentwegen früher viele Gäste nach Chardonne in das leider verschwundene Restaurant «La Poule au Pot» pilgerten, ist der «Jambon du Docteur». Ein Arzt aus der Gegend, Dr. Champrenaud, dessen Vater und Bruder Metzger waren, verriet das Familienrezept dem Besitzer des betreffenden Restaurants, und so erhielt es seinen Namen. Hier das Rezept, das ich nach Beschreibung nachgekocht habe.

Le Jambon du Docteur

Für 4 Personen

4 Scheiben Schinken (etwa $1/2$–1 cm dick)
2 Schalotten
2 Essl. Butter
$1/2$ Essl. Mehl
3 dl Waadtländer Weisswein
$1/2$ Knoblauchzehe
Salz, Pfeffer
1 Essl. Tomatenpüree
1 Prise Zucker
2 Essl. Madère
1 Essl. Rahm
1 Essl. gehackte Petersilie

Die Schinkenscheiben beidseitig leicht anbraten. Die Schalotten fein hacken und zugeben. In einer kleinen Pfanne das Mehl mit der Butter zu einem «Roux», also leicht hellbraun rösten. Mit Weisswein ablöschen. Durchgepressten Knoblauch, Salz, Pfeffer, Tomatenpüree und Zucker beifügen. 10 Minuten kochen. Mit Madère und Rahm verfeinern. Die Sauce über den Schinken anrichten. Mit Petersilie bestreuen.

«Sèches» sind sehr dünne Teigfladen, die man entweder mit Salz und viel Butter und Speck oder als süsse Variante mit Butter und Zucker belegt. Hier die «Sèche» mit Speck, welche vorzüglich zum Weisswein passt.

Sèche au lard
(Neuenburger Speckfladen)

Das Mehl mit dem Schweinefett zwischen kühlen Fingern verreiben. Das Salz und nach und nach das Wasser zugeben. Den Teig rasch mehrmals mit dem Handballen plattdrücken und wieder zu einer Kugel formen. Er soll fest, aber geschmeidig werden. Den Teig 2 Stunden kühl ruhen lassen. Dann 1–2 mm dick, also so dünn wie möglich auswallen. Ein rechteckiges, befettetes Kuchenblech damit belegen. Den Magerspeck in sehr dünne Scheibchen schneiden. Den Teigboden mit einer Gabel mehrmals einstechen. Mit dem Speck und einigen Butterflocken belegen. 15–20 Minuten bei 200° backen. Die Sèche darf leicht hellbraun werden. In Vierecke schneiden und noch warm servieren.

500 g Mehl
250 g Schweinefett
½ Teel. Salz
½–1 dl Wasser
Fett für das Blech
100 g Magerspeck
Butterflocken

Dieses Rezept wurde bei einem Wettbewerb für Waadtländer Rezepte anlässlich der «Fête de Lausanne» mit dem ersten Preis ausgezeichnet.

Saucisson en croûte au Dorin

Wein, Lorbeerblatt, Nelken, Knoblauchzehe und die Wurst in eine längliche Kasserolle geben. Bei kleiner Hitze die Wurst 20 Minuten ziehen lassen. Nach dieser Zeit wenden und nochmals 20 Minuten dünsten. Die Schalotten fein hacken und in der Butter 3–4 Minuten anziehen lassen. Den Teig zu einem Rechteck auswallen. Den Rand 1 cm breit mit Eiweiss bestreichen. Die leicht abgekühlte Wurst sorgfältig schälen, die er-

Für 4–6 Personen
1 Waadtländer Saucisson (etwa 600 g)
3 dl Dorin La Côte
1 Lorbeerblatt
3 Nelken
1 Knoblauchzehe
3 Schalotten
1 Essl. Butter

300 g Blätterteig
1 Ei
1 dl Rahm

kalteten Schalotten darüber verteilen und die Wurst locker in den Teig einpacken. Die Enden gut verschliessen, mit Eigelb bestreichen, mit einem Messer krapfenförmig verzieren, auf ein kalt abgespültes Backblech legen und 20–30 Minuten bei 220° backen.
Den Weinsud der Wurst bis auf 1 dl Flüssigkeit einkochen lassen, absieben und mit dem Rahm mischen. Mit dem Schwingbesen dauernd rühren und sämig werden lassen. Die Wurst auf dem Tisch in Portionen schneiden und mit Sauce begiessen.
In der Westschweiz besteckt man die Wurst in der Regel vor dem Kochen mit zwei Hölzchen (Zahnstocher). So läuft der Saft langsam in die Kochflüssigkeit, und die Wurst spritzt beim Schälen nicht.

Eine nicht minder gute Variante, die ich in Chardonne gegessen habe.

Saucisson en croûte «3 Suisses»

Saucisson etwa 10 Minuten im heissen Wasser ziehen lassen. Schälen und den Saft in einer Schüssel auffangen. Rädchen schneiden. Weisswein und Senf mit dem Saft gut mischen, die Wurstscheiben beidseitig damit bestreichen. Den Teig etwa 3 mm dick auswallen. Plätzchen ausstechen (etwas grösser als die Wurstscheiben), mit Wurst belegen, den Rand mit Eiweiss bestreichen, die restlichen Plätzchen darüberlegen und gut andrücken. Mit Eigelb bestreichen und im vorgewärmten Ofen bei etwa 200° 10–15 Minuten backen.

1 Waadtländer Saucisson
½ dl Weisswein
2 Essl. französischer Senf
500 g geriebener Teig (s. S. 138)
2 Eiweiss
2 Eigelb

Und hier noch ein besonders exklusives Wurstrezept aus dem Waadtland, für das man eine ungeräucherte Wurst kaufen muss.

Saucisson en papillote

Ein Stück Pergamentpapier locker um die Wurst rollen und das eine Ende mit Küchenfaden gut verschliessen. In ein Glas stellen. Schalotten und Rüebli fein hacken und mit der Petersilie mischen. Zur Wurst geben und mit Wein begiessen. Die Rolle locker schliessen und mit dem längsseitigen Verschluss nach oben in eine Auflaufform legen. 30–40 Minuten im Ofen bei 200° ziehen lassen. Aus dem Ofen nehmen, das Paket über einer Schüssel öffnen, die Wurst herausnehmen und den Saft auffangen. Die Wurst schälen, in Rädchen schneiden und mit dem Saft begiessen.
Als Vorspeise mit Kartoffeln (Salzkartoffeln) servieren. Diese Wurst passt auch gut zu einem Waadtländer Zwiebelsalat (s. S. 361) oder einem Kabissalat (s. S. 57).
Für die Zubereitung eignet sich eine Bratfolie in Schlauchform besonders gut.

Für 3–4 Personen

1 mittelgrosser ungeräucherter Saucisson
3 Schalotten
1 Rüebli
1 Essl. gehackte Petersilie
3–4 Essl. Salvagnin (Waadtländer Rotwein)

Nächste Seite:
Die drei Bacchus
von G. Locher

> *Le Mousseux*
>
> *So heisst der Traubensaft, der, in Spezialfässern gelagert, zu Schaumwein wird. Dieses leichte, prickelnde Getränk wird im Waadtland und im Kanton Genf hier und da auch noch von Privatpersonen für den Eigengebrauch hergestellt. Man füllt den Saft in ein Fass mit 4–5 cm dicken Wänden ein, das mit Nickelbändern eingefasst ist. Man gibt ein wenig Reis bei, damit der Traubensaft hell bleibt. Dann wird das Fass bis Weihnachten oder Neujahr bei Kellertemperatur gelagert, damit man zur Festzeit mit dem herrlich prickelnden Mousseux anstossen kann. Die Zubereitung des Mousseux ist aber nicht ungefährlich, da er infolge der Gärung explosiv wird. Versuchen Sie es also lieber nicht!*

Nach dem Metzgen oder bei Festlichkeiten gibt es im Waadtland und auch in Genf stets eine Fricassée. Beide Voressen haben denselben Namen, ihre Zubereitung ist aber grundverschieden.

Fricassée de porc à la genevoise
(Schweinsvoressen nach Genfer Art)

Das Gemüse für die Marinade rüsten und in Stücke schneiden. Alle Zutaten mit dem Fleisch und dem Schweinsfüsschen in eine Schüssel geben und mit dem Wein begiessen. 3 Tage zugedeckt an kühlem Ort stehen lassen. Jeden Tag zweimal wenden und darauf achten, dass das Fleisch immer mit Marinade bedeckt ist.
Nach dieser Zeit die Fleischwürfel und das Füsschen aus der Marinade nehmen, auf Küchenpapier abtropfen lassen, dann beides in der Butter oder im Schweinefett in einer Bratkasserolle goldbraun anbraten. Mit Mehl bestäuben und 5 Minuten weiterbraten. Inzwischen die Mari-

Für 4 Personen

800 g Schweinsvoressen
1 Schweinsfüsschen, in Stücke geschnitten

Marinade:
2 Rüebli
1 Stück Sellerieknolle
2 Zwiebeln
2 Knoblauchzehen
1 grosses Lorbeerblatt
1 Zweiglein Thymian
1 Nelke

2 Petersilienstengel
5 Pfefferkörner
Wenig Majoran
1 Flasche Genfer Rotwein

2 Essl. Butter oder Schweinefett
2 Essl. Mehl
1 ½ dl Rahm
1 dl Schweinsblut

nade aufkochen, bis zu ⅔ reduzieren und über das Fleisch passieren. Die Kasserolle mit gut schliessendem Deckel versehen, in den Ofen schieben und bei 170° 1 ½ Stunden schmoren lassen. Das Fleisch und die Füsschen-Stücke aus der Sauce nehmen und warm stellen. Die Sauce auf dem Herd noch einmal etwas einkochen, Rahm zufügen, 2–3 Minuten eindicken lassen. Die Kasserolle vom Herd nehmen und das Blut beimischen, nicht mehr kochen! Die Sauce über das Fleisch geben.
Kartoffelstock dazu servieren.
Man kann das Blut auch weglassen. Es ist aber typisch für dieses Rezept und lässt sich geschmacklich durch nichts ersetzen.
Anstelle von Schweinsvoressen kann auch Kaninchenfleisch verwendet werden.

Brassière

Fricassée à la vaudoise

Für 4 Personen

800 g Schweinsvoressen
1 Schweinsfüsschen, in Stücke geschnitten
2 Essl. Butter oder Schweinefett
2 Rüebli
1 Stück Sellerieknolle
½ Lauchstengel
1 Zwiebel
1 Lorbeerblatt
1 Nelke
1 Knoblauchzehe
½ Esslöffel Mehl
2 dl Waadtländer Weisswein

Das Fleisch und das Füsschen in Butter oder Schweinefett leicht anziehen lassen. Rüebli in dünne Scheiben, Sellerie in Würfelchen und Lauch in Rädchen schneiden. Die Zwiebel hakken. Alle Gemüse zum Fleisch geben. 2–3 Minuten mitdünsten, dann mit Mehl bestäuben und mit Wein ablöschen. Lorbeerblatt, Nelke, durchgepressten Knoblauch, Petersilie und Koriander zugeben. Mit Salz, Pfeffer, Majoran und Basilikum würzen. Zugedeckt 1 ½ Stunden schmoren lassen. Wenn nötig etwas mehr Wein oder Wasser nachgeben. Es soll eine sämige, aber keineswegs dicke Sauce entstehen. Zum Schluss die Lie oder den Marc zufügen. Kartoffelstock passt gut dazu.

Ich binde diese Sauce auf eine andere Art, die mir schmackhafter scheint. Das Mehl gebe ich nicht über das Fleisch, sondern verknete es mit etwas Butter und gebe diese Mischung zum Schluss in die Sauce.

1 Zweiglein Petersilie
1 Prise Koriander
Salz, Pfeffer, Majoran, Basilikum
1 Essl. Lie oder Marc (s. S. 56)
(nach Belieben)

Zu Waadtländer Würsten, Schinken oder gebratenem Fleisch passt dieser währschafte Gratin ausgezeichnet.

Gratin des amis de Morges
(Kartoffelgratin nach Art von Morges)

Die Schalotten hacken und in Butter anziehen lassen. Die Kartoffeln schälen und in dünne Scheiben schneiden. Eine Gratinform gut ausbuttern. Lagenweise Schalotten, Kartoffelscheiben und Käse einfüllen. Wein und Wasser mischen, Salz und Pfeffer beigeben und über die Kartoffeln verteilen. 1 1/2 Stunden im Ofen bei 180° backen. Mit einer Aluminiumfolie zudecken. Sobald die Kartoffeln schön weich sind, den Rahm darüber verteilen. Nochmals 15 Minuten in den Ofen schieben. Hitze etwas aufdrehen und ungedeckt überbacken.

Für 4 Personen
200 g Schalotten
1 Essl. Butter
1 kg Kartoffeln
Butter für die Form
100 g Greyerzer Käse, gerieben
1–2 dl Waadtländer Weisswein
2 dl Wasser
Salz, Pfeffer
1 1/2 dl Rahm

Käse-Soufflé nach Genfer Art

Eine Soufflé- oder hohe Auflaufform mit Butter bestreichen. Den Backofen auf 190° einstellen. Das Mehl sieben und mit der Butter in einem kleinen Pfännchen bei schwacher Hitze 1/2 Minute dünsten. Rühren, bis die Mischung schäumt, dann die kalte Milch zugiessen. Mit Salz und viel Pfeffer würzen. Zu einer dicken Sauce kochen. Vom Feuer nehmen. Die Eiweiss mit wenig Salz steifschlagen. Den Käse unter die Mehlsauce mischen, die Eigelb beifügen und alles gut durcharbeiten. Zum Schluss die Eiweiss vorsichtig darunterziehen. Die Form bis zu 3/4 füllen. Die

Für 4 Personen
2 Essl. Butter
4 Essl. Mehl
1/4 l Milch
Salz, weisser Pfeffer
4 Eiweiss
160 g Käse, gerieben (Greyerzer)
4 Eigelb
Butter für die Form

Masse 1 cm vom Rand mit dem Messer ringsum einkerben. Das Soufflé bei 190° 20 Minuten, dann bei 230° 8–10 Minuten backen.
Dieser Auflauf erträgt keine Wartezeit, sonst fällt er zusammen.

Käsebeignets

Fritierte Käsebeignets kennt man im Waadtland in drei Ausführungen. Am berühmtesten sind sicher die «Malakoffs», die ihren russischen Namen waadtländischen Söldnern verdanken sollen, welche das Rezept aus Russland mit nach Hause brachten. Aber auch in Genf erhebt man Anspruch auf das Urheberrecht dieser Spezialität. Die besten «Malakoffs» gibt es in Eysins ob Nyon.
Dann findet man die gewöhnlichen «Beignets au fromage», die sich nur im Format von den «Malakoffs» unterscheiden, und die herrlichen «Croûtes de Vinzel», oft auch «Boules» oder «Beignets de Vinzel» genannt, eine Spezialität aus Vinzel und Luins, deren Rezept so gut wie möglich geheimgehalten wird. «Malakoffs» und «Croûtes de Vinzel» werden im Waadtland oft verwechselt, und so findet man nicht immer auf dem Teller, was auf der Karte steht. Lassen Sie sich überraschen.

Malakoffs

Für 4 Personen

300 g Käse (Greyerzer oder Waadtländer Jurakäse)

Den Käse in daumendicke, etwa 5 cm lange Stengel schneiden. In eine Schüssel legen, mit Wein befeuchten und mit Pfeffer aus der Mühle bestreuen. 1–2 Stunden ziehen lassen. 150 g Mehl in eine Schüssel sieben. Mit Wein, Wasser oder

Milch und Salz gut verrühren, bis ein glatter Teig entsteht. Er darf nicht zu dünn werden. Eine Stunde quellen lassen, dann das Öl darunterarbeiten und den Teig unmittelbar vor Gebrauch lose mit den steifgeschlagenen Eiweiss vermengen. Die Käsestengel gut abtropfen, in 2 Essl. Mehl wenden, durch den Teig ziehen und im heissen Öl bei 190° goldgelb fritieren. Sofort servieren.
Für die gewöhnlichen «Beignets au fromage» schneidet man den Käse in Rechtecke von 4 × 8 cm, die etwa 6–7 mm dick sein müssen. Das Geheimnis des Erfolges besteht darin, dass man erstens Käse wählt, der nur ganz kleine Löcher aufweist, und zweitens die Käsescheiben vor dem Eintauchen in den Fritüreteig gut im Mehl wendet. Wer diese beiden Punkte missachtet, riskiert, dass der Käse beim Fritieren ausfliesst.
Für den Fritüreteig gibt es natürlich noch Varianten, die mit Eigelb zubereitet werden. Ich finde den Weinteig, der nur Eiweiss enthält, am geeignetsten für diese Spezialität.

1 dl Wein
Pfeffer aus der Mühle
2 Essl. Mehl

Teig:
150 g Mehl
2 dl Weissein, Wasser oder Milch
Salz
1 Essl. Öl
2 Eiweiss
Öl für die Fritüre

Croûtes de Vinzel

Den Käse reiben. Mit den verquirlten Eiern, dem durchgepressten Knoblauch und dem Kirsch verrühren. Das Backpulver mit dem Mehl mischen, in eine Schüssel sieben und mit der Käsemasse zu einem Teiglein verarbeiten. Mit Salz, Pfeffer und Muskatnuss würzen. Das Modelbrot in 1/2 cm dicke Scheiben schneiden. Eine Seite der Brotscheiben mit leicht geschlagenem Eiweiss bestreichen. Das ist das Geheimnis, damit die Käsemasse auf dem Brot haftet und beim Fritieren nicht abfällt.
Die Käsemasse auf die bestrichene Seite der Brotscheiben bergartig aufhäufen. Es sollen Halbkugeln entstehen. Die Oberfläche glattstreichen, damit beim Fritieren das Öl nicht eindringt. Mit der bestrichenen Seite nach unten in die Fritüre (180°) geben und goldgelb ausbacken. Sofort servieren!

400 g Greyerzer Käse
oder rassiger Käse aus
dem Waadtländer Jura
2 Eier
2 Knoblauchzehen
1 Essl. Kirsch
1 Teel. Backpulver
2 Essl. Mehl
Salz, Pfeffer,
Muskatnuss
1 Modelbrot
1 Eiweiss
Öl für die Fritüre

Croûtes au Dézaley
(Käseschnitten nach Waadtländer Art)

Für 4 Personen

1 Essl. gehackte Schalotten
80 g Butter
150 g Champignons
2 dl Dorin Dézaley
Salz, Pfeffer, Muskat, Paprika
2 Essl. Mehl
2 Essl. Butter
5 dl Milch
8 Scheiben Modelbrot
100 g Greyerzer
100 g Emmentaler
8 kleine Scheiben Schinken
4 Eier (nach Belieben)

Die Schalotten in 1 Essl. Butter dünsten. Die in Scheiben geschnittenen Champignons dazugeben, kurz mitdämpfen und mit Weisswein ablöschen. Würzen.
Inzwischen die Sauce zubereiten: Mehl in Butter dünsten, mit Milch ablöschen, gut rühren und 10 Minuten auf kleinem Feuer kochen. Mit Salz, Pfeffer und Muskatnuss würzen.
Die Brotscheiben in Butter goldgelb rösten. Champignons und geriebenen Käse mit der erkalteten Sauce mischen. Die Brotscheiben in einer bebutterten Gratinform anordnen, mit Schinken belegen und mit der Champignonsauce bedecken. Bei guter Hitze kurz im Ofen gratinieren. Nach Belieben vor dem Anrichten je 2 Schnitten mit einem Spiegelei krönen.

Ramequins vaudois au pain

Für 4 Personen

8 Scheiben Toastbrot (etwa 1 cm dick)
2 dl Weisswein
8 Scheiben Emmentalerkäse (3 mm dick)
2 Eier
4 dl Milch
Salz, Muskat, Pfeffer
30 g Butter

Die Brotscheiben mit Weisswein beträufeln. Die Käsescheiben darauflegen und leicht übereinander in eine gebutterte Gratinform schichten. Eier und Milch verquirlen, gut würzen. Die Hälfte der Mischung über die Ramequins giessen. Im heis-

Wirtshausschild «Kundschafter aus Kanaan» (17. Jh.)

sen Ofen halbgar backen, dann die restliche Eimilch darübergeben, mit Butterflocken bestreuen und goldgelb fertigbacken.

Bei so vielen pikanten Gerichten darf auch etwas Süsses nicht fehlen. Fast überall, wo Reben gedeihen, bäckt man für besondere Anlässe auch einen delikaten Weinkuchen. So auch im Waadtland, in Neuenburg und in der Ostschweiz.

Tarte au vin
(Waadtländer Rezept)

Den Teig 3 mm dick auswallen. Das bebutterte Blech damit belegen. Den Teigboden mit einer Gabel mehrmals einstechen. Zuerst mit Mehl, dann mit der Hälfte des Zuckers bestreuen. Den Wein darübergeben. Mit Butterflocken bestreuen, Zimt und restlichen Zucker darüber verteilen und etwa 30 Minuten bei 240° backen. Oft werden dem Wein noch 4–5 Essl. Rahm beigegeben.
Ab und zu wird das Wasser bei der Zubereitung des geriebenen Teiges durch Weisswein ersetzt. Dadurch wird er besonders zart.

Für ein Kuchenblech von 24 cm Durchmesser

300 g geriebener Teig
Butter für das Blech
1 Essl. Mehl
80 g Zucker
½ dl Waadtländer Weiss- oder Rotwein
Butterflocken
½ Teel. Zimt

In der Ostschweiz wird dieser Kuchen ähnlich, aber mit Rotwein zubereitet. Hier noch eine interessante Variante aus dem Züribiet.

Rotweinzuckerwähe
(Winterthurer Rezept)

Brotteig auswallen und ein Blech damit auslegen. Den leicht gerösteten Zucker und die mit Zimt und Salz verquirlten Eier mischen und auf den Brotteig verteilen. Mit Butterflocken bestreuen. Schön braun backen. Kurz vor dem Herausnehmen die Wähe mit dem Rotwein oder Most übergiessen, noch einige Minuten im Ofen lassen, dann sofort servieren.

500 g Brotteig
300 g Zucker
1 Päckli gemahlener Zimt (10 g)
1 Prise Salz
3 Eier
50 g Butterflocken
2 dl Rotwein oder 2 dl saurer Most

Weintorte
(Rezept aus Basel)

250 g Mehl
125 g Zucker
150 g frische Butter
2 Teel. Zimt
½ Teel. Backpulver
1 Tasse Rotwein

1 Tasse Himbeerkonfitüre

Alle Zutaten gut zusammen verreiben und mit einer Tasse Rotwein zu einem Teig verarbeiten. Eine Stunde an kühlem Ort ruhen lassen. Dann halbieren und jede Hälfte fingerdick auswallen. Das eine Teigstück auf ein Tortenblech legen, mit einer dicken Schicht Himbeerkonfitüre bestreichen und mit dem anderen Teigstück bedecken. Bei etwa 180° 60 Minuten backen. Diese Torte ist schmackhaft und lässt sich aufbewahren.

Und nun noch ein Rezept, das die «Herren» besonders lieben.

Weinschnitten
(Rezept aus Solothurn)

Für 4 Personen

3 Essl. Rosinen
3 dl Rotwein
3 Essl. Zucker
1 Zimtstengel
1 Teel. abgeriebene Zitronenschale
4 Einbackschnitten oder 8 dünne Weissbrotscheiben
2 Essl. Butter

Die Rosinen waschen, gut abtropfen und 15 Minuten im Rotwein einlegen. Dann mit Zucker und zerbrochenem Zimtstengel sowie Zitronenschale in eine Pfanne geben und 10 Minuten auf grossem Feuer kochen. Die Einbackschnitten halbieren und in Butter beidseitig goldgelb braten. Warm servieren und die heisse Sauce darübergeben.

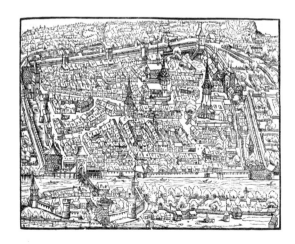

Solothurn. Aus:
J. Stumpf, Schweizer Chronik

Der Vully, das Weingebiet zwischen dem Murten- und dem Neuenburgersee, gehört noch zum Waadtland. Dort gedeiht ein ausgezeichneter Tropfen. Als Spezialität wird folgender Kuchen gebacken.

Gâteau de Vully

Mehl mit dem Salz mischen und sieben. Die Hefe in 2 Essl. lauwarmem Wasser auflösen. Die Butter erwärmen und schmelzen lassen. Die aufgegangene Hefe in eine grosse, vorgewärmte Schüssel geben. Die Eier, die lauwarme Butter und anschliessend abwechslungsweise nach und nach das gesiebte Mehl und die ebenfalls leicht erwärmte Milch zugeben. Den Teig 15 Minuten kneten. Er soll leicht und luftig werden, das heisst Blasen bilden, und darf nicht mehr an den Händen kleben. Den Teig 5 mm dick auswallen, auf die bebutterten Bleche verteilen, mit einem Tüchlein zudecken und 2–3 Stunden an der Wärme aufgehen lassen. Das Eigelb mit dem dicken Rahm gut mischen. Die Teigböden damit bestreichen und den Hagelzucker darüber verteilen. 30 Minuten bei 210° hellgelb backen. Lauwarm oder kalt, aber am selben Tag servieren.

Für 2 grosse Kuchenbleche

1 kg Mehl
½ l Milch
30 g Hefe
2 Eier
100 g Butter
1 Prise Salz

Belag:
1 dl Rahm (nach Möglichkeit Doppelrahm)
1 Eigelb
100 g Hagelzucker

Ein Familienrezept aus Leysin, das bereits seit 200 Jahren zubereitet wird.

Gâteau Ormoran
(Waadtländer Rezept)

Den Teig 3 mm dick auswallen. Das bebutterte Blech damit belegen. Den Teigboden mit einer Gabel mehrmals einstechen. Mit Mehl bestreuen (am besten durch das Mehlsieb). Die Hälfte des Rohzuckers darüber verteilen. Den Rahm darübergeben. Mit dem restlichen Zucker und dem Zimt bestreuen. Bei 220° etwa 35 Minuten backen.

Für ein Kuchenblech von 28 cm Durchmesser

300 g geriebener Teig
Butter für das Blech
1 Essl. Mehl
100 g «Cassonade» (Rohzucker)
2 dl Rahm
1 Teel. Zimt

Äpfel und Birnen

und was man bei uns alles daraus macht.

Aus dem Kochbuch der Anna Margaretha Gessner-Kitt, das um 1680 geschrieben wurde, stammt unser ältestes Rezept für Apfelmus. Es lautet:

Apfelmüßlin

"Beschneid und zerschneid die Äpfel zu Brocken; wäsch sie, laß in einem Häfelin Butter heiß werden und thu die Äpfel darein, samt ein wenig Wein, Zimt und Zucker. Decks zu."

Apfelmus mit Nidle
(Berner Rezept)

1 kg Äpfel, am besten Boskop
1 dl Apfelsaft oder Wasser
Saft einer halben Zitrone
1 Stück Zitronenschale
½ Zimtstengel
80–120 g Zucker
(je nach Säure der Äpfel)
3 dl Rahm

Geschälte oder auch ungeschälte Äpfel samt Kerngehäuse in Schnitze teilen. Apfelsaft oder Wasser mit Zitronensaft und -schale sowie Zimtstengel aufkochen. Äpfel zugeben und zugedeckt 3–4 Minuten kochen, dann unter Rühren im eigenen Saft schmoren, bis sie weich sind. Die Äpfel durch das Passevite streichen und nach Geschmack mit Zucker süssen.
Rahm steifschlagen und über das lauwarme Apfelmus geben.

Kindlifresserbrunnen in Bern. J. A. Klein, 1820

Apfelmus-Varianten

Apfelmus mit Mandeln und Nüssen. Je 2 Essl. Mandeln und Haselnüsse in einer trockenen Bratpfanne hellgelb rösten. 1 Essl. Rosinen ½ Stunde in Rum oder Cognac einlegen. Vor dem Servieren alles über das Apfelmus verteilen. Mit 2 Essl. Zimtzucker bestreuen und mit kühlem, steifgeschlagenem Rahm servieren.

Apfelmus mit Meringue. Das Apfelmus in eine bebutterte Form einfüllen. 4 Eiweiss steifschlagen, nach und nach 160 g Zucker beifügen. So lange schlagen, bis die Masse sehr steif ist und sich mit einem Messer schneiden lässt. Die Masse sofort in einen Dressiersack mit gezackter Tülle füllen und das Apfelmus damit garnieren. Bei 200° im Ofen überbacken, bis das Eiweiss gelblich wird.

Apfelmus mit Karamel. Apfelmus in eine Schale geben. 100 g Zucker in einer Bratpfanne rösten, bis er braun ist und zu schäumen anfängt. 1 Essl. Wasser zugeben, den Zucker gut lösen und das Apfelmus mit dem heissen Karamel übergiessen.

Apfelmus «à l'ancienne». Ganz besonders schmackhaft, aber natürlich auch ein bisschen üppiger wird das Apfelmus, wenn man die Äpfel zuerst in Butter weichschmort, dann passiert und nach Belieben mit Zucker und Zimtpulver würzt. In vielen alten Rezepten wird ein Mehlteiglein zum Binden zugegeben, was ich aber nicht empfehlen möchte. Man kann es durch ein wenig dicken Rahm ersetzen.

Eines der einfachsten und besten Apfelrezepte, das ich kenne:

Nidleöpfel
(altes Luzerner Rezept)

Für 4 Personen

4 grosse, feste Äpfel
6 Essl. Zucker
2 dl Rahm

Den Backofen auf etwa 200° vorheizen. Die Äpfel schälen, halbieren und das Kerngehäuse ausstechen. Mit der Schnittfläche nach oben in eine Auflaufform legen und mit 4 Essl. Zucker dicht bestreuen. In die Höhlungen des Kerngehäuses Rahm giessen, und zwar so reichlich, dass ein Teil davon über die Äpfel hinweg in die Form fliesst. Sofort in den heissen Backofen schieben, nach 5 Minuten mit dem restlichen Zucker bestreuen und überbacken, bis die Äpfel goldgelb karamelisiert sind (etwa 30–35 Minuten, je nach Apfelsorte). Sie sollten nicht zerfallen (deshalb feste Sorte nehmen) und dürfen nicht zu braun werden.

Die Nidleöpfel eignen sich sehr gut als Beilage zu einem fleischlosen Essen, z. B. zu Knöpfli, Kartoffelpuffern oder Milchreis.

Auf die gleiche Weise kann man auch Nidlebirnen zubereiten.

Obst- und Weinernte. Stich von Schleuen nach D. Chodowiecki

Hier ein originelles Rezept aus dem Appenzellerland. In ganz alten Rezepten wird das Brot nicht geröstet. Es schmeckt aber besser, wenn die Brotscheiben zuerst in Butter leicht gebacken werden.

Öpfelschoppe
(Appenzeller Rezept)

Die Brotreste oder die Weggli fein schneiden und in Butter hellgelb rösten. Die Äpfel schälen, entkernen und in ganz dünne Schnitze schneiden. Brot und Äpfel lagenweise in eine bebutterte Auflaufform einfüllen. Die Nüsse und die gewaschenen Sultaninen dazwischenstreuen. Rahm, Milch, Eier, Zucker und Vanillezucker gut verquirlen und über den Auflauf geben. Mit Butterflocken belegen und 40 Minuten goldbraun bakken.

400 g Weissbrotreste oder 4–6 Weggli
2 Essl. Butter
750 g Äpfel
Butter für die Form
4 Essl. geriebene Haselnüsse
2 Essl. Sultaninen

Guss:
1 ½ dl Rahm
1 ½ dl Milch
3 Eier
4 Essl. Zucker
1 Teel. Vanillezucker
Butterflocken

Ein raffiniertes Rezept aus «Mostindien»:

Öpfelspätzli
(Thurgauer Rezept)

Das Mehl in eine Schüssel sieben. Eier mit Apfelsaft, Zimt und Zucker verrühren. Mit dem Mehl und Salz zu einem glatten, ziemlich festen Teig mischen. Schlagen, bis er Blasen wirft. Den Apfel schälen, fein raffeln und unter den Spätzliteig ziehen. Den Teig portionenweise ab dem Spätzlibrett in kochendes Salzwasser schaben oder durch ein Spätzlisieb drücken. Sobald die Spätzli an die Oberfläche kommen, mit einer Schaumkelle aus dem Wasser nehmen. Zum Warmhalten in eine zweite, mit warmem Wasser gefüllte Pfanne geben. Sobald alle Spätzli gekocht sind, die Butter erhitzen, das geriebene Brot zugeben, hellbraun rösten und über die gut abgetropften Spätzli anrichten. Mit Zimtzucker bestreuen und nach Belieben warme Vanillesauce oder Kompott dazu servieren. Milchkaffee passt gut dazu.

300 g Mehl
3 Eier
1 ½–2 dl Apfelsaft
1 Prise Zimt
2 Essl. Zucker
1 Prise Salz
1 Apfel
50 g Butter
2 Essl. geriebenes Weissbrot
Zimtzucker aus 4 Essl. Zucker und 1 Teel. Zimt
Vanillesauce oder Kompott (nach Belieben)

Als Kinder brachten wir manchmal einen Apfel zum Bäcker. Der packte ihn in Weggli- oder Brotteig ein, und etwas später durften wir das gebackene «Apfelbrötchen» noch heiss und herrlich duftend für zehn Rappen wieder abholen. Das war in Zürich. In Chur scheint man schon seit jeher etwas anspruchsvoller gewesen zu sein. Dort bekommen die Äpfel ein vornehmes «Tschöpli» aus Blätterteig.

Äpfel im «Tschöpli»

Für 12 Stück

500 g Blätterteig
6 Äpfel (weiche Sorte)
1 dl Weisswein
Zimtzucker aus 2 Essl. Zucker und 1 Teel. Zimt
1 Eiweiss
1 Eigelb

Den Blätterteig etwa 3 mm dick auswallen. 12 Quadrate von 10–12 cm Seitenlänge ausrädeln. Die Äpfel schälen, entkernen und halbieren. Mit dem Wein befeuchten und mit Zimtzucker bestreuen. Die Äpfel mit der Höhlung nach unten auf die Teigplätzchen legen. Die Teigspitzen über den Apfel hochziehen und mit Eiweiss gut verkleben. Die Teigtaschen mit Eigelb bestreichen und mit dem restlichen Zimtzucker bestreuen. Bei 180° 35–40 Minuten backen. Der Teig soll schön goldgelb werden.
Man kann natürlich auch gefüllte Äpfel (s. Rezept) im Teig einpacken und backen.

Ein einfaches, lustiges Apfeldessert aus dem Bündnerland:

Apfelhürlig

Für 4 Personen

4 grosse, feste Äpfel
2 dl Weisswein
1 Teel. Zitronensaft
1 Essl. Zucker
2 Essl. Mehl
2 Essl. eingesottene Butter
4 Essl. Zucker
1 Teel. Zimt

Die Äpfel schälen, entkernen und je in 8 Schnitze teilen. Wein, Zitronensaft und Zucker mischen. Die Apfelschnitze damit begiessen und eine Stunde ziehen lassen. Dann die Schnitze gut abtropfen, im Mehl wenden und in der Butter goldgelb braten, bis sie weich sind, aber nicht zerfallen. Aus der Pfanne nehmen, gut abtropfen, im Zimtzucker wenden und warm servieren.

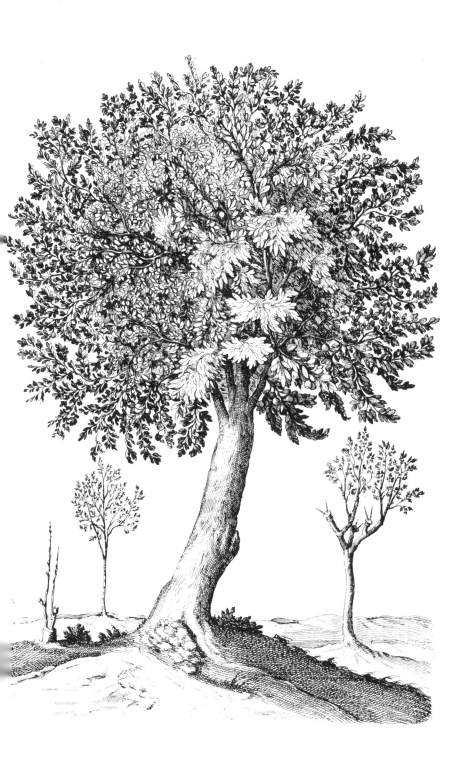

Apfelrösti kennt man in fast allen Gegenden der deutschen Schweiz. Im Aargau heisst dieses Gericht «Apfelbröisi», und im Bündnerland feuchtet man das Brot mit Wein, in der Ostschweiz mit Most oder Rosenwasser an. Das urchigste Rezept stammt aus dem Aargau.

Apfelbröisi

Für 4 Personen

300 g altbackenes Weissbrot oder Weggli
4 Essl. eingesottene Butter
500 g Äpfel (säuerliche Sorte)
2 Essl. Zucker
2 Essl. Rosinen (nach Belieben)
Zimtzucker aus 4 Essl. Zucker und 1 Teel. Zimt

Das Brot in sehr feine Scheibchen schneiden. In der Butter unter fleissigem Wenden hellgelb rösten. Die Äpfel schälen, das Kerngehäuse entfernen und die Früchte in dünne Schnitze schneiden. Unter das Brot mischen, mit Zucker bestreuen und zugedeckt dünsten – die Unterseite sollte leicht anbacken. Nach Belieben die Rosinen mitdünsten. Auf eine Platte stürzen und mit Zimtzucker servieren. Dazu wird Milchkaffee oder kalte Milch getrunken.

Gefüllte Äpfel scheinen eines der ältesten und beliebtesten Apfelgerichte zu sein. Man findet schon in mittelalterlichen Kochbüchern und handgeschriebenen Wachstuchheften entsprechende Rezepte. Ich habe ein Zürcher Rezept ausgewählt, das eine Art Querschnitt durch all die verschiedenen Weisen der Zubereitung bildet.

Gefüllte Äpfel

6 grosse Äpfel (z. B. Boskop)
1 Essl. Zitronensaft
Butter für die Form
4 Essl. geriebene Mandeln oder Haselnüsse
1 Teel. abgeriebene Zitronenschale
1 Essl. Rosinen

Die Äpfel schälen, das Kerngehäuse von oben her mit einem Apfelausstecher so entfernen, dass kein durchgehendes Loch entsteht, oder die Äpfel mit einem Löffelchen aushöhlen. Die Früchte sofort mit Zitronensaft beträufeln, damit sie sich nicht verfärben. In einer bebutterten Auflaufform anordnen. Mandeln oder Haselnüsse, Zitronenschale, Rosinen, 2 Essl. Zucker und nach Belieben Rahm oder Kirsch gut mischen. Die Äpfel damit füllen. Weisswein oder Apfelsaft zugiessen. Die Äpfel mit Butterflocken belegen und mit dem restlichen Zucker bestreuen. 35–40 Minuten bei 180° backen. Die Äpfel sollen weich werden, dürfen aber nicht zerfallen. Am besten nach 30 Minuten mit einer Nadel oder einem Hölzchen prüfen, ob sie weich sind. Warm servieren. Nach Belieben eine Vanillesauce dazu reichen. In modernen Rezepten werden die Äpfel auch mit Quark gefüllt.

3 Essl. Zucker
1–2 Essl. Rahm oder Kirsch (nach Belieben)
1 dl Weisswein oder Apfelsaft
Butterflocken

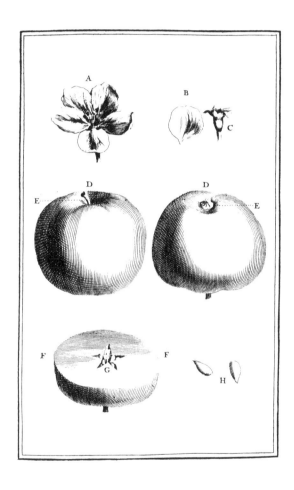

Dieses Rezept stammt aus dem ältesten «Löwen» der Schweiz, einem renommierten Restaurant in Heimiswil, wo man Berner Spezialitäten hegt und pflegt. Vielerorts im Emmental wird der Teig allerdings mit Milch anstatt mit Bier angemacht. Herr Lüdi, Besitzer und Küchenchef, findet aber den Bierteig «chüschtiger».

Apfelküchlein

4 grosse Äpfel (am besten Boskop)
2 Essl. Zucker
1 Essl. Zitronensaft
1 Essl. Kirsch
125 g Mehl
1 Prise Salz
1 ½ dl Bier
1 Ei
Öl für die Fritüre
Zimtzucker aus 4 Essl. Zucker und 1 Teel. Zimt

Die Äpfel schälen, das Kerngehäuse ausstechen und die Früchte in 1 cm dicke Scheiben schneiden. In eine flache Schüssel legen, mit Zucker bestreuen und mit Zitronensaft und Kirsch beträufeln. Gesiebtes Mehl mit Salz und Bier mischen. Eigelb zugeben. 1–2 Stunden ruhen lassen. Unmittelbar vor dem Backen das steifgeschlagene Eiweiss darunterziehen. Die Apfelscheiben gut abtropfen, durch den Teig ziehen und 2–3 Minuten bei 180° schwimmend ausbacken. Noch warm mit Zimtzucker bestreuen.

Rezepte für Apfelauflauf habe ich vor allem im Kanton Aargau, in der Ost- und Innerschweiz gefunden. Bei den einen kommt einfach ein Guss über die Äpfel, bei den andern mischt man Zieger (heute Quark) dazu. Hier ein besonders gutes Familienrezept.

Apfelauflauf nach Grossmutterart

(Nidwaldner Rezept)

2 Essl. Butter
2 Essl. Mehl
2 ½ dl Milch
1 Prise Salz
5 Essl. Zucker

Die Butter in einem kleinen Pfännchen schmelzen, das Mehl darin dünsten, ohne dass es Farbe annimmt. Von der Kochstelle nehmen und mit der Milch glattrühren, Salz beifügen und unter stetem Rühren zu einem steifen Brei kochen.

Wenn dieser etwas abgekühlt ist, nach und nach die mit 3 Essl. Zucker und Vanillezucker gut verklopften Eigelb daruntermischen. Zuletzt die zu steifem Schnee geschlagenen Eiweiss locker unter die Masse ziehen. Eine niedere bis halbhohe Auflaufform gut ausbuttern, die Auflaufmasse einfüllen und die geschälten, halbierten und mit dem restlichen Zucker gesüssten Äpfel so in der Teigmasse anordnen, dass sie sich nicht berühren. Die Form darf nicht ganz gefüllt werden, da der Auflauf aufgeht. Anschliessend bei schwacher Mittelhitze 30–40 Minuten backen. Warm, am besten frisch aus dem Ofen servieren.

½ Päckli Vanillezucker
3 Eigelb
3 Eiweiss
Butter für die Form
4–5 mittelgrosse, nicht verkochende Äpfel

Klosterfrauen

So heissen im Pfarrhaus in Isenthal mit Apfelmus gefüllte Omeletten.

Die Äpfel in Stücke schneiden, mit 80 g Zucker und etwas Wasser weichkochen, durch ein Sieb streichen und beiseite stellen. 2 Eier, 2 dl Milch, Mehl und Salz verrühren. Eine Stunde ruhen lassen, dann 4 grosse Omeletten daraus backen. Die Omeletten mit Apfelmus bestreichen und aufrollen. In eine Auflaufform geben. Restliche Milch mit 3 Eiern verklopfen, den übrigen Zucker zufügen und diesen Guss über die Omeletten verteilen. Bei 180° etwa 50 Minuten im Ofen überbacken. Warm servieren.

Für 4 Personen
3 Äpfel
100 g Zucker
5 Eier
4 dl Milch
150 g Mehl
1 Prise Salz

Unter der Bezeichnung «Tatsch» versteht man in Graubünden eine währschafte Omelette, je nach Rezept mit oder ohne Mehl zubereitet.

Apfeltatsch

Das Mehl in eine Schüssel sieben, verquirltes Eigelb, Milch und Salz dazugeben und zu einem halbflüssigen Teig verarbeiten. Eine Stunde ruhen lassen. Die Äpfel schälen, entkernen, in Schnitze teilen, dann in dünne Scheibchen schneiden. Die steifgeschlagenen Eiweiss und zuletzt die Äpfel

Für 4 Personen
250 g Mehl
2 Eigelb
2½ dl Milch
1 Prise Salz

4 Äpfel
2 Eiweiss
Butter zum Backen
Zimtzucker

unter den Teig mischen und portionenweise in der heissen Butter ausbacken. Warm servieren und mit Zimtzucker bestreuen.

Die besten Apfelkuchen:

Thurgauer Apfeltorte

Für eine Springform von 26 cm Durchmesser

125 g Butter
125 g Zucker
2 Eigelb
Saft einer ½ Zitrone
200 g Mehl
1 Teel. Backpulver
2 Eiweiss, steifgeschlagen
Butter für die Form
4 Äpfel
2 Essl. Zucker

Die Butter und den Zucker schaumig rühren, die Eigelb und den Zitronensaft beifügen, weiterrühren. Mehl und Backpulver sieben. Abwechslungsweise das Mehl und das steifgeschlagene Eiweiss sorgfältig unter die Masse mischen. Den Biskuitteig in eine bebutterte, mit Mehl bestäubte Springform giessen. Die Äpfel schälen, halbieren, vom Kerngehäuse befreien und so in dünne Schnitze auffächern, dass die Hälften noch ganz bleiben. Im Zucker wenden und auf den Teig verteilen, etwas eindrücken und die Torte im vorgeheizten, mittelheissen Ofen (180°) 25–30 Minuten backen. Die Äpfel sollen weich werden.

Annebäbis Apfelkuchen

(Emmentaler Rezept)

Für ein Kuchenblech von 24 cm Durchmesser

Geriebener Teig:
250 g Mehl
70 g Butter
50 g Schweinefett
½ Teel. Salz
⅛ l Wasser
Butter für das Blech
3 Essl. Haselnüsse, gemahlen
1 kg Äpfel
(z. B. Boskop)
4 Essl. Zucker
1 Teel. Zimt
Butterflocken
¼ l Rahm

Mehl, Butter und Fett miteinander zerreiben, bis sich eine feinkrümelige Masse bildet. Dann das Wasser mit dem darin aufgelösten Salz über die Masse verteilen und rasch zu einem Teig zusammenfügen (nicht kneten, sonst wird der Teig zäh). 2–3 Stunden kühl stellen.
Dann 3 mm dick auswallen und das bebutterte Blech damit belegen. Mit geriebenen Haselnüssen bestreuen. Die Äpfel schälen, entkernen und in etwa 1 cm dicke Schnitze schneiden. Den Teigboden kranzartig und dicht damit belegen. Mit der Hälfte des Zimtzuckers bestreuen und Butterflocken darüber verteilen. Im vorgeheizten Backofen bei 220° 30–35 Minuten backen. Herausnehmen und mit dem restlichen Zimtzucker bestreuen. Lauwarm auf den Tisch bringen und dazu Schlagrahm servieren.

Ausrufbild: Wollt ihr süsse Äpfel kaufen?

WÄNDER SÜSS ÖPFEL CHAUFFÄ?
ÖPFEL, ÖPFEL!
*Die Äpfel sind gemeinlich rund,
Gut am geschmak, u. auch gesund.*

Basler Öpfelwäije auf feine Art

Blätterteig 3 mm dick auswallen und das bebutterte Kuchenblech damit auslegen. Mit einer Gabel mehrmals einstupfen. Die Zwieback reiben, mit den Nüssen mischen und über den Teigboden verteilen. Die Äpfel schälen, in dünne Schnitze schneiden und in der heissgemachten Butter wenden. Zucker darüberstreuen und einige Minuten weiterbraten, bis sie halb gar sind. Die Weinbeeren waschen, abtropfen und in Kirsch einlegen. Die erkalteten Apfelschnitze auf den Kuchen verteilen, die Weinbeeren darüberstreuen.
Eier, Zucker und Vanillezucker zu einer sämigen Creme schlagen. Den Rahm darunterziehen und die Mischung auf den Kuchen giessen. 40 Minuten bei 220° backen. Lauwarm, mit Zimtzucker überstreut servieren.

Für ein Kuchenblech von 24 cm Durchmesser

*300 g Blätterteig
Butter für das Blech
4 Zwieback
2 Essl. geriebene Haselnüsse
750 g Äpfel (Sorte, die nicht zerfällt)
50 g Butter
3 Essl. Zucker
50 g Weinbeeren
1 Essl. Basler Kirsch
2 Eier
2 Essl. Zucker
1 Teel. Vanillezucker
2 dl Rahm
Zimtzucker aus 2 Essl. Zucker und ½ Teel. Zimt*

Der folgende Apfelkuchen schmeckt ebenfalls ausgezeichnet. Er kommt aus St. Gallen und hat grosse Ähnlichkeit mit der Zürcher Pfarrhaustorte, die auf gleiche Weise gefüllt, aber mit geriebenem Teig zubereitet wird.

St. Galler Domherrenkuchen

80 g Butter
1 Prise Salz
1 ½ Essl. Zucker
1 Ei
1 Essl. Haushaltrahm
125 g Mehl
2 Eier
2 Essl. Zucker
250 g Mandeln, grob gemahlen
5 ganze Äpfel
Butter für das Blech
4 Essl. Himbeerkonfitüre

Die Butter schaumig rühren. Salz, Zucker, verquirltes Ei und Rahm dazurühren. Das gesiebte Mehl nach und nach dazumischen. Den Teig eine Stunde an der Kälte ruhen lassen. Für die Füllung Eier mit Zucker zu einer sämigen Creme schlagen. Mit den Mandeln mischen. Zwei Äpfel ungeschält raffeln (nur Fliege und Kernhaus entfernen) und sofort zugeben. Die restlichen Äpfel schälen, entkernen, der Länge nach halbieren. Den Teig auswallen, das mit Butter bestrichene Blech damit auslegen. Die Mandelmasse daraufgeben. Die Apfelhälften in ganz dünne, aber noch zusammenhängende Schnitze schneiden. Auf den Teig verteilen. 40 Minuten bei 220° backen. 5 Minuten vor Ende der Backzeit die Äpfel mit Konfitüre bestreichen. Dann aus dem Ofen nehmen und die restliche Konfitüre daraufgeben.

Berner Birnenauflauf

Für 4 Personen

400 g Quark
100 g Zucker
3 Eier
Abgeriebene Schale von 1 Zitrone
4 Essl. Maizena
1 gestrichener Essl. Backpulver
4–5 Birnen
Saft von ½ Zitrone
1 gehäufter Essl. Zucker
Butter für die Form

Quark, Zucker, Eigelb und Zitronenschale schaumig rühren. Das mit dem Backpulver vermischte Maizena beifügen. Die Birnen schälen, in Achtel und diese ihrerseits in feine Scheibchen schneiden, mit Zitronensaft und Zucker marinieren. Zusammen mit den steifgeschlagenen Eiweiss unter die Quarkmasse ziehen. In bebutterte Auflaufform füllen und im vorgeheizten Ofen bei Mittelhitze 50–60 Minuten backen.
Anstelle von Birnen können auch andere Früchte verwendet werden, z. B. Zwetschgen, Aprikosen usw.

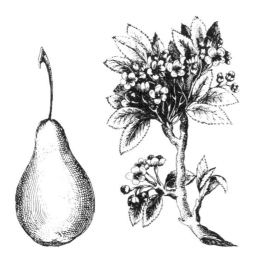

Birnenkompott schmeckt besonders gut, wenn man die Früchte mit gebranntem Zucker kocht. So wird es im Kanton Fribourg gemacht, wo man die kleinen runden «poires à botzi» sogar im Karamelsirup sterilisiert oder heiss einfüllt, um sie jederzeit zu den verschiedensten Gerichten als Beilage servieren zu können. Bei der «Bénichon» dürfen sie jedenfalls nicht fehlen (s. S. 307).

Püschelibirnen
(Poires à botzi)

Rezept aus dem Restaurant «Bauernhof» in Ulmiz, einem prächtigen, nach alten Plänen renovierten Landgasthof.

Den Zucker in einer Pfanne schmelzen und mit 1 Essl. Wasser mittelbraun rösten. Die Birnen nicht schälen und nicht entstielen, nur die Fliege entfernen. Die Früchte in den gebrannten Zucker geben, gut wenden, zudecken und dünsten, bis sie weich sind. Von Zeit zu Zeit etwas Wasser dazugeben. Dann die Birnen nach Belieben einmachen oder sofort als Kompott oder als Beilage zu Pot-au-feu oder anderen rustikalen Gerichten servieren.

200 g Zucker
1 kg Püschelibirnen
(kleine runde Birnen)
1 dl Wasser

In anderen Kantonen gibt es ähnliche Rezepte, auch für grössere Birnen. Oft wird der Birnensaft weniger konzentriert gekocht und zuletzt mit Kartoffelmehl gebunden. Dann heisst das Gericht «Braune Birnen». Man kann das Kompott beim Servieren mit leicht geschlagenem Rahm mischen.

Hier ein altes, originelles Birnenrezept aus dem Luzerner Hinterland. Vor 60 bis 70 Jahren wurde es als Gericht mit roher Milch serviert.

Birnensturm

Für 4 Personen

1 kg «teiggi» (überreife) gute Essbirnen
3 rohe Kartoffeln
2 dl Rahm oder Milch
1 Essl. Kartoffelmehl
50 g Butter

Die Birnen schälen und samt dem «Bätzgi», Kerngehäuse halbieren. Die Kartoffeln schälen und vierteln. Beides mit sehr wenig Wasser weichkochen. Durch ein Sieb streichen. Rahm oder Milch mit Kartoffelmehl gut verrühren. Beifügen und mit dem Püree gut mischen. Butter erhitzen und darübergiessen.
Als Beilage zu Siedfleisch oder anderen Fleischgerichten (z. B. Blut- und Leberwürste) servieren.

Ausrufbild: Birnen

BYRÄ, BYRÄ.
Die Birren wachßen an dem Stiel,
Um sieben Schilling gibt man viel.

Aromatischer als gewöhnliches Birnenkompott sind Birnenstückli, die mit etwas Zimtrinde gekocht werden.

Saure Birnenstückli
(Rezept aus dem Emmental)

Wasser und Zimt 5 Minuten kochen. Die Birnen schälen, entkernen und der Länge nach in 4–6 Schnitze schneiden. Sofort mit Zitronensaft beträufeln. Im vorbereiteten Zuckerwasser weichkochen. Darauf achten, dass sie nicht zerfallen. Den Zimtstengel beim Anrichten im Kompott belassen.

1 kg Birnen
3 dl Wasser
4 Essl. Zucker
1 Zimtstengel
1 Essl. Zitronensaft

Birnen «au pinot»

Wein, Zimtstengel, Gewürznelken und Zucker zusammen aufkochen. 10 Minuten auf grossem Feuer etwas einkochen lassen. Dann die geschälten, ganzen Birnen (mit Stiel) im Weinsirup weichkochen. Die Birnen müssen ganz bleiben. Aus der Pfanne nehmen und auf eine Platte anrichten. Den Weinsirup bis zur Hälfte einkochen lassen und mit dem Gelee gut mischen. Auf dem Feuer lassen, bis der Gelee ganz aufgelöst ist. Nach dem Erkalten über die Birnen giessen.

Für 4 Personen

½ l Pinot noir
1 Zimtstengel
2 Gewürznelken
100 g Zucker
4 schöne Birnen
4 Essl. Cassis- oder Himbeergelee

Birnenkuchen nach Winzerart

Äpfel und 2 Birnen schälen, Kerngehäuse entfernen und in kleine Schnitze schneiden. Mit Zukker, Zitronensaft, Rotwein, Zimt, Nelkenpulver und Birnen- oder Apfelsaftkonzentrat weichkochen. Die Früchte in ein Sieb giessen und den Saft auffangen. Die 6 weiteren Birnen schälen, halbieren, entkernen und im aufgefangenen Birnensaft knapp weichkochen. Inzwischen den Teig 3 mm dick auswallen. Die bebutterte Form damit auslegen. Mit einer Gabel mehrmals einstechen. Den Kochsaft der Birnen zusammen mit den vor-

Für ein Backblech von 26 cm Durchmesser

400 g geriebener Teig
3 Äpfel
8 Birnen
80 g Zucker
Saft von ½ Zitrone
3 dl Rotwein
1 Messerspitze Zimt
1 Messerspitze Nelkenpulver

gekochten Birnen- und Äpfelschnitzen durch das Passevite treiben. Nochmals in die Pfanne geben und zu einem dicken Mus kochen. Die Masse nach dem Erkalten auf dem Kuchenboden verteilen und 30 Minuten bei 220° backen. Dann die halben Birnen sternförmig auf den Kuchen verteilen und nochmals 10 Minuten weiterbacken. Die Birnen noch heiss mit dem aufgelösten Gelee bestreichen. Kalt, aber am gleichen Tag servieren.

3 Essl. Birnen- oder Apfelsaftkonzentrat
Wenig Butter für das Blech
2 Essl. Johannisbeergelee

Essigbirnen
(Emmentaler Rezept)

Essig, Wasser, Zucker und Senf gut verrühren und aufkochen. Birnen schälen, den Stiel belassen. In der Essiglösung weichkochen (15–30 Minuten, je nach Qualität der Birnen). Mit dem Sud heiss in Gläser mit Bügelverschluss einfüllen. Gut verschliessen.
Diese Birnen schmecken sehr gut zu gesottenem Fleisch, Wild und kaltem Braten.

5 dl Essig
1 l Wasser
550 g Zucker
70 g Senf, mild
2 kg Birnen

Kuriositäten aus «Mostindien»

Die Thurgauer, deren Kanton man scherzhafterweise «Mostindien» nennt, haben sozusagen den Most erfunden. Er wurde allerdings inzwischen zu Apfelsaft und Apfelwein veredelt. Ältere Leute sprechen aber immer noch von «Most» und bereiten daraus nach altem Brauch einige originelle Spezialitäten zu. So steht zum Beispiel in einem alten Familienrezept:

Grosis Süssmostcreme
(Rezept aus Frauenfeld)

Süssmostcreme – der Trick, mit dem schon Grossmama ihren Lebenspartner gebändigt und um den Finger gewickelt hat. Nichts leichter als das...

Für 4–6 Personen

5 Eigelb
Saft und feingeriebene
Schale von 1 Zitrone
100 g Zucker
5 dl Süssmost
2 dl Rahm

Eier, Saft, geriebene Zitronenschale, Zucker und Süssmost zusammen unter ständigem Rühren bis vors Kochen bringen. Einige Minuten bei kleinster Hitze weiterschwingen. Nach dem Erkalten den steifgeschlagenen Rahm darunterziehen und nach Belieben mit Konfekt servieren.
Wer eine etwas einfachere Creme wünscht, kann nur 3 Eigelb verwenden und der Creme zum Binden ein Teelöffelchen Maizena beimischen.

Dieses merkwürdige «Fondue» habe ich allerdings nicht ausprobiert. Hier aber für Unentwegte trotzdem das entsprechende Rezept.

Thurgauer Lumpensuppe

Für 4 Personen

5 dl saurer Most
600 g Käse

Den Most aufkochen. Dünne Käsescheibchen zuschneiden (ähnlich wie Hobelkäse). Diese an die Fonduegabel stecken und in den heissen Most (der vermutlich auf einem Rechaud steht) eintauchen.
Dieses Gericht wird als «Zabig» empfohlen.

Was aber auf jeden Fall ausgezeichnet zum «Most» passt, das sind die

Mostbröckli

Man findet sie nicht nur im Thurgau, sondern auch in St. Gallen und im Appenzell. Ein Mostbröckli besteht aus getrocknetem Rindfleisch. Meist wird Bauernbrot, Butter und Most dazu serviert. Die Mostbröckli werden so dünn wie möglich aufgeschnitten.

Der Tilsiter

Dieser Halbhartkäse wird erst seit der Jahrhundertwende in der Schweiz hergestellt. Der Käser Wegmüller aus Felben bei Frauenfeld brachte das Tilsiterrezept aus der ostpreussischen Stadt Tilsit mit nach Hause. Dieser neue, zarte Käse fand bald viele Anhänger und bürgerte sich rasch bei uns ein. Heute wird er vorwiegend in der Ostschweiz, vor allem in den Kantonen Thurgau und St. Gallen hergestellt.
Die 4–5 Kilo schweren Laibe haben einen Durchmesser von ungefähr 25 cm. Die Rinde wird stets feucht gehalten, wodurch sie die typisch rötliche Farbe erhält. Der Teig ist meistens vollfett, zart und weich, mit sauber ausgeprägten Löchlein.
Das Aroma ist beim jungen Tilsiter noch mild. Erst im reiferen Stadium wird der Tilsiter rezent. Er sollte aber höchstens 6–7 Monate alt werden.
Tilsiter eignet sich vortrefflich für die Käseplatte sowie für zart gewürzten Käsesalat. Zum Kochen taugt er nur in genügend ausgereifter Qualität.

Zwätschgezyt

Der September ist der Zwetschgenmonat par excellence. Man findet diese herrlichen Früchte in verschiedenen Grössen auf dem Markt: die grosse Bühler-Zwetschge, die sich besonders gut zum Rohessen oder für Küchlein eignet; die mittelgrossen, nicht minder aromatischen «welschen Zwetschgen» (Fellenberg) oder die Basler Zwetschgen, die beide auf vielerlei Arten verwertet werden können.
Zuerst einige nicht alltägliche Einmachrezepte.

Die besten Zwetschgenrezepte:

Zwetschgenmus
(Glarner Rezept)

5 kg Zwetschgen
2 Essl. Essig
1 Teel. Zimt
1 Essl. abgeriebene Zitronenschale

Die gewaschenen Zwetschgen entsteinen und kleinschneiden. Mit Essig in eine grosse Pfanne geben und auf kleinem Feuer 5–7 Stunden unter öfterem Rühren zu einem dicken, dunklen Mus kochen. Mit Zimt und Zitronenschale abschmekken und wie Konfitüre in Gläser abfüllen und verschliessen.
Man kann dem Mus nach Belieben auch 100 g bis 1 kg Zucker zugeben. In diesem Fall etwas weniger lang einkochen. Für Füllungen eignet sich allerdings die Variante ohne Zucker besser.

Essigzwetschgen

1 kg Zwetschgen
6 dl Weinessig
500 g Zucker
2 Nelken
1 Zimtstengel

Zwetschgen abreiben, mit ausgeglühter, kalter Nadel einige Male einstechen. Restliche Zutaten aufkochen, erkalten lassen und über die Zwetschgen giessen.
Am zweiten Tag den Saft ohne Zwetschgen aufkochen, erkalten lassen und wieder über die Zwetschgen giessen.
Am dritten Tag alles zusammen aufkochen, bis die Zwetschgen leicht platzen. Die Früchte in Steinguttopf geben. Den Saft etwa $1/4$ Stunde dicklich einkochen, erkalten lassen und mit den Gewürzen zu den Zwetschgen geben. Gut verschlossen, kühl und trocken aufbewahren.
Essigzwetschgen halten sich gut ein halbes Jahr.

Zwetschgen in Wein

500 g Zwetschgen
6 dl Rotwein
100 g Zucker
1 Zimtstengel
1 Stück Zitronenschale
1 Gewürznelke

Wein, Zimt, Nelke, Zucker und Zitronenschale zusammen aufkochen. Die Zwetschgen 4- bis 5mal mit einer feinen Nadel einstechen, damit sie nachher beim Kochen nicht platzen. Die Zwetschgen im Wein weichkochen. Sie dürfen nicht zu weich werden.
Als Dessert mit Schlagrahm servieren oder als Beilage zu Siedfleisch oder Braten auftischen.

Zwetschgenschober
(Rezept aus Zürich)

Die gewaschenen und entsteinten Zwetschgen in eine bebutterte Gratinform legen. Butter, Zucker, Eigelb und Zitronenschale schaumig rühren. Griess, Sauerrahm oder Sauermilch und Milch beifügen. Zuletzt den steifgeschlagenen Eischnee darunterziehen und die Masse über die Zwetschgen geben. Im vorgeheizten Backofen bei 190° etwa 50–60 Minuten backen. Mit Zimtzucker bestreuen und warm servieren.

Für 4 Personen

600 g Zwetschgen
80 g Butter
80 g Zucker
2 Eier
Abgeriebene Schale von ½ Zitrone
150 g Griess
1 ½ dl Sauerrahm oder Sauermilch
1 ½ dl Milch
Zucker und Zimt zum Bestreuen

Zwetschgenkompott
(Berner Rezept)

Wasser, Zucker und Zimtstengel aufkochen. Gewaschene, halbierte und entsteinte Zwetschgen hineingeben und knapp weichkochen. Die Zwetschgen durch ein Sieb giessen, den Saft auffangen und wieder in die Pfanne geben. Zur Hälfte einkochen lassen und über die Zwetschgen giessen. Nach Belieben das Kompott mit gerösteten Brotwürfelchen oder mit Schlagrahm servieren.
Auf ähnliche Weise kann man auch Zwetschgenbrei zubereiten, dem man 1 dl Milch und 1 Teel. Maizena beigibt und den man über gerösteten Brotwürfeli anrichtet.
Ferner kann man das Kompott für Zwetschgenschnittli aus gebackenen Einback- oder Modelbrotscheiben verwenden.

Für 4–5 Personen

1 dl Wasser
150 g Zucker
½ Zimtstengel
1 kg Zwetschgen

Wohnhaus in der Gegend von Bern

Zwetschgenrösti
(Innerschweizer Rezept)

Für 4 Personen

4 Essl. Zucker
500 g Zwetschgen
4 Essl. eingesottene Butter
250 g altbackenes Brot, Weggli oder Zopf
Zucker und Zimt zum Bestreuen

Die Zwetschgen halbieren und entsteinen. 1 Essl. Butter erhitzen. Die Zwetschgen darin mit 1 Essl. Zucker kurz anziehen lassen. ½ dl Wasser zugeben und zugedeckt 2–3 Minuten dünsten. Das Brot in dünne Scheibchen schneiden, in einer grossen Omelettpfanne in Butter hellbraun rösten. Die Zwetschgen ohne Saft, aber mit 3 Essl. Zucker zugeben. Unter Wenden braten. Nach und nach den Zwetschgensaft beifügen. Weiterbraten, bis nur noch wenig Flüssigkeit in der Pfanne zurückbleibt. Heiss servieren und am Tisch nach Belieben mit Zimtzucker bestreuen.

Zwetschgenwähe

Für ein mittelgrosses Blech

300 g Kuchen- oder Weggliteig

Füllung:
1 kg Zwetschgen
3 Essl. Haselnüsse, gerieben (nach Belieben)

Eierguss:
2 Eier
2 dl Milch (oder 1 dl Milch und 1 dl Rahm)
3 Essl. Zucker
1 gestrichener Essl. Maizena

oder Quarkguss:
2 dl Milch oder Rahm
100 g Quark
50 g Zucker
½ Päckchen Vanillezucker

300 g Teig etwa 3 mm dick auswallen. Das bebutterte Teigblech damit belegen. Den Rand durch Einrollen verdoppeln und mit einer Gabel verzieren. Den Teigboden mit einer Gabel mehrmals einstechen. Die geriebenen Nüsse auf den Teig verteilen. Zwetschgen halbieren und kranzartig dicht nebeneinander anordnen (sehr grosse Zwetschgen auf der oberen Seite etwas einschneiden). Den Kuchen in den vorgeheizten Ofen (220°) schieben. Nach 10 Minuten Guss darübergeben. Bei guter Unterhitze 20–25 Minuten weiterbacken.

Der Bettagskuchen

Am Bettag, dem zweiten Sonntag im September, essen unsere Waadtländer «Compatriotes» ihren Zwetschgenkuchen. Wahrlich eine sympathische Art zu «büssen». Früher war der «Buss- und Bettag» auch zugleich ein Fasttag. So gab es vor allem auf dem Lande anstelle eines Sonntagsbratens eine Suppe und Zwetschgenkuchen «à discrétion». Heute bringen die meisten Waadtländer, vor allem die Städter, den Zwetschgenkuchen nur noch «symbolisch» auf den Tisch.

Waadtländer Zwetschgenkuchen

Mehl sieben, Butter in Flocken beigeben und beides zusammen mit der Hand verreiben, bis sich eine feinkrümelige Masse bildet. Wasser mit dem darin aufgelösten Salz beigeben und rasch zu einem Teig verarbeiten. Nicht kneten, sonst wird der Teig zäh. Mindestens 2–3 Stunden kühl ruhen lassen. 300 g Teig etwa 3 mm dick auswallen. Das bebutterte Blech damit belegen. Den Rand verdoppeln und mit einer Gabel verzieren. Den Teigboden mit einer Gabel mehrmals einstechen. Die geriebenen Nüsse auf den Teig verteilen. Die entsteinten Zwetschgen kranzartig dicht nebeneinander anordnen (sehr grosse Zwetschgen auf der oberen Seite etwas einschneiden). Den Kuchen in den vorgeheizten Ofen (220°) schieben. Nach 10 Minuten mit Zucker bestreuen. Bei guter Unterhitze 20–25 Minuten weiterbacken.

Für ein mittelgrosses Blech

Geriebener Teig:
250 g Mehl
125 g Butter
Etwa 1 dl Wasser
½ Teel. Salz
1 kg Zwetschgen
3 Essl. geriebene Haselnüsse
Butter für das Blech
Zucker zum Bestreuen

Zwetschgenbeignets
(Berner Rezept)

Für den Teig Mehl mit Backpulver in eine Schüssel sieben, Salz und Vanillezucker beifügen. Eine Vertiefung anbringen. Eigelb mit Milch verrühren, hineingeben und mit dem Mehl von der Mitte aus verrühren, bis ein gleichmässiger Teig entsteht. Er darf ziemlich dickflüssig sein. 2 Stunden ruhen lassen und vor Gebrauch die zwei steifgeschlagenen Eiweiss darunterziehen. Die Zwetschgen aufschneiden, Stein herausnehmen, im Teig wenden und auf beiden Seiten in Butter goldgelb backen. Mit Zucker bestreuen und warm servieren.

Für 4 Personen

100 g Mehl
½ Teel. Backpulver
1 Prise Salz
½ Päckchen Vanillezucker
2 Eier
1 ½ dl Milch
500 g Zwetschgen
50 g Butter
Zucker zum Bestreuen

La Torrée

Wer an einem sonnigen Herbstwochenende einen Ausflug in den Neuenburger Jura unternimmt, wird hier und dort Rauchwölklein aufsteigen sehen. Sie stammen von den zahlreichen, nach alter Tradition mit Tannennadeln und abgestorbenem Holz aus den Bergwäldern angefachten Feuern, an denen gross und klein herrlich duftende Güggeli, Neuenburger Würste, Kartoffeln, Käseschnitten oder Schweinskoteletten brät.
Was es dazu braucht? Ein grosses, bergartig aufgeschichtetes Holzfeuer mit möglichst viel Glut auf einer Jura-Alp. Sobald genügend Glut vorhanden ist, drückt man darin eine Mulde ein, in die man ungewaschene Kartoffeln legt und eine Neuenburger Wurst (zuerst in Alufolie, dann in mehrere Schichten feuchtes Zeitungspapier eingewickelt). Man bedeckt alles mit Glut und lässt es eine Stunde schmoren. Die genaue Garzeit hängt von der Grösse der Wurst ab. Man kann diese auch durch gesalzene oder geräucherte Schweinskoteletten ersetzen. Deckt man die Glut zusätzlich noch mit feuchten Tannenzweigen zu, bleibt die Hitze länger erhalten.
Anlässlich dieses Abstechers in den Jura hier gleich noch einige Neuenburger Spezialitäten.

Kutteln nach Neuenburger Art

Die vom Metzger vorgekochten Kutteln in grosse Vierecke schneiden. Wein, Bouillon, besteckte Zwiebel, Rüebli, Lauch, Sellerie, Pfefferkörner, Majoran und Thymian aufkochen. Wenig Salz und die Kuttelstücke zugeben und etwa eine Stunde auf kleinem Feuer ziehen lassen. Die Kutteln müssen sehr weich sein. Im Kochtopf auf den Tisch bringen. In der Schale gekochte Kartoffeln und Vinaigrette dazu servieren. Für die Vinaigrette zuerst Essig, Senf und Öl gut verrühren. Cornichons, Kapern und Zwiebel sehr fein hacken. Mit den Kräutern unter die Sauce mischen. Mit Salz und Pfeffer pikant abschmecken.

Für 4 Personen

800 g Kutteln am Stück (am besten tausendfaltig)
½ l Neuenburger Weisswein
3 dl Bouillon
1 Zwiebel, besteckt mit Lorbeerblatt und Gewürznelke
1 Rüebli
1 Stück Lauch
1 Stück Sellerie
5 Pfefferkörner
Salz, Majoran, Thymian

Vinaigrette:
2 Essl. Weinessig
1 Essl. scharfer Senf
8 Essl. Öl
Salz, Pfeffer aus der Mühle
2 Essl. gehackte Kräuter wie Petersilie, Schnittlauch, Rosmarin, Thymian, Majoran
2 Cornichons
1 Teel. Kapern
1 kleine Zwiebel

Neuenburger Wurst «Château de Colombier»

Neuenburger Wurst 15 Minuten in leise kochendem Wasser oder in einer Suppe ziehen lassen. Nach dem Erkalten schälen. Senf, Knoblauch und Wein mischen. Die Wurst damit bestreichen. In Schinkentranchen wickeln. Blätter- oder Kuchenteig zu einem Rechteck auswallen. Die Wurst darin einpacken. Die Teigenden mit Wasser befeuchten und gut verschliessen. Mit Teigresten verzieren, mit Eigelb bestreichen und im vorgeheizten Ofen bei 220° etwa 30 Minuten backen. Lauwarm oder kalt, aber noch am selben Tag servieren. Scharfer Senf passt gut dazu.

Für 4 Personen

1 Neuenburger Wurst
1 Teel. Senf
1 Knoblauchzehe
1 Essl. Weisswein
2 dünne Schinkentranchen
300 g Blätter- oder Kuchenteig
1 Eigelb

Neuenburg, Place des Halles. Lithographie von Bettanmer nach Welter

Omelette jurassienne
(Jura-Omelette)

Für 4 Personen

130 g Mehl
1 ½ dl Milch
½ dl Rahm
1 Prise Salz
4 Eier
50 g Magerspeckwürfelchen
3 Essl. Butter
½ Zwiebel
200 g vorgekochtes Gemüse (Rüebli, Erbsen, Blumenkohlröschen, Spinat usw.)
2 Kartoffeln, in der Schale knapp gargekocht
150 g Käse (Jura-Käse), kleingewürfelt

Mehl, Milch, Rahm, Salz und Eier zu einem Omelettenteig verrühren. Eine Stunde ruhen lassen.
Die Speckwürfelchen anziehen lassen. 1 Essl. Butter und die würflig geschnittene halbe Zwiebel beifügen. 1–2 Minuten dünsten, dann die kleingeschnittenen Gemüse und Kartoffeln zugeben. Alles gut mischen. Das Gemüse portionenweise mit wenig Käsewürfel in eine Bratpfanne geben, Omelettenteig darübergiessen und die Omelette beidseitig ausbacken.
Man kann die Omelette zunächst auch ohne Füllung, d. h. nur mit Zwiebeln und Speck backen, dann mit Kartoffeln, Gemüse und Käsewürfeln füllen, aufrollen, mit Butterflocken belegen, eventuell mit ein wenig Rahm begiessen und im Ofen gratinieren, bis die Käsewürfelchen schmelzen.

Zwiebelsalat

Die Zwiebeln quer in etwa 7 mm dicke Ringe schneiden. Butter und Öl erhitzen. Die Zwiebelringe darin dünsten, bis sie gar und hellgelb sind, aus der Pfanne nehmen und gut abtropfen lassen. Die Butter auffangen und für andere Zwecke weiterverwenden. Aus Essig, Senf, Petersilie und etwas Salz und Pfeffer eine pikante Salatsauce zubereiten. Die warmen Zwiebeln damit mischen. Warm mit Kartoffeln in der Schale oder mit einer heissen Neuenburger Wurst servieren.

Für 4 Personen

6 grosse Zwiebeln
3 Essl. Butter
1 Essl. Öl
1 ½ Essl. Weissweinessig
1 Teel. scharfer Senf
Salz, Pfeffer
1 Essl. gehackte Petersilie

Justistaler Chästeilet

Im Justistal auf dem Spycherberg, hoch über dem Thunersee, findet jedes Jahr im September der traditionelle Justistaler Chästeilet statt. Die im Laufe des Sommers hergestellten Alpkäse werden den Bauern nach Massgabe der von ihren gesömmerten Kühen gelieferten Milch zugeteilt. Ein urchiges Fest und ein althergebrachter, bis heute unverändert gebliebener Brauch, den einige Landgasthöfe übernommen haben. Sie bieten ihren Gästen einen «Chästeilet» im Restaurant. Da kann sich jeder Gast an einem reichhaltigen Buffet nach Lust und Laune ein Stück der verschiedenen Käsesorten vom «Laib» abschneiden und sich dazu an bäuerlichen Brotsorten, Züpfe, herrlichem Emmentaler Anken, «Gschwellten» und vielen andern rustikalen Spezialitäten gütlich tun. Zum Schluss gibt es feine Kuchen, «Chrömi», Beeren und einen währschaften Kafi-Schnaps mit einem Berg von Nidle. Eine gute Adresse für einen solchen Chästeilet: Hotel «Kreuz», Weier im Emmental.

Und weil man den Emmentaler nicht nur mit Brot und Anke geniessen kann, hier die beiden klassischen Käseschnitten aus dem Bernbiet.

Hirtenszene aus Brienz. Eduard Girardet

Käseschnitten nach Emmentaler Art

Zuerst den Schinken in einer Bratpfanne beidseitig kurz anbraten. Aus der Pfanne nehmen. Die Butter zugeben, erhitzen und die Brotscheiben darin ganz kurz leicht rösten. Jede Schnitte in ein feuerfestes Pfännchen geben. Zuerst mit Schinken, dann mit Emmentaler bedecken. Im Ofen bei 220° überbacken, bis der Käse flüssig wird. Mit viel Pfeffer bestreuen und mit einem Spiegelei krönen.

Für 4 Personen

4 Scheiben Schinken
1 Essl. Butter
4 Brotscheiben
4 Scheiben Emmentaler Käse
Pfeffer aus der Mühle
4 Spiegeleier

Käseschnitten nach Berner Art

Im Originalrezept werden die Käseschnitten in Butter beidseitig ausgebacken. Ich bestreiche die Brotscheiben auf einer Seite mit Butter, lege sie mit der bestrichenen Seite nach unten in eine Auflaufform und backe sie im Ofen. So werden sie weniger fett und schmecken trotzdem gut.
Hier also meine Variante.

Die Brotscheiben auf einer Seite mit Butter bestreichen. Mit der bestrichenen Seite nach unten in eine Auflaufform oder in Portionenpfännchen legen. Die Brotschnitten mit wenig Milch beträufeln. Käse, Eigelb, restliche Milch und Kirsch gut mischen. Die steifgeschlagenen Eiweiss darunterziehen. Die Masse auf die Brotschnitten verteilen. Im Backofen (zweitoberste Rille) bei 220° backen, bis der Käse schmilzt und die Käseschnitten goldgelb werden.
Noch besser werden diese Käseschnitten, wenn man die Milch durch Weisswein ersetzt, aber dann sind es keine Berner Käseschnitten mehr.

Für 4 Personen

8 dünne Scheiben Modelbrot
40 g Butter
1 dl Milch
250 g Greyerzer Käse, gerieben
2 Eigelb
1 Essl. Kirsch
2 Eiweiss
Salz, Pfeffer, Muskatnuss

Oktober 31 Tage

D'Basler Mäss

Wer Freude an herbstlichen Messen hat, für den lohnt sich eine Reise nach Basel, wo jeweils Ende Oktober d'Basler Mäss – eine durch Jahrhunderte erhalten gebliebene Tradition – stattfindet. Ein Teil des Messerummels spielt sich nach wie vor mitten in der Stadt ab, was dem Ganzen einen besonderen Reiz verleiht. Neben Rösslispiel, Kasperlitheater, Riesenrad und Marktständen auf dem «Säubi», dem ehemaligen Schweinemarkt auf dem Barfüsserplatz, gibt es noch den «Häfelimärt» auf dem Petersplatz, wo man die hübschen kleinen Tonmodel zum Ausstechen von Weihnachtsgutzi findet. An vielen Ständen werden die typischen «Mässmogge», Magenbrot, Türkenhonig, Rahmtäfeli, Zuckermandeln, Krokant und Rosenchüechli (s. S. 53) angeboten, und natürlich dürfen auch die berühmten Basler Leckerli nicht fehlen! Früher fand man hier zudem Gewürzlebkuchen in Kugelform und den sogenannten «Moggeteig», eine Art Nougat, der gleich am Stück verspeist oder zu «Mässmogge» weiterverarbeitet wurde.
Im 16. Jahrhundert erhielten die «Lebkücher» die Erlaubnis, auch an den Fronfastmärkten, der Messe und den Kirchweihfesten ihre Stände aufzuschlagen. Aber weil bei solchen

Gelegenheiten auch «junge Buoben, Weiber und Dienstmägd die besten Ständ einnahmen und unausgehebene, saure und mit unsauberem Honig vermischte Lebkuchen feilbieten, dass nicht allein Kinder, sondern auch alte Lüth Kranckheiten von denselben erlangen», erhoben die etablierten Feinbäcker, die sich allerdings ihrerseits an keine Berufsordnung zu halten hatten, um 1650 geharnischten Protest. Es gab damals auch schon eine Preiskontrolle. Neben den vorgeschriebenen «Ladenzeiten» mussten sich die Lebkücher und die Pastetenbäcker an die von den Behörden dekretierten Höchstpreise halten. So durfte «das Pfund des allerbesten Lebkuchens nicht höher hingegeben werden als 5 Schilling», und den Pastetenbäckern wurde vorgeschrieben, dass «von einer Pastete von gutem ‹Spanischem Teig› (Blätterteig), so für ein Voressen, da 12 Personen an einem Tisch sitzen, sie sey von Hanen oder Tauben, Kalb- oder Lummelfleisch (Rindsfilet) und der Kund desselbigt Fleisch dazu geben thue, soll nicht mehr Lohn gefordert werden als 15 Schilling».

" Jtzt ligend alle Stätt, Flecken, Straßen und Tabernen voll frömbds Wyns, voll ausländischen Geschläcks, Gewürz und frömber Wahr. Es ist jtzt in Helvetien nit mehr wo geläbt, wo man nit seltsame welche Trachten und Essen fürträgt."

So klagte der Chronist Stumpf bereits im 16. Jahrhundert, als sich an Markt- und Messetagen Fremde an Stände und Gaden drängten und allerlei ausländische Waren feilgeboten wurden.

Einige Messespezialitäten werden heute noch ähnlich wie früher zubereitet. Wer Lust dazu hat, kann es ausprobieren.

> *«Willst Du russische Tabletten*
> *Von den weichen von den netten,*
> *Sollst Du Dir im Ernst beizeiten*
> *Folgendes wohl vorbereiten:*
> *½ l Rahm, ½ Schoppen Milch,*
> *1 Pfund Zucker, 3 Löffel gestossenen Zucker.*
> *Nimm den Zucker, nimm den Rahm,*
> *Flink die Milch dazu getan.*
> *Stell die Pfanne auf das Feuer,*
> *Rühren musst Du ungeheuer,*
> *Weil es unten sonst anbrennt*
> *Oder oben fort Dir rennt!*
> *Rühre weiter, rühre weiter,*
> *Aber bleibe froh und heiter,*
> *Bis die Masse grösplig wird,*
> *Aber brünlich sich tinguiert.»*

Unter russischen Tabletten verstand man die heutigen

Rahmtäfeli
(einfachstes Rezept)

Zucker und Rahm so lange unter Rühren einkochen, bis die Masse braun wird und Fäden zieht. Eine Marmorplatte oder ein Blech mit Butter bestreichen, die Karamelmasse daraufgiessen und mit nassem Spachtel ½ cm dick verteilen. Noch warm mit einem geölten Messer in kleine Vierecke schneiden.

Man kann natürlich auch halb Milch, halb Rahm verwenden. In diesem Fall werden die Täfeli allerdings etwas härter. Sollte bei dieser Variante die Masse plötzlich dick und blasig werden, noch etwas Milch dazugiessen und die Masse wieder glattrühren. Die Täfeli werden weicher, wenn man der Masse zuletzt etwas Butter beifügt.

375 g Zucker
1 l Rahm (wenn möglich dicker Doppelrahm)
Wenig Butter

Basler Mässmögge

Sie bestehen aus einer Zuckermasse, die mit Vanille, Zitrone, Orangenblütenwasser, Schokolade oder ähnlichen Ingredienzen parfümiert, gleichzeitig gefärbt und anschliessend in gleichmässige, fingerdicke Stränge gezogen und in Stücke geschnitten oder abgehackt wird. An der Basler Mäss gibt es entweder die schwarz-weissen oder rot-weissen, gedrehten Mögge oder solche, die nach «Änisträpfli» schmecken, sowie die originellen hellgrünen Mocken mit den «Wybärtli» (eine Art Gaba-Täfeli) und Pfefferminzgeschmack. Man findet auch die bunten Zuckerblätzli, die ähnlich schmecken wie die gewöhnlichen Mässmögge.

Gebrannte Mandeln

150 g Mandeln
150 g Zucker
2 Essl. Wasser
Wenig Öl für das Blech

Die Mandeln eine Minute lang in kochendem Wasser einweichen. Wasser abgiessen und die braunen Häutchen entfernen. Die Mandeln auf einem Tüchlein trocknen lassen, dann in einer trockenen Bratpfanne ohne Fett unter stetem Wenden hellgelb rösten. Zucker und Wasser in einer Pfanne aufkochen, bis der Zucker aufgelöst ist. Die Mandeln beigeben und unter Rühren 5–10 Minuten karamelisieren. Der Zucker soll sich fest um die Mandeln legen. Dann die Pfanne von der Kochstelle wegziehen, etwas abkühlen lassen. Nochmals aufsetzen und den Zucker wieder schmelzen lassen. Der flüssige Zucker soll sich wie ein Überzug auf die Mandeln niederschlagen. In diesem Moment die Mandeln auf das eingeölte Blech geben, mit zwei Gabeln auseinanderziehen und langsam abkühlen lassen.

Schloss Vorburg, altes
Bistum Basel.
Gemälde von
Birmann

Türkenhonig

Er verdrängte mit der Zeit den bereits erwähnten Mässmoggeteig. Ein genaues Rezept für den Türkenhonig konnte ich aber nicht ausfindig machen. Eugen A. Meier schreibt darüber in seinem Buch «Das süsse Basel»:

«750 g Zucker, 220 g Sirup, 200 g Bienenhonig mit Wasser zu einem dicken Sirup kochen und unter den steifen Schnee von 2 Eiweiss schlagen. Die Masse ein wenig mit Zitronenöl versetzen. Wenn sie etwas abgekühlt ist, werden unter die abgeröstete Masse geröstete Mandeln oder Nüsse und etwas Zimt gewirkt, ausgerollt und Stangen davon abgeschnitten.»

Basler Spezialitäten

Wer anlässlich eines Besuches in Basel in einem Restaurant oder gar in einer Zunftstube auf der Speisekarte nach Basler Spezialitäten sucht, wird oft ein bisschen enttäuscht. Da gibt es bestenfalls ein Herrenschnitzel, das heisst ein «fürnehmes» Kalbsplätzli, das mit Gänseleber und Trüffeln gefüllt ist und wahrscheinlich früher einmal für die Basler «Here us em Taigg» kreiert wurde, ferner einen Lummelbraten oder eine Käseschnitte. Privat kochen die Baslerinnen ähnlich wie andere Schweizer Hausfrauen, doch haben sie dank ihrem Humor die Gabe, für ganz alltägliche Gerichte lustige Namen zu erfinden. So wird etwa aus einem einfachen gefüllten Servelat ein «Beppichlepfer» und aus Hörnli mit Schinken ein «Schunggebegräbnis». Das Prunkstück der Basler Küche ist ohne Zweifel der Lummelbraten, der aus

Rindsfilet zubereitet wird. Dass die Basler aber zu allen Zeiten Feinschmecker waren, ersieht man aus den originellen Familienrezepten. Da gibt es zum Beispiel die «Bas de soie» der Frau Merian (Schweinsfüsse, Schweinsohren und «Schweinsschnurre») oder den «gefüllten Rachen» (mit Brot und Schweinefleisch gefüllter Schweinerachen) der Frau Heussler-Kuder, ferner eine raffinierte Fischpastete und die Lümmeli-Pastete (eine Fleischpastete mit Teigkruste) oder eine ausgezeichnete Kuttelpastete, die ich nach einem alten Familienrezept zu kochen versucht habe. Nicht unerwähnt bleiben dürfen auch die süssen Basler Spezialitäten – die bereits erwähnten Leckerli, die herrlichen Brunsli (s. S. 472) und der «Schoggitorf», ein feines Schokoladengutzi, das zum Kaffee serviert wird.

Basler Herrenschnitzel

Die Kalbsschnitzel vom Metzger zum Füllen zubereiten lassen, dabei darauf achten, dass die Tasche nicht sehr gross gemacht wird. Die Gänseleberscheiben am Rande von der Speckschicht befreien, dann die Schnitzel damit füllen. Die Öffnung mit einem Hölzchen oder einer Rouladennadel verschliessen. Die Schnitzel mit Pfeffer bestreuen und nach Belieben leicht mit Mehl bestäuben. Beidseitig in der Butter bei mässiger Hitze rasch goldgelb braten. Darauf achten, dass die Butter nicht allzu heiss wird und die Gänseleber nicht ausläuft. Das Fleisch aus der Pfanne nehmen, mit wenig Salz bestreuen und warm stellen. Den Bratenfond mit Weisswein oder Bouillon stark aufkochen. Über die Schnitzel giessen oder separat dazu servieren. Als Beigabe gebratene Kartoffeln und Gemüse auftischen.

Für 4 Personen

4 Kalbsschnitzel (mit eingeschnittener Tasche)
4 Scheiben echte Gänseleber mit Trüffel zu je 10 g
Pfeffer
Wenig Mehl (nach Belieben)
2 Essl. Butter
Salz
1 dl Weisswein oder Bouillon

Basler Lummelbraten

Für 6 Personen

*1 kg Lummel
(Rindsfilet)
100 g Spickspeck
2 Essl. Butter
Salz, Pfeffer
1 Rüebli
1 Zwiebel, gespickt mit
1 Lorbeerblatt und
1 Nelke
1 Stück Sellerieknolle
1 ½ dl Weisswein
2 Essl. Rahm
½ Teel. Fécule
(Kartoffelmehl), nach
Belieben*

Den Spickspeck in 3 mm breite Streifen schneiden. Kleine, ungefähr 3 cm lange Stücke davon abschneiden und das gehäutete Filet ringsum mit Hilfe einer Spicknadel damit spicken. Diese Vorbereitungen kann man eventuell bereits vom Metzger ausführen lassen.
Die Butter in einer Bratkasserolle erhitzen. Das Fleisch hineingeben und allseitig rasch anbraten. Mit Salz und Pfeffer würzen. Dann halbiertes Rüebli, gespickte Zwiebel und Sellerie zugeben und mit Wein ablöschen. Im Ofen bei 200° 20–30 Minuten weiterbraten. Das Fleisch häufig mit dem Bratensaft begiessen. Es sollte nicht durchgebraten, sondern innen leicht rosa, «à point» bleiben. Das Fleisch nach dem Braten auf eine vorgewärmte Platte anrichten. Den Bratenfond mit ½–1 dl Wasser stark aufkochen. Den Rahm nach Belieben mit dem Kartoffelmehl verrühren. Die Sauce damit binden und entweder in einer Saucière gesondert servieren oder über das in Tranchen geschnittene Fleisch verteilen. Dazu gehören kleine, ausgestochene gebratene Kartöffelchen und verschiedene junge Gemüse, jedes gesondert weichgedämpft.

Käseschnitten nach Basler Art

Für 4 Personen

*8 Scheiben Modelbrot
80 g Butter
4 grosse Zwiebeln
200 g Greyerzer Käse
Pfeffer aus der Mühle*

Die Brotscheiben auf einer Seite dünn mit Butter bestreichen. Mit der bestrichenen Seite nach unten in eine Gratinplatte oder je 2 davon in ein Eierpfännchen legen. Die Zwiebeln halbfein hakken. Die restliche Butter in einer grossen Bratpfanne erhitzen. Die Zwiebeln darin goldgelb dünsten. Auf die Brotscheiben verteilen. Den Käse in Scheiben schneiden, die Zwiebeln damit bedecken. Bei 230° im Backofen überbacken, bis der Käse schmilzt. Mit Pfeffer bestreuen und sofort servieren.

Schunggebegräbnis
(Hörnli mit Schinken)

Die Butter in einer Bratpfanne erhitzen. Die Teigwaren mit dem gehackten Schinken hineingeben und alles gut mischen. Eier, Käse und Milch oder Rahm verquirlen. Mit Salz, Pfeffer und Muskatnuss würzen. Diese Mischung über die Teigwaren giessen. Mehrmals wenden, dann alles zu einer Art Kuchen zusammenpressen. Zudecken und auf kleinem Feuer braten, bis eine goldbraune Kruste entsteht. Auf eine Platte stürzen und mit Salat servieren.

Für 4 Personen

250 g gekochte Hörnli, Nudeln oder Makkaroni
1 Essl. Butter
150 g Schinken
3 Eier
2 Essl. Käse
2 ½ dl Milch oder Rahm
Salz, Pfeffer, Muskatnuss

Und nun zum Abschluss noch den ausgezeichneten

Schoggi-Torf

Die Schokolade zerbröckeln und im Wasserbad mit 4 Essl. Wasser schmelzen. Zucker und Eigelb schaumig rühren. Butter beifügen. Die erkaltete Schokolade beifügen. Mehl mit Backpulver mischen und dazugeben. Zum Schluss den Eierschnee sorgfältig darunterziehen. Auf gut bebuttertes Blech geben (etwa 1 ½ cm hoch) und 15–20 Minuten bei mittlerer Hitze (160°) bakken. Noch warm in Würfel schneiden.

500 g dunkle Schokolade
200 g Zucker
6 Eigelb
150 g Butter
150–200 g Mehl
1 Messerspitze Backpulver
6 Eiweiss, zu Schnee geschlagen

Und hier nun das Rezept von Frau Merian für das bereits erwähnte Gericht «Bas de soie», das ich in der Originalversion aufführe.

Bas de soie

«2 Schweinsfüsse, 2 Schweinsohren (ungesalzen), 1 Schweinsschnurrli den ganzen Tag ehe man es kocht in frisches Wasser gelegt, sowie den Tag ehe man sie braucht 7 Stunden gekocht, bis sie recht lind sind. Wenn sie verschäumt sind, eine Mass guten Wein und ein wenig Salz daran getan. Sind sie angerichtet, wird die Haut der Füsse abgelöst und dieselben zwischen zwei hölzernen

Brettchen mit Gewichtsteinen gepresst. Den andern Tag dann in gestossenem Brot umgekehrt und in einer Pfanne mit viel süsser Butter gebraten bis sie schön gelb sind.
Die Beinchen werden als warm herausgenommen und immer ein Stück nach dem andern aus dem Kochhafen getan; das schwarze, unreine gesäubert und das schöne auf eine Platte getan. Die Ohren werden zu 2-fingerbreiten Bändli verschnitten, aus der Schnurre kleine Stückchen gemacht, die Brühe gesiebt. Am letzten Tag 12 grosse Zwiebeln geschält und zerschnitten, schön braun in Butter geröstet und mit der Brühe in einer Pfanne etwa 3 Stunden gekocht, bis sie dick ist. $1/2$ Stunde vor dem Essen tut man die Stückchen Ohr und Schnurre in die Brühe und kocht sie damit, dann richtet man es an, rangiert die panierten Füsse darum. Für reichlich 6 Personen.»

WANDER Ä GROSSI FEISTI SAUW.

Je fetter ein gemästet Schwein,
Je näher wird die Schlachtung seyn

Ausrufbild: Wollt ihr eine grosse, fette Sau?

Quittengelee

Willst du ein Gelee von Quitten
Das bei allen wohlgelitten,
Nimm acht Quitten, schön und fein,
Und zu Schnitten schneid' sie ein.
Ganz und gar mit Schal' und Kern,
So nur sulzen sie dir gern.
Giesse Wasser dran, mein Kind,
Bis sie ganz bedecket sind.
Lass sie kochen, bis sie weich,
Nimm sie dann vom Feuer gleich,
Giess' ein Glas Wein zu, das gibt Kraft,
Von einer Zitrone noch den Saft.
Dann lass' es vierundzwanzig Stunden steh'n,
Damit die Kraft in Saft kann übergeh'n.
Nun giess' es durch ein reines Tuch,
Bis du hast klaren Saft genug.
Wenn du acht Quitten hast genommen,
So wirst du drei Pfund Saft bekommen.
Zu einem Pfund vom Safte rein
Drei Vierling★ Zucker müssen sein.
Das koche sacht und nehme wahr,
Bis es verschäumt und völlig klar.
Probier's auf einer Tasse schön,
Bis ein paar Tropfen darauf steh'n.
Füll's warm in Gläser, wie es schicklich,
Es bleibt das ganze Jahr erquicklich.
Wenn gar kein Rest soll nutzlos übrigbleiben,
Kannst du die Schnitten noch zu Mark durchtreiben.
Zu einem Pfund von Quittenmark
Da wäg' drei Vierling Zucker stark;
Ist's gut gekocht, so füll' es ein,
Erquick' damit die Gäste dein.

★ 1 Vierling = 125 g

Chüttenepäschtli
(Konfekt aus Quittenpaste)

Eine typisch zürcherische Weihnachtsspezialität, die früher auch gerne an den Christbaum gehängt wurde. Ausser den Päschtli gibt es noch die Quittenwürstli, die geformt werden, indem man das eingedickte Quittenmus in Schafdärme abfüllt und die Würstchen abbindet. Für die Zubereitung der «Chüttenepäschtli» gibt es schöne Keramikmodel, die heute nur noch antiquarisch aufzutreiben sind. Man kann die Quittenpaste aber auch einfach mit Weihnachtsguetzliformen ausstechen. Für die Zubereitung gibt es viele Rezepte. Sparsame Hausfrauen bereiteten sie aus den Rückständen zu, die beim Geleekochen entstanden. Bei feineren Rezepten wird der Quittensaft mitverwendet. Schön rot werden die Chrömli, wenn man eine Handvoll Brombeeren oder einige Apfelschalen mitkocht.

4 kg Quitten
500 g Zucker auf 500 g Quittenmus
100 g Brombeeren oder Apfelschalen von roten Äpfeln
Saft von 1 Zitrone
Griesszucker zum Auswallen

Die Quitten gut waschen, mit einem Tüchlein abreiben und mitsamt der Schale und dem Kerngehäuse in Stücke schneiden. Mit 1 dl Wasser weichkochen und in einer Schüssel über Nacht stehen lassen. Die Brombeeren oder die Apfelschalen werden mitgekocht.
Die Quitten durch ein Sieb oder durch die Fruchtpresse treiben. Das Fruchtmus abwägen.
Das Quittenmus in eine Pfanne geben. Zitronensaft und die erforderliche Menge Zucker beifügen. Unter ständigem Rühren zu einem sehr dicken Brei kochen, der sich von der Pfanne lösen muss (ungefähr 50 Minuten).
Eine Marmorplatte oder einen mit Aluminiumfolie ausgelegten Tisch mit Zucker bestreuen. Die Quittenpaste 1 cm dick darauf verteilen. 2–3 Tage bei Zimmertemperatur antrocknen lassen (mit einer Folie leicht zudecken).

Aus der Paste kleine Förmchen ausstechen. Die Päschtli im Zucker wenden. In eine Blechschachtel versorgen und kühl aufbewahren. Zwischen jede Lage ein Stück Pergamentpapier legen.
Quitten werden heute immer seltener. Man findet sie selbst auf dem Markt oft nur mit Mühe. Sie eignen sich nicht nur sehr gut zum Einmachen, man kann daraus auch ein gutes Kompott oder herrliche Kuchen zubereiten.

Quittenkuchen
(Rezept aus Fribourg)

Die Quitten im Keller lagern, bis sie weicher geworden sind. Schälen, in dünne Schnitze schneiden. Mit 3 dl Wasser und Zitronensaft etwa 20 Minuten vorkochen. Den Teig 3 mm dick auswallen. Das bebutterte Blech damit auslegen. Den Teigboden mit Mehl und Zucker bestreuen. Die gut abgetropften Quittenschnitze kranzförmig darauf anordnen. Eier, Rahm, Zitronenschale und Zucker verquirlen und diesen Guss über die Quitten verteilen. 35–40 Minuten bei 230° bakken. Lauwarm oder kalt servieren und nach Belieben mit steifgeschlagenem Rahm garnieren.

Für ein rechteckiges Blech von 30 × 40 cm

500 g geriebener Teig
750 g Quitten
2 Essl. Zitronensaft
Butter für das Blech
1 Essl. Mehl
2 Essl. Zucker

Guss:
2 Eier
1 Tasse möglichst dicker Rahm
1 Teel. abgeriebene Zitronenschale
2 Essl. Zucker

Quittensuppe
(altes Zürcher Rezept)

Die Quitten mit einem Tüchlein abreiben, schälen und Kerngehäuse entfernen. In dünne Schnitze schneiden. Die Kerngehäuse in ein Mulltüchlein einpacken und zubinden. Wein und Wasser aufkochen. Die Schnitze, das Mullsäcklein, den Zucker und den Zimt beifügen. 40–50 Minuten auf kleinem Feuer zugedeckt kochen. Die Schnitze sollen ganz weich werden, dürfen aber nicht zerfallen. Die Weggli in kleine Würfelchen schneiden, in Butter hellgelb rösten und über das Kompott streuen oder damit vermischen.
Man kann die Quitten auch ungeschält in Stücke schneiden und vor der Beigabe von Zucker, Zimt und Weisswein durch das Passevite treiben.

Für 4 Personen

4 Quitten
1 dl Weisswein
1 dl Wasser
150 g Zucker
½ Zimtstengel
2 Weggli
2 Essl. Butter

Die unreifen Äpfel, die vorzeitig herunterfallen, wurden früher zu einem herrlichen Gelee eingekocht. Heute lässt man sie meist einfach liegen. Eigentlich schade!

Gelee aus unreifen Äpfeln
(Rezept aus dem Aargau)

2 kg unreife Äpfel
2 l kaltes Wasser
1 kg Zucker pro Liter Fruchtsaft
1 dl Holunder- oder Zwetschgensaft (nach Belieben)

Die Äpfel waschen, Fliegen und Stielansatz entfernen und die Früchte in Stücke schneiden. Das Wasser beifügen. 20 Minuten kochen und über Nacht stehen lassen.
Am nächsten Tag absieben, den Saft messen und auf einen Liter 1 kg Zucker beigeben. Unter Rühren 3–4 Minuten wallend kochen lassen. Gut abschäumen. Sobald Saft geliert (Probe machen: Am Kochlöffel sollten zwei Tropfen zu einem Geleeblättchen zusammenlaufen), in Gläser einfüllen. Dem Saft nach Belieben etwas Holunder beimischen, das gibt eine schöne Farbe!

Obst dörren

Man schält Bergamottenbirnen, lässt den Stiel daran, sticht den Butzen heraus, siedet sie mit einem Stück Zucker in Wasser, bis sie weich sind, nimmt eine nach der andern heraus, seiht sie ab, legt sie auf eine mit Papier bedeckte Platte und lässt sie im kalten Ofen trocknen. Dann presst man sie zwischen zwei hölzernen Tellern, trocknet und presst sie erneut und wiederholt diese Prozedur 3–4mal, bis die Birnen ganz flach, nur noch messerrückendick und trocken sind. Dann ordnet man sie in einer Schachtel an, streut Zucker dazwischen und bewahrt sie an einem trockenen Orte auf.

Gelee aus Tessiner Trauben

Die gut gewaschenen Traubenbeeren von den Stielen lösen, in die Pfanne geben und soviel Wasser zugiessen, bis sie knapp davon bedeckt sind. Auf kleinem Feuer 3 Minuten köcheln, dann 5 Minuten zugedeckt ziehen lassen. Durch ein Tüchlein passieren (die Zipfel an den Beinen eines umgedrehten Küchenhockers befestigen). Man kann auch auf das Kochen verzichten und die Traubenbeeren auf moderne Art auspressen. Zu ½ l Traubensaft 400 g Zucker beigeben, auf kleinem Feuer zum Kochen bringen und unter Rühren 10 Minuten zu Gelee eindicken lassen. Heiss abfüllen und die Gläser sofort verschliessen.

3 kg blaue Tessiner Trauben
400 g Zucker auf ½ l Fruchtsaft

Und wenn wir schon beim Einkochen sind, hier noch ein Rezept, das lange in Vergessenheit geraten war, aber heute von Beerensammlern und Hobby-Köchinnen wieder geschätzt wird.

Wacholderlatweeri
(Wacholderlatwerge nach Appenzeller Art)

Beim Einsammeln nur die äusseren feinen Ästchen mit den Beeren und keine holzigen Teile nehmen. Die Beeren können mitsamt den Ästchen verwendet werden. In diesem Fall die Beeren mit dem Kartoffelstössel verquetschen, in die Pfanne geben, mit Wasser bedecken und 4–5 Stunden lang zu einer braunen Flüssigkeit kochen. Dann den Saft durch ein Tuch sieben. Ist der gefilterte Saft verdächtig dünn, sollte man ihn noch eine Zeitlang auf mittlerem Feuer eindicken lassen. Bei Verwendung der blossen Beeren diese kochen und dann durch die Hackmaschine oder das Passevite treiben. Auf 500 g Beeren rechnet man 3 Liter Wasser. Die Vorkochdauer ist in diesem Fall etwas kürzer.

2 kg Wacholderbeeren
1 kg Zucker auf 1 Liter Saft

Den konzentrierten Saft abwiegen und die benötigte Menge Zucker zugeben. Der Zucker kristallisiert später aus, wenn der Saft vor der Zuckerzugabe zu wenig eingedickt wurde. Für eine hohe Literzahl braucht es viel Zucker. Da die Latwerge bis zur gewünschten Dicke eingekocht werden muss, entsteht gerne eine Übersüssung. Deshalb lieber konzentrierten Saft mit weniger Zucker einkochen. Die Latwerge wird dadurch auch geschmacklich besser. In Steinguttöpfe abfüllen und diese gut verschliessen. Latweeri ist gut bei Erkältungen, Magenstörungen und wirkt wassertreibend – ein altbewährtes Hausmittel unserer Urgrossmütter.

Raisiné

Im Waadtland werden Äpfel oder Äpfel samt Birnen zu einem Konzentrat gekocht, das man im Herbst in kleinen Flaschen oder Gläsern auf dem Markt erstehen kann. Der «Raisiné wird vor allem als Zutat zu originellen Kuchenfüllungen verwendet (s. «Tarte au raisiné», S. 383, «Gâteau au nillon», S. 406). Oft nennt man den «Raisiné» auch «Vin cuit». Aber da gehen, wie ich feststellen konnte, die Meinungen auseinander. Der «Raisiné» sei nur der konzentrierte, halbflüssige Saft. Unter «vin cuit» hingegen verstehe man die dick eingekochten ganzen Früchte. Der «vin cuit» hat mit «vin» (Wein) gar nichts gemein. Ein ähnliches Konzentrat ist die «Cougnarde», eine Mischung aus eingekochten entkernten Äpfeln, Birnen und oft auch Quitten – oder deren Saft –, die auf ähnliche Art wie der «Raisiné» eingekocht wird.

Grundrezept. Äpfel oder halb Äpfel, halb Birnen pressen. Den frischen Saft ohne Zucker mindestens 24 Stunden unter gelegentlichem Rühren und Abschäumen zu einem dicken braunen Sirup einkochen. In Flaschen oder Konservengläser heiss abfüllen und diese hermetisch verschliessen. Der «Raisiné» ist, gut verschlossen aufbewahrt, monatelang haltbar.

Eine Art «Sabayon» aus Aigle, der mit «Raisiné» zubereitet wird.

Crème au raisiné

Eigelb, Ei und «Raisiné» in ein kleines Pfännchen geben. Mit dem Schwingbesen gut vermischen. In ein Wasserbad stellen und weiterschwingen, bis eine schaumige Creme entsteht. Sofort in Gläser giessen und warm servieren.

Für 4–5 Personen

3 Eigelb
1 Ei
1 ½ dl «Raisiné»
(s. S. 382)

Oft wird in waadtländischen Rezepten empfohlen, zuerst eine Art weisse Sauce zu kochen und diese dann mit dem «Raisiné» zu mischen. Beim folgenden Rezept wird darauf verzichtet, und mir persönlich sagt diese Art besser zu.

Gâteau au raisiné

Den Teig 3 mm dick auswallen. Das bebutterte Kuchenblech damit auslegen und mehrmals mit einer Gabel einstechen. Maizena, Zucker und Rahm in einer Tasse gut verrühren. In einer zweiten Tasse das Ei mit dem «Raisiné» mischen. Die Butterflocken auf den Kuchenboden verteilen und die Füllung darübergiessen. 30 Minuten bei 220° backen. Den Kuchen beaufsichtigen und die Hitze kleiner stellen, wenn die Füllung zu überlaufen droht. Etwaige Blasen aufstechen und wenn nötig abdecken, damit die Oberfläche nicht zu dunkel wird.

Für ein Kuchenblech von 24 cm Durchmesser

300 g geriebener Teig
(s. S. 138)
Butter für das Blech
1 Teel. Maizena
1 Essl. Zucker
4 Essl. Rahm (oder halb Rahm, halb Milch)
1 Ei
2 dl «Raisiné»
(s. S. 382)
30 g Butterflocken

Wenn Sie Lust haben, diesen «Gâteau au raisiné» und andere Waadtländer Kuchenspezialitäten zu versuchen, dann fahren Sie doch an einem schönen Herbsttag nach Romainmôtier im Waadtländer Jura. Im «Prieuré», einem wunderschönen mittelalterlichen Schloss, das von der Schriftstellerin Katharina von Arx gekauft und restauriert wurde, befindet sich im Parterre, sozusagen in der Pförtnerloge, eine winzige Konditorei, wo Madame Muller, eine ältere Dame, ihre Gäste mit herrlichen Kuchen verwöhnt. Sie bringt bereits zum Mittagessen ihre Kreationen frisch aus dem Backofen, unter anderem den ganz aparten «Gâteau au nillon» (S. 406), einen zarten Rahmkuchen, und einen ganz vorzüglichen heissen Käsekuchen. Schlossbesucher, die sich im «Prieuré» Bankette bestellen und die Waadtländer Küche lieben, wünschen sich oft zum Dessert einige Kuchen von Madame Muller.

Einige interessante Herbstrezepte

Birnenhonig

Unter dieser Bezeichnung ist vor allem in der Innerschweiz das selbsteingekochte Birnensaftkonzentrat bekannt. Meistens werden Mostbirnen, vielfach aber auch Äpfel samt Birnen zu einem dicken braunen Sirup gekocht, den man im Winter aufs Butterbrot streicht.

Grundrezept. Die Birnen entsaften oder vorkochen und den Saft durch ein Tuch, das in einem umgekehrten «Taburettli» (Küchenstuhl) aufgehängt wird, in eine Schüssel abtropfen lassen. Den gewonnenen klaren Saft ohne Zucker unter Rühren mehrere Stunden auf kleinem Feuer einkochen lassen, bis sich ein brauner Honig bildet. Birnenkonzentrat ist auch im Reformhaus erhältlich.
Einige mit eingekochte Quittenschnitze geben einen besonders guten Geschmack.
In Flaschen mit Bügelverschluss einfüllen.

Rahm-Birnenhonig

Den Rahm nicht ganz steif schlagen. Den Birnenhonig und den Zucker beigeben und tüchtig schlagen. Die Masse muss etwas dicker sein als eine «Sauce hollandaise» und wird zu Geschwellten serviert.

Für 4 Personen

5 dl Rahm
2 Essl. Birnenhonig
20 g Zucker

Burgdorf. Stich von M. Merian, 1642

Gegen Ende Oktober finden wir auf dem Markt die wunderschönen gelben Kürbisse. Wie köstlich man sie zubereiten kann, wissen heute nur noch die wenigsten. Kaufen sie doch nächstes Mal einen grossen Kürbisschnitz und probieren Sie folgendes Rezept aus.

Kürbissuppe
(Rezept aus dem Bernbiet)

Für 6–8 Personen

1 ½ l Bouillon
250 g Kartoffeln
150 g Rüebli
2 Lauchstengel
1 Zwiebel
1 Büschelchen Petersilie
1 grosser Kürbisschnitz
Salz, Pfeffer, Majoran
Weissbrotwürfeli, in Butter geröstet

Die Gemüse schälen und in grobe Würfel schneiden. Mit Wasser aufsetzen und 40 Minuten kochen. Dann durch das Passevite treiben. Wenn nötig noch mit etwas Bouillon verdünnen. Nochmals aufkochen, gehackte Petersilie hineingeben und mit den gerösteten Brotwürfeli servieren.

Älplerchilbi

Eine Innerschweizer Älplerchilbi ist stets ein beliebtes und vielbesuchtes Fest. Nach dem Chilbirummel im Freien und dem traditionellen Auftritt des «Wildwyb» und «Wildma» wärmt man sich gerne bei einem «Länderkafi» (ähnlich wie der «Entlebucher Kafi», s. S. 71, aber etwas heller) und «Chiächli». In letzter Zeit werden bei dieser Gelegenheit von einigen Restaurants auch wieder Ob- und Nidwaldner Spezialitäten angeboten. Findige Wirte haben schnell gemerkt, dass die Städter für eine Portion Älplermagrone (s. S. 203) gerne nach Beckenried, Sachseln oder Kerns fahren. Ich habe hier einige Rezepte für Länder-Spezialitäten zusammengestellt.

Dies ist ein lustiges Rezept für eine gut gebackene, zerzupfte Omelette, die meistens mit Apfel- oder Birnenstückli auf den Tisch kommt.

Cholermues

Das Mehl in eine Schüssel sieben. Eier, Rahm Zucker und Salz gut verklopfen, zum Mehl geben und zu einem dickflüssigen Omelettenteig verarbeiten. Eine Stunde ruhen lassen. Wenn nötig noch mit wenig Milch verdünnen. Butter in die Bratpfanne geben, Teig einlaufen lassen. Die Omelette auf der Unterseite schön goldgelb bakken, wenden und sofort mit der Bratschaufel in kleine Stückchen zerkleinern. Weiterbacken, bis alle Teigstückchen schön hellbraun sind. Lagenweise mit Zimtzucker anrichten.

Für 4 Personen

80 g Mehl
4 Eier
2½ dl Rahm (oder halb Milch, halb Rahm)
2 Essl. Zucker
½ Teel. Salz
Eingesottene Butter zum Backen der Omeletten
Zimtzucker aus 4 Essl. Zucker und 1 Teel. Zimt

Dieser feine Maiskuchen mit Äpfeln wird fast überall in der Innerschweiz auf ähnliche Art zubereitet. Früher hat man ihn vor allem im Winter gebacken. Hier die Variante aus Nidwalden.

Maisturtä

Für eine Springform von 24 cm Durchmesser

200 g Maisgriess
50 g Weizengriess
3 Essl. Rosinen
1 l Milchwasser
(²⁄₃ Milch, ¹⁄₃ Wasser)
½ Teel. Salz
4 Essl. Zucker
60 g Butter
Butter für die Form
4–5 Äpfel
1–2 Essl. Zimtzucker
Butterflocken

Die Rosinen waschen und in kaltes Wasser einlegen. Milchwasser mit Salz aufkochen. Mais- und Weizengriess hineingeben und unter Rühren 15–20 Minuten kochen. Abgetropfte Rosinen, Zucker und Butter zugeben. Gut rühren, nochmals aufkochen, in eine gut bebutterte Springform einfüllen und glattstreichen. Die Äpfel schälen, in 3 mm dicke Schnitze teilen und die Oberfläche des Maiskuchens kranzförmig damit belegen. Die Äpfel dürfen etwas einsinken, deshalb den Kuchen belegen, solange er noch weich ist. Die Äpfel mit Zimtzucker und Butterflocken bestreuen. 35–40 Minuten bei 190° backen. Die Äpfel nach halber Backzeit mit Aluminiumfolie abdecken.

Und dazu trinkt man einen Ländermilchkaffee.

> *Ländermilchkafi.* Unter dieser Bezeichnung versteht man eine spezielle Zubereitungsart des Milchkaffees, die nicht nur in Ob- und Nidwalden bekannt ist. Auch die Luzerner, die Urner und andere Innerschweizer brauten – vor allem auf dem Lande – ihren Kafi auf diese Art.
>
> Hier das Grundrezept:
> $^1/_2$ l Wasser aufkochen lassen. 5 Essl. Kaffeepulver zugeben und nochmals aufkochen. $^1/_2$ l Milch beifügen und nochmals erhitzen, bis das Milchwasser steigt. In einen Krug absieben.

Ein besonders urchiges Krapfenrezept. Solche Krapfen werden auch heute noch anlässlich der Älplerchilbi zubereitet (eine etwas verfeinerte Variante s. S. 68).

Nidwaldner Chilbikrapfen
(Käsereirezept aus der Innerschweiz)

Die Milch aufkochen. Die Butter in Stücke schneiden, hineingeben und beides etwas erkalten lassen. Salz und nach und nach das Mehl zufügen. Einen festen Teig zubereiten, der sich auswallen lässt. Den Zieger in ein Becki geben, gut kneten, auspressen und das heraustretende Wasser abgiessen. Zitronenschale, gewaschene Rosinen, Zucker und Zimt zufügen. Gut mischen. Den Teig 3 mm dick auswallen. Mit dem Teigrisserli (Teigrädchen) in verschobene Rechtecke aufteilen. Etwas Füllung daraufgeben, zu Krapfen zusammenklappen und dabei die Ränder leicht mit Wasser befeuchten. Gut zusammenpressen und in heisser Butter schwimmend backen. Nach Belieben im Zimtzucker wenden.

$^1/_2$ l Milch
150 g Butter
1 Teel. Salz
1 kg Mehl
1 kg Zieger
Schale von 1 Zitrone, fein gehackt
50 g Rosinen
3 Essl. Zucker
1 Teel. Zimt
Eingesottene Butter zum Ausbacken
Zimtzucker aus 4 Essl. Zucker und 1 Teel. Zimt

Der Sbrinz – ein berühmter Innerschweizer

Der Sbrinz ist eine der ältesten Käsesorten. Er wird als «caseus helveticus» schon von Plinius erwähnt. Jahrhundertelang galt der Sbrinzer oder Spalenkäse als wichtigstes Exportgut der Schweiz. Auf dem Wege über Gotthard und Grimsel beförderten die Säumer einstmals diesen Käse nach Italien und brachten auf dem Rückweg Reis, Wein und Kastanien in unser Land. Man nannte ihn Spalenkäse, weil er für lange Transporte in Spalen (Fässchen für 4–5 Laib Käse) verpackt wurde. Jedem Saumtier band man zwei dieser Fässchen auf den Rücken. Ein Saum wog ungefähr 150 Kilo. Als Saumtiere dienten vorab Pferde, aber auch Ochsen, Esel und Maultiere. Im Winter transportierte man den Sbrinz mit Schlitten, die von Pferden gezogen wurden. Zähe «Bruchochsen» hatten den Pferden und Säumern den Weg durch den Schnee zu bahnen. Der Nidwaldner Sbrinz scheint damals allen anderen Käsesorten vorgezogen worden zu sein. Der Luzerner Chronist Cysat schreibt darüber: «Von der Vychzucht und Molchen haben die Inwohner (von Nidwalden) grossen Nutzen. Vil ihres Vychs und Käss, welche insonders gelobt und von den Italjänern Prienser-Käse genannt seyndt, werden mit ansehnlichem Gwünn über das Gebürg verkaufft».
Sbrinz ist ein trockener Hartkäse, der sein kräftiges und eigenwilliges Aroma der zwei Jahre dauernden Trockenreifung verdankt. Erst nach Ablauf dieser Zeit gilt er als vollreif. Mehr als dreijähriger Sbrinz ist eine Rarität für Kenner! Sie geniessen ihn in dünnen Scheiben oder gehobelt. Besonders geschätzt wird der Sbrinz auch als rassiger Reibkäse, der keine Fäden zieht.

Bratchäs

In Obwalden wird viel «Bratchäs» gegessen. Er wird in kleinen Laibli unter der Bezeichnung «Obwaldner Bratchäs» hergestellt, kann roh gegessen oder, ähnlich wie Walliser Raclette, an der Glut gebraten werden. Man kann ihn aber auch in dünne Scheiben schneiden, auf den Teller geben und im Ofen einfach schmelzen lassen. Oder man lässt ihn in der Bratpfanne zergehen.
Besonders gut schmeckt er, wenn man ihn flüssig über frischgekochte «Gschwellti» gibt. Es empfiehlt sich, die Teller vorher zu wärmen, damit der Käse flüssig bleibt.

Wild

Bereits im 16. und 17. Jahrhundert wurde Wild bei uns in der Schweiz zu einer exklusiven Spezialität. Sondervorschriften bestimmten, wann und von wem Wild gegessen werden durfte.
Im letzten Jahrhundert verspeiste man bei uns noch Bären. Besonders geschätzt waren der Bärenschinken und die nach einem alten Berner Rezept zubereiteten Bärentatzen.
Typisch schweizerische Wildrezepte sind rar. Die meisten Zubereitungsarten ähneln weitgehend jenen unserer Nachbarländer. Einzig bei der Beize sind gewisse Unterschiede zu verzeichnen. In alten Bündner Rezepten wird der Sauce zuletzt noch ein Esslöffel aufgelöste Schokolade zugegeben.
Hier einige Jägerrezepte aus dem Bündnerland, der Ostschweiz und der Innerschweiz.

Rehpfeffer nach Bündner Art

Für 6–8 Personen

Beize:
5 dl schwerer Rotwein (z. B. Veltliner)
½ dl Rotweinessig
1 halbierte Zwiebel, je mit ½ Lorbeerblatt und 1 Nelke gespickt
1 Zweig Wacholder
1 Arvenzweig
5 Wacholderbeeren
2–3 Korianderkapseln
2–3 Salbeiblätter
1 Zweiglein Thymian

2 kg Rehfleisch mit Knochen
2 Essl. Butter
1 Rüebli
1 Stück Sellerieknolle
1 Essl. Mehl
Salz, Pfeffer
2 dl Rehblut (oder Schweineblut)
½ dl Rahm

Garnitur:
100 g Eierschwämmchen
1 Essl. Butter
100 g Magerspeck
Preiselbeeren

Alle Zutaten für die Beize zusammen aufkochen. (Kein Salz zugeben!) Über die Fleischstücke giessen. 10 Tage marinieren und täglich wenden. Die Fleischstücke sollen immer in der Flüssigkeit liegen. Das Fleisch aus der Beize nehmen, gut abtrocknen und in der Butter allseitig anbraten. Rüebli und Sellerie hacken und beifügen. 2–3 Minuten mitdünsten. Mit Mehl bestreuen, gut wenden, dann die gesiebte Beize zufügen. Mit Salz und Pfeffer würzen und im Ofen bei 200° eine Stunde zugedeckt schmoren.
Die Eierschwämmchen putzen und in Butter weichdünsten. Den Speck in feine Streifchen schneiden, kurz heiss abbrühen, dann in einer Bratpfanne leicht anrösten. Das Fleisch aus der Kasserolle nehmen und auf einer warmen Platte anrichten. Die Sauce bis auf die Hälfte einkochen. Blut und Rahm beifügen. Nochmals knapp vors Kochen bringen, über das Fleisch giessen und mit Eierschwämmchen und Speckstreifen garnieren. Dazu Kartoffelstock, Knöpfli oder Spätzli und Preiselbeeren servieren.

Rehschnitzel an Spezial-Rahmsauce

(Schaffhauser Rezept)

Für 4 Personen

8 kleine etwa ½ cm dicke Reh- oder Hirschschnitzel
2 Essl. Butter
Salz, schwarzer Pfeffer aus der Mühle
Wildbretgewürzmischung*
Wenig Mehl
4 dl Rahm

Die Schnitzel beidseitig gut würzen, im Mehl wenden und in der Butter beidseitig ganz kurz braten. Aus der Pfanne nehmen, auf einer heissen Platte anordnen und auf das Rechaud stellen. Überflüssiges Fett aus der Pfanne abgiessen und den Bratenfond mit dem Rahm aufkratzen. Auf grossem Feuer einkochen lassen, bis die Sauce sämig wird. Nach Belieben nachwürzen. Über die Schnitzel giessen und sofort servieren.

* Wildbretgewürzmischung gibt es im Spezialgeschäft. Wenn nicht erhältlich, kann sie direkt bei der Gewürzmühle Landolt, Hauser in Näfels bezogen werden.

Schaffhausen. Von S. Prout

Hasenrücken an Rahmsauce

(Ostschweizer Rezept)

Die Hasenrücken mit Hilfe der Spicknadel mit dem Speck spicken. Das Fleisch gut würzen und in eine bebutterte Auflaufform legen. Mit Wacholderpulver bestreuen und mit der Hälfte der in kleine Stücke geschnittenen Butter belegen. Im heissen Ofen 45 Minuten braten. Von Zeit zu Zeit mit etwas heissem Wasser übergiessen. Nach dem Garwerden die Hasenrücken aus dem Ofen nehmen und warmstellen. Den Bratenfond mit 2 Essl. Wasser auflösen, Rahm zugeben und 5 Minuten eindicken lassen. Sauce aus dem Ofen nehmen, gut würzen. Die restliche Butter in Flocken zugeben und unter Schwingen mit dem Zitronensaft gut mischen. Die Hasenrücken mit der Sauce überziehen und sofort servieren.

Nach diesem Rezept lässt sich auch Rehrücken zubereiten. Gemäss Beschreibung sollen die Rücken gespickt werden. Ich finde es schade und lasse jeweils den Speck weg. Auch Rehschlegel lässt sich nach diesem Rezept zubereiten. Er darf ohne weiteres gespickt werden, benötigt aber eine längere Bratzeit. Er kann auch vorher in Beize eingelegt werden.

Für 4–6 Personen

2 Hasenrücken
150 g Spickspeck (nach Belieben)
Salz, Pfeffer, Thymian
¼ Teel. Wacholderpulver
80 g Butter
1 dl Rahm
Saft von ½ Zitrone
Butter für die Form

Hasenpfeffer nach Jägerart
(Entlebucher Rezept)

Für 4 Personen

Marinade:
5 dl Rotwein
1 dl Essig
2 dl Wasser
½ Essl. Salz
1 Zwiebel
1 Lorbeerblatt
2 Gewürznelken
1 Rüebli
6 Wacholderbeeren
1 Tannezweiglein
3 Kapseln Koriander
Pfeffer, grob gemahlen

1 kg Wildhase mit Knochen, in Stücke zerteilt (inklusive Herz, Lunge und Leber)
3 Essl. Butter
50 g Magerspeckwürfelchen
2 Essl. Mehl
2 Essl. Butter
1 Prise Zucker
Nach Belieben 2 dl Hasenblut
1 dl Rotwein
Salz, Pfeffer

Hase mit Knochen in der Marinade einlegen. Das Fleisch nach einigen Tagen aus der Beize nehmen, gut abtropfen lassen und in der heissen Butter auf allen Seiten anbraten. Die Speckwürfelchen beigeben und glasig werden lassen. Mehl und Butter in einem separaten Pfännchen braun rösten, Zucker zugeben und mit 4 dl gesiebter Beize ablöschen. Die Sauce zum Fleisch giessen, den Rotwein dazugeben und etwa ¾ Stunden kochen lassen. Wenn nötig nachwürzen. Bei Verwendung von Blut, dieses kurz vor dem Anrichten unter den Hasenpfeffer mischen. Nur so lange erhitzen, bis dasselbe dunkel und die Sauce dicklich geworden ist. Nicht mehr kochen, sonst gerinnt die Sauce.

Rehschnitzel an Rahmsauce
(Obwaldner Rezept)

Für 4 Personen

1 Pfund Rehplätzli
1–2 Essl. Butter
1 Essl. Mehl
Salz, Pfeffer
150 g Pilze
½ l guter Rotwein
2 dl Rahm

Die Rehschnitzel im Mehl wenden und in der heissen Butter rasch anbraten. Mit Salz und Pfeffer würzen, herausnehmen und warm stellen. Im Bratenfond die Pilze leicht dünsten. Mit dem Wein ablöschen. Ungefähr 5 Minuten leise köcheln lassen, wenn nötig nachwürzen, dann den Rahm zugeben, heiss werden lassen und über die Schnitzel anrichten.

Wildgeschnetzeltes mit Eierschwämmchen
(Ostschweizer Rezept)

Das in feine Scheiben geschnittene Fleisch in Butter anbraten. Schalotten fein hacken und zugeben. Nach 5 Minuten mit wenig Wein ablöschen und das Fleisch aus der Pfanne nehmen. Die Eierschwämme in den Bratenfond geben und kurz dünsten. Mit Mehl bestäuben, mehrmals wenden, mit dem restlichen Wein ablöschen. Etwas einkochen lassen, dann den Sauerrahm zugeben, gut würzen und das Fleisch wieder beigeben. Nur noch heiss werden lassen, anrichten und mit der gehackten Petersilie bestreuen.

Für 4 Personen

600 g Wildfleisch ohne Knochen (Reh oder Hirsch)
2 Essl. Butter
6 Schalotten
100 g frische Eierschwämmchen
1 Büschel Petersilie
1 Teel. Mehl
2 dl Weisswein
Salz, Pfeffer, Thymian
1 dl Sauerrahm

Selbst in einer Jägersfamilie aufgewachsen, erinnere ich mich stets gerne an die Rehleber, welche nach der Jagd sofort auf folgende Art zubereitet wurde.

Rehleber in Butter

Die Rehleber häuten und von allen Unreinheiten und Filamenten befreien. Bis zum Verbrauch in Milch einlegen und in den Kühlschrank stellen. Die Leber und nach Belieben auch das Herz und die Nierli von Hand in feine Scheibchen schneiden. 1 Essl. eingesottene Butter in einer kleinen Bratpfanne erhitzen. Die Zwiebel hacken und in der Butter 10 Minuten anziehen lassen, ohne dass sie braun wird. Die restliche eingesottene Butter in einer grossen Bratpfanne erhitzen. Leber, Herz und Nierli ganz kurz unter Wenden darin anbraten. Vom Feuer nehmen, mit Salz und Pfeffer würzen und warm stellen. Die Petersilie mit den Zwiebeln mischen, 1–2 Minuten mitdünsten, dann unter die Leber mischen. Die frische Butter hellgelb werden lassen, Thymian und Majoran zufügen und über die Lebern verteilen. Nochmals mit Pfeffer aus der Mühle bestreuen und sofort servieren.

Für 4 Personen

1 Rehleber (mit Herz und Nierli)
2 Essl. eingesottene Butter
1 kleine Zwiebel
Salz, Pfeffer
1 Essl. gehackte Petersilie
50 g frische Butter
Je 1 Prise Thymian und Majoran

Wird diese Leber in der Jagdhütte zubereitet, lässt man Zwiebeln, Petersilie und Gewürze weg und brät sie einfach in Butter.
Übrigens lieben Jagdhunde die Milch, in welcher die Lebern eingelegt werden, über alles!

Beliebte Wildbeilagen

Chnöpfli

(Rezept vom Gasthof «Adler», Nebikon)

Für 6 Personen

2,5 dl Milch oder Milchwasser
500 g Mehl
8 Eier
100 g Griess
1 Gutsch Essig
Salz, Muskatnuss
50 g frische Butter

Milch oder Milchwasser mit Weissmehl gut verrühren. Die Eier dazuarbeiten. Das Griess darunterziehen. Essig, wenig Salz und Muskatnuss beigeben. Der Teig muss zähflüssig sein. Eine Stunde ruhen lassen. 4 Liter Wasser mit 1 Teel. Essig und 1 Essl. Salz aufkochen. Den Chnöpfliteig durch ein Lochsieb portionenweise in die Pfanne drücken. Aufkochen lassen. Die Chnöpfli mit der Schaumkelle herausheben, sobald sie an der Oberfläche schwimmen. Abtropfen lassen, mit wenig Salz und Muskat würzen. Kurz im Butter schwenken, ohne anbraten zu lassen.

Besonders originell finde ich die folgende Mischung.

Preiselbeeren mit Birnen

1 ½ kg Preiselbeeren
750 g Birnen
750 g Zucker

3 dl Wasser mit Zucker zu Sirup kochen. Die Birnen schälen und die Kerngehäuse entfernen. Zuerst in Schnitze, dann quer in dünne Scheibchen schneiden. Zum Sirup geben und eine Stunde kochen, bis eine rötliche Konfitüre entsteht. Die Preiselbeeren zufügen und nochmals ungefähr 15 Minuten kochen. In Gläser abfüllen und diese gut verschliessen.

Früchtetafel

Preiselbeeren selbst einkochen – wer macht das heute noch? Trotzdem ein gutes Rezept dafür.

Preiselbeeren
(Bündner Rezept)

Die Beeren von allen Unreinheiten befreien. In eine Schüssel geben. Mit Zucker bedecken und 4–6 Stunden ziehen lassen. Wein mit Zimt und Nelkenpulver aufkochen. Über die Beeren giessen. Über Nacht stehen lassen. Den Saft immer wieder über die Beeren giessen. Dies 3–4mal am Tag wiederholen. Zuletzt die Beeren samt dem Saft kurz aufkochen. Mit der Schaumkelle aus der Pfanne nehmen. Den Saft zu Gelee einkochen. Die Beeren darin nochmals erhitzen, in einen Steinguttopf füllen und denselben hermetisch verschliessen.

2 kg Preiselbeeren
1 ½ kg Zucker
7 dl schwerer Rotwein
(z. B. Veltliner)
1 Teel. Zimt
1 Prise Nelkenpulver

Unsere besten Kabisrezepte

Weiss, hellgrün, sattgrün, rot, glatt und gekräuselt finden wir jetzt Kabisköpfe auf dem Markt, eine Gemüseart, die seit Jahrhunderten als besonders gesund gilt. Alle Küchen unseres Landes wurden vom Kabis zu währschaften Gerichten inspiriert.

Urner Häfelichabis
(Kabis im Topf)

Für 4 Personen

800 g Schaf- oder Lammfleisch (Schulter ohne Bein oder Brust, evtl. gemischt) oder 400 g Schaf- und 400 g Schweinefleisch
2 Essl. Butter
2 Zwiebeln
1 Lorbeerblatt
1 Knoblauchzehe
1 grosser Kabiskopf (etwa 1 kg)
Salz, Pfeffer, Muskatnuss
3 dl Fleischbouillon
600 g Kartoffeln

Das Fleisch in mittelgrosse Würfel schneiden. In der Butter goldgelb braten. Aus der Pfanne nehmen. Grob geschnittene Zwiebeln, Lorbeerblatt und gehackten Knoblauch zufügen. Kurz dünsten, den Kabis vom Strunk befreien, in Streifen schneiden, zugeben, gut wenden und mit Bouillon ablöschen. Mit Salz, Pfeffer und Muskatnuss würzen. Das Fleisch wieder zugeben. Zugedeckt auf kleinem Feuer eine Stunde kochen. Die Kartoffeln schälen, in grosse Würfel schneiden, beifügen und 30 Minuten weiterkochen. Nachwürzen und in einem rustikalen Topf servieren.

Unterwaldner Stunggis
(Eintopfgericht)

Für 4–6 Personen

800 g Schweinefleisch (Hals ohne Knochen)
2 Essl. eingesottene Butter
1 grosse Zwiebel
3 Lauchstengel
5 Rüebli
1 kg Kabis
400 g grüne Bohnen
Salz, Pfeffer, Muskatnuss, Majoran, Thymian
2 dl Fleischbouillon (aus Würfeln)
800 g Kartoffeln

Fleisch vom Metzger in 2 cm grosse Würfel schneiden lassen. In Butter unter Wenden goldbraun anbraten. Gehackte Zwiebel zum Fleisch geben und 5 Minuten mitdünsten. Lauch und Rüebli in Rädchen und Kabis in Streifen schneiden. Bohnen fädeln und halbieren. Fleisch mit Salz, Pfeffer, Muskatnuss, Majoran und Thymian gut würzen. In eine Bratkasserolle legen und mit dem Gemüse zudecken. Mit Bouillon begiessen und zugedeckt auf dem Herd oder im Backofen eine Stunde schmoren lassen. Nach dieser Zeit die kleingewürfelten Kartoffeln zugeben, nachwürzen und nochmals 35 Minuten zugedeckt weiterkochen. Bei der Zubereitung im Ofen eventuell noch etwas Bouillon nachgiessen. In der Kasserolle servieren.

Dieses Gericht lässt sich gut im Dampfkochtopf zubereiten, wobei man die Menge der Fleischbouillon auf 1 dl reduzieren kann.

Kabisstunggis nach Muotathaler Art

Den gewaschenen, gerüsteten Kabis grob schneiden und in Salzwasser weichkochen. Die geschälten Kartoffeln in kleine Stückli schneiden und ebenfalls in Salzwasser weichkochen. Beides gut abtropfen. Inzwischen in 1 Essl. Butter das Mehl leicht anrösten, mit Milch ablöschen, würzen und zum Kochen bringen. Kartoffeln und Kabis unter die Sauce mischen und kurz aufkochen. Nach Belieben Fleischresten oder Wursträdli beigeben. Anrichten, mit heisser Zwiebelschwitze übergiessen und nach Geschmack geriebenen Käse darüberstreuen.

Für 4 Personen

600–800 g Kabis
600–800 g Kartoffeln
1 Essl. Butter
2–3 Essl. Mehl
5–8 dl Milch
Salz,
Muskatnuss
Fleischresten oder Wurst (nach Belieben)
30–50 g Butter
½ kleine Zwiebel
Geriebener Käse (nach Belieben)

Gebackener Kabis
(Rezept aus Nidwalden)

Den Kabis in 1 cm dicke Streifen schneiden, gründlich waschen, in Salzwasser zu ⅔ **weichkochen** und zum Abtropfen in ein Sieb schütten. In eine gebutterte Auflaufform eine Lage Kabis geben, darüber den Schinken und etwas Käse verteilen. Darauf kommen die in Scheiben geschnittenen Kartoffeln, die mit Käse bestreut und mit dem Rest Kabis zugedeckt werden. Nun aus den Zutaten den Guss herstellen und darübergiessen. Mit Butterflocken belegen. Im Ofen etwa 30–40 Minuten backen. Nach ungefähr 20 Minuten Backzeit legt man den fein geschnittenen Speck auf den Auflauf, damit er knusprig wird.

Für 4 Personen

1,2 kg weisser Kabis
100 g geriebener Käse
100 g geschnittener Schinken
2 mittlere, gesottene Kartoffeln
Speckscheiben
Butter für die Form
Butterflocken

Guss:
1 Ei
1 l Milch
1 Tasse Rahm
Salz, Pfeffer

Zuger Chabisbünteli
(Kabisbündel)

Für 4 Personen

1 Kabiskopf
2 altbackene Brötli
1 dl Bouillon
3 Essl. Butter
½ Zwiebel, fein gehackt
1 Bund Petersilie, gehackt
Salz, Pfeffer, Majoran
1 Essl. Tomatenpüree
½ Teel. Rosmarin
2 dl braune Bratensauce

Vom Kabis den Strunk entfernen und die einzelnen Blätter sorgfältig lösen. In Salzwasser 10–15 Minuten kochen und abkühlen lassen. Die grösseren Blätter auf Küchenpapier ausbreiten. Die kleineren ausdrücken und fein hacken. Die Brötli in der Bouillon aufweichen und auspressen. Mit 1 Essl. Butter die gehackten Zwiebeln, die Petersilie und den gehackten Kabis in einer Pfanne anziehen lassen und mit Salz, Pfeffer und Majoran würzen. Die eingeweichten Brötli fein zerdrücken und beigeben. Mit dieser Masse die grossen Kabisblätter füllen und in der restlichen Butter anbraten. Tomatenpüree und Rosmarin beigeben. Mit der Bratensauce und der Bouillon ablöschen und garschmoren. Wenn nötig die verdunstete Flüssigkeit durch Bouillon ersetzen.

Soupe aux choux
(Kabissuppe nach Waadtländer Art)

Für 4–6 Personen

700 g Speck aus dem Salz
2 Rüebli
1 Zwiebel, gespickt mit einer Nelke
1 mittelgrosser Kabis
Salz, Pfeffer
3 Kartoffeln

Den gewaschenen Speck in 2 Liter Wasser 1½ Stunden kochen. Die Rüebli schälen, längs halbieren und mit der gespickten Zwiebel zugeben. Den Kabis vom Strunk befreien und in Streifen schneiden. Die Kabisstreifen fünf Minuten in kochendes Wasser geben, abgiessen und zu den Rüebli geben. Mit Salz und Pfeffer würzen. 30 Minuten weiterkochen. Die Kartoffeln schälen, in kleine Würfel schneiden und ebenfalls zugeben. 20–25 Minuten mitkochen. Nachwürzen. Speck in feine Scheiben schneiden und die Suppe darüber anrichten. Mit Bauernbrot servieren.

Hafenchabis nach Märchler Art

Für 4 Personen

700 g Schweinefleisch
1 Essl. Butter oder Schweinefett

Das Fleisch in Voressenstücke schneiden und in Butter oder Schweinefett schön braun anbraten. Aus der Pfanne nehmen. Die Zwiebel grob und den Kabis in grosse Stücke schneiden (Strunk entfernen). Die Zwiebel im Bratenfond hellgelb dünsten, den Kabis beifügen, zugedeckt dämpfen, bis er zusammenfällt. Dann das Fleisch daraufgeben, mit Salz und Pfeffer würzen und 2 Stunden köcheln lassen. Nach und nach 1–2 dl Bouillon zugeben.

Für die Sauce das Mehl in der Butter braun rösten. Die restliche Bouillon zugeben und 5 Minuten kochen. Zum Kabis geben und 5–10 Minuten mitkochen. Nachwürzen und mit Gschwellten oder Salzkartoffeln servieren. Aufgewärmt schmeckt der Hafenchabis ebensogut.

1 Zwiebel
1 mittelgrosser Kabis
Salz, Pfeffer
4 dl Bouillon

Sauce:
2 Essl. Butter
1 Essl. Mehl

Risotto con verze
(Bündner Risotto mit Wirz)

Den Wirz waschen, zurüsten und in etwa 4 cm grosse Stücke schneiden. Bouillon aufkochen, den Wirz hineingeben und 30 Minuten kochen. Die Zwiebel hacken, in 1 Essl. Butter dünsten. Den Reis beigeben, gut wenden, dann den Kabis mit der Bouillon darübergiessen. Die Wurst mehrmals einstechen oder in Stücke schneiden, zugeben und 20 Minuten leise kochen lassen. Von Zeit zu Zeit umrühren. Anrichten, mit Käse bestreuen und mit der restlichen heissgemachten Butter abschmelzen.

Für 4 Personen

1 mittelgrosser Wirz
(Wirsing) von etwa
600 g
8 dl Bouillon
1 Zwiebel
4 Essl. Butter
250 g Reis (Vialone
oder Arborio)
1 Engadiner Wurst oder
1 Zungenwurst
50 g Sbrinz, gerieben

Pilze — willkommene Abwechslung

Pilzkenner finden in unserem Lande eine Vielfalt von Pilzen, vom bestbekannten Eierschwamm über Totentrompeten und Steinpilzen bis zur delikaten Morchel, die allerdings nur an seltenen Plätzen, zum Beispiel im Jura und am Rigi gedeiht und nicht im Herbst, sondern im Mai gesucht wird. Hier seien dazu zwei der besten Pilzrezepte aufgeführt.

Croûtes aux champignons
(Champignonschnitten)

Für 4 Personen

400 g Champignons
Saft von ½ Zitrone
2 Schalotten
70 g Butter
1 Essl. Mehl
2 dl Weisswein
1 dl Rahm
50 g geriebener Gruyère
Salz, Pfeffer, Majoran
4 Scheiben Modelbrot
1 Essl. feingehackte Petersilie

Die Brotscheiben in etwa 50 g Butter beidseitig goldgelb backen. Die Champignons waschen, in Scheibchen schneiden und mit Zitronensaft beträufeln. Die feingehackten Schalotten in einem Esslöffel Butter dünsten. Champignons dazugeben, mit Mehl bestäuben und kurz anziehen lassen. Mit Wein ablöschen, 10 Minuten köcheln lassen. Rahm zugeben, würzen und kurz etwas eindicken lassen. Die Brotscheiben in eine bebutterte, flache Auflaufform legen, die Sauce mit den Champignons darüber verteilen, mit Käse bestreuen. Mit einigen Butterflocken belegen und im gut vorgeheizten Ofen kurz gratinieren. Mit Petersilie bestreuen und sofort heiss servieren.

Entlebucher Pilzschnitten

Für 4 Personen

4 Scheiben «Baibrot»
(im Ofen getoastete Schwarzbrotscheiben)
2 Essl. Butter
4 Scheiben Schinken
(am besten Entlebucher Rohschinken)
4 Scheiben Emmentaler Käse
200 g Eierschwämme, Reizker oder Steinpilze
1 Essl. Mehl
4 Essl. Weisswein
4 Essl. Bouillon
Salz, Pfeffer, Majoran

Das «Baibrot» in einer bebutterten Auflaufform anordnen. Den Schinken darauflegen und mit Käse bedecken. Im vorgewärmten Ofen bei 200° backen, bis der Käse schmilzt. Die Pilze in der restlichen Butter 10 Minuten dünsten, mit Mehl bestäuben und mit Weisswein und Bouillon ablöschen. Mit Salz, Pfeffer und Majoran würzen. 10 Minuten dünsten. Das Pilzgericht über die Käsescheiben verteilen und sofort heiss auftragen.

Maroni ganz heiss!

Fast überall in den Dörfern des Tessins wird an den ersten beiden Sonntagen im Oktober die «Festa delle Castagne» gefeiert. Aus den vielen Maronipfannen steigt ein herrlicher Duft, den wir auch in unseren nördlicheren Kantonen schätzen, wenn die ersten nebligen Tage kommen und wir beim Maronibrater den spitzen Papiersack mit den warmen Früchten erstehen können.

Gebratene Kastanien

Die Kastanien auf der gewölbten Seite kreuzweise einschneiden, dann mit wenig Wasser befeuchten, in eine Maroni- oder Grillpfanne geben und auf mittlerem Feuer unter häufigem Rütteln

braten, bis die Schalen platzen und das Kastanienfleisch weich und mehlig wird. Das dauert ungefähr 40 Minuten. Die Kastanien sollten während des Bratens hin und wieder zugedeckt werden.
Man kann die angefeuchteten Kastanien auch auf einem Blech im Backofen braten. Das dauert allerdings ein bisschen länger (etwa 45-50 Minuten). Auch bei diesem Verfahren ab und zu schütteln, damit die Kastanien nicht einseitig gebraten werden.

Gekochte Kastanien

Die Kastanien auf der gewölbten Seite einschneiden. In eine Pfanne geben, mit leicht gesalzenem Wasser bedecken und 40 Minuten kochen. Mit frischer Butter, Rahm oder Apfelmus servieren. Dazu passt Milchkaffee.

Vermicelles

Für 6-8 Personen

1 kg Kastanien
½ Teel. Salz
2 dl Milch
1 Vanillestengel
100 g Zucker
1 dl Rahm
2 Essl. Kirsch
2½ dl Rahm
Meringueschalen
(s. S. 423)

Die Kastanien auf der gewölbten Seite mit einem scharfen Messer einschneiden und entweder in der Grillpfanne oder im Ofen rösten, bis sie aufspringen, oder wie beschrieben in leichtem Salzwasser 5 Minuten vorkochen. Die Schale und die inneren braunen Häutchen entfernen. Die geschälten Kastanien in eine Pfanne geben, mit Wasser knapp bedecken, Salz zugeben und etwa 40-50 Minuten zugedeckt kochen. Die Kastanien durch das dünnste Sieb des Passevite drücken. Die Milch mit dem aufgeschlitzten Vanillestengel aufkochen, die passierten Kastanien beifügen und unter Rühren stark einkochen lassen, bis ein dickes Mus entsteht. Zucker und Rahm beifügen und nochmals etwas einkochen. Die Masse erkalten lassen, nach Entfernen des Vanillestengels mit Kirsch gut vermischen und durch das Passevite (mit den mittelgrossen Löchern), durch eine Kastanienpresse oder den Fleischwolf treiben. Den Rahm steifschlagen. Pro Portion eine Meringueschale zerbröckeln, in eine Dessertschale geben, zuerst etwas Schlagrahm, dann die Vermicelles daraufgeben und mit Rahm garnieren.

Ein eigenwillig gewürztes Kastaniengericht, das zu geschlagenem Rahm oder Milchreis gegessen wird.

Kastanien mit Speck
(Rezept aus dem Bergell)

Die Kastanien – wie bereits beim Rezept für Vermicelles beschrieben – rösten oder vorkochen, schälen und mit ½ l Wasser aufsetzen. Salz, Pfeffer, Anis oder Fenchel und Speck beifügen. 40 Minuten kochen ohne umzurühren – die Flüssigkeit sollte fast verdampfen. Gegen Ende der Kochzeit achtgeben, dass die Kastanien nicht ansitzen. Vor dem Anrichten die Butter sorgfältig darunterziehen.
Glasierte Kastanien s. S. 413.

Für 6 Personen

1 kg Kastanien
1 Teel. Salz
Wenig Pfeffer
1 Teel. Anis oder Fenchelkörner
250 g geräucherter Speck
1 kleines Stück Butter

Aus dem Tessin
Castagnaccio
(Tessiner Rezept)

Die Kastanien einschneiden. In kochendes Salzwasser geben und kochen, bis sie aufspringen. Abgiessen und noch warm schälen. Das braune Häutchen ebenfalls entfernen. Milch mit Vanilleessenz aufkochen. Die Kastanien hineingeben und weichkochen etwa (30 Minuten). Die weichen Kastanien durch das Passevite treiben. Mit Zucker, der flüssiggemachten Butter und dem Maraschino gut verarbeiten. Die Eier trennen. Eiweiss zu steifem Schnee schlagen. Die Eigelb unter die Kastanienmasse rühren und die Eiweiss darunterziehen. Eine Gratinform mit Butter ausstreichen. Die Masse hineingeben, glattstreichen und 20–30 Minuten backen. Vor dem Servieren mit Zucker bestreuen.

500 g Kastanien
1 l Milch
3 Teel. Vanille-Extrakt
180 g Zucker
100 g Butter
3 Essl. Maraschino (nach Belieben)
8 Eier
Butter für die Form
Zucker zum Bestreuen

Wenn die Nüsse fallen

Frische Baumnüsse sind etwas Herrliches. Sie schmecken ausgezeichnet zum neuen Wein, dem «Moût» oder Sauser, und auch zu Käse. Im Waadtland werden die Nüsse nicht nur frisch gegessen oder zu delikaten Kuchen verarbeitet, sondern im Laufe des Winters von den Bauern auch zum Pressen in die Mühle gebracht. Es existieren nur noch wenige solcher Ölmühlen, wo die geschälten oder grobgehackten Baumnüsse nach alter Methode gepresst werden. Mit viel Lärm und unter sorgfältiger Überwachung durch den Fachmann werden aus 12 bis 13 Kilo Nüssen ungefähr 7 Liter goldenes Baumnussöl gewonnen, das vor allem frischem grünem Salat ein unvergleichliches Aroma verleiht (s. S. 121). Was dabei zurückbleibt – zwei grosse, runde, steinharte Kuchen –, wird in Stücke, d. h. sogenannte «Nillon» zersägt. Die Bauernkinder knabbern sie anstelle von Süssigkeiten, und die Mütter backen Kuchen daraus. Sofern Sie in Lausanne oder Umgebung zufällig einmal ein Stück «Nillon» kaufen können, hier das Rezept für dieses eigenwillige Gebäck.

Gâteau au «nillon»

Dieser Kuchen mit dem dunklen Belag wird auf verschiedene Arten zubereitet. Einmal besteht die Füllung nur aus «Nillon», Milch und Zucker, ein andermal gibt man ihr etwas Zwetschgenkonfitüre, Rahm oder Raisiné (s. S. 382) bei. Auf letztere Art wird dieser Kuchen vor allem in der Vallée de Joux zubereitet. Ganz besonders gut schmeckt er, wenn man den Teigboden zuerst mit ganz fein geschnittenen Apfelschnitzen belegt und erst dann die Füllung daraufgibt. Hier die Variante mit der Zwetschgenkonfitüre, die als Basis für die weiteren Varianten dienen kann.

Den «Nillon» am Vorabend in eine Schüssel reiben. Die kochende Milch darübergiessen und aufquellen lassen. Am nächsten Tag Baumnussöl, 2 Essl. Zucker, Konfitüre und Rahm beifügen. Alles gut mischen. Den Teig 3 mm dick auswallen, in das ausgebutterte Blech geben und mit einer Gabel mehrmals einstechen. Mit dem Mehl bestreuen. Die Füllung darüber verteilen (sie soll leicht fliessen, wenn nötig mit etwas Milch oder Rahm verdünnen!) Mit dem restlichen Zucker bestreuen und 25–30 Minuten bei 230° backen.

Für ein Kuchenblech von 24 cm Durchmesser

300 g geriebener Teig
2 Stück «Nillon» (etwa 120 g)
3 dl Milch
1 Essl. Baumnussöl
3 Essl. Zucker
2 Essl. dicke Zwetschgenkonfitüre
2 Essl. Rahm
Butter für das Blech
1 Teel. Mehl

Eine weitere Baumnuss-Spezialität aus dem Rheintal.

Nussbrot
(Rezept aus dem Rheintal)

500 g Mehl
250 g Rohzucker
1 Teel. Backpulver
150 g halbe Baumnusskerne
½ Teel. Salz
1 grosse Prise Zimt
2 Eier
3–4 dl Milch
Butter für die Form

Mehl, Zucker, Backpulver, Nüsse, Salz und Zimt gut mischen. Die Eier verquirlen, beifügen und nach und nach die Milch zugeben, bis ein schwer reissender Teig entsteht. Je nach Qualität des Mehles braucht es etwas mehr oder weniger Milch. Eine Spring- oder Cakeform mit Butter bestreichen, die Masse einfüllen und eine Stunde bei 170° backen.

Man kann dem Teig zusätzlich noch eine Handvoll Rosinen beifügen.

Der Gans-Abhauet in Sursee

Alljährlich am 11. November, am Tag des heiligen Martin, findet in Sursee ein Volksfest statt, dessen Ursprung wohl auf den alten Zinstag, der das bäuerliche Wirtschaftsjahr abschloss, zurückgeht. Allerlei Wettbewerbe, wie Wettklettern an der Stange mit Würsten und Schokolade, Sackgumpen, Käszännen und Seilziehen, finden bei den Jungen begeisterten Zuspruch. Hauptattraktion ist aber jedesmal der «Gans-Abhauet». Auf dem Platz vor dem Rathaus ist ein Draht gespannt, von welchem eine fette Martinigans herabhängt, mit den Füssen nach unten und so hoch, dass ein Mann sie mit einem Säbel gerade noch erreichen kann. Die Bewerber um den Ganslauf stellen sich in einiger Entfernung in einer Reihe auf. Einer nach dem anderen wird vor seinem Lauf mit einem roten Mantel bekleidet, dann werden ihm die Augen verbunden und eine pausbäckige Sonnenmaske vorgehängt, offenbar als Sinnbild des

Gansabhauet.
Gemälde im Rathaus von Sursee

Abschieds vom Sommer. Zuletzt bekommt er einen Krummsäbel in die Hand und wird dreimal um sich selber gedreht, so dass er die Richtung verliert. Jetzt beginnt der Mann, von Trommelwirbel begleitet, dorthin zu laufen, wo er die Gans vermutet. Johlen und Gelächter der Zuschauer zeigen ihm an, ob er sich in der Richtung geirrt hat. Erreicht er die Gans, so darf er nach strengem Brauch nur einen einzigen Hieb führen – der meistens danebengeht, sehr zur Schadenfreude von jung und alt. So wiederholt sich zum Ergötzen der Zuschauer das Schauspiel oft viele Male. Gelingt einem Bewerber der blinde Hieb und fällt die Gans herunter, so darf er sie behalten.

Martinigans

Für 6–8 Personen

1 junge Bratgans (etwa 2½ kg, pfannenfertig zubereitet, wenn möglich mit Herz und Leber)
Salz, Pfeffer, Majoran, Basilikum
5 dl Bouillon

Füllung:
2 Weggli
2 dl Hühnerbouillon
Herz und Leber der

Füllung: Weggli kleinschneiden und in Hühnerbouillon einlegen. Gut ausdrücken und durch das Passevite treiben. Butter erhitzen. Herz und Leber ganz kurz anbraten. Aus der Pfanne nehmen. Feingehackte Zwiebel und Petersilie hineingeben, 5 Minuten dünsten. Äpfel schälen und nach Entfernen des Kerngehäuses in kleine Würfelchen schneiden. 3–4 Minuten mit den Zwiebeln dünsten. Leber und Herz mit dem Wiegemesser fein hacken oder durch den Fleischwolf drehen. Alle Zutaten für die Füllung mit dem Ei mischen. Mit Salz, Pfeffer und Majoran würzen.
Die Gans innen und aussen mit Salz, Pfeffer, Majoran und Basilikum einreiben und füllen. Die Bauchöffnung mit Küchenfaden zunähen. Die Gans mit dem Rücken nach unten in eine Brat-

kasserolle legen. Die Gans mit 3 dl kochender Bouillon begiessen. Bei 220° 1½ Stunden zugedeckt schmoren lassen, danach den Deckel abnehmen und die Hälfte des ausgetretenen Fettes abschöpfen. Die Gans im eigenen, restlichen Fett noch 1–1½ Stunden braten. Die Haut soll knusprigbraun werden. Wenn nötig den Braten mit Aluminiumfolie abdecken und häufig mit dem Bratenfond begiessen. Von Zeit zu Zeit etwas Fett abschöpfen und je nach Bedarf restliche Hühnerbouillon zugeben.

Äpfel waschen, mit einem Ausstecher Kerngehäuse entfernen und Äpfel zum Braten in die Kasserolle legen. Mitbraten, aber darauf achten, dass sie nicht zerfallen. Vor dem Servieren mit Preiselbeeren füllen.

Die Gans mit den gefüllten Äpfeln auf eine grosse Platte anrichten. Nach Belieben mit Rotkraut, Rosenkohl, glasierten Kastanien und Kartoffelcroquetten garnieren.

Gans und 400 g Geflügelleber
1 Zwiebel
2 Essl. Butter
2 Essl. gehackte Petersilie
2 Äpfel
1 Teel. Majoran
1 Teel. Rosmarin
Salz, weisser Pfeffer
1 Ei

Garnitur:
6–8 Äpfel
6 Essl. Preiselbeerkonfitüre

Glasierte Kastanien

Zucker in einer Bratpfanne unter Rühren hellbraun karamelisieren. Kastanien zugeben. Mit Bouillon ablöschen, rühren, bis sich der Zucker aufgelöst hat. Den Zitronensaft beifügen. In eine Pfanne geben, Salz zufügen und die Kastanien zugedeckt etwa 40 Minuten dämpfen – sie dürfen nicht zerfallen. Wenn nötig noch etwas Bouillon nachgeben. Sobald sie gar sind, sorgfältig aus der Pfanne nehmen. Den Kochsud auf grossem Feuer auf die Hälfte einkochen, Butter zugeben und über die Kastanien verteilen.

Für 6 Personen (als Beilage)

500 g geschälte Kastanien (tiefgekühlt oder in Dosen erhältlich)
4 Essl. Zucker
2 dl Hühnerbouillon
1 Teel. Zitronensaft
1 Prise Salz
20 g Tafelbutter

Rotkraut mit Rotwein

Für 6-8 Personen

1 Rotkabis (etwa 1 kg)
1 grosse Zwiebel
2 Essl. Butter
1 saurer Apfel
2 dl Rotwein
2-3 dl Bouillon
Salz, Pfeffer
½ Teel. Dillkraut
½ Teel. Kümmel
1 Prise Zucker
2 Essl. Weinessig

Das Gemüse fein schneiden, den Strunk entfernen. Zwiebel fein hacken und in Butter glasig dünsten. Das Kraut nach und nach beigeben und häufig wenden. Ungefähr 15 Minuten dünsten, bis es zusammengefallen ist. Mit Rotwein ablöschen. Mit Bouillon auffüllen, bis das Kraut knapp davon bedeckt ist. Apfel auf der Bircherraffel hineinreiben. Salz, Pfeffer, Gewürze und Zucker zufügen und etwa 1½-2 Stunden weichdämpfen. Nach Ablauf dieser Zeit sollte die Flüssigkeit stark eingekocht sein. 10 Minuten vor dem Anrichten den Essig beigeben.

Wenn zu Martini der Schornstein raucht,
Wird in der Küche Holz gebraucht.
Versammelt sich morgens der Grosse Rat,
am Abend jeder sein Taggeld hat.

Martinstag

Am Martinstag, dem wichtigen Ding- und Zinstag, mussten vielerorts, so auch in Sarnen, die Vorsteher der öffentlichen Verwaltungen, die Kirchen- und Kapellvögte, die Vormundschafts- und Armenpfleger Rechenschaft ablegen über ihre Tätigkeit. Bei dieser Gelegenheit gab es ein Mahl mit einer seit alten Zeiten unverändert gebliebenen Speisenfolge. Den Anfang machte eine Erbsensuppe, die einen guten Boden schuf für die folgenden Strapazen. Als erster Gang wurde saurer Rindsbraten serviert, wobei in die Sauce des sorgfältig gebeizten Bratens feingehackter Lebkuchen kam, der dem Gericht die Säure nahm und ihm einen exquisiten Goût verlieh. Der zweite Gang bestand aus Speck, geräucherten Würsten und Räben (weissen Rüben). Nach einer erholsamen Zwischenpause kamen «verdämpfte» Seeforellen und Spinatkuchen auf den Tisch, später Bratwürste und Käsereis und als Abschluss «Bratkäs» (s. S. 391). Begossen wurde dieses üppige Mahl mit süffigem Landwein und gekrönt von einem zünftigen «Länderkafi». Das Martini-Essen der Gemeindebehörden gibt es noch heute, aber mit einem wesentlich bescheideneren Speisezettel.

Spinatkuchen

Die Speckwürfel in einer grossen Bratpfanne goldgelb rösten. Aus der Pfanne nehmen. Butter, den gut ausgedrückten gehackten Spinat und die feingehackte Zwiebel hineingeben. 2–3 Minuten dünsten. Mit Salz und Pfeffer würzen und erkalten lassen.
Mehl, Milch oder Rahm mit Eiern gut verklopfen. Mit Salz, Pfeffer und Muskatnuss würzen. Das Kuchenblech mit 2 mm dick ausgewalltem Teig belegen. Mit einer Gabel mehrmals einstechen, die Speckwürfelchen darüber verteilen, den Spinat darübergeben. Den Guss daraufgiessen. Bei 220° 40–48 Minuten backen.
Mit Salat servieren.

Für 1 Kuchenblech von 24 cm Durchmesser

400 g geriebener Teig
50 g kleine Speckwürfel
1 Essl. Butter
500 g gekochter Blattspinat
1 Zwiebel
Salz, Pfeffer
1 Essl. Mehl
2 dl Milch oder Rahm
2 Eier
Muskatnuss

Saurer Rindsbraten nach alter Art

Für 5–6 Personen

Beize:
3 dl Rotwein
2 dl Rotweinessig
1 dl Wasser
1 Zwiebel, gespickt mit
1 Lorbeerblatt und
2 Nelken
1 Rüebli
1 Lauchstengel
6 Pfefferkörner
4 Pimentkörner
1 Zweig Petersilie
Wenig Thymian

1 kg Rindsbraten
2 Essl. eingesottene Butter
2 Essl. geröstetes Mehl oder 1 Stück Lebkuchen
Salz
2 Essl. Rosinen (nach Belieben)

Alle Zutaten für die Beize zusammen aufkochen und warm über das Fleisch giessen. Zugedeckt 2–3 Tage an kühlem Ort stehenlassen. Täglich mindestens einmal wenden. Das Fleisch aus der Beize nehmen, gut trocknen und in Butter rundum anbraten. Das Mehl zugeben, kurz mitdünsten, dann mit 5 dl der gesiebten Beize ablöschen. Rosinen beifügen. Zugedeckt 1½ Stunden schmoren. Den Braten aus der Pfanne nehmen und tranchieren. Die Sauce nachwürzen und über das aufgeschnittene Fleisch anrichten. Bei Verwendung von Lebkuchen anstelle von Mehl diesen reiben oder zerstossen und einige Minuten vor dem Anrichten zur Sauce geben.
Kartoffelstock passt gut dazu.
(Räben mit Speck s. S. 431).

Metzgete

Auf dem Lande ist es üblich, das Schlachten eines Säulis mit einem währschaften Mahl zu feiern. Dieser «Metzgete»-Schmaus hat sich auch in vielen Restaurants in den Städten eingebürgert. Schlachtplatten werden vor allem im November angeboten, zur Zeit des neuen Weines. Die Schlachtplatte besteht aus Siedfleisch (gekochtem Rindfleisch), Blut- und Leberwürsten, Speck, Bratwürsten, Schnörrli, Ohren, Sauerkraut (dessen Saison gerade beginnt) und Kartoffeln, oft Kartoffelstock und Apfelstückli oder Apfelmus, dazu Brotwürfeli oder Brösmeli (s. S. 341).
In der Zeit der Metzgete spielten sich früher in verschiedenen Gegenden die

Wurstbettelumzüge ab. Kinder und Arme sangen beim Herumziehen von Hof zu Hof Bettelliedchen, zum Beispiel im Baselbiet:

> Düri, düri Bire
> Hinder-em-Ofe füre!
> Gend-mer Wurscht, so chani-i-hei;
> Aber nit so-ne chleini,
> Lieber zwo für eini.
>
> Wurst heraus! Wurst heraus!
> Glück und Segen in dieses Haus!

Der Betteljunge.
Radierung von
Franz Niklaus König,
Zürich, 1803

Eine originelle Metzgete-Delikatesse sind in der Innerschweiz die sogenannten «Alpeneier». Das sind Muni-Hoden, die meistens an einer weissen Sauce zubereitet werden. Diese Spezialität wird besonders von den Männern geschätzt, die sich davon eine besondere Wirkung versprechen!

Das folgende Rezept stammt von einer ausgezeichneten Köchin, die jahrelang in Udligenswil die Gäste einer bekannten Landbeiz damit verwöhnte.

«Alpeneier»

Für 4 Personen

200 g Alpeneier (Stierhoden)
200 g Kalbsmilken
3 dl Bouillon
1 kleine Zwiebel
4 Essl. frische Butter
2 Essl. Mehl
1 dl Weisswein
3 dl Milch
200 g «Schnur» (frisches Rückenmark ohne Knochen)
100 g frische Champignons
Salz, Pfeffer, Muskatnuss
1 dl Rahm

Die Milke in Bouillon 10 Minuten vorkochen. Die Zwiebel hacken. In 2 Essl. Butter 2–3 Minuten dünsten. Mehl zugeben, kurz mitdünsten, zuerst mit Wein, dann mit Milch ablöschen und 10 Minuten zu einer weissen Sauce kochen. Die Alpeneier häuten und in dünne Scheibchen schneiden. Die Milken von allen Unreinheiten befreien, häuten und ebenfalls fein scheibeln. Die «Schnur» in 1½ cm lange Stücke teilen. Die Champignons waschen, in Scheiben schneiden. Alpeneier und Schnur ganz kurz in der restlichen Butter andünsten. Aus der Pfanne nehmen und die Champignons hineingeben. 3–4 Minuten dämpfen. Alle Innereien zur Sauce geben. Auf kleinem Feuer langsam erwärmen. Mit Salz, Pfeffer und Muskatnuss würzen und mit Rahm verfeinern.

Mit Rösti oder Salzkartoffeln servieren.

Die Berner Platte und ihre Geschichte

Im Bernbiet, vor allem im Emmental, gibt es in zahlreichen Gasthöfen das ganze Jahr hindurch «Metzgete». Eine ganze Anzahl renommierter Häuser suchen sich in ihrem Angebot einer reichhaltigen Berner Platte zu übertrumpfen. Diese heute weit und breit berühmte Spezialität soll ihre eigene Entstehungsgeschichte haben.
Am 5. März 1798 gab es – so wird berichtet – zum erstenmal eine Berner Platte. Das kam so: An diesem in zweierlei Hinsicht bemerkenswerten Tag besiegten die Berner Truppen bei Neuenegg eine dreifache Übermacht der Franzosen, die sich in wilder Flucht über die Sense zurückzogen. Während sich die Berner bei Neuenegg so tapfer schlugen, marschierten aber die Franzosen in Bern ein. Voller Ingrimm zogen die Berner heimwärts, darunter auch der Ururgrossvater des heutigen Wirtes vom Gasthof «Kreuz» in Wohlen. Er hatte besonderes Glück gehabt, denn eine Kugel, die ihm galt, war von einem Goldstück abgeprallt, das ihm seine Frau vorsorglich in den Gürtel gesteckt hatte.
In Wohlen rüsteten sich die Frauen unterdessen zu einem würdigen Empfang der tapferen Krieger. Im «Kreuz» sollte gekocht und gegessen werden.
Jede der Frauen brachte ihr Teil zum improvisierten Mahl mit: ein «Hammli», ein Stück Speck, Würste, Rindfleisch, Rippli, Zunge und Gnagi, aber auch Sauerkraut, Sauerrüben und Dörrbohnen. Und natürlich auch viele Kartoffeln.

Als die braven Mannen im Dorf eintrafen, wurden sie mit Jubel, aber auch mit Tränen empfangen, waren doch einige der heldenhaften Verteidiger auf dem Schlachtfeld geblieben und galt es doch, die tapferen Kämpfer davon zu überzeugen, dass der Krieg nun doch verloren war.

Nun schnitten die Frauen all das Fleisch, die Würste und die anderen Köstlichkeiten fein säuberlich auf, damit ja jeder seinen gerechten Teil abbekomme, und legten sie auf den Gemüseberg. Und weil dieses Essen allen so vortrefflich mundete, gab es von da ab jeden Sonntag im «Kreuz» Berner Platte – auch heute noch, jetzt sogar werktags.

Berner Platte

Für 5–8 Personen
1 Essl. Schweinefett oder eingesottene Butter
1 grosse Zwiebel
1 kg Sauerkraut
5–6 Wacholderbeeren
1 dl Weisswein
750 g Rippli oder Laffli (Schüfeli)
500 g Magerspeck aus dem Rauch
1 Rindszunge, geräuchert (nach Belieben)
1 Berner Zungenwurst
3–4 Gnagi
1–2 Schweinsöhrli oder Schwänzli
500 g Rindfleisch zum Sieden
500 g Suppenknochen
1 Rüebli
1 Stück Sellerie

Die in Streifen geschnittene Zwiebel in Schweinefett oder Butter dünsten, ohne dass sie Farbe annimmt. Das gut ausgepresste Sauerkraut und die Wacholderbeeren beifügen, mehrmals wenden und mit Wein sowie 3 dl Wasser ablöschen. Speck und Rippli beifügen. Zudecken und im Ofen oder auf dem Herd 1½ Stunden langsam garwerden lassen. Die Kochzeit hängt von der Grösse und Qualität der Fleischstücke ab. Deshalb mehrmals kontrollieren, damit das Fleisch nicht verkocht. 20 Minuten vor Ende der Kochzeit die Wurst unter das Kraut legen und mitkochen lassen. In einem separaten Topf die Rindszunge 3–4 Stunden in ungesalzenem Wasser ziehen lassen. Nach der halben Kochzeit Gnagi, Öhrli oder Schwänzchen beifügen. Das Rindfleisch mit Suppenknochen und Gemüsegarnitur ebenfalls getrennt zubereiten. Nach Belieben die Fleischbouillon voraus servieren.

Das Fleisch in Portionen schneiden, über das gut abgetropfte Kraut geben und mit Salzkartoffeln servieren.

Meistens serviert man zum Sauerkraut noch gekochte, mit Kerbel gewürzte Bohnen (im Winter: gedörrte).

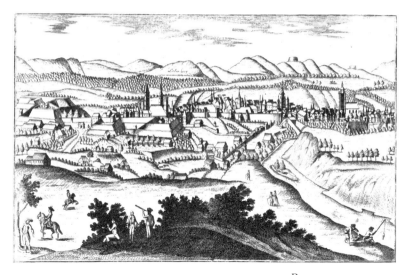

Bern von
Josef Eder

Suurchrut

Die schönsten Kabisköpfe für unser Sauerkraut liefert das Gürbetal. Im Oktober begegnet man auf den Strassen dieser Gegend oft ganzen Wagenladungen solcher Kabisköpfe, die in verschiedene kleine Sauerkrautfabriken rund um Bern gebracht und dort verarbeitet werden. Kraut wird durch milchsaure Vergärung zu Sauerkraut. Diese Milchsäure verhindert nicht nur die Fäulnis des Krautes, sondern ist für den Menschen von desinfizierender Wirkung, da sie die Verdauungsorgane entschlackt, die Entwicklung verschiedener Krankheitskeime unterbindet und allerlei Beschwerden lindern hilft. Ausserdem ist Sauerkraut reich an Vitamin C und Mineralsalzen. Es half früher, den früchte- und gemüsearmen Winter zu überstehen.

Sauerkraut gehört im Winter zur Metzgete und zur Berner Platte wie das

Apfelmus zur Blutwurst. Fast überall wird es nach einem ähnlichen Grundrezept zubereitet, in der Ostschweiz oft noch unter Zugabe eines geriebenen Apfels oder einer rohen, geraffelten Kartoffel, während man in der Westschweiz etwas Weisswein beimischt. Nach Belieben wird gesalzenes oder geräuchertes Schweinefleisch und Speck mitgekocht.

Grundrezept für Sauerkraut

Für 4 Personen

1 Zwiebel
2 Essl. Schweinefett oder Butter
750 g Sauerkraut
1 dl Wasser oder Weisswein
1 Apfel (nach Belieben)
5 Wacholderbeeren
1 Lorbeerblatt
2 dl Bouillon oder Wasser

Die Zwiebel fein schneiden und im Schweinefett oder in der Butter hellgelb dünsten. Das Sauerkraut beigeben, mit Wasser oder Weisswein ablöschen, nach Belieben einen geraffelten Apfel zugeben. Die Wacholderbeeren und das Lorbeerblatt zufügen und das Kraut mit Bouillon oder Wasser bedecken. Eine Stunde kochen.

Früher kochte man das Sauerkraut stundenlang. Heute weiss man, dass dies unnötig ist. Auch wird es nicht mehr gewaschen, oder dann nur noch gegen Ende der Saison, wenn es etwas zu scharf geworden ist. Viele mögen es mehrmals aufgewärmt am liebsten. Im Bernbiet kocht man deshalb meistens mehr, als man für eine Mahlzeit benötigt, und macht daraus ab und zu eine Rösti.

Sauerkrautrösti

Für 4 Personen

500 g Kartoffeln, in der Schale gekocht (vom Vortag)
2 Essl. eingesottene Butter oder Schweinefett
50 g feingehackter Speck (nach Belieben)
400–500 g gekochtes Sauerkraut (evtl. Reste)
Wenig Salz

Die Kartoffeln schälen und in feine Scheiben schneiden. Die Butter oder das Schweinefett in einer Bratpfanne erhitzen, die Kartoffeln und den Speck zugeben und mit der Bratschaufel mehrmals wenden. Das gut abgetropfte Sauerkraut und ein wenig Salz beifügen. Alles gut durchmischen. Leicht anbraten lassen, dann zu einem Kuchen zusammendrücken. Mit einem Suppenteller oder einem gut schliessenden Deckel zudecken und auf kleinem Feuer 15–20 Minuten weiterbraten. Wie eine Rösti stürzen.

Zur Sauerkrautzeit (November bis April) gibt es auch Sauerrüben, ein Gericht, das in früheren Zeiten im Zürcher Oberland und in anderen ländlichen Gegenden auf Schlachtplatten nicht fehlen durfte (Rezept s. S. 429).

In den meisten «Fressbädli» und Gasthöfen des Emmentals und im Berner Oberland kommt zur Krönung einer Berner Platte als Dessert eine riesengrosse Meringue auf den Tisch. Übrigens soll sich der Name – so will es die Überlieferung – von der Ortschaft Meiringen herleiten. Ein Hotelier servierte sie dort seinen ausländischen Gästen. Mit der Zeit wurden – wahrscheinlich wegen Aussprachschwierigkeiten – seine «Meiringerli» zu den heutigen «Meringues».

Meringues

Die Eiweiss halbsteif schlagen, dann nach und nach die Hälfte des Zuckers beigeben und weiterschlagen. Zuletzt den restlichen Zucker leicht darunterziehen. Mit einem Esslöffel oder mit dem Dressiersack längliche Häufchen auf ein bebuttertes und bemehltes Blech setzen (in Abständen von 4 cm). Die Meringues leicht mit Zucker bestreuen und bei ganz schwacher Hitze im Ofen etwa eine Stunde trocknen lassen. Sie dürfen nur ganz schwach Farbe annehmen, sollen aussen fest und innen nicht mehr klebrig sein. Den Ofen während des Backens nicht ganz schliessen. Wenn nötig die Meringues im abgestellten Ofen noch etwas austrocknen lassen. (Dazu ein Tip, den ich von einer Berner Bäuerin bekommen habe: Sie gibt der Meringuemasse vor dem Backen $1/2$ Teel. Essig und $1/2$ Teel. Mehl zu. Dies soll verhüten, dass sie klebrig werden!)

Für etwa 20 halbe Schalen

4 Eiweiss von ganz frischen Eiern
1 Essl. Zucker
200 g Zucker
4 dl Rahm
Butter für das Blech
Wenig Mehl zum Bestreuen

Die Meringues sofort nach dem Backen mit einem breiten Spachtel abheben und auf der Unterseite mit dem Finger leicht eindrücken. Nach dem Erkalten in Blechdosen aufbewahren. Nie an die Kälte stellen, sonst werden sie weich.
Rahm mit Zucker steif schlagen und je 2 Schalen unmittelbar vor dem Servieren mit Rahm füllen.

D'Rauchchuchi

Hausgeräucherter Schinken wird immer seltener. Wer eine Rauchchuchi besucht hat, versteht warum. Das Räuchern ist eine unbequeme Angelegenheit für die Chuchi-Bewohner, und junge Frauen wollen solche Opfer nicht mehr auf sich nehmen. Besonders viel bringt das Räuchern auch nicht ein, höchstens einen Zustupfbatzen für die Haushaltkasse. Tagtäglich steht die Hausfrau in ihrer schwarzen Küche und kocht für die Familie. Der beissende Rauch steigt ihr in die Augen, und auch der Durchzug ist sehr unangenehm, besonders wenn es kälter wird. Weil die Wärme dem Rauchgut schadet, beginnt man ohnehin erst im Spätherbst damit, ungefähr Anfang November. Bei zu warmen Rauchküchen könnten die «Hammen» verderben, während im Sommer die Fliegen das Räuchern verunmöglichen. Im Emmental, wo man noch einzelne Rauchküchen findet, werden die Fleischstücke mit einer Spezialmischung aus Salz, Salpeter und Gewürzen viermal tüchtig eingerieben, dann ungefähr vier Wochen luftgetrocknet, bis sie durchgerötet sind. Dann bringt der Metzger die «Hammen», Speckseiten, «Laffli» und Würste in die Chuchi, wo sie mehrere Wochen im Rauch und Durchzug hängen müssen.

Gekocht werden die hausgeräucherten Hammen im Emmental meistens nur im blossen Wasser. Sie sind so «chüschtig», dass es gar nicht viele Zutaten braucht. Ganz raffinierte Bäuerinnen geben dem Sud höchstens einen «Gutsch» Milch oder ein Stück «Anke» zu. Oft kochen sie die Hamme auch in einer währschaften Erbsensuppe.

Emmentaler Hamme

Den Schinken in eine tiefe Schüssel oder Pfanne geben und mit kaltem Wasser bedeckt 24 Stunden stehen lassen. Herausnehmen und mit 3–4 l Wasser, Milch oder Butter, gespickter Zwiebel und Lauchstengel auf kleinem Feuer ziehen (nicht kochen!) lassen. Das erste Kilo benötigt eine Stunde, jedes weitere zusätzlich eine halbe Stunde. Sobald der Schinken gar ist, aus dem Sud nehmen und die Schwarte abziehen. Heiss servieren. Bei Tisch in Tranchen schneiden. Kartoffelsalat passt gut dazu.

Für 10 und mehr Personen

1 ganze Hamme (Bauernschinken)
2 dl Milch oder
1 nussgrosses Stück Butter
1 Zwiebel, mit Lorbeerblatt und Nelke gespickt
1 Lauchstengel

Ansicht von Langnau.
Lithographie von
F. Lips nach
J. Nieriker

Emmentaler Kartoffelsalat

Für 5–6 Personen

1 kg Kartoffeln
Salz und Pfeffer aus der Mühle
Muskatnuss
2 dl Bouillon
1 Teel. Senf
2 Essl. weisser Weinessig
5 Essl. Öl
1 Zwiebel
1 Büschel Petersilie
1 Büschel Schnittlauch

Die Kartoffeln in der Schale weichkochen. Darauf achten, dass sie nicht zerfallen. Solange sie noch warm sind, schälen und in Scheiben schneiden. Mit Salz, Pfeffer und Muskatnuss würzen und die warme Bouillon darübergeben. Stehen lassen, bis die Kartoffeln erkaltet sind.

Senf, Essig, Öl und die feingehackte Zwiebel zu einer sämigen Sauce rühren und sorgfältig unter die Kartoffeln mischen. Petersilie und Schnittlauch fein hacken und über den Salat streuen.

Berner Erbsensuppe

Für 5–6 Personen

500 g gelbe Erbsen
2 l Wasser
100 g Speckwürfel
1 grosse Zwiebel
1 Lauchstengel
1 Rüebli
1 kleine, geschälte Sellerieknolle oder Selleriekraut
1 Scheibe Brot pro Person
3 Essl. Butterfett

Die Erbsen etwa 12 Stunden in 2 l Wasser einweichen. Die Speckwürfel in der Pfanne auslassen, das Gemüse waschen, grob schneiden und kurz mitdünsten. Die Erbsen samt dem Wasser beigeben und 1½–2 Stunden köcheln lassen. Vor dem Anrichten mit Salz und Pfeffer würzen.

Brot in kleine Würfel schneiden, in Butter goldgelb rösten und separat zur Suppe servieren.

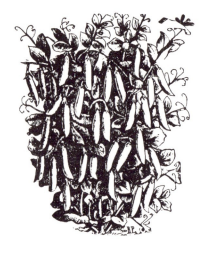

Berner «Zibelemärit»

Der berühmteste unserer Herbstmärkte ist sicher der «Zibelemärit», der am vierten Montag im November stattfindet. Der Ursprung dieses Brauches ist umstritten. Einer Überlieferung zufolge wurde er den Bewohnern der Gegend zwischen Murten und Neuenburgersee als Belohnung zugesprochen, weil sie nach dem Stadtbrand von 1405 besonders tatkräftige Hilfe geleistet hatten. Bis heute sind es tatsächlich immer noch Leute aus diesem Gebiet, die ihre Gemüse auf den «Zibelemärit» bringen. Wie dem auch sei – der Anblick der zu hohen Bergen getürmten und zu Kränzen geflochtenen Zwiebeln ist herrlich! Besonders schön ist es, dass dieser Markt mitten in der Stadt, d. h. auf dem Bärenplatz vor dem Bundeshaus, stattfindet. Nach dem Einkauf wärmt man sich in einem gemütlichen Lokal, wo es «Zibelechueche» oder eine Bauernbratwurst mit «Zibele» gibt. Seit einigen Jahren treten dort auch die «Zibelegrinde» in hohen Maskenhüten auf und glossieren aktuelle lokale Ereignisse.

Bärner Zibelechueche

Die Zwiebeln fein hacken und unter häufigem Wenden 15–20 Minuten in der Butter dünsten, ohne sie Farbe annehmen zu lassen. Die Eier mit der Nidle gut verrühren, würzen und mit den erkalteten Zwiebeln mischen. Das Blech mit 3 mm dick ausgewalltem Teig auslegen, mehrmals mit einer Gabel einstechen und den Zwiebelguss daraufgeben. Mit Butterflocken belegen und bei 220° ungefähr 45 Minuten backen.

Für ein Kuchenblech von 24 cm Durchmesser

300 g Kuchenteig
750 g Zwiebeln
2 Essl. Butter
4 Eier
2 dl Nidle
Salz, Pfeffer
Butterflocken

Und da gerade von Zwiebeln die Rede ist – in diesem Buch gibt es noch viele ausgezeichnete Zwiebelrezepte (s. S. 73).

Aber nicht nur die Berner, auch die Schaffhauser backen einen ausgezeichneten Zwiebelkuchen.

Schaffuser Bölletünne

Für ein Kuchenblech von 24 cm Durchmesser

300 g Weggliteig oder geriebener Teig
800 g Zwiebeln
50 g Magerspeckwürfelchen
2 Essl. Butter oder Schweinefett
2 Eier
1 Essl. Maizena
2 dl Sauerrahm oder halb Milch, halb Rahm
Salz, Pfeffer, Muskatnuss
½ Teel. Kümmel
Butterflocken

Den Teig 4 mm dick auswallen. Das bebutterte Blech damit belegen. Mit einer Gabel mehrmals einstechen. Die Zwiebeln in sehr feine Streifchen schneiden. Zusammen mit den Speckwürfelchen in Butter oder Fett unter Wenden 5 Minuten dünsten, ohne dass sie Farbe annehmen. Auf dem Kuchenboden verteilen. Eier, Maizena und Sauerrahm verquirlen. Mit Salz, Pfeffer, Muskatnuss und Kümmel würzen. Über die Zwiebeln giessen. Mit einigen Butterflocken belegen und 40 Minuten bei 230° backen.

Backen Sie zur Abwechslung einmal einen Zwiebelkuchen ohne Guss, wie es früher im Zürcher Oberland gemacht wurde. Ein ganz einfaches, aber köstliches Gericht: Die Zwiebeln mit Butter und feingeschnittenem Speck glasig dünsten, auf den Kuchenboden verteilen, mit wenig Salz, Pfeffer und Kümmel würzen und im Ofen backen, bis der Teig und die Zwiebeln Farbe annehmen.

Räbeliechtli

Wer in Zürich – vor allem im Unterland – oder in Winterthur aufgewachsen ist, erinnert sich bestimmt noch, mit wieviel Freude und Spannung Anfang November die Kinder den Tag des Räbeliechtli-Umzuges erwarten. Man höhlte Räben (weisse Rüben) aus, verzierte sie mit schönen Schnitzereien, wobei meistens der Vater helfen musste, steckte eine Kerze in dieses Kunstwerk und durfte nach Anbruch der Dunkelheit stolz damit herumziehen. In Richterswil am Zürichsee feiert man die Ernte der Räben durch eine «Chilbi», die mit der Feier für den heiligen Martin, den Kirchenpatron, zusammenfällt. Am Sonntag, der dem 11. November am nächsten ist, gibt es einen farbenprächtigen Umzug mit vielen kunstvoll geschnitzten Räben. Kulinarisch gesehen hat dieser Brauch allerdings keine Bedeutung. Als Gemüse sind die Räben vielerorts etwas in Vergessenheit geraten. Für Kenner, die sie lieben, hier einige Zubereitungsarten.

Sauerrüben

Feingehackte Zwiebel in Schweinefett oder Butter hellgelb anziehen lassen. Abgetropfte Sauerrüben zugeben. Umrühren und mit Fleischbouillon ablöschen. Geriebenen Apfel und nach Belieben Kümmel zugeben. Mit wenig Pfeffer nachwürzen. Eine Stunde auf kleinem Feuer zugedeckt kochen. Wie beim Sauerkraut Speck oder Schweinefleisch aus dem Salz mitkochen.

Für 6–8 Personen

1 kg Sauerrüben (geschnitten und eingelegt)
1 Zwiebel
1 Essl. Schweinefett oder eingesottene Butter
½ l Fleischbouillon
Pfeffer
1 Teel. Kümmel (nach Belieben)
1 Apfel

Für Hobbyköche und -köchinnen, die selbst Sauerrüben einlegen wollen, folgt hier das Rezept:

Das Einlegen von Sauerrüben

Die Rüben schälen, gut waschen, raffeln, dann lagenweise mit etwas Salz in einen Steinguttopf («Ankehafe») geben. Mit einem Tüchlein zudecken, mit einem Stein beschweren und so viel Wasser zugeben, dass die Rüben damit bedeckt sind. 5–6 Wochen ziehen lassen, dabei darauf achten, dass das Gemüse immer mit Flüssigkeit bedeckt bleibt.

Räbemues
(in manchen Gegenden auch «Rüebbappe» genannt)

3 Räben
3 Kartoffeln
3 dl Fleischbouillon oder Wasser
2 Essl. Mehl
2 dl Milch oder Rahm
Salz, Muskatnuss, Pfeffer
1 Prise Zucker
1 Prise Kümmel
3 Zwiebeln
3 Essl. eingesottene Butter
400 g Kochspeck am Stück

Geschälte Räben und Kartoffeln in Stücke schneiden und in Bouillon oder Wasser zusammen weichkochen. Durch das Passevite treiben. Mehl mit Milch verrühren, aufkochen, dann das Mus zugeben. Mit Salz, Muskatnuss, Pfeffer, Zucker und Kümmel würzen. Zwiebeln in Streifen schneiden, in der Butter goldgelb rösten und über das Räbemues verteilen. Den aufgeschnittenen Speck dazu servieren. Gekochte Apfelstückli passen gut dazu.
Die Kartoffeln werden oft auch separat gekocht und getrennt auf den Tisch gebracht. Räbemues passt auch sehr gut zu Rösti!

Räbenbappen
(Aargauer Familienrezept)

8 Räben
Salz
1 Stück Butter
1 dl Rahm
½ Teel. Kümmel

Die Räben schälen, vierteilen und in leichtem Salzwasser weichkochen. In eine trockene Pfanne geben, mit dem Stössel zu Brei zerstossen. Butter, Rahm und Kümmel beifügen und noch 5 Minuten auf kleinem Feuer kochen lassen.
Dazu Rösti und Apfelschnitze.

Räben mit Speck

Die gehackte Zwiebel in Butter 3–4 Minuten anziehen lassen. Mehl beifügen, kurz mitdünsten, dann mit Bouillon ablöschen. Die weissen geschälten Rüben und die geschälten Kartoffeln in fingerlange Stöcke schneiden. Salz, zerdrückte Wacholderbeeren und den Speck zufügen. 45 Minuten kochen. Nach Belieben 20 Minuten vor Ablauf der Kochzeit eine Wurst zugeben. Das Gemüse anrichten und den aufgeschnittenen Speck darauf verteilen.

Für 4 Personen
600 g grünen oder gesalzenen Speck, halbweich gekocht
1 Zwiebel
1 Essl. eingesottene Butter
1 Teel. Mehl
5 dl Fleischbouillon
1 kg weisse Rüben
400 g Kartoffeln
Salz
5 Wacholderbeeren

Zuger Röteli

Feinschmecker, die im November an den Zugersee fahren, lassen sich diese herrlichen Edelfische mit dem zarten, rötlichen Fleisch nicht entgehen. Der Rötel gehört in die Familie der Saiblinge. Er wird nur vom 15. November bis Mitte Dezember gefangen. In den Restaurants findet man die Rötel meistens nach Zuger Art zubereitet, das heisst mit Kräutern und Weisswein, aber auch wie Forellen gekocht mit zerlassener Butter oder gebacken, was eigentlich schade ist für diesen exquisiten Fisch.
Walchwil ist die Hochburg der Fischrestaurants. Besonders gemütlich ist es im schönen alten Gasthof «Sternen», wo sich Tradition und eine hervorragende Küche harmonisch verbinden. Und von diesem ausgezeichneten Restaurant wurde uns auch das nachfolgende Originalrezept freundlicherweise zur Verfügung gestellt.

Zuger Rötel nach uraltem Walchwiler Rezept

Für 4 Personen

4 Zuger Röteli
Salz, Pfeffer
1 feingehackte Zwiebel
Wenig Mehl
2 dl Weisswein
1 dl Rahm (nach Belieben)

Kräutermischung:
Thymian, Rosmarin,
Wenig Salbei, Majoran,
Basilikum
Viel Petersilie

Die Fische salzen und pfeffern und mit Mehl bestäuben. In eine Pfanne legen, mit Weisswein übergiessen und die feingehackten Kräuter und die Zwiebel dazugeben. Die Fische dämpfen, bis sie gar sind (etwa 15 Minuten). Die Sauce nach Belieben mit Rahm verfeinern.

Und wenn wir schon im Zugerland sind, wollen wir das Fischmenü auch mit einer delikaten Zuger Kirschtorte abrunden.

Zuger Kirschtorte

Die Zubereitung dieser einmaligen Spezialität braucht ein wenig Zeit und Geduld. Deshalb sei sie nur wirklich Backbegeisterten empfohlen. Das Resultat lohnt aber den Aufwand.

Für eine Springform von 24 cm Durchmesser

Tortenböden:
3 Eiweiss
75 g Zucker
50 g gemahlene Mandeln
1 Teel. Mehl

Biskuit:
5 Eigelb
150 g Zucker
1 Teel. abgeriebene Zitronenschale
70 g Mehl
70 g Kartoffelmehl
½ Teel. Backpulver
80 g Butter
5 Eiweiss

Zuerst das Biskuit zubereiten: Zucker, Zitronenschale und Eigelb zu einer weisslichen Creme schlagen. Mehl, Kartoffelmehl und Backpulver sieben. Locker unter die Eicreme mischen. Butter erwärmen, bis sie flüssig ist. Abkühlen lassen; immer noch flüssig, aber nicht heiss teelöffelweise unter den Teig geben. Steifgeschlagenes Eiweiss locker unter den Teig ziehen. In die mit Butter bestrichene Form einfüllen und bei 180° 40–50 Minuten backen.
Für die Tortenböden die Eiweiss mit der Hälfte des Zuckers steifschlagen. Restlichen Zucker, Nüsse und Mehl beifügen. Diese Masse auf zwei Springformböden verteilen. Bei 150° etwa 15 Minuten backen.
Diese Mandelteigböden dürfen hellgelb werden. Sofort nach dem Backen vom Blech lösen und auf einem Gitter auskühlen lassen.

Butter mit Zucker, Gelee und Kirschwasser mischen. Kirsch, Wasser und Zucker zu Sirup kochen. Den ersten Mandelteigboden auf der Oberseite dicht mit Buttercreme bestreichen. Biskuit flach schneiden und mit Kirschsirup tränken. Auf den Tortenboden setzen. Mit Kirsch beträufeln. Wieder Buttercreme aufstreichen und mit dem zweiten Mandelteigboden abdecken. Auf der Oberfläche und am Rand der Torte dicht Buttercreme auftragen. Die geriebenen Mandeln in einer trockenen Bratpfanne hellgelb rösten und nach dem Erkalten auf die Torte verteilen. Die Mandelscheibchen ebenfalls rösten und nach dem Auskühlen den Rand der Torte damit verzieren. Gut andrücken, damit sie kleben bleiben.

Viel Puderzucker auf die Tortenoberfläche geben. Mit einem langen Messer oder einem dünnen Draht ein Rautenmuster (verschobene Vierecke) einritzen. Torte bis zum Verbrauch im Kühlschrank aufbewahren.

Buttercreme:
200 g Süssrahmbutter
80 g Puderzucker
4 Essl. Kirschwasser
1 Essl. Johannisbeer- oder Himbeergelee

Sirup zum Tränken des Biskuits:
⅛ l Kirschwasser
6 Essl. Wasser
3 Essl. Zucker

Zum Fertigstellen der Torte:
3 Essl. Kirschwasser
2 Essl. geschälte, geriebene Mandeln
3 Essl. Mandelscheibchen
Puderzucker

KRIESI, KRIESI, WÄNDER HÜPSCHI KRIESI.

Geringe dunkts fürwar vermesen,
Mit Großen Herren Kirschen esen.

Ausrufbild: Kirschen, wollt ihr hübsche Kirschen?

Köstlicher Käse für kalte Tage

Typische Schweizer Winterspezialitäten sind der Vacherin Mont d'Or und der Tête de Moine. Wie man richtig damit umgeht, kann nicht oft genug gesagt werden.

Vacherin Mont d'Or. Dieser feine Tafel- und Dessertkäse, der mit seinem vollfetten Teig und dem milden, rahmigen Aroma dem Rahmkäse gleicht, kommt aus der Vallée de Joux, dem Waadtländer und dem Neuenburger Jura. Im frühen Stadium ist er unregelmässig klein gelocht, bei voller Reife fliessend. So schätzen ihn übrigens Kenner am meisten; sie ersehen seinen Reifegrad an der Oberfläche der Rinde, die sich in weiche Falten wirft.

Der Vacherin Mont d'Or kommt oft schon vier Tage nach der Herstellung zum «Affineur», der ihn vier Wochen hindurch bis zur Konsumreife pflegt. Auf dem Markt erscheinen die runden, 500 g bis 1 kg schweren Laibe in den kühlen Monaten September bis Februar.

Da er zu diesem Zeitpunkt meistens noch nicht so appetitlich fliesst, packt man die Spanschachtel am besten in ein feuchtes Tuch und legt sie für höchstens eine Woche in den Keller. Kleine Vacherins bringt man rasch zur gewünschten Reife, wenn man die Oberfläche mit ein wenig Wasser bestreicht und den Käse bei Küchentemperatur 1–2 Tage ruhen lässt.

Klassische Beigaben sind «Gschwellti» und, nach Belieben, ein wenig Kümmel oder Nüsse.

Tête de Moine. Der lustige Name – Mönchskopf – geht wahrscheinlich auf die Mönche des Klosters Belleley im Berner Jura zurück, die sich einst der Käseherstellung widmeten. Einige weitere Käsereien im Berner Jura stellen auch heute noch den köstlichen Tête de Moine aus der gehaltvollen Milch der Sommerweidezeit her, weshalb er in der Regel nur von September bis März zu kaufen ist. Die runden, hohen Laibe wiegen 1–2 kg; die Reifezeit dauert 3–5 Monate. Dann entfaltet der Tête de Moine sein ganzes kräftig-zartes Aroma, das an die Kräuter der Juraweiden erinnert.

So originell wie sein Name ist auch die Art, wie man ihn isst: etwa 2–3 cm unterhalb der oberen Kante des Laibes eine runde Scheibe abschneiden und den Käse aus der Rinde herausschaben, damit ein hohler Deckel entsteht. Am unteren Teil des Käses ein Band von 2–3 cm Rinde wegschneiden. Jetzt schabt sich jeder mit senkrecht geführtem Messer seine Portion Käse aus dem Laib, wobei der obere geschälte Streifen und die Rinde intakt bleiben sollten. Will man den Käse aufbewahren, befeuchtet man die Schabfläche mit ein wenig Weisswein und verschliesst den Tête de Moine mit dem Rindendeckel wie eine Schachtel. Wickelt man den Käse in ein mit Weisswein befeuchtetes Mulltuch oder Küchentüchlein und bewahrt ihn im Keller auf, so behält er gut 2 Wochen sein feines Aroma.

Zum Tête de Moine passt natürlich ein spritziger Weisswein, frisches Brot und eventuell Kümmel. Etwaige Reste geben dem Fondue einen aparten Geschmack.

Das Käsefondue

Von Ausländern als unsere Nationalspeise betrachtet und im «Larousse Gastronomique» als Genfer Erfindung aufgeführt, stammt das Käsefondue nach Ansicht der Neuenburger aus ihrem Kanton, womit die Waadtländer und auch die Walliser nicht unbedingt einverstanden sind. Wie dem auch sei, das Fondue sollte nach wie vor in einem Caquelon, dem bekannten Tongeschirr, zubereitet werden. Es wird darin am besten! Entscheidend sind natürlich die Käsesorten, die verwendet werden. Hier das Grundrezept und seine Abwandlungen.

Fondue
(Grundrezept)

Für 4 Personen

600 g Käse
3 dl Weisswein
3 Teel. Maizena oder
2 Teel. Kartoffelmehl
3 Gläschen Kirsch
Pfeffer aus der Mühle
Muskatnuss
Knoblauch nach Belieben

Das Caquelon mit der Knoblauchzehe ausreiben. Geriebenen oder feingehobelten Käse unter Rühren mit dem Wein aufkochen. Maizena oder Kartoffelmehl im Kirsch auflösen und unter starkem Schwingen beifügen. Kurz kochen lassen, mit Pfeffer und Muskatnuss gut würzen und servieren. Während des Essens auf einem Spirituskocher mit regulierbarer Flamme weiterköcheln lassen. Immer wieder mit den fest auf der Fonduegabel aufgespiessten Brotwürfeln rühren, damit das Fondue sämig bleibt.

Nicht vergessen, dass nach alter Regel jedes Brotstückchen, welches sich von der Gabel löst, seinen Besitzer zu einer guten Flasche verpflichtet!
Der Geschmack des Fondues wird weitgehend durch die Käsemischung bestimmt. Wir kennen verschiedene Varianten. Hier die wichtigsten, die folgende Käsemischungen zur Basis haben.

Neuenburger Fondue
300 g Greyerzer
300 g Emmentaler (oder würziger Jurakäse)
3 dl Neuenburger Wein

Waadtländer Fondue
Wird ausschliesslich mit Greyerzer Käse zubereitet, der von verschiedenen Käselaiben stammt. Der Knoblauch wird fein gehackt und vor dem Zugeben leicht angeschwitzt.

Freiburger Fondue Moitié-Moitié
300 g Freiburger Vacherin
300 g Greyerzer
3 dl leichter Weisswein

Freiburger Fondue mit Vacherin
200 g vollreifer Freiburger Vacherin pro Person (am besten eine Mischung vom Fachmann zusammenstellen lassen). In diesem Fall enthält das Fondue keinen Wein. Der Käse wird auf kleinem Feuer mit $1-1^{1}/_{2}$ dl heissem Wasser aufgelöst. Das Fondue soll nicht kochen und wird bei Tisch auf ein Kerzenrechaud gestellt. Gewürzt wird es mit sehr wenig Salz, Pfeffer, Muskat und durchgepresstem Knoblauch.
Anstelle von Brotwürfeln können auch kleine Kartoffeln in das Fondue getaucht werden. Besondere Feinschmecker tunken ihr Brot zuerst in dem in einem Gläschen bereitgestellten Kirsch, bevor sie es in den Käse tauchen.

Genf. Stich von
A. Sommer nach Eder

Genfer Fondue

Für 4 Personen

400 g Greyerzer
100 g Emmentaler
100 g Jura- oder Alpkäse
2 ½ dl Genfer Weisswein
10 g gedörrte Morcheln
1 Essl. Butter
1–2 Teel. Maizena oder Kartoffelmehl
1 Knoblauchzehe (nach Belieben)
Pfeffer aus der Mühle

Die Morcheln mindestens eine Stunde in kaltes Wasser einlegen. Gut abtropfen, grosse halbieren oder vierteln. In Butter 15 Minuten dünsten. Käse reiben und mit dem Wein unter Rühren aufkochen. Das mit wenig Wein angerührte Maizena beifügen. Sobald das Fondue gleichmässig wird, die Morcheln zugeben. Mit durchgepresstem Knoblauch und Pfeffer abschmecken.

Gomser Fondue
(Walliser Fondue)

Für 4 Personen

1 Knoblauchzehe
1 gestrichener Essl. Mehl
1 gestrichener Essl. Butter
5 dl Milch
600 g Gomser Käse, fein geraffelt
Pfeffer und Muskatnuss

Das Caquelon mit der angeschnittenen Knoblauchzehe ausreiben. Mehl mit Butter in einer kleinen Pfanne hellgelb dünsten. Kurz vom Feuer nehmen und mit der Milch ablöschen. Unter Rühren aufkochen, dann 5 Minuten leise ziehen lassen. Die Sauce in das Caquelon geben, Käse beifügen und unter kräftigem Rühren zum Kochen bringen. Mit Pfeffer und Muskatnuss abschmecken und auf das Rechaud stellen.

Was man über Fondue wissen muss

Jedes Fondue ist so gut wie der dazu verwendete Käse. Er sollte weder zu jung noch zu alt sein. Bei zu jungem Käse bilden sich gerne Knöllchen, zu alter Käse hat oft die Tendenz, Fett abzusondern. Kenner brauchen für ihr Fondue manchmal bis zu drei verschiedene Käsesorten.

Beim Fondue, das aus verschiedenen Käsesorten zubereitet wird (z. B. Fondue Moitié-Moitié), gibt man zuerst den Hartkäse ins Caquelon und schüttet die Flocken des weicheren Käses erst nach, wenn der erstere geschmolzen ist.

Das Fondue sollte bei der Zubereitung nie kochen, sondern nur leise ziehen. Dies gilt auch für das Warmhalten auf dem Rechaud. Man darf nie vergessen, im Fondue zu rühren.

Sollte das Fondue etwas zu dünn geraten sein, kann man unter Rühren noch ein wenig Reibkäse beimischen. Ist es hingegen zu dickflüssig, verdünnt man es mit ein wenig Wein.

Auch die Beschaffenheit des Weines spielt für das Gelingen des Fondues eine entscheidende Rolle. Der Wein sollte nicht zu alt sein und einen gewissen Säuregrad aufweisen. Deshalb wird auch in vielen Fonduerezepten empfohlen, ein wenig Zitronensaft beizumischen, der geschmacklich nicht ins Gewicht fällt, aber dem Fondue die notwendige Säure verleiht. Als Fondue-Weine gelten: La Côte, Neuenburger Wein, Bielerseewein, Zürichseewein oder Fendant. Es braucht nicht der teuerste Wein zu sein, aber doch guter Qualitätswein. Im übrigen eignet sich auch Apfelwein sehr gut für die Fonduezubereitung.

Le Coup du Milieu

So nennt man den Schluck Kirsch, den man zwecks Förderung der Verdauung während des Fonduemahles möglichst «mittendrin» zu sich nimmt. Wie schon erwähnt, baden viele Fondueliebhaber auch ihre Brotwürfel zunächst einmal im Kirsch, bevor sie dieselben in den Käse tauchen.

Der Samichlaus

In der deutschen Schweiz ist es zum Teil noch Brauch, dass man am 6. Dezember herrliche Lebkuchen, Birnenbrote und Weggen auftischt. Vielerorts gibt es dazu noch «Grittibänze», lustige Gestalten aus Zopfteig, dazu Butter, Birnenhonig,

Milchkaffee, Äpfel und Nüsse. Die Gestalt des Samichlaus selbst hat mit diesen Leckereien allerdings nichts zu tun, er und sein Begleiter, der Schmutzli, bringen sie, zusammen mit einer Rute, den braven und auch weniger braven Kindern. Hinter dem Namen und der gütigen Bischofsgestalt versteckt sich eine alte dämonische Figur. Davon zeugen noch heute verschiedene Bräuche wie Klausjagen, Klaushornen und -schellen. Der bekannteste ist ohne Zweifel das Klausjagen in Küssnacht am 5. Dezember. Allerdings wärmen sich die Zuschauer anschliessend in den «Beizen» nicht mit Milchkaffee und Klausgebäck, sondern mit heissen Bratwürsten und etwa einem «Kafi-Schnaps».

Und hier die schönsten Klausgebäcke. Viele davon schmecken auch bei anderen Gelegenheiten genauso gut, und zwar so lange, wie es Dörrfrüchte gibt, oder bei winterlichem, unfreundlichem Wetter.

Grittibänz

1 kg Weissmehl
40 g frische Hefe oder
1 Beutel Trockenhefe
1 Essl. Zucker
½ l lauwarme Milch
(höchstens 35°)
160 g frische Butter
2 Teel. Salz
2 Eier
1 Eigelb

Zum Bestreichen:
2 Eigelb
1 Prise Salz

Für die Garnitur:
Rosinen
Halbe Mandeln

Das Mehl in eine grosse, etwas vorgewärmte Schüssel sieben. In der Mitte eine Vertiefung anbringen und die fein zerbröckelte Hefe hineingeben. Zucker darüberstreuen und eine Tasse lauwarme Milch zugiessen. Mit zwei Fingern rühren, bis sich die Hefe aufgelöst hat, dann mit wenig Mehl zu einem Teiglein vermischen. Die Schüssel zugedeckt für 20 Minuten warm stellen, am besten auf einem Stuhl vor der Zentralheizung. Nach Ablauf dieser Zeit das aufgegangene Vorteiglein mit Mehl zudecken, das Salz über das Mehl streuen, die Butter in Flocken und die Eier verquirlt zugeben. Die restliche lauwarme Milch langsam dazugiessen und alles zu einem festen Teig verarbeiten. Den Teig so lange kneten, bis er glatt ist und sich sauber von der Schüssel löst. Die

Schüssel nochmals zudecken und am gleichen warmen Ort 1½ Stunden gehen lassen.
Ein Stück Teig in der gewünschten Grösse zu einem länglichen Laib formen. Das obere Viertel beidseitig eindrücken, so dass ein Kopf entsteht. Beidseitig mit einem Messer den Teig so einschneiden, dass man Arme herausziehen kann. Den Teig unten senkrecht mit einem Messer teilen, aus den beiden Teilen werden die Beine geformt, die unterste Spitze wird zu Füssen ausgebogen. Durch Einkerben oder Aufsetzen von kleinen Teigstreifen kann man Kittelrand und Hut markieren, durch Einsetzen von Rosinen Augen und Knöpfe, mit Kirschen den Mund, mit Orangenstreifen die Kleidung und die Nase. Silberkügelchen und Schokoladeplätzchen sind nicht obligatorisch, aber Kinder freuen sich über solche Knöpfe und etwas Glitzerwerk besonders.
Die fertig dekorierten Grittibänze auf bebutterte Bleche legen, dabei genügend Abstand zwischen ihnen frei lassen. Nochmals 10 Minuten in der warmen Küche gehen lassen, dann 30 Minuten an kaltem Ort (Kühlschrank oder vor dem Fenster) ruhen lassen. Mit dem verquirlten Eigelb, dem eine Prise Salz beigefügt wird, zweimal bestreichen. Im Ofen bei 190° je nach Grösse 25–40 Minuten backen.

Kandierte Kirschen
Orangeat am Stück
Silberkügelchen
Schokoladeplätzchen
Kleine Ruten (können selbst hergestellt werden)
Butter für das Blech

Hier ein altes Familienrezept aus Graubünden. Das Originalrezept ergab eine Früchtemasse von 8,5 kg! Und unter «Zubereitung» stand: «Diese Masse zum Bäcker bringen und 2–3 kg Teig beimengen lassen, je nach Geschmack.» Da wir das in den meisten Fällen nicht tun können, habe ich das Rezept so abgewandelt, dass man es auch zu Hause backen kann. Man kann Halbweiss- oder Schwarzbrotteig verwenden. Ich ziehe letzteren vor.

Birnbrot
(altes Familienrezept)

850 g weiche Dörrbirnen
250 g Feigen
375 g Weinbeeren ohne Kerne
125 g Nusskerne
60 g Orangeat und Zitronat
75 g Pignoli (Pinienkerne)
30 g Birnbrotgewürz*
4 Essl. Zucker
4 Essl. Wein
1 dl Trester, Kirsch oder Sauerrahm
1 ½ kg Brotteig (vom Bäcker)

Birnen, Feigen und Weinbeeren in kaltem Wasser gut waschen und auf ein Sieb zum Trocknen geben. Birnen und Feigen in feine Streifen schneiden (oder, nach einer modernen Version, durch die Fleischmaschine treiben), die Nüsse zerkleinern und alle Zutaten gut durcheinanderarbeiten. Zuletzt den Wein und den Trester, Kirsch oder Sauerrahm beimischen. Über Nacht stehen lassen. Den Brotteig beimengen und 3–4 Brote formen. Auf ein bebuttertes Blech legen und im vorgeheizten Backofen etwa 45 Minuten bei 200° backen.

In Lugnez bei Ilanz im Bündner Oberland gibt es einen schönen alten Brauch, bei dem das Birnbrot zu Ehren kommt. Am Neujahrsabend gehen die jungen Burschen in Häuser zu Besuch, in denen junge Mädchen wohnen. Sie bringen als Geschenk ein Birnbrot und einen Kräuterschnaps mit, die dann mit der Familie in der Stube gemeinsam genossen werden.

* Birnbrotgewürz ist erhältlich bei Truog Co. AG, Drogerie zum Raben, Martinsplatz 8, oder Reformhaus Basig, Poststr. 19, beide in Chur.

Aber nicht nur in Graubünden gibt es Birnbrote, auch die Ostschweizer verstehen etwas davon. Sie verwenden sogar zwei verschiedene Brotteige, einen zum Mischen mit der Füllung und den zweiten als «Umschlag». Das folgende Rezept stammt aus dem Thurgau.

Ostschweizer Birnbrot

Für den ersten Teig die Hefe mit wenig Wasser und $1/2$ Teel. Zucker und für den zweiten mit ebensoviel Zucker und lauwarmer Milch anrühren. Etwas Mehl zugeben und ums Doppelte aufgehen lassen. Die restlichen Zutaten beimengen und zu festen Teigen kneten. Beide Teige 30 Minuten an der Wärme (max. 40°) aufgehen lassen, dann nochmals kneten und wiederum um das Doppelte gehen lassen. Die Dörrbirnen waschen, kleinschneiden und durch die Hackmaschine treiben. Mit allen andern Zutaten gut mischen. Den ersten Brotteig mit der Füllung gut verkneten. Den zweiten, etwas weicheren Teig auswallen, in drei Rechtecke schneiden, die Füllung daraufgeben. Brote formen und mit Eiweiss zusammenkleben. Die Birnbrote auf ein bebuttertes Blech legen, nochmals etwas gehen lassen, dann mit Eigelb bestreichen. Mit einer Gabel mehrmals einstechen. Im vorgeheizten Backofen bei 180° etwa eine Stunde backen.

Brotteig zum Beimischen:
750 g Vollmehl
1 Teel. Salz
5 dl Wasser
10 g Hefe

Brotteig für den Deckel:
400 g Vollmehl
1 Essl. Öl
1 Teel. Salz
2 1/2 dl Milch
10 g Hefe
1 Eiweiss zum Zusammenkleben
1 Eigelb zum Bestreichen

Füllung:
750 g Dörrbirnen
1 dl Apfelwein
3 Essl. Kernobstbranntwein
1 dl Obstsaftkonzentrat
50 g Nusskerne, grob gehackt
100 g Weinbeeren
250 g Zucker
1 Briefli Birnbrotgewürz

CHAUFFT NIEMÄ ÄKEYS DÜRRS?
ÖPFELSTÜKLI! BIRRÄSTÜKLI!
Würd nicht im Somer Obst gedeert,
Was würd im Winter aufgezehrt!

Ausrufbild: Kauft niemand keine gedörrten Äpfel oder Birnen?

Was den Bündnern und Ostschweizern die Birnbrote, sind den Luzernern ihre Birnenweggen. Heute werden sie sehr oft auch mit Blätterteig zubereitet. Anstelle von Zimt, Sternanis und Nelkenpulver kann man sehr gut auch ein bereits gemischtes Birnenweggengewürz aus der Drogerie verwenden.

Luzerner Birnenweggen

Teig:
300 g Mehl
150 g Butter
2 Eier
1 Prise Salz

oder 500 g Blätterteig

Füllung:
1 kg gedörrte Birnen
300 g gedörrte Zwetschgen
100 g Feigen
200 g Baumnüsse, grob gehackt
100 g Rosinen
150 g Zucker
1 Essl. Zimt
½ Tell. Sternanis
2 Messerspitzen Nelkenpulver
1 dl Träsch oder Kirsch
1 Eiweiss

Zuerst den Teig zubereiten: Mehl in eine Schüssel sieben, eine Vertiefung anbringen. Eier, Salz und die bei Zimmertemperatur weichgewordene, kleingeschnittene Butter hineingeben. Rasch zu einem Teig verarbeiten, zur Kugel formen, mindestens eine Stunde ruhen lassen.

Die gedörrten Früchte wenigstens 12 Stunden in kaltem Wasser einweichen, danach 30 Minuten im Einweichwasser kochen. Abtropfen lassen. Die Stiele und die Zwetschgensteine entfernen, alle Früchte fein hacken, Weinbeeren waschen. Zucker, den Träsch (oder Kirsch), Nüsse und die Gewürze der Masse beifügen und gut mischen.

Den Teig zu einem Rechteck auswallen. Die Füllung 1 cm dick darüber verteilen bis 2 cm an den Rand. Den Rand auf die Füllung zurücklegen, den Teig zusammenrollen und ein flaches Rechteck formen. Die beiden Enden schliessen und mit Eiweiss zusammenkleben. Die Oberfläche mit Eigelb bestreichen, mehrmals mit einer Gabel einstechen und 30–40 Minuten bei 180° im Ofen backen.

Eine ähnliche Variante wird in Zürich gebacken, wo den Birnen ausser Feigen und Zwetschgen noch gedörrte Äpfel beigemischt werden und der Träsch durch Kirsch ersetzt wird. Die Füllung wird in Hefeteig verpackt.

Interessant sind auch die «Kleinen Birnenweggen» aus dem Bernbiet, die noch mit abgenommenem» Rahm (2 dl) und Milch (2 dl) verfeinert werden.

In die Samichlaus-Zeit passt auch das
«Glarner Früchtebrot».

Glarner Früchtebrot

Birnen und Zwetschgen 24 Stunden in kaltes Wasser einlegen. Mit dem Einweichwasser 20 Minuten kochen, abgiessen und durch die Hackmaschine treiben. Grobgehackte Nüsse, vorher in Kirsch oder Zwetschgenwasser eingelegte Sultaninen, Zucker und Gewürze unter das Fruchtmus mischen. ⅓ des Teiges darunterkneten. Die Masse zu 2 länglichen Broten formen. Restlichen Teig auswallen, in 2 Rechtecke schneiden und die Früchtebrote darin einpacken. Die Enden gut übereinanderlegen. Mit dem Verschluss nach unten auf grosse Bleche legen. Mit einer Gabel oder dem Teigrädchen einstechen und verzieren. Ungefähr eine Stunde an warmem Ort (35°) aufgehen lassen. Dann mit verquirltem Eigelb bestreichen und im vorgeheizten Ofen bei 170° etwa eine Stunde backen.

*750 g Hefeteig
(s. S. 444)
350 g Dörrbirnen
150 g gedörrte
Zwetschgen, ohne Steine
100 g Sultaninen
1 Essl. Kirsch oder
Zwetschgenwasser
100 g Baumnusskerne
50 g Zucker
1 Teel. Zimt
Je 1 Prise Nelkenpulver
und Macis
(Muskatblüte)
1 Eigelb*

ZWETSCHGÄ OHNI STEY.

Bey wenig Fleisch gibts offt viel Bein,
Komt, kauffet Zwetschgen ohne Stein.

Ausrufbild:
Zwetschgen ohne
Steine

Die Toggenburger backen ihre Dörrbirnen in Fladenform und begiessen sie mit einem Rahmguss. Urchiger wird der Fladen, wenn man Brotteig dafür verwendet.

Toggenburger Dörrbirnenfladen

Für ein rechteckiges Backblech

750 g Dörrbirnen
4 Essl. Zucker
1 Essl. Birnbrotgewürz (in der Drogerie erhältlich)
100 g Rosinen
100 g grobgehackte Baumnusskerne
4 Essl. Birnensud
3 Essl. Kirsch
400 g geriebener Teig
Butter für das Blech
1 Essl. Mehl
2 Eier
5 dl Rahm

Die Birnen in kaltem Wasser über Nacht aufweichen lassen. Im Einweichwasser weichkochen, abgiessen und den Sud aufbewahren. Die gekochten Birnen durch den Fleischwolf treiben. Das Birnenmus mit Zucker, Gewürz, gewaschenen Rosinen und Nüssen vermischen. Birnensud und Kirsch beifügen. Den Teig 3 mm dick auswallen. Ein grosses, bebuttertes Kuchenblech mit dem Teig auslegen. Einen Rand hochziehen, die Masse darauf verteilen. Mehl, Eier und Rahm darübergiessen. Bei 220° 30–35 Minuten backen. Der Fladen schmeckt lauwarm am besten.

Dieser Fladen kam früher im Toggenburg auch am ersten, Chüechlisunntig genannten Fastensonntag in allen Variationen auf den Tisch, schreibt eine 77jährige Frau aus Flawil, der dieses Rezept von ihrer Mutter überliefert worden ist. Nach einem alten Familienrezept werden dem Birnenfladen noch gedörrte Apfelringli beigemischt, was die Masse saftiger macht.

So wie der Birnenfladen kommen auch der Appenzeller Rahmfladen, der Biberoder Zimmetfladen und die kleinen dreieckförmigen Biberli, Hüetli genannt, auf den Weihnachtstisch. In den Rahmfladen gehören unbedingt «Änesli ond Pöpperli», was soviel heisst wie Anis und Koriander. Früher wurde für diesen Fladen bis zu zwei Wochen lang «Pelz» (saurer Rahm) gesammelt, der fast grau sein durfte.

Rahmfladen
(altes Rezept)

Den Rahm über Nacht in die Nähe des Ofens stellen, damit er sauer wird. Mit Mehl und Gewürzen zu einem glatten Teig rühren. Er darf etwas dicker sein als Omelettenteig. Den Brotteig auswallen und das mit Butter bestrichene Blech damit auslegen. Die Füllung darauf verteilen und im vorgeheizten Ofen 30–40 Minuten bei 180° backen.
Die Füllung der neueren Rezepte enthält etwas weniger Mehl und dafür 1–2 Eier. Man kann auch anstelle von Brotteig geriebenen Teig verwenden.
Rahmfladen kann man einige Tage aufbewahren. Sie werden vor dem Servieren leicht aufgewärmt (früher machte man das im «Oferöhrli», heute im schwach geheizten Backofen). Sie werden mit Bienenhonig («gääle Hung») oder Melasse bestrichen und schmecken gut zu Milchkaffee.

½ l Rahm (darf sauer sein)
100 g Mehl
Salz, Pfeffer,
«Änesli ond Pöpperli»
500 g Brotteig
Butter für das Blech

Zimmetfladen

Rahm, Eier und Zucker schaumig rühren. Zimt, Kakao und Gewürze zugeben. Das gesiebte Mehl mit dem Backpulver mischen und leicht darunterarbeiten. Ein Kuchenblech mit bebuttertem Pergamentpapier auslegen. Aus dem Teig einen Fladen formen und darauflegen. Nach Belieben mit ein wenig Milch bestreichen. Das Blech in die ober Hälfte des Ofens schieben und 20–30 Minuten bei 180° backen.
Zimmetfladen lassen sich, mit einem Tüchlein zugedeckt, an einem kühlen Platz einige Zeit aufbewahren. Sie werden so gegessen oder quer halbiert und mit Butter bestrichen.

1 Tasse Haushaltrahm oder «Pelz» (siehe Anmerkung weiter oben)
2 Eier
200 g Zucker
2 Teel. Zimt
1 Teel. Kakao
1 Teel. Nelkenpulver
Je 1 Prise Ingwer-, Muskatnuss- und Kardamompulver
200 g Ruchmehl
1 Teel. Backpulver
Butter für das Blech

Mir persönlich hat es der «Märchler Fladen» besonders angetan, der neben Birnen auch Dörrzwetschgen enthält – eine besonders feine, gut gewürzte Mischung.

Fladen

(altes Märchler Rezept)

Zuckerteig:
250 g Mehl
1 Prise Salz
2 Essl. Zucker
120 g Butter
1 Ei
2–3 Essl. Rahm
1 Teel. abgeriebene Zitronenschale
Butter für die Form

Füllung:
250 g gedörrte Birnen
250 g gedörrte Zwetschgen
100 g grobgehackte Nüsse
Je 1 Messerspitze Zimt- und Nelkenpulver
1 Essl. Zitronensaft
2–3 Essl. Zucker

Guss:
2 dl Rahm
3 Essl. Birnenhonig oder Obstsaftkonzentrat

Birnen und Zwetschgen 1–2 Tage in kaltem Wasser einweichen. Mehl, Salz, Zucker und Butter zwischen den Fingern zu feinen Krümeln verreiben. Ei, Rahm und Zitronenschale mischen, zugeben und alles rasch zu einem geschmeidigen Teig verarbeiten.
Ein grosses Kuchenblech mit Butter bestreichen und mit dem Teig auslegen.
Birnen und Zwetschgen abtropfen, fein hacken oder durch die Hackmaschine drehen. Nüsse, Gewürze, Zitronensaft und Zucker dazumengen. Die Masse auf den Teigboden streichen. Rahm und Birnenhonig gut verrühren und darübergiessen. Im vorgeheizten Ofen bei 220° 40 Minuten backen.

Biberli, so sagen alte Appenzeller Frauen, müssen unbedingt dreieckig sein und spitz zulaufen. Alles andere ist schlechte Kopie. Unter den vielen Biberli-Rezepten habe ich nicht unbedingt das älteste, aber sicher das beste ausgesucht.

Appenzeller Biberli

300 g Vollmehl
½ Mokkalöffel Backpulver
1 Essl. Rosenwasser
1 Teel. Zimtpulver
½ Mokkalöffel Nelkenpulver
1 Prise Muskatnuss
1 Messerspitze Kardamompulver

Das Mehl mit dem Backpulver mischen und in eine Schüssel sieben. Gewürze und Rosenwasser zugeben. Honig mit Zucker langsam aufkochen. Dann die Pfanne von der Herdplatte wegziehen und das Mehl mit den Gewürzen nach und nach unter die Honigmasse mischen. Den Teig kneten, bis er nicht mehr klebt. Die Mandeln mit Zucker, Rosenwasser, Eiweiss und Honig zu einer homogenen Masse verarbeiten. Sollte sie zu flüssig sein, gibt man noch einige Mandeln dazu. Die Konsistenz soll ähnlich wie die von Marzipan sein.

Den Teig 5 mm dick auswallen, etwa 6 cm breite Streifen schneiden. Die Mandelmasse nochmals gut durchkneten, damit sie weich ist. Dann daraus fingerdicke Rollen formen. Die Teigstreifen mit Wasser anfeuchten, die Mandelrolle darauflegen, einrollen und die Ränder gut andrücken. Mit einem scharfen Messer im Zickzack Dreiecke schneiden. Auf bemehltem Blech über Nacht ruhen lassen. Mit Milch bestreichen und bei mässiger Hitze etwa 20 Minuten backen. Unterdessen für die Glasur Wasser und Kartoffelmehl miteinander verrühren, aufkochen und den Honig daruntermischen. Etwas erkalten lassen und die Lekkerli noch heiss damit bestreichen.

200 g Birnenhonig
100 g Zucker

Füllung:
80 g geschälte, geriebene Mandeln
1 Essl. Zucker
1 Essl. Rosenwasser
4 Essl. Honig
1 Eiweiss
Butter für das Blech

Glasur:
1–2 Essl. Wasser
1 Teel. Kartoffelmehl
2 Essl. Honig

Biberherzli

Honig, Zucker und 2 Essl. Wasser unter Rühren aufkochen, bis alles gelöst ist. Etwas abkühlen lassen. Mehl, Gewürze und Backpulver gut mischen. In eine Schüssel sieben. Eine Vertiefung anbringen. Honigmischung hineingeben. Zu einem gleichmässigen Teig verkneten. Eine Stunde kühl ruhen lassen, 1 cm dick auf leicht bemehltem

300 g Honig oder Melasse
100 g Rohzucker
500 g Vollmehl (Reformhaus)
1 Messerspitze Backpulver

*Je 1 Messerspitze
gemahlene Nelken,
Zimt, gemahlener
Ingwer, Muskatblüte
und Nelkenpfeffer
Geschälte Mandeln zum
Garnieren
Butter für das Blech*

*Glasur:
3 Essl. Orangensaft
3 Essl. Puderzucker
1 Essl. Kartoffelmehl*

Teigbrett auswallen. Herzen ausstechen. Rand mit einer Gabel verzieren. Jedes Herz mit 2–3 geschälten Mandeln garnieren, auf ein bebuttertes Blech legen und über Nacht stehen lassen. Bei 170° etwa 15 Minuten backen. Noch heiss mit Glasur bestreichen. (Für die Glasur alle Zutaten unter Rühren aufkochen.)

Kaffeemühle mit Aufhängevorrichtung

Luzerner Lebkuchen I

*Für ein Backblech von
26 cm Durchmesser

2 ½ dl Rahm
2 dl Birnenhonig
½ dl Träsch oder Kirsch
100 g Zucker
40 g Orangeat und
Zitronat
½ Teel. Zimt
½ Tell. Anis
Je 1 Messerspitze
Muskat- und
Nelkenpulver
1 Prise Salz
1 Teel.
doppelkohlensaures
Natron oder Backpulver
500 g Vollmehl
1 ½ dl Milch
2 Essl. Birnenhonig
zum Bestreichen*

Den Rahm leicht schlagen und mit dem Birnenhonig, dem Träsch oder Kirsch, dem Zucker und den Gewürzen mischen. Das gesiebte Mehl mit dem Natron oder Backpulver dazugeben. Mit der Milch zu einem weichen Teig verarbeiten. Die Masse bergartig auf ein rundes Backblech geben und 40–45 Minuten bei 180° im vorgeheizten Ofen backen. Den noch warmen Lebkuchen mit Birnenhonig bestreichen.
Den Lebkuchen mit frischer Butter, mit Birnenhonig oder mit leicht gesüsstem Schlagrahm servieren.

Emmi Rütter aus St. Erhard, bekannt für den besten Lebkuchen weit und breit, findet mein Rezept gut, ihres aber noch besser. Sie betont, dass die Nidle richtig sauer sein müsse. Am besten kaufe man sie in der Käserei oder lasse sie zu Hause mindestens eine Woche richtig sauer werden. Dieser Lebkuchen lässt sich in Aluminiumfolie mehrere Tage frisch halten oder auch tiefkühlen.

Luzerner Lebkuchen II

Saurer Rahm, Honig, Zucker, Gewürz und Natron mischen. Nach und nach Mehl und Baumnusskerne zugeben, bis ein mittelfester Teig entsteht. Die Mehlmenge variiert. Den Teig etwas kneten, dann ein rundes flaches Brot daraus formen. Im vorgeheizten Backofen auf der untersten Rille 1 Stunde bei 220° backen. Den Lebkuchen noch warm mit Birnenhonig bestreichen, damit er Glanz bekommt.
Zum Zmorge mit Anke, zum Zvieri mit viel geschwungener Nidle und zum Znacht mit einem Glas Rotwein servieren.

Für eine Springform von 28 cm Durchmesser
½ l Sauerrahm
6 Essl. Birnenhonig (s. S. 385, Birnenkonzentrat)
200 g Zucker
1 Essl. Lebkuchengewürz (aus Drogerie)
1 Teel. doppelkohlensaures Natron (aus Drogerie)
500 g Vollmehl
100 g halbe Baumnusskerne
Birnenhonig zum Bestreichen

Aus dem gleichen Kanton stammt der Luzerner Rollchueche, anderswo auch Rosechueche genannt.

Luzerner Rollchueche

Hefe in einer Schüssel zerbröckeln. 1 Kaffeel. Zucker und 2 Essl. lauwarmes Wasser dazugeben. 10 Minuten gehen lassen. 1 Prise Salz und 60 g Zucker in der lauwarmen Milch auflösen. Das Mehl in eine Schüssel sieben, die aufgelöste Hefe hinzugeben und mit etwas Mehl bedecken. Die verquirlten Eier und die zimmerwarme Butter zum Mehl geben. Alles zusammen mit der Milch zu einem festen, geschmeidigen Teig kneten, bis er sich von der Schüssel löst. In eine bemehlte, vorgewärmte Schüssel legen und mit einem Tuch bedecken. Ungefähr 1 ½ Stunden an einem etwa 35° warmen Ort (Backofen, Heizkörper) aufgehen lassen. Wenn der Teig auf das Doppelte aufgegangen ist, nochmals rasch durchkneten. Die Aprikosenkonfitüre pürieren und leicht erwärmen. Die Sultaninen waschen und mit Haselnüssen, restlichem Zucker, Rahm, Mandelessenz und kandierten Früchten gut mischen.
Eine Springform mit wenig Butter ausstreichen. ⅓ des Teiges 2–3 mm dick auswallen, die Form damit belegen und seitlich einen Rand hochziehen. Den restlichen Teig viereckig auswallen. Mit der Konfitüre bestreichen und die Füllung darauf

30 g Hefe
100 g Zucker
Etwas Salz
½ dl Milch
300 g Mehl
3 Eier
50 g Butter
2 Essl. Aprikosenkonfitüre
80 g Sultaninen
150 g gemahlene Haselnüsse
2 Essl. Rahm
Einige Tropfen Mandelessenz
100 g kandierte Früchte
1 Eigelb zum Bestreichen
50 g Puderzucker
2 Essl. Zitronensaft

verteilen. Streifen von 4,5 cm Breite schneiden und einrollen. 6 oder 7 Rollen herstellen, diese nebeneinander in 1-2 cm Abstand auf den Teigboden stellen. Den Kuchen nochmals ungefähr 45 Minuten an der Wärme gehen lassen, dann 20 Minuten in den Kühlschrank stellen. Backofen auf 190° vorheizen, den Kuchen mit dem verquirlten Eigelb bestreichen und etwa 40 Minuten backen. Wenn nötig mit Aluminiumfolie abdecken, damit er nicht zu dunkel wird.
Nach dem Erkalten Puderzucker und Zitronensaft mit 1 Essl. Wasser aufkochen. Den Rollkuchen mit der warmen Glasur bestreichen.

Im Kanton Luzern, in Willisau, gibt es noch eine Spezialität, die gut in die Samichlaus-Zeit passt, die aber das ganze Jahr über gebacken wird.

Willisauer Ringli

250 g Mehl
1 Messerspitze Backpulver
3 Eiweiss
250 g Zucker
1 Essl. Bienenhonig
1 Messerspitze Zimt
Geriebene Schale von 1 Zitrone und 1 Orange
4 Essl. Zucker für die Glasur

Das Mehl mit dem Backpulver mischen, in eine Schüssel sieben und alle übrigen Zutaten dazugeben. Rasch zu einem festen Teig kneten. Den Teig kleinfingerdick auswallen. Mit einem Glas Plätzchen von ungefähr 6 cm Durchmesser ausstechen. Mit dem Fingerhut oder einem Ausstecher in der Mitte der Plätzchen eine runde Öffnung anbringen. Die Ringli auf einem nassen Blech 15-20 Minuten bei 130° backen. Mit Zuckerglasur bestreichen.
Das ist eine etwas rustikale Variante dieser Ringlein. Sollten sie zu hart werden und wollen Sie sich daran keinen Zahn ausbeissen, können Sie sie über Nacht vors Fenster oder auf den Balkon legen. Dann werden sie durch die Luftfeuchtigkeit mürbe. Wenn Sie besonders delikate Willisauer Ringli wünschen, dann bestellen Sie dieses Gebäck in Willisau, wo sie seit Generationen nach allen Regeln der Kunst gebacken werden.

Zug. Zeichnung von August Lewald

Der Lebkuchen aus Nidwalden ist sicher der urchigste meiner Lebkuchensammlung. Nachfolgend die Originalzubereitung, versehen mit einigen praktischen Hinweisen.

Nidwaldner Lebkuchen

Man gebe in einen Melkkessel (wenn keiner vorhanden ist, nimmt man eine Teigschüssel!) Rahm und Birnenhonig und füge eine halbe geriebene Muskatnuss, Anis, Sternanis, Zimt, Zitronensaft und -schale sowie ein Gläsli Schnaps bei. In einer Messingpfanne den Zucker brennen, mit Milch ablöschen, Schweinefett dazugeben und erkalten lassen. Dann zu den übrigen Zutaten geben. Wenn etwas Ruchmehl beigemengt ist, wird leicht erwärmter Gärmost (saurer Most) daruntergemischt, dann so viel Mehl beigegeben, bis der Teig schwer von der Kelle fällt (das Mehlquantum kann unterschiedlich sein, der Teig soll fest, aber nicht hart werden!). Zuletzt wird das Natron mit etwas Mehl gemischt und gut unter den Teig gerührt. Der Teig wird auf das bebutterte Blech gestrichen. Der Ofen wird mit einer grobknebligen Reiswelle geheizt, der Kuchen eingeschoben

Für ein rechteckiges Kuchenblech

2 ½ dl Rahm
1 ½ Suppenschöpfer Birnenhonig
½ geriebene Muskatnuss
½ Teel. gemahlener Anis
½ Teel. Sternanis
½ Teel. Zimt
Geriebene Zitronenschale von ½ Zitrone
Saft von ½ Zitrone
1 Gläschen Schnaps (Kernobstbranntwein)
250 g Zucker
½ l Milch

*150 g Schweinefett
750 g Ruchmehl
1 dl saurer Most
(Apfelwein)
½ Teel. Natron
Butter für die Form
Birnenhonig zum
Bestreichen*

und ungefähr eine Stunde gebacken. Noch warm mit verdünntem Birnenhonig bestreichen. (Im Elektro- oder Gasbackofen 40–45 Minuten bei 180° backen.)
Der Lebkuchen wird in Stücke geschnitten und mit geschwungener «Nidle» gegessen. Das Originalrezept enthielt die doppelten Mengen, weil früher die Backbleche für den Holzkohlenofen eine Länge von 1 Meter hatten. Meine Angaben gelten für ein heutiges Backblech.

*Ein süsser Mandelkern steckt
in dem Herzen hier,
Doch süsser als der Mandelkern
ist meine Lieb' zu Dir.*

Lebkuchen mit Bildli

Schon in alten Chroniken wird dieses Gebäck erwähnt, wenn auch in einem anderen Zusammenhang als hier bei uns. So kam es einst in Zürich zum «Lebkuchenkrieg». Landleute plünderten in den Tagen vor Weihnachten jene Läden «unter den Tilinen» gegenüber dem Rathaus, in welchen Lebkuchen feilgeboten wurden. Dieses Ereignis soll für die politische Entwicklung der Stadt bis zur Reformationszeit Folgen gehabt haben.
Bis zum 19. Jahrhundert wurden die Lebkuchen in kunstvoll geschnitzten Ton- oder Holzmodeln hergestellt oder mit Zuckerguss verziert. Dann kamen die «Lebkuchenbildli» in Mode. Die etwas kitschigen Abbildungen von prächtigen Samichläusen mit Bart, Engelsköpfchen, Herzen mit sinnigen Sprüchen gerieten allerdings wieder etwas in Vergessenheit.

Bilderbogen
für Lebkuchen

Nun bringt sie die Nostalgiewelle
zurück, und da und dort werden sie in
Boutiquen als Rarität wieder angeboten.
Hier eine Adresse, wo solche Bilder
bestellt werden können: Boutique
Bilboquet, Münstergasse 37, Bern.
Die grösste Sammlung der Welt besitzt
die Basler Zuckerbäcker-Familie Klein.
Schnäbelnde Tauben, Rosenbuketts,
Engel mit Schmachtlöcklein,
Vergissmeinnicht und Märchenfiguren,
Herzen mit Sprüchen und vor allem
natürlich St.-Niklaus-Bilder sind

hundert- und tausendfach archiviert. Im «Läckerlihuus» in Basel liegen die alten, kostbarsten unter Glas. Eine wahre Fundgrube für Liebhaber.
Wohl war im 17. und 18. Jahrhundert in den Städten bereits der Ring als Eheversprechen bekannt, nicht aber auf dem Land. Und so galt dann vielfach der Lebkuchen als Ehepfand. Die Lebkuchenstände waren denn auch beliebte Treffpunkte für Liebende.

«Wirst Du mir getreu verbleiben, will ich Dir mein Herz verschreiben.»

Basler Lebkuchen

1 l Honig
400 g Zucker
1 Essl. Anis
Schale von 2 Zitronen, grob gewiegt
1 Messerspitze Nelkenpulver
½ Muskatnuss, gerieben
3 Essl. Kirschwasser
1 kg Mehl

Honig in eine Pfanne geben und aufkochen, dann in eine Schüssel abgiessen. Zucker, Anis, Zitronenschale, Gewürze, Kirschwasser und 2–4 Hände voll Mehl zugeben und gut verarbeiten. Etwas Mehl darüberstreuen, 2–3 Stunden stehen lassen, dann das restliche Mehl darunterarbeiten und über Nacht ruhen lassen. Tisch oder Teigbrett mit Zucker bestreuen, den Teig darauf etwa 1 cm dick auswallen. Runde oder rechteckige Lebkuchen ausschneiden, auf ein bemehltes Blech geben und im vorgeheizten Ofen je nach Grösse 15–20 Minuten bei 160° backen.
Die Lebkuchen werden entweder mit kaltem Wasser oder mit Zuckersirup (200 g Zucker mit 2 dl Wasser kochen) oder auch mit «Lebkuchenglanz» (100 g Kartoffelmehl rösten, mit ½ l Wasser ablöschen und kochen, bis sich eine Haut bildet; heiss verwenden) bestrichen.
Die Samichlausbildli nach dem Trocknen mit etwas Eiweiss aufkleben.

Dazu noch ein Rezept aus dem Muotathal.

Weisse Lebkuchen

Zucker und Eier eine Stunde rühren (heute kann das mit dem Rührwerk in 10 Minuten geschehen). Nach und nach die grobgehackten Mandeln, Gewürze, Zitronat und Mehl zugeben. Den Teig ½ cm dick auswallen, schöne Lebkuchen oder Leckerli schneiden. Bei 180° im vorgeheizten Ofen 15–20 Minuten backen.
Alle Zutaten für die Glasur rühren, bis sie glatt ist. Die Lebkuchen damit bestreichen.

250 g Zucker
5 Eier
100 g Mandeln, grob gehackt
10 g Zimt
1 Messerspitze Nelkenpulver
30 g Zitronat
250 g Mehl

Glasur:
200 g Puderzucker
1 Eiweiss, steifgeschlagen
1 ½ Essl. Zitronensaft

Advent

In vielen Häusern duftet es die ganze Adventszeit hindurch köstlich nach Zimt und Honig ... Wir zünden am Adventskranz die erste Kerze an und suchen nach den Rezepten für die Weihnachtsguetzli. Die allerbesten – aus den Kochbüchern unserer Urgrossmütter und Grossmütter – habe ich hier für Sie aufgeschrieben.
Zuerst die verschiedenen Leckerli-Rezepte.

Honigleckerli

Die ungeschälten, gemahlenen Mandeln und Haselnüsse mit Zucker, Honig, Orangeat und Eiweiss vermischen und zu einem festen Teig verkneten, den man ausrollen kann. Je nach Eiweissmenge (Grösse der Eier) braucht es etwas mehr oder weniger geriebene Mandeln oder Nüsse. Mindestens eine halbe Stunde an kühlem Ort ruhen lassen.
Tisch oder Backbrett mit Puderzucker bestreuen. Teig ½ cm dick darauf auswallen. Formen ausstechen oder mit dem Teigrädchen Vierecke aus-

130 g Haselnüsse
130 g Mandeln
250 g Zucker
2 Essl. Honig
2 Eiweiss
50 g Orangeat, gewürfelt
3 Essl. Puderzucker zum Auswallen

Glasur:
4 Essl. Puderzucker
1 Essl. Zitronensaft

schneiden. Die Leckerli auf einem mit Butter bestrichenen Blech nicht zu dicht nebeneinander anordnen. Bei 160° 20–30 Minuten backen. Puderzucker und Zitronensaft verrühren und die noch lauwarmen Leckerli damit bestreichen. Diese Leckerli sollten erst nach einigen Tagen gegessen werden.

Die Basler Leckerli und ihre Geschichte

Die Basler Leckerli sollen zur Zeit des Basler Konzils (1431–1449) kreiert worden sein. Damals hielten sich gegen 300 Kirchenfürsten aus dem ganzen Abendland in Basel auf, und Handelsleute und Krämer versuchten sich in ihrem Angebot gegenseitig zu übertreffen. Da schienen auch die bescheidenen Lebkuchen nicht mehr gut genug für die vornehmen fremdländischen Gäste, weshalb sich die Basler «Lebkücher» (so nannte man die Lebkuchenbäcker) etwas ganz besonders Leckeres einfallen liessen. Sie mischten ihren üblichen Lebkuchen Mandeln, Orangeat und Zitronat bei und schufen damit eine Delikatesse, an der sich die geistlichen Würdenträger und deren Gefolge nicht satt essen konnten. Heute werden die feinen Basler Leckerli als beliebtes Souvenir in alle Welt verschickt.
Wer sich gerne das Haus eines ehemaligen «Lebküchers» etwas näher ansehen möchte, kann der Hasenburg im Basler Imbergässlein, dem damaligen Gewürzzentrum, einen Besuch abstatten. Ob die heutigen Basler Leckerli noch dem Originalrezept entsprechen, lässt sich allerdings nicht mehr nachweisen.

Das älteste überlieferte Rezept für «verzuckerte Lebkuchen», welches das Geheimnis dieser Spezialität verrät, stammt aus dem 17. Jahrhundert.

Basler Leckerli

Honig, Zucker, Zimt, Nelken- und Muskatnusspulver aufkochen. Mandeln und Haselnüsse hakken. Mit dem Orangeat, Zitronat und der Zitronenschale in den Sirup geben. Vom Feuer nehmen. Nach und nach ⅔ des Mehles und die Pottasche dazusieben. Kirsch beifügen. Das restliche Mehl auf ein Teigbrett geben. Die Teigmasse daraufgiessen. Alles rasch zusammenkneten. Den Teig halbieren, auswallen und auf 2 rechteckige, mit Mehl bestäubte Backbleche verteilen. Über Nacht ruhen lassen. 15–20 Minuten im vorgeheizten Backofen bei 230° backen. Den gebackenen Teig für die rechteckigen Leckerli sofort ¾ tief einschneiden. Vom Blech nehmen, mit einem Bürstchen vom Mehl befreien und mit der heissen Glasur bestreichen. Die Leckerli ganz auseinanderschneiden. Für die Glasur Zucker und Wasser vom Siedepunkt an 5 Minuten zu Faden kochen. Bei besonders feinen Rezepten mischt man der Glasur noch etwas Kirsch bei.

500 g Bienenhonig (mindestens 1 Jahr alt)
350 g Zucker
2 Essl. Zimt
1 Prise Nelkenpulver
1 Teel. Muskatnusspulver
120 g Mandeln
120 g Haselnüsse
Je 100 g feingehacktes Orangeat und Zitronat
Schale einer Zitrone, grob gehackt
700 g Mehl
2 Messerspitzen gereinigte Pottasche
2 dl Kirsch

Glasur:
160 g Zucker
1 dl Wasser

Schloss Utzigen.
Aquarell von Lüthi

Und hier mein liebstes Leckerli-Rezept. Es stammt aus dem Bernbiet – ich fand es in den Rezepten meiner Grossmama. Das Gebäck gleicht im Geschmack den Berner Lebkuchen.

Haselnussleckerli «Schloss Utzigen 1890»

240 g Haselnüsse, gerieben
240 g Mandeln, gerieben (ungeschält)
480 g Zucker
3 Essl. Orangeat, fein gehackt
3 Essl. Zitronat, fein gehackt
1 Essl. Zitronensaft
1 Essl. Zimt
1 Messerspitze Sternanis
2 Essl. Bienenhonig
40 g Mehl
4 Eiweiss
65 g Puderzucker
1 Essl. Butter

Geriebene Haselnüsse in einer trockenen Bratpfanne auf mittlerem Feuer unter Rühren hellbraun rösten. Erkalten lassen. Geröstete Haselnüsse, Mandeln und Zucker, Orangeat und Zitronat sowie Gewürze in eine Schüssel geben und vermischen. Die steifgeschlagenen Eiweiss darunterziehen. Die Masse mit den Händen zu einem gleichmässigen Teig verarbeiten, der sich gut kneten lässt. Eine Stunde ruhen lassen.
Teigbrett oder Tisch mit Puderzucker bestreuen und den Teig darauf 6 mm dick auswallen. (Wallholz ebenfalls mit Puderzucker bestreuen, damit der Teig nicht klebt.) Kleine Rechtecke ausschneiden (eventuell mit Holzmodel formen, dabei die Model immer wieder auswaschen und im Puderzucker wenden). Auf ein bebuttertes Blech legen. 3–4 Stunden antrocknen lassen. Ganz oben in den Backofen schieben und bei 200° während

5–7 Minuten trocknen lassen (grössere Leckerli 2–3 Minuten länger). Den gesiebten Puderzucker mit Zwetschgenwasser zu einer Glasur verrühren und die noch heissen Leckerli damit bestreichen.

Glasur:
65 g Puderzucker
2 Essl. «Bätziwasser»
(Zwetschgenwasser)

Nebst diesen drei bekanntesten Schweizer Leckerli sind auch die Zürcher Marzipanleckerli (s. S. 467) sehr beliebt. Zudem soll es noch im letzten Jahrhundert rund 25 weitere Leckerlisorten gegeben haben. Einige davon sind heute unter anderen Bezeichnungen bekannt, z. B. die Quittenpäschtli (s. S. 378) und die Anisbrötli.

Anisbrötli

Eier und Puderzucker zu einer Creme schlagen (im Rührwerk 10 Minuten). Anis, Kirsch oder Zitronensaft und Salz zugeben. Das gesiebte Mehl darunterarbeiten. Die genaue Mehlmenge hängt von der Grösse der Eier ab. Jedenfalls soll der Teig so fest sein, dass man ihn mühelos zu einer Kugel formen kann. Über Nacht kühl stellen. Am nächsten Morgen den Teig etwa 1 cm dick auswallen. Holz- oder Tonförmchen darauflegen, den Teig ringsum abschneiden. Die Form stürzen und den Teig mit der Hand sorgfältig in die Form drücken. Den Teig lösen und den Rand mit einem Teigrädchen oder Messer egalisieren. Die Anisbrötchen auf ein mit Butter bestrichenes Blech legen und bei Küchentemperatur 24 Stunden trocknen lassen. Dabei darf man die Bleche nicht aufeinandersetzen. Unsere Grossmütter legten sie auf den Schrank. Darauf beruht das Geheimnis der sogenannten «Füsschen» dieser Biskuits. Die Anisbrötli bei 160° etwa 15 Minuten vorsichtig backen. Sie dürfen keine Farbe annehmen. Auch die Unterseite sollte hell bleiben. Nach dem Backen ist dieses Gebäck hart. Damit es weich und zart wird, muss man die Brötchen 3–4 Tage offen an der Luft stehen lassen. Dann in eine Blechdose versorgen und erst nach 2–3 Wochen essen.

3 Eier
300 g Puderzucker
1 Essl. Kirsch oder Zitronensaft
1 Prise Salz
1 gehäufter Teel. Anis
400 g Mehl

Aus dem gleichen Teig bäckt man auch die bekannten Badener Chräbeli. Die beiden Konfektsorten unterscheiden sich lediglich in der Form.

Badener Chräbeli

Den Anisbrötliteig zu fingerdicken Rollen (etwa 1½ cm dick) formen. Durch Schrägschnitt mit dem Messer in 5 cm lange Stücke schneiden. Mit einem spitzen Messer in regelmässigen Abständen dreimal bis zur Hälfte schräg einschneiden. Die Chräbeli leicht biegen und auf ein bebuttertes Blech legen. Wie die Anisbrötli über Nacht trocknen lassen und wie beschrieben backen. Auch bei den Chräbeli ist es wichtig, dass sie «Füsschen» bekommen. Daran erkennt man die Backkünstlerin bzw. die tüchtige Hausfrau! Es soll von Vorteil sein, das Backblech zum Trocknen auf eine kühle Unterlage zu stellen, z. B. auf Marmor (sofern man noch eine alte Kommode mit Marmoraufsatz hat). Auf diese Art können die Chräbeli von oben trocknen.

Auch die Bündner Anisguätali und die «Pains d'anis» im Kanton Fribourg werden auf ähnliche Art wie die Chräbeli zubereitet. Letztere enthalten etwas mehr Anis und werden nicht nur an Weihnachten, sondern auch an der «Bénichon» serviert (s. S. 307).

Zu den Anisguetzli gehören auch die Springerli, die je nach Gegend aus einem ganz ähnlichen Teig bestehen und in alten Gebäckmodeln geformt werden. Bei tiefen Modeln wird der Teig hineingedrückt und mit dem Wallholz gepresst, damit er sich gleichmässig verteilt.

Holzmodel aus
Attinghausen

Anismodel

Bei Flach-Reliefs liess man oft den Anis weg, damit er die feinen Dessins nicht beeinträchtigte. Sie dienen heute fast nur noch als Dekoration.
Die bedeutendste Kollektion solch wunderschöner Anis-Model gibt es in Schaffhausen. Herr und Frau Aeby, Konditoreibesitzer, führen das Hobby ihrer Familie weiter und sammeln die schönsten antiken Formen, die man finden kann. Während der Adventszeit verschicken sie deren gebackene Abdrücke.

Samichlaus-Leckerli
(St. Galler Rezept)

Alle Zutaten gut verarbeiten und über Nacht stehen lassen. Leckerli ausschneiden oder Förmchen ausstechen. Bei 170° 15–20 Minuten backen.

500 g Butter
550 g Zucker
900 g Mehl
400 g gemahlene Mandeln
200 g Zedrat, fein gehackt (aus dem Reformhaus)
je 100 g Orangeat und Zitronat, fein gehackt
1 Essl. Zimt
1 Teel. Macis (Muskatblüten)
½ Teel. Nelkenpulver
15 g Triebsalz (aus Drogerie)

Kaffeeröstpfanne

Zürcher Marzipan-Leckerli

Die Mandeln zusammen mit dem Zucker 2–3mal durch die Mandelmühle drehen und pulverfein mahlen. Durch ein feines Sieb in eine Pfanne geben. Eiweiss und Rosen- oder Orangenblütenwasser beifügen. Auf kleinem Feuer unter ständigem Rühren erwärmen, bis sich die Masse vom Boden der Pfanne löst.
Eine Marmorplatte oder ein Backbrett dicht mit Puderzucker bestreuen, die Masse daraufgeben, gut durchkneten, dann etwa 1 cm dick auswallen.

Grundmasse:
250 g Mandeln (geschält, darunter etwa 10 bittere Mandeln)
250 g Puderzucker
½–1 Eiweiss
1 Essl. Rosen- oder Orangenblütenwasser (in Drogerien erhältlich)
Puderzucker zum Auswallen

Butter und Mehl für die Backbleche

Glasur:
200 g Puderzucker
½ Eiweiss
2–3 Essl. Rosen- oder Orangenblütenwasser
1–2 Teel. Wasser

Hölzerne Leckerliformen mit Puderzucker ausstreuen und auf den Teig drücken. Die Förmchen sorgfältig auseinanderschneiden und auf bebutterte und mit Mehl bestreute Backbleche legen. Die Leckerli 1–2 Tage bei Zimmertemperatur trocknen lassen, von Zeit zu Zeit mit Rosen- oder Orangenblütenwasser bestreichen und schliesslich im vorgeheizten Backofen auf der obersten Rille bei 150° 8–12 Minuten trocknen lassen.
Alle Zutaten für die Glasur gut verrühren. Die Leckerli sofort nach dem Backen damit bestreichen. Meistens werden verschiedenfarbige Marzipanleckerli gebacken.

Rote Leckerli. Der Marzipanmasse etwas Sandelholzpulver (erhältlich in Drogerien oder bei Landolt-Hauser AG in Näfels), der Glasur etwas Himbeersirup, Randensaft oder Speisefarbe beimischen.

Gelbe Leckerli. Geriebene Orangen- oder Zitronenschale beigeben und die Glasur mit etwas Safran oder Kurkuma färben.

Braune Leckerli. Zucker-Couleur (in Confiserien erhältlich) beifügen und auch die Glasur damit färben oder etwas starken Kaffee beimengen.
Man kann die Leckerli auch füllen.

Gefüllte Leckerli. Die Marzipanmasse in zwei 4 mm dicke Vierecke auswallen. Mit Hagenbutten- oder Quittenkonfitüre bestreichen und zusammensetzen. Leckerli schneiden und wie beschrieben trocknen und backen.

Zürcher Schoggi-Leckerli

250 g Puderzucker
250 g gemahlene Mandeln
2–3 Essl. Wasser oder Kirsch
100 g geriebene, dunkle Schokolade
Abgeriebene Schale von ½ Zitrone

Zucker, Mandeln und Wasser oder Kirsch langsam in einer kleinen Pfanne erwärmen. Ständig rühren, bis ein fester Teig entsteht. Vom Feuer nehmen und Schokolade, Zitronenschale, Zimt und Vanillezucker zugeben. Zu einem gleichmässigen Teig verarbeiten. Nach dem Erkalten auf dem bemehlten Tisch 1 cm dick auswallen. Holzmodel für Leckerli aufdrücken. Die mit dem

Messer auseinandergeschnittenen Leckerli auf ein mit Mehl bestäubtes Blech geben. Mehrere Stunden bei Zimmertemperatur antrocknen lassen, dann auf der obersten Rille des vorgeheizten Backofens bei 180° etwa 7–8 Minuten backen. Für die Glasur alle Zutaten mischen und die Leckerli nach dem Erkalten damit bestreichen.

1 Essl. Zimtpulver
½ Teel. Vanillezucker
Mehl für das Backblech

Glasur:
3 Essl. Puderzucker
1 Essl. Wasser
1 Teel. Vanillezucker

Zürcher Tirggeli

Dieses typische Zürcher Gebäck wurde bereits im Mittelalter an Jahr- und Weihnachtsmärkten angeboten.
Es wird – so berichtet der Kulturhistoriker Edwin Arnet – erstmals 1461 im Zusammenhang mit einem Gerichtsfall urkundlich erwähnt. Eine andere Aufzeichnung besagt, dass 26 Jahre später die Hexe Margarethe Stucki-Bucher lebendigen Leibes eingemauert wurde, weil sie einem Manne «in ein Tirggeli Gift zuo essen geben habe, daz er stürbe».
Im puritanischen Zürich war der Tirggel einstmals als Luxusgebäck verboten, und auch in Schaffhausen sahen sich die Behörden zu einschränkenden Massnahmen gezwungen, da der Verkauf der begehrten Näscherei die Leute vom Kirchenbesuch abhielt. Aber die Tirggel wurden zusehends beliebter. Kehrte der Mann von einem Zunftessen oder einem sonstigen Festmahl heim, pflegte er seiner Familie ein «Bhaltis» zu schenken. Zusammen mit dem gebackenen Tirggel brachte er aber meist auch einen Schwips nach Hause, auf den sich später die Bezeichnung «Tirggel» übertrug.
Die Tirggel wurden – und werden zum Teil heute noch – in wunderschönen Modeln geformt, die Ansichten aus

Zürich oder aus der ganzen Schweiz wiedergeben. Zünfte und private Sammler haben die Model aufbewahrt, die heute begehrte Antiquitäten darstellen.

Heimweh-Zürcher liessen sich die Zürcher Spezialität nach allen Erdteilen zuschicken. Dank der Mannigfaltigkeit der Model wurden Tirggel nicht nur als Ansichtskarten verwendet, sondern auch als politisches Flugblatt, Bibel, Wappen oder gar als Heiratsannonce.

Das Tirggelbacken ist eine etwas heikle Angelegenheit, besonders wenn man keine Model zur Verfügung hat. Man kann diese Spezialität aber in sehr guter Qualität kaufen.

Hier dennoch ein Rezept für Unentwegte.

Zürich. Stich von Dequerauviller nach Perignon

Zürcher Tirggeli

Honig erwärmen, Puderzucker und Gewürze dazurühren. Mit Rosenwasser zu Sirup verdünnen. Nach dem Erkalten mit so viel Mehl verkneten, dass ein fester, geschmeidiger Teig entsteht. Diesen etwa 2 mm dick auswallen. Holzmodel mit Öl bestreichen, den Teig darauflegen und hineinpressen. Die Tirggelränder glattschneiden. Auf einem bebutterten und bemehlten Blech bei starker Oberhitze (220°) 1–2 Minuten trocknen lassen. Die Tirggel dürfen auf der Oberfläche leicht Farbe annehmen. Wenn sie zu stark gebacken werden, sind sie spröde und zerbrechen.

400 g Bienenhonig
70 g Puderzucker
3–4 Essl. Rosenwasser
Mehl nach Bedarf
Je 1 Prise Ingwer, Anis-, Koriander- und Nelkenpulver und Muskatnuss

Mailänderli
(Rezept meiner Grossmutter)

Eier mit Zucker zu einer weisslichen Creme schlagen. Lauwarme, flüssiggemachte Butter, Salz und gesiebtes Mehl darunterarbeiten. Zitronenschale zugeben. Eine Stunde kühl ruhen lassen. 3 mm dick auswallen und beliebige Formen ausstechen. Auf ein bebuttertes Blech legen, zweimal mit verquirltem Eigelb bestreichen und im vorgewärmten Backofen bei 160° etwa 20 Minuten backen.

250 g Zucker
4 Eier
500 g Mehl
250 g Butter
1 Prise Salz
½ Essl. Zitronenschale, gerieben
2 Eigelb zum Bestreichen

Zimtsterne

Die Eiweiss steifschlagen, Zucker und Zimt beifügen und 10 Minuten weiterrühren. 5 Essl. Eischnee für die Glasur beiseite stellen. Den Rest mit den Mandeln und dem Zitronensaft oder dem Kirsch sowie der abgeriebenen Zitronenschale zu einem Teig verarbeiten. 15 Minuten ruhen lassen. Tisch oder Teigbrett dicht mit Zucker bestreuen und den Teig bleistiftdick darauf auswallen. Sterne ausstechen. Backblech mit Pergamentpapier auslegen, mit Butter bestreichen und die Sterne daraufsetzen. Eine halbe Stunde stehen lassen. Das Blech in die Mitte des vorgeheizten Ofens schieben und die Sterne bei 200° 6–8 Minuten backen. Vor oder nach dem Backen mit

2 Eiweiss
250 g Zucker
1 Essl. Zimt
250 g ungeschälte, geriebene Mandeln
1 Essl. Zitronensaft oder Kirsch
1 Teel. abgeriebene Zitronenschale
Zucker zum Auswallen
Butter für das Blech

dem zurückbehaltenen Eiweiss glasieren. In alten Rezepten wird empfohlen, die Zimtsterne erst nach dem Backen zu bestreichen und danach kurz im ausgeschalteten Backofen nachtrocknen zu lassen.

Typisch schweizerische Weihnachtsguetzli sind die Basler Brunsli (auch Basler Braun genannt), die ausgezeichnet munden, wenn man es versteht, sie richtig zu backen. Ebenso gibt es fast in jedem Hause Mailänderli und Zimtsterne. Letztere dürften allerdings vor langer Zeit einmal aus Deutschland zu uns gelangt sein.

Basler Brunsli

450 g ungeschälte geriebene Mandeln
450 g Puderzucker
75 g dunkles Schokoladepulver, ungesüsst (oder 120 g dunkle Schokoladen-Couverture (im Wasserbad aufgelöst)
3 Eiweiss
2 Essl. Kirsch
1 Teel. Zimt- und
1 Prise Nelkenpulver
100 g Griesszucker zum Auswallen

Alle Zutaten mit dem ganz leicht verrührten Eiweiss mischen. Sollte der Teig zu nass sein, noch etwas Mandeln zugeben. 1 Stunde kühl ruhen lassen. Griesszucker auf den Tisch streuen und den Teig darauf 1 cm dick auswallen. Oberfläche ebenfalls mit etwas Zucker bestreuen und Herzen, Kreuze und Kleeformen ausstechen. Auf ein gut gebuttertes Blech 2 cm auseinander legen. Eine Stunde bei Küchentemperatur trocknen lassen. Nicht in den Kühlschrank stellen.
Das Blech auf der obersten Rille in den Ofen schieben. Bei 180° etwa 5 Minuten backen. Die Oberfläche der Brunsli soll leicht verkrusten, darf aber keine Farbe annehmen. Nach dem Backen auf dem Blech 2–3 Minuten liegen lassen, dann mit einem Spachtel wegnehmen und auf ein Gitter geben. Die knapp ausgekühlten Guetzli sofort in eine Blechdose oder einen Plastikbeutel (zum Tiefkühlen) versorgen. Sie dürfen nicht an der Luft herumliegen, sonst werden sie sogleich hart. In Koch- und Backbüchern steht, man müsse die Brunsli bei schwacher Hitze backen. Damit erreicht man genau das, was man vermeiden will – die Guetzli werden hart.

Die Bündner backen Weihnachtsguetzli, die wir im Unterland nicht kennen.

Grassin
(Rezept aus dem Engadin)

Butter und Zucker schaumig rühren. Salz, Zimt und Nelkenpulver dazumischen. 10 Minuten weiterrühren (mit Rührwerk 2–3 Minuten). Mehl zugeben und mit kühlen Fingern rasch zu einem Teig kneten. Eine Stunde kühl ruhen lassen. Teig 3 mm dick auswallen. Herzförmchen ausstechen. 15 Minuten bei 170° hellbraun backen.

150 g Butter
125 g Zucker
1 Prise Salz
1 Teel. Zimt
1 Messerspitze Nelkenpulver
250 g Mehl

Bündnerli
(Familienrezept aus Chur)

Die Butter schaumig rühren. Eigelb, Zucker, Zimt und Weisswein dazumischen. Das Mehl nach und nach gesiebt zugeben. Den Teig auswallen, Förmchen ausstechen und im vorgeheizten Backofen bei 150° 10–15 Minuten backen.

150 g Butter
1 Eigelb
150 g Zucker
1 Essl. Zimt
500 g Mehl
1 Glas Weisswein

Totebeinli
(Churer Rezept)

Haselnüsse grob hacken, eine Handvoll davon ganz lassen. Butter schaumig schlagen, alle andern Zutaten daruntermischen. Zuletzt die ganzen Haselnüsse zugeben. Den Teig in drei Stücke teilen. Auswallen und etwa 10–12 cm breite Rechtecke formen. Eine Stunde kühl stellen, dann im vorgeheizten Backofen bei 160° 15 Minuten backen. Aus dem Ofen nehmen, in Stäbchen schneiden und nochmals 3–5 Minuten im ausgeschalteten Ofen «bähen». Sie dürfen hellbraun werden.

500 g Haselnüsse
100 g Butter
500 g Zucker
500 g Mehl
5 Eier
Schale von $^1/_2$ Zitrone, fein gewiegt
1 Essl. Zimt

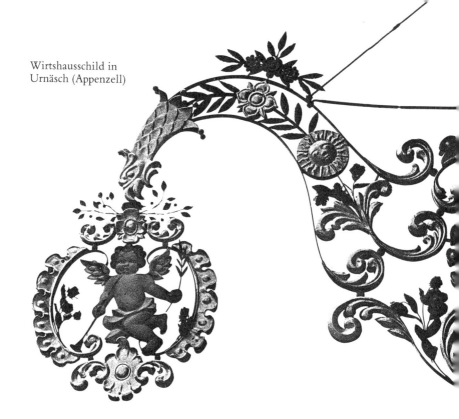

Wirtshausschild in Urnäsch (Appenzell)

Spagnoletti
(Rezept aus dem Münstertal)

250 g Zucker
3 Eigelb
geriebene Schale von ½ Zitrone
3 Eier
250 Mehl
150 g feingehackte Mandeln
Butter für die Form

Zucker mit Eigelb und Zitronenschale zu einer weisslichen Creme schlagen. Dann ein leicht verquirltes Ei beifügen. 5 Minuten weiterschlagen, dann jedes der beiden restlichen Eier auf dieselbe Art zugeben. Nun das Mehl daruntermischen. Ein grosses Backblech mit Butter bestreichen und mit Mehl bestäuben. Mit einem Teel. Teig abstechen und kleine Häufchen auf das Blech setzen. Diese mit den feingehackten Mandeln bestreuen. Bei 150° im vorgeheizten Ofen etwa 10 Minuten hellgelb backen.

Ganz lustige Guetzli sind die Geduldszeltli, die heute in Konditoreien der Ostschweiz und in Basel oft fälschlicherweise unter dem Namen «Hosenknöpfe» verkauft werden. Geduldszeltli werden sie genannt, weil man sie erst im Munde «mit Geduld» zergehen lassen soll, bis man dem feinen Aroma dieses delikaten Gebäcks auf die Spur kommt. Vielleicht heissen sie aber auch so, weil man das Ei mit dem Zucker eine halbe Stunde rühren muss. – Die «Hosenknöpfe» sind eine etwas rustikalere Variante. Ich habe Rezepte für beide entdeckt.

Geduldszeltli

Zucker mit dem Ei eine halbe Stunde rühren. Zitronenschale und gesiebtes Mehl dazurühren. Ein Blech mit Oblaten belegen. Mit einem Teel. oder dem Spritzsack kleine Häufchen darauf geben. Bei 150° 10–15 Minuten backen. Die Zeltli dürfen kaum Farbe annehmen.

125 g Zucker
1 Ei
Abgeriebene Schale einer halben Zitrone
125 g Weissmehl
4 grosse rechteckige Oblaten

Hosenknöpfe

Mehl auf ein Backbrett sieben, eine Vertiefung anbringen und Zucker, Butterflocken, das verquirlte Ei, Zitronenschale und etwas Rosenwasser beifügen. Rasch zu einem feinen Teig verarbeiten. Rosenwasser nach Bedarf zugeben. Es soll ein weicher Teig entstehen, der sich aber formen lässt. Den Teig eine Stunde ruhen lassen, dann fingerdicke Rollen daraus formen. 1½ cm lange Stücke abschneiden und diese zwischen den Handballen zu «Knöpfen» drehen. Auf ein mit Mehl bestäubtes Blech legen und bei 150° 10–15 Minuten backen. Das Gebäck soll nur ganz wenig Farbe annehmen.

500 g Mehl
250 g Zucker
60 g Butter
1 Ei
Abgeriebene Schale einer Zitrone
1–1½ dl Rosenwasser

Genf. Stich von Née nach Perignon

Die Escalade

Dieses traditionelle Genfer Fest erinnert alljährlich an den misslungenen savoyardischen Überfall auf die Stadt in der Nacht vom 11. auf den 12. Dezember 1602. Das Wahrzeichen der Festlichkeiten ist die «Marmite», die den armen Savoyarden von der «Mère Royaume», einer tapferen Frau aus dem Volk, samt der Suppe über das Haupt gegossen wurde. Zur Erinnerung an diese entscheidende Tat gibt es in den Genfer Konditoreien anlässlich der «Escalade» solche Kochtöpfe aus Schokolade oder Nougat. Diese «Marmites» werden dann feierlich zerschlagen, und während der Inhalt – farbenfrohes Marzipan-Gemüse – herausquillt, ruft man laut aus: «C'est ainsi que périssent les ennemis de la République!»

Natürlich kommen bei der Escalade auch die Gourmets auf ihre Rechnung. Mit besonderer Freude möchte ich hier diese einfachen, aber schmackhaften Spezialitäten vorstellen.

La soupe de la mère Royaume

Davon gibt es kein eigentliches Rezept. Jede Hausfrau bereitet diese Gemüsesuppe auf ihre Art zu. Da und dort ist es noch Brauch, dass die Schulkinder zur Escalade ein Gemüse mitbringen. Alle mitgebrachten Gemüse werden zu einer Suppe gekocht. Eine Geschichtslektion über die Escalade umrahmt die Suppenmahlzeit.
Für die «Soupe de la mère Royaume» werden alle Gemüse zerkleinert und stundenlang auf kleinem Feuer gekocht. Zuletzt fügt man nach Belieben noch eine Handvoll Reis bei. Das ist das ganze Geheimnis.

Mittelpunkt eines Escalade-Menüs ist der

Schweinsbraten nach Genfer Art

Das Fleisch allseitig in Butter anbraten. Zwiebel, Lauch, wenig Salz und Pfeffer sowie Wein zugeben. Im mittelheissen Ofen 2–3 Stunden schmoren. Am besten wird dieser Braten in einem gusseisernen Bräter. Das Fleisch tranchieren und den aufgekratzten und nach Bedarf mit ein wenig Wein aufgelösten Bratensaft darübergeben.

Für 6–8 Personen

1,5 kg Schweinsbraten
2 Essl. Butter
1 Zwiebel, gespickt mit Lorbeerblatt und Nelken
1 kleiner Lauchstengel
Salz, Pfeffer
5 dl Genfer Weisswein

Dazu gehört der traditionelle

Gratin de cardons

Die «cardons» sind ein distelartiges Gemüse, lange Stengel, die ähnlich aussehen wie Krautstiele, aber anstelle von Blättern Stacheln haben. Sie werden meistens im November samt den Wurzeln aus der Erde gezogen, zusammengebunden und eine Zeitlang

im Keller gelagert, wo sie allmählich bleichen. Das Rüsten der «cardons» ist sehr mühsam; ohne Handschuhe ist diese Arbeit nicht zu empfehlen. Die «cardons» sind in Genf und Umgebung sowie in Lausanne auf dem Wochenmarkt erhältlich. Man kann sie aber auch als Konserve kaufen.
Hier ein Rezept für die kunstgerechte Zubereitung

Für 4–6 Personen

1–2 Bündel «cardons»
2–3 Essl. Milch
2 Essl. Butter
1 Essl. Mehl
3 dl Milch oder halb Milch, halb Rahm
Salz, Muskatnuss
Butter für die Form
100 g geriebener Käse (Greyerzer oder Emmentaler)

Die «cardons» von den Stacheln befreien, leicht abziehen und in 3–4 cm lange Stücke schneiden. In Salzwasser mit ein wenig Milch weichkochen, dann abgiessen (Sud aufbewahren). Butter und Mehl in einer kleinen Pfanne dünsten. Mit Milch ablöschen und unter Rühren zu einer leichten, weissen Sauce kochen. Mit Rahm verfeinern und mit Salz und etwas Muskatnuss würzen. Eine Auflaufform mit Butter ausstreichen, die «cardons» abwechslungsweise mit Käse einschichten. Mit Sauce überziehen und nochmals mit ein wenig Käse bestreuen. Bei Oberhitze gratinieren, bis die Oberfläche sich leicht verfärbt. Man kann die «cardons» auch nur mit Rahm (ohne Sauce Béchamel) überbacken, vorausgesetzt, dass man dicken Doppelrahm zur Verfügung hat. Das Gericht wird dadurch noch feiner.

Ein Kartoffelsalat, der seinen einmaligen Geschmack dem Nussöl verdankt, einer Spezialität der Gegend (s. S. 406).

Kartoffelsalat mit Nussöl

Für 4 Personen

500 g Kartoffeln, in der Schale gekocht
4 Essl. Baumnussöl*
1 Teel. Weinessig
1 Essl. Weisswein
2 Knoblauchzehen

Öl, Weinessig und Weisswein mit Senf und feingehacktem oder durchgepresstem Knoblauch verrühren. Mit Salz und Pfeffer würzen. Die Kartoffeln schälen, scheibeln und unter die Sauce mengen.
Dazu werden Longeoles serviert, oft mit Fenchel gewürzte Spezialwürste, die man zuerst kochen muss. Besonders schmackhaft sollen sie sein,

wenn sie in Marc gegart werden, was ab und zu während des Destillationsprozesses gemacht wird. Ich habe noch nie Gelegenheit gehabt, dies zu versuchen. Man sagt den Winzern nach, sie würden jeweils einige Longeoles, in Jute verpackt, in den Brennapparat legen.

1 Teel. scharfer Senf (nach Belieben) Salz, Pfeffer

* Nussöl ist erhältlich bei D. Chatelan, Place la Palud, Lausanne, oder G. Bianchi AG, Comestibles, Marktgasse, Zürich.

Eine weitere Genfer Spezialität, die Tomme (ein ähnlicher Weichkäse wie der Tomme de Savoie), wird ab und zu noch mit den ausgepressten Traubenbeeren in die Trestergrube gelegt, wo sie den speziellen Marc-Geschmack aufnehmen kann. Diese «Tomme au marc» schmeckt einfach hervorragend.
Nun noch als Krönung ein delikates Dessert, das man richtig zubereitet nur bei Genfer Freunden geniessen kann, welche die Birnen nach besonderer Art einkochen.

Rissoles aux poires

Die Grundlage der Füllung ist eine Art Konfitüre, die im Herbst zubereitet und mehrere Monate aufbewahrt werden kann. Die Birnen ungeschält vierteln und von den Kernen befreien. In eine Pfanne geben (mit Vorteil eine alte Messingpfanne aus Grossmutters Zeiten), mit Wasser bedecken und auf kleinem Feuer stundenlang kochen, bis sie ganz weich und rot geworden sind. (Ich habe es ausprobiert, aber meine Birnen sind nicht rot geworden – vielleicht lag es an der Sorte.) Ein Salatsieb mit einem Küchentüchlein auslegen und die Birnen darüber abgiessen. Lange abtropfen lassen. Anschliessend durch das Passevite treiben. Das Püree abwiegen und mit gleich viel Zucker wieder in die Pfanne geben. Unter ständigem Rühren zu einem dunklen Mus einko-

Teig:
250 g Mehl
¼ Teel. Salz
60 g Schweinefett
60 g Butter
1 dl Wasser
1 Eigelb

Füllung:
1 kg reife Birnen (in Genf gibt es dafür eine spezielle Sorte)
Zucker (je nach Gewicht des gekochten Birnenmuses)
100 g Zitronat und Orangeat, fein gehackt

*2 Essl. Rosinen und
Sultaninen
1 Teel. Zimt
1 Essl. Weisswein*

chen. Darauf achten, dass nichts ansitzt. Zum Schluss Zitronat, Orangeat, Wein, Rosinen und Sultaninen sowie Zimt beifügen. Ungefähr 5 Minuten mitkochen, dann das Mus wie Konfitüre in Gläser oder Steinguttöpfe einfüllen und sofort verschliessen. (Dieses Birnenmus kann auch wie Konfitüre gegessen oder als Kuchenbelag verwendet werden.)

Für die Rissoles Mehl, Salz, Schweinefett und Butter zwischen den Fingern zerreiben. Wasser zufügen und alles rasch zu einem glatten Teig verarbeiten. Eine Stunde ruhen lassen. Den Teig 3 mm dick auswallen, Rondellen von etwa 8–10 cm ausstechen. Etwas Birnenmus mit einem Schuss Weisswein mischen und auf jedes Plätzchen ein wenig von dieser Füllung geben. Zu Krapfen zusammenfalten. Die Ränder gut verschliessen und mit einer Gabel verzieren. Die Krapfen mit Eigelb bestreichen, mehrmals einstechen und im vorgeheizten Backofen bei 200° etwa 20 Minuten backen. Kalt oder lauwarm servieren.

BAÜMLI, BAÜMLI, SANICKLAUS-BAÜMLI.

*Die Eltern find der Sanct Niclaus;
Ein Efel heißt der Dienft im Hauß.*

Ausrufbild:
Sankt-Niklaus-Bäumchen

Das Weihnachtsessen

Wenn mich Ausländer fragen, was eigentlich in der Schweiz zu Weihnachten Typisches auf den Tisch komme, zögere ich immer ein wenig mit der Antwort. Von Deutschland haben wir die Gans übernommen, und Amerika bescherte uns den Truthahn. Immerhin haben wir noch die Berner Platte und den Hammen (s. S. 425) oder das «Laffli» aus dem Emmental oder einen anderen Weihnachtsschinken, der entweder im Sud gekocht (s. S. 425), überbräunt oder in Brotteig gebacken wird. Dazu gibt es meistens Sauerkraut oder Kartoffelsalat.

Weihnachtsschinken

Den Schinken 3–3¼ Stunden im Sud ziehen lassen. Dann entschwarten. Die Fettschicht mit einem scharfen Messer karoförmig einschneiden. Glasur aus Senf, Zucker und Wasser auftragen und den Schinken mit Gewürznelken spicken. Mit den Perlzwiebeln in eine Auflaufform geben. Den Schinken im Backofen (240°) 15 Minuten überbräunen.
Nochmals mit Glasur bestreichen. 2–3 Essl. Schinkensud beifügen. 10 Minuten weiterbacken. Ofen abstellen und den Schinken vor dem Aufschneiden 15 Minuten darin stehen lassen. In der Form samt den Perlzwiebeln servieren.

Für 10 und mehr Personen

1 Beinschinken (etwa 4–5 kg)

Glasur:
3 Essl. Senf, mild
2 Essl. Zucker
½ Essl. Wasser oder Weisswein

Garnitur:
Gewürznelken
Perlzwiebeln

Brotschinken
(Thurgauer Rezept)

Den Schinken mit der gespickten Zwiebel in 3 l Wasser eine Stunde kochen. Schwarte sorgfältig entfernen. Senf, Zucker und Weisswein gut mischen. Den Schinken damit bestreichen. Den beim Bäcker vorbestellten Brotteig (pro weiteres Kilogramm Schinken etwa 750 g Teig mehr)

Für 12 und mehr Personen

1 Beinschinken (am besten entbeinter Bauernschinken), etwa 4–5 kg

6 Essl. milder Senf
1 Essl. Zucker
2 Essl. Weisswein
3 kg Schwarzbrotteig
1 Ei

1 cm dick auswallen. Mit verquirltem Ei bestreichen, den Schinken mit der Oberseite nach unten darauflegen und gut einpacken. Die Ränder mit Wasser leicht befeuchten und fest zusammendrücken. Das Paket mit dem Verschluss nach unten auf ein Backblech legen. 30 Minuten stehen lassen, dann 4 Stunden bei 170° backen. Wenn nötig nach einiger Zeit mit Aluminiumfolie abdecken. Ofen abstellen und den Schinken noch 10 Minuten darin belassen. Zu jeder Schinkentranche etwas Brotkruste mitservieren.

Hier nun noch die einfachste Art, einen Schinken zuzubereiten. Unsere «compatriotes» in der Westschweiz haben ihn so am liebsten.

Jambon «à l'os»

Für 12 und mehr Personen

1 Beinschinken (etwa 4,5 kg)
1 gespickte Zwiebel

Schinken in eine tiefe, grosse Schüssel legen. Mit kaltem Wasser bedecken und 24 Stunden stehen lassen. 3–4 l Wasser mit gespickter Zwiebel aufkochen, den abgetropften Schinken zugeben und ungefähr 3¼ Stunden ziehen lassen. Entschwarten und warm oder kalt mit Senf servieren. Dazu passt ein feiner Lauchgratin (s. S. 81).

Weihnachtsabend. Darstellung aus Zürcher Neujahrsblatt von 1799

An Weihnachtsbräuchen, die mit dem Essen zusammenhängen, hat es früher nicht gefehlt. So pflegte man beispielsweise im Berner Jura, im Waadtland und im Tessin einen kleinen Baumstamm oder Holzblock auszuhöhlen und mit Kastanien, Nüssen und Früchten zu füllen. Man versah denselben mit einem Deckel, legte ihn kurz ins Feuer und schenkte ihn dann den Kindern. Als Überbleibsel dieser schönen Weihnachtssitte findet man heute in vielen Konditoreien die «Bûche de Noël».

Bûche de Noël
(Baumstamm)

Zucker und Eigelb zu einer sämigen Creme schlagen. Mehl mit Salz mischen und sieben. Die Eiweiss steifschlagen. Ein rechteckiges Kuchenblech mit Butter bestreichen. Mehl und Eiweiss locker unter die Eicreme ziehen. Die Butter erwärmen, bis sie flüssig ist. Sorgfältig unter den Teig mischen. Den Teig auf das Kuchenblech verteilen. Glattstreichen, damit er überall gleich dick ist. 8–10 Minuten im vorgeheizten Ofen bei 200° goldgelb backen. Nach dem Backen sofort auf eine Marmorplatte oder auf eine Aluminiumfolie stürzen. Das Blech darauf belassen, bis der Teig abgekühlt ist. Auf diese Art bleibt er feucht. Inzwischen Butter und Puderzucker schaumig rühren. Den Kirsch und das Schokoladepulver darunterrühren. Die Hälfte der Buttercreme auf den Biskuitteig streichen. Zu einer Rolle formen und die Enden schräg abschneiden. Restliche Buttercreme in einen Dressiersack mit gezackter Tülle einfüllen und die Rolle in engen Längsstreifen damit überziehen. Zum Schluss mit Biskuitabschnitten 2–3 «Äste» formen. Nach Belieben mit einem Tannenzweiglein und kleinen Fliegenpilzen aus Papiermaché garnieren.

Teig:
75 g Zucker
4 Eigelb
75 g Mehl
1 Prise Salz
3 Eiweiss
25 g Butter

Füllung:
150 g Butter
100 g Puderzucker
3 Essl. Kirsch
2 Essl. Schokoladepulver

Silvester

Und nun für alle, die den Jahresausklang mit einem wärmenden Silvestergetränk abschliessen möchten, zwei alte Rezepte: ein Glühwein aus Zürich aus dem Jahre 1875 und ein «Crambambuli» aus Rhäzüns. Ob das zweite Getränk in unserem Lande erfunden wurde, ist mir nicht bekannt. Immerhin wurde es bereits 1905 von den «Bündnerischen Frauen» empfohlen!

Glühwein

5 Schoppen Wein (1 Schoppen = etwa ½ l)
1 Schoppen Wasser
500 g Zucker
½ Stängelchen ganzer Zimt
2 Gewürznelken
Ein wenig Muskatnuss

Alle Zutaten bis knapp vors Sieden bringen, anrichten und zugedeckt zu Tisch bringen.

GUTI IAHR ZEINDLI.
Hieher, ihr jungfern u. ihr knaben.
Wer will das feinste körblein haben.

Ausrufbild: Gut-Jahr-Körbchen zum Austragen der Gut-Jahr-Geschenke (zum Jahreswechsel) an Patenkinder

Crambambuli

Der letzte Tag des Jahres ist vergangen,
Und um das neue würdig zu empfangen,
Sind alt und jung im frohen Kreis vereint.
Da wird erzählt von längst vergangenen Tagen,
Da wird das würz'ge Birnbrot aufgetragen,
Doch was ist das, was noch zum Schluss
erscheint?
Es ist von blankem Zinne eine Platte,
Auch feuerfeste Erde darf es sein,
Den Schnaps, den man im Herbst bereitet hatte,
den sogenannten Trester, giesst man drein.
Der Zucker darf in dem Getränk nicht fehlen,
Es wär zu scharf sonst für die zarten Kehlen.
Man legt in grossen Stücken ihn hinein.
Dann muss das Ganze angezündet sein.
Und da sich nähert schon die Geisterstunde,
Löscht aus man alle Lichter in der Runde.
Und bei der einz'gen Flamme Zauberlicht
Erzählt man eine schaurige Geschicht'
Bis unter fleiss'gem Rühren ausgebrannt
Der Alkohol: Nimm schnell dann in die Hand
Die kleinen Gläschen, giesse mit Bedacht
Die heisse Flüssigkeit hinein, doch sacht,
Und wenn dabei kein Gläschen ist gesprungen,
Dann ist dir der Crambambuli gelungen.
Den trinke heiss und fröhlich immerdar,
Und stosse an: Hoch leb' das neue Jahr!

(Aus dem «Kochbuch Bündnerischer Frauen»)

Steckbriefe der wichtigsten Schweizer Fische

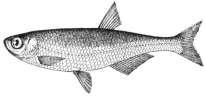

Albe (Weissfisch), franz.: Ablettes
Länge: 15–20 cm

Der Körper dieses Weissfisches ist schlank, oft von Gewässer zu Gewässer etwas unterschiedlich. Das Maul ist obenständig mit recht steiler Spalte. Die Afterflossen beginnen unter der Rückenflosse. Der Rücken ist blaugrün, der Bauch schwach silbern leuchtend (Perlfarbe). Die Flossen sind weisslich bis hellgrau, teils mit rötlichem Schimmer. «Albeli» aus dem Vierwaldstättersee werden zoologisch unter die Coregonen (siehe «Felchen und Balchen») eingeteilt und heissen demzufolge «Zwergfelchen».

Fang: Die Alben zählen zu den häufigsten Fischen unserer Seen.

Kulinarische Eigenschaften: Die Weissfische werden zu Unrecht relativ wenig geschätzt. Richtig zubereitet, schmecken sie sehr gut, obwohl das Fleisch nicht so zart ist wie jenes der Felchen oder Egli. Am besten schmecken Weissfische fritiert, gratiniert oder auch geräuchert.

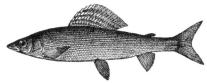

Äsche, franz.: Ombre
Länge: 20–30 bzw. bis 50 cm

Das charakteristische Merkmal dieses Fisches ist die lange, hohe Rückenflosse. Er ist kleinmäulig und hat oval verzogene Pupillen. Sein Kopf ist klein mit spitzer Schnauze und vorstehendem Oberkiefer.

Fang: Die Äsche lebt als Standfisch in klaren, kühlen, schnell fliessenden Gewässern mit Sand- und Kiesgrund. Bekannt ist dieser Fisch vor allem in der Ostschweiz (Schaffhausen); er kommt vereinzelt aber auch in anderen Gegenden der Schweiz vor, zum Beispiel in der Sarneraa, in der Reuss und seltener im Vierwaldstättersee.

Kulinarische Eigenschaften: Die Äsche hat ein besonders zartes, aromatisches Fleisch mit einem leichten Thymiangeschmack; sie wird von Fischliebhabern ganz besonders geschätzt. Am besten schmeckt sie in Butter gedünstet und nur mit Salz und Pfeffer gewürzt.

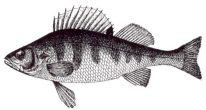

Egli (Barsch), franz.: Perches
Länge: 9–12 cm

Der Körper dieses Fisches ist seitlich leicht zusammengedrückt, relativ hoch, mit stumpfer Kopfform und knapp nebeneinanderstehenden Rückenflossen. Die vordere hat Stachelstrahlen und am hinteren Ende einen schwarzen Augenfleck. Die Brustflossen sind gelblich, die Bauch- und Afterflossen rötlich bis zinnoberrot. Rücken dunkel, Seiten heller schwärzlichgrün bis messinggelb, mit sechs bis neun dunklen Querstreifen, Unterseite weiss.

Fang: in unseren Seen und langsam strömenden Gewässern.

Kulinarische Eigenschaften: Leider ist dieser Fisch ab und zu etwas schwer erhältlich. Sein Fleisch ist zart und wohlschmeckend. Meistens werden Egli wegen der vielen kleinen Gräte filetiert zubereitet. Ganz kleine Egli (Perchettes) werden, vor allem in der Westschweiz, ganz fritiert und als

«Friture» serviert. Am besten schmecken Eglifilets in Butter gebraten oder an einer feinen Weissweinsauce.

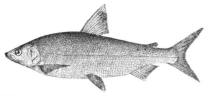

Felchen, franz.: Féras
Balchen, franz.: Bondelles,
Zwergfelchen
Länge: bis zu 50 cm

Die Coregonen umfassen verschiedene Fischsorten wie Blaufelchen, Balchen (Ballen), Lavaret usw., so dass man nur generell auf diese Sorten eingehen kann. Sie variieren je nach Gewässer. Ihre Färbung ist dunkelgrün bis blausilber, ihr Maul endständig bis unterständig, und sie haben je nach Sorte 20–47 Kiemendornen.

Fang: in unseren Seen, zum Beispiel Bodensee (Blaufelchen), Neuenburgersee (Bondelles), Zugersee, Vierwaldstättersee (Balchen, Ballen) und Bodensee (Gangfisch).

Kulinarische Eigenschaften: Das Fleisch der Felchen ist zart, fest und leicht verdaulich. Felchen eignen sich ganz, in Tranchen oder als Filets zum Dünsten, Braten und Zubereiten in verschiedenen Saucen. Frisch geräuchert sind sie eine Delikatesse.

Forelle, franz.: Truite
Länge: Bachforelle 20–50 cm

Der Forellenkörper ist torpedoförmig, seitlich mässig zusammengedrückt. Der Schwanzteil ist kürzer als beim Salm, die Färbung sehr unterschiedlich: schwarze und rote Tupfen, letztere meist blau oder weiss umrandet. (Erwachsene

Seeforellen haben nur schwarze Flecken.) Der Rücken ist meist olive-braungrün. Seiten und Bauch grüngelb bis grünsilber.

Fang: Bachforellen: in sauberen Alpen- und Bergbächen. Seeforellen: in Seen und zum Teil in grossen Flüssen. Zuchtforellen: in Forellenzuchtanlagen, das ganze Jahr hindurch.

Kulinarische Eigenschaften: Bachforellen haben ein herrliches, nussiges Fleisch und sollten nur «blau» gekocht oder im eigenen Saft gegart werden.
Zuchtforellen hingegen schmecken vor allem gebraten, mit Kräuter- oder anderen Saucen.
Seeforellen werden meistens ganz pochiert und oft kalt gegessen. Besonders gut ist die Lachsforelle, die ein zartes, aromatisches, rosafarbenes Fleisch hat.

Als Variante haben wir noch die einst aus Nordamerika eingeführte Regenbogenforelle. Sie wird wie Bach- und Zuchtforellen zubereitet.

Hecht, franz.: Brochet
Länge: 25 bis 30 bzw. bis 150 cm

Schlanker, aber relativ breiter Fisch mit flachem Kopf, Maul entenschnabelähnlich, Rücken- und Afterflossen weit zurückgesetzt. Färbung lichtgrau bis metallisch, bläulichgrün oder olive- bis blaugrün, Seiten heller mit Marmorierungen oder Flecken.

Fang: in Seen und Flüssen, beste Zeit im August/September.

Kulinarische Eigenschaften: feines, kerniges, festes Fleisch. Einziger Nachteil sind die vielen und starken Gräte. Muss vor dem Zubereiten geschuppt werden. Kleinhechte (1 bis 3 kg) schmecken am besten «blau zubereitet oder pochiert mit feinen Saucen. Grössere werden mit Vorteil mit oder ohne Teig fritiert. Sein Fleisch eignet sich besonders gut für Füllungen, Pasteten oder «Quenelles» (kleine Fischklösschen).

Karpfen, franz.: Carpe
Länge: 25–30, bzw. bis 150 cm

Der Karpfen hat einen schlanken, aber stark abgeplatteten Körper mit langen Rückenflossen. Je nach Art ist er ganz bis fast gar nicht beschuppt. Das Maul ist endständig mit vier Barteln an der Oberlippe. Färbung: braungrün bis goldgelb, aber auch grau, bläulich oder weisslich.

Fang: freilebende Karpfen in Teichen und Seen (stehende Gewässer), Zuchtkarpfen durch Ablassen der Teiche.

Kulinarische Eigenschaften: Am besten geeignet für die Küche sind Spiegelkarpfen. Zuchtkarpfen haben etwas weniger Gräte. Karpfen müssen vor der Zubereitung geschuppt und je nach Herkunft mit Vorteil noch lebend gewässert werden, damit sie den Geschmack der stehenden Gewässer verlieren. Das Fleisch ist wohlschmeckend und leicht verdaulich, und die Gräte – vor allem bei Zuchtkarpfen – sind solide und können deshalb gut entfernt werden. Häufigste Zubereitungsarten in der Schweiz: «blau» gekocht oder gebacken.

Saibling (Rötel), franz.: Omble chevalier
Länge: 15–30 cm

Forellenähnlicher Fisch mit grünlichem Rücken, aufgehellten Seiten und gelbrötlichem Bauch, zur Laichzeit, besonders beim Männchen, tiefrot. Die Vorderränder der paarigen Flossen und der Afterflosse sind weiss gesäumt.

Fang: in kalten, tiefen Seen. Die Saiblinge bevorzugen Temperaturen unter 10° und somit tiefe Wasserschichten. Kommt in den Wintermonaten an die Oberfläche und in Ufernähe. Im Walensee, Zugersee (Zuger Röteli) und im Genfersee (Omble chevalier). Im Vierwaldstättersee kommen zwei Varianten von Saiblingen vor: der grosse einheimische, im Aussterben begriffene Ur-Rötel, der bis zu 5 kg schwer wird und eine Zwergform (bis etwa 28 cm), die vor vielen Jahren aus einem anderen See übernommen und hier angesiedelt wurde. Saiblinge wurden auch im Luganersee mehrfach mit Erfolg ausgesetzt.

Kulinarische Eigenschaften: Saiblinge sind eine Delikatesse – die zartesten und schmackhaftesten Süsswasserfische, die es gibt. Das rötliche Fischfleisch hat einen feinen, nussigen Geschmack. Deshalb munden diese Fische am besten «blau» gekocht oder in Butter gedünstet.

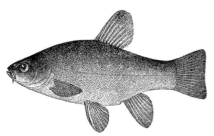

Schleie, franz.: Tanche
Länge: 12–30 bzw. bis 70 cm

Schlanker, karpfenähnlicher Körper, endständiges Maul mit einem Paar kleiner Barteln. Schlüpfrige Haut mit kleinen tiefliegenden Schuppen. Der Rücken ist dunkelgrün bis oliv, gegen die Seiten und den Bauch in ein Goldgelb übergehend.

Fang: in schlammigen, stehenden Gewässern und träge fliessenden Flüssen bis in 1600 Metern Höhe. Fangzeit: Juni bis September.

Kulinarische Eigenschaften: zartes, schwach süssliches Fleisch, das sehr begehrt ist. Wenn die Schleie aus stehenden Gewässern stammt, sollte sie lebend 1 bis 2 Wochen gewässert oder vor der Zubereitung in Salzwasser oder leichtem Essigwasser eingelegt werden. Sie ist besonders geeignet zum Dünsten im Ofen oder zum Braten in Butter. Bei diesen Zubereitungsarten bleibt das besondere Aroma erhalten.

Trüsche (Quappe, Rutte), franz.: Lotte
Länge: 20–35 cm

Die Trüsche ist die einzige Art der Dorschfische, die im Süsswasser lebt. Sie hat einen kräftigen, aalförmigen Leib. Der Kopf ist mässig gross, von oben nach unten abgeflacht. Typisch ist der lange Bartfaden am Kinn und die zwei kurzen an den Nasenöffnungen. Das Maul ist mit zahlreichen Zähnen besetzt, die sich wie eine harte Bürste anfühlen. Der Rücken ist oliv bis braun, die Seiten sind dunkel marmoriert, aufhellend gegen den Bauch zu.

Fang: in Seen und in kühlen, klaren, meist fliessenden Gewässern. Sie folgt den Forellen bis über 1200 m ü. M.

Kulinarische Eigenschaften: mageres, feines, grätenloses Fleisch. Die Trüsche wird mit Vorteil vor dem Zubereiten gehäutet. In der Schweiz ist die Trüsche praktisch nur bei Fischern bekannt und begehrt. Eine besondere Delikatesse ist ihre überdimensionierte Leber, die, in Butter gebraten, herrlich schmeckt. Die Trüsche eignet sich gut für Süsswasser-Fischsuppe, zum Braten in Butter oder zur Zubereitung mit kräftigen Saucen.

Unsere wichtigsten Brotsorten

Aarau	Weggenähnliches Weissbrot.
Appenzell	Halbweisses Doppelbrot.
Basel	Luftiges Halbweissbrot, lange Doppelform, mit Mehl bestäubt. Auch kleiner als «Schild» erhältlich (vier zusammengestossene Brötchen). Beliebt sind auch die «Schlumbi», die kleinen Weissbrötchen.
Bern	Das Berner Brot ist rund, hat einen typischen Riss und ist luftig und «chüschtig» Oft findet man auch Berner Bauernbrot (mit Milch). Berner Züpfe (heute in der ganzen Schweiz verbreitet).
Freiburg	Ein halbweisses Fladenbrot, quadratisch eingeschnitten.
Genf	Ähnlich wie das Freiburger Brot, «pain carrelé genannt. Der Fladen stellt die ursprüngliche Form dar, bestimmt durch die Backfähigkeit früherer Getreidesorten wie Hafer, Gerste und Hirse.
Glarus	Ähnlich wie das Aargauerbrot in länglicher Weggenform, aber halbweiss.
Graubünden	Roggenbrot, typisch gespalten, und Ringbrot (Puschlav) mit Aniszusatz.
Luzern	Zusammengestossenes Halbweissbrot.
Neuenburg	Ähnlich wie das Waadtländerbrot, aber rund.
Schaffhausen	Längliches Brot mit «Kopf» am einen Ende, ähnlich wie in Zug
Schwyz	Einsiedler Klosterbrot (Mischbrot aus Kernenmehl), Sauerweggenbrot.
Solothurn	Wegen seiner Form Kropfbrot genannt. Schmackhaftes Halbweissbrot, schön dunkel gebacken.
St. Gallen	Halbweisses Doppelbrot. Wie Basler Brot bekannt für seinen guten Geschmack.

Tessin	Ciampa locarnese, ein Weissbrot, das in Geschmack und origineller Form bereits dem italienischen Brot verwandt ist. Pane reale besteht aus zusammengestossenen Doppelbrötchen und ist in der deutschen Schweiz auch als Tessiner Brot oder Tessinerli bekannt. Das Asconeser Brot oder Pan Vallemaggia ist ein flacher Fladen aus dunklem Mehl. Es ist rustikal und besonders schmackhaft.
Thurgau	Helles Schildbrot (besteht aus vier zusammengestossenen länglichen Weggen).
Unterwalden	Obwalden hat ein langes, schmales Steckenbrot. In Nidwalden gibt es hingegen ein Rundbrot, mit einem Schnitt in der Mitte.
Uri	«Muger», zusammengestossenes Doppelbrot, ähnlich wie in Luzern.
Waadt	Ein viergeteiltes Kreuzbrot, schön knusprig braun gebacken. Es kann ohne Messer geteilt werden.
Wallis	Überall bekannter Fladen aus Roggenmehl.
Zug	Kopfbrot, das seinen Namen dem «Kopf am Ende des langen Laibes» verdankt.
Zürich	Zürcher Langbrot aus Halbweissmehl. Eine Brotform, die sich in der ganzen Schweiz durchgesetzt hat, weil sich das Brot besonders leicht schneiden lässt.

Ausser diesen typischen Broten gibt es immer wieder neue bzw. alte Sorten, die vom Schweizer Bäckermeisterverband wieder zum Leben erweckt werden, wie zum Beispiel das originelle Gupfbrot und das Haferflockenbrot sowie viele Kleinbrote, die je nach Gegend oder Kanton anders benannt werden. So heissen die kleinen weissen Brötli in der Innerschweiz «Mutschli», in Zürich «Semmeli» und in Basel «Schlumbi» (Schlumbergerli). Dazu gibt es die Weggli mit ihrer typischen Form.

Die Vielfalt der Schweizer Käse

Dieses Verzeichnis soll zeigen, dass in der Schweiz nicht nur Emmentaler, Greyerzer und Sbrinz hergestellt werden. Unzählige Spezialitäten, vor allem Alpkäse, findet man in allen unseren Bergkantonen. Dazu kommen ständig neue Halbhart-, Weissschimmel-, Rotschimmel-, Frisch- und Dessertkäse, die unsere Milchverbände und die Käseindustrie auf den Markt bringen.

Hier die traditionellen Schweizer Käse mit ihrem Herkunftsort:

Appenzell — Appenzeller, Appenzeller Rässchäs, Säntis, Geisskäse, Ziegenkäse

Berner Oberland — Hobelkäse (Saanen), Schnittkäse (Saanen, Rosenlaui, Hasliberg, Engstlen, Niesenkette, Frutigtal, Adelboden)
Bergkäse (Saanen, Obersimmental)
Alpenkäse (Grindelwald, Habkern, Laxeten, Meiringen)
Alpen-Schnittkäse (Riedern, Vogts-Allgäu, Kemmeriboden, Brienzerberg/Axalp, Rothorngebiet)
Brienzer Mutschli, Hornberger Mutschli, Geisskäse (Lenk, Saanen, Hornberg)
Ziegenkäse (Lenk, Gstaad, Alp Seeberg, Schönried)
Ziegenkäseproduktion während der Sömmerung: Feutersoey, Gsteig, Alp Iserin (Col du Pillon), Langerenboden, Turbach, Weissenburg-Berg

Emmental — Emmentaler, Alpen-Schnittkäse (Emmental, Justistal, Würzen/Unterbach)
Ziegenkäse, Berner Mutschli

Jura — Fromage du Jura (Jurakäse), Jura-Mutschli (Mont Soleil), Tête de Moine, Chasseur Petit Val, Fornet, Erguel, Villeret, Corgémont, Ajoulot, Chaux d'Abel, Tomme du Jura

Freiburg	Freiburger Vacherin, Gruyèrekäse, Doulce Gruyère, Coraule de Gruyère, Beaumont, Tomme de Gruyère, Tomme de chèvre, Double crème de Morat
Genf	Tomme, Brie frais
Glarus	Schabziger, Glarner Alpkäse, Urnerboden
Graubünden	Splügener Hobelkäse Bündner Bergkäse (Münstertal, Fetan, Tschiern, Brigels, Ardez, Flims, Nufenen, Splügen, Churer Alpen, Samnaun) Igiser Sennereikäse, Igiser Muggli Engadiner Halbweichkäse Mascarpin (Bergell), Puigna (Puschlav), Lüen (Schanfigg), Averser Geisskäse Averser Sardo Caprino Geisskäse (Disentis, Truner, Sedruner, Münstertaler)
Luzern	Sbrinz, Spalenschnitt (Entlebuch), Geisskäse (Entlebucher, Menzberger), Luzerner Rahmkäse
Neuenburg	Tomme neuchâteloise, Tomme de Montagne, Délice du Vallon, Tomme de chèvre
Schwyz	Geisskäse, Bergmutschli (Morschach) Schwyzer Alpkäse, verschiedene Weichkäse
St. Gallen	Rheintaler Käse, Toggenburger Rahmkäse, Toggenburger Bloderkäse
Unterwalden	Obwaldner- und Nidwaldner Bratkäse, Sbrinz, Obwaldner Bergkäse (Frutt), Nidwaldner Käse, Seelisberger Chäsli, Geisskäse
Uri	Sbrinz, Urner Käse Urner Alpkäse (Surenen, Meientaler, Gorner, Galtenebneten, Waldnacht) Maderanertaler, Urner Ziger
Tessin	Piora, Formaggio d'Alpe Leventina, Cava di Biasca, Motterascio e Prellasca (Blenio), Valle Blenia, Formaggio del Caseificio Airolo, Ambri, Nante, Formaggio Valmaggia, Verzasca, Onsernone Formaggelli di capra (Fusio, Bosco Gurin) Formaggini (Vacca e capra) Isone, Arosia, Vezia, Fescoggia, Arogno, Valle Muggio, Mezzana, Robiola, Robiolino (Brüscion), Agrini

Thurgau	Tilsiter, Thurgauer Rahmkäse, Bischofszeller Schibli, Thurgauer Burechäs
Waadt	Tomme vaudoise, Reblochon, Vacherin Mont d'Or, Brie frais
Wallis	Raclette-Käse (Bagnes, Orsières, Heida, Gomser), Savièse, Binner, Simplon, Wallis 65, Forclaz, Anniviers, Thermen, Haudères, Illiez, Erdelens, Verbier, Tomme Valaisanne

Klassische süsse Schweizer Spezialitäten

Aargau	Rüeblitorte
Appenzell	Appenzeller Biber, Hosenknöpfe, Geduldszeltli, Appenzeller Leckerli
Basel	Basler Leckerli, Rahmtäfeli, Ärbsele, Fondant-Ringli, Basler Brunsli
Bern	Berner Haselnussleckerli, Honiglebkuchen, Marzipan-Zwiebeln und -Gemüse, Meringues, Rahmtäfeli, Bretzeli
Freiburg	Cuquettes
Genf	Marmites de l'Escalade
Glarus	Glarner Pastete, Glarner Beggeli, Glarner Birnbrot
Graubünden	Engadiner Nusstorte, Bündner Birnbrot
Luzern	Osterfladen, Rollkuchen, Birnenweggen, Luzerner Lebkuchen
Neuenburg	Gaufres, Bricelets, Sèches
Schaffhausen	Katzenzüngli, Mandelschnitten, Anismodel
Schwyz	Fasnachtskräpfli, Einsiedler Biberspezialitäten

Solothurn	Solothurnerli, Solothurner Torte
St. Gallen	Biberspezialitäten, Toggenburger Birnbrote
Tessin	Colomba di Pasqua, Panettone, Amaretti
Thurgau	Thurgauer Möckli, Wäppli, Murgforellen
Unterwalden	Ziegerkrapfen
Uri	Iberlitzli, Uristier (Anismodel)
Waadt	Bricelets, Sucre d'orge
Wallis	Galette Valaisanne, Tuiles
Zug	Zuger Kirschtorte, Zuger Krapfen
Zürich	Tirggel, Chüttenepäschtli, Brotkonfekt, Zürileckerli, Zürihüppen, Osterfladen, Triätschnitten, Landenbergtorte

Das Schweizer Kräutergärtchen

Basilikum	Für Tomatengerichte, Sommersalate, Braten, Eintopfgerichte.
Beifuss	Für fette Braten, zum Beispiel Martini-Gans, Schweinsbraten, Saucen, Suppen.
Bohnenkraut	Für die Zubereitung aller Sorten von Bohnen. Beigabe von Bohnenkraut soll Hülsenfrüchten die blähende Wirkung nehmen.
Borretsch	Für Gemüsesuppen, Saucen, Salate, Kräutermischungen, Fische, eingelegte Gurken und sommerliche Eintopfgerichte.
Dill	Für Fischgerichte, Gurkensalat, Suppen und Saucen.
Estragon	Für weisse Voressen, zum Einlegen in Essig, Eiergerichte, Schwarzwurzeln, Füllungen und Saucen.
Kerbel	Für Suppen, Saucen, Salate, Fische und Bouillon.

Kresse	Für Suppen, Kräuterquark, Salate und Rohkost.
Liebstöckel	Bei uns auch wegen seines Geschmackes, der an Suppenwürze erinnert, «Maggikraut» genannt. Für Suppen, Braten, Voressen und Kräutersaucen und -butter.
Majoran	Für Kartoffelgerichte, Kartoffel- und Hülsenfrüchtesuppen, Braten, Salate, Kräutersaucen, Wildgerichte und Pilze.
Melisse	Auch Zitronenmelisse genannt. Für Salate, Saucen, Kalbsvoressen oder ganz einfach als Kräutertee.
Petersilie	Das bei uns am meisten verwendete Kräutlein. Für Suppen, Kräuterbutter, Fisch- und Fleischsude, Salate, Saucen, Braten, Hackfleisch und oft als Dekoration für Fischgerichte.
Pfefferminze	Fruchtsalat, Omeletten, Kräutertee.
Rosmarin	Für Güggeli, Saucen, Salate, Kalbfleisch, Fische.
Salbei	Für «Müslichüechli» (s. S. 150), Fischgerichte, Kalbfleisch, Voressen, Leber, Geflügel.
Sauerampfer	Ein interessantes Kräutlein, das man ab und zu im Frühjahr auf dem Markt findet. Obwohl es bei uns aus der Mode gekommen ist, wird es von Feinschmeckern ausserordentlich geschätzt. Für Sauerampfer- und Gemüsesuppen, Fischsaucen und Voressen.
Schnittlauch	Wichtiges Schweizer Kräutlein für Salate, Saucen, Omeletten, Kartoffeln, Kräuterbutter.
Thymian	Für Gemüsesuppen, Eiergerichte, Braten, Voressen.

Schweizer Weine

Westschweiz

Waadtland

Sorten:
Dorin = Gesamtbezeichnung der Waadtländer Weissweine (Chasselas)
Salvagnin = Qualitäts- und Labelzeichen für die besten Waadtländer Rotweine (Pinot oder Gamay)

Anbaugebiete:
La Côte: Coppet, Nyon, Begnins, Luins, Vinzel, Tartegnin, Mont, Féchy, Rolle, Aubonne, Perroy, St-Prex, Morges

Lavaux: Pully, Lutry, Villette, Cully, Rivaz, St-Saphorin, Grandvaux, Riex, Epesses, Dézaley, Chardonne, Vevey, Montreux

Chablais: Villeneuve, Yvorne, Aigle, Ollon, Bex

Coteaux du Jura: Arnex, Orbe, Grandson, Champagne, Bonvillars, Onnens/Concise

Vully: Vallamand

Wallis

Sorten:
Fendant = Walliser Bezeichnung für Weissweine aus Chasselas-Trauben
Johannisberg = Weisswein aus Rheinland- oder Silvanertrauben
Dôle = Rotwein aus Pinot-noir- oder Gamay-Trauben mit gesetzlich bestimmten Öchslegraden
Goron = Rotwein mit geringerem Öchslegrad als Dôle
Pinot noir = Rotwein aus reinem Pinot noir
Walliser Spezialitäten: Malvoisie (Grauer Burgunder, Tokayer), Hermitage, Amigne, Arvine, Humagne, Muscat Paien (Heiden)

Anbaugebiete:
Monthey, Martigny, Fully, Saxon, Saillon, Leytron, Chamoson, Ardon, Vétroz, Conthey, Sion, St-Léonard, Sierre, Salgesch, Varen, Leuk, Raron, Visp, Visperterminen, Bramois

Genf

Sorten:
Perlan = Gesamtbezeichnung der Genfer Weissweine aus Chasselas-Trauben
Riesling-Silvaner und Grüner Silvaner
Rotweine: Gamay und Pinot noir

Anbaugebiete:
«Le Mandement»: Dardagny, Russin, Essertines, Peissy, Satigny
Lully, Bernex, Cologny, Jussy, Corsier

Neuenburg

Sorten:
Weissweine (Gutedel, Chasselas und Pinot gris)
Roséweine aus Pinot noir
Rotweine, zum Beispiel Cortaillod (Pinot noir)

Anbaugebiete:
Vaumarcus, St-Aubin, Bevaix, Cortaillod, Boudry, Colombier, Auvernier, Cormondrèche, Corcelles, Neuchâtel

Bern

Sorten:
Weissweine (Chasselas), zum Teil Riesling, Silvaner (Thunerseeweine)
Rotweine (Blauburgunder am Bieler- und am Thunersee)

Anbaugebiete:
Bielersee: Twann, Schafis, Ligerz, Tüscherz, Erlach, La Neuveville (Neuenstadt)

Thunersee: Spiez, Oberhofen

Freiburg

Vullygebiet: Vallamand VD, Môtier

Ostschweiz

Sorten:
Rotweine: Blaue Burgunder (Pinot noir, Clevner)
Riesling-Silvaner (Müller, Thurgau)
Weissweine: Räuschling (alte Rebsorte)
Spezialitäten: Tokayer (Malvoisie des Wallis, Pinot gris, Ruländer)

Zürich

Anbaugebiete:
Seegebiet: Feldbach, Stäfa, Männedorf/Uetikon, Meilen, Herrliberg/Erlenbach, Küsnacht, Wädenswil/Halbinsel Au

Limmattal/Furttal: Weiningen, Otelfingen, Boppelsen, Buchs

Wehntal/Glattal: Regensberg/Dielsdorf, Oberweiningen, Stadel, Bachenbülach/Winkel, Bülach

Tösstal/Bezirk Winterthur: Teufen, Freienstein, Neftenbach, Wülflingen, Wiesendangen, Winterthur/Stadel, Rickenbach, Dinhard

Thurtal/Bezirk Andelfingen: Berg, Flaach/Volken (Worrenberg), Dorf/Humlikon, Henggart, Andelfingen (Schiterberg)/Alten, Ossingen

Kohlfirstgebiet Rafzerfeld/Rhein: Dachsen/Uhwiesen, Benken, Rudolfingen/Trüllikon, Truttikon, Unterstammheim/Oberstammheim, Hüntwangen/Wasterkingen, Rafz/Wil, Eglisau, Rheinau, Flurlingen

Schaffhausen

Klettgau: Trasadingen, Wilchingen, Hallau, Oberhallau, Gächlingen, Osterfingen

Oberklettgau: Schleitheim, Siblingen, Löhningen, Beringen

Rhein und Hegau: Buchberg/Rüdingen, Schaffhausen, Dörflingen, Thayingen/Bibern, Stein a. Rh./Hemishofen

Thurgau

Untersee: Berlingen, Mannenbach, Arenenberg, Ermatingen

Thurtal: Nieder-, Oberneunforn, Iselsberg, Warth (Karthause Ittingen), Ottenberg (Bachtobel) Weinfelden, Göttighofen

Übrige Gebiete: Nussbaumen, Hüttwilen, Herdern/Kalchrain, Schlattingen, Amlikon, Sonnenberg-Stettfurt

St. Gallen

Rheintal: Thal (Buchberg), Au/Monstein, Berneck, Balgach, Rebstein/Marbach, Altstätten (Forst Eichberg), Montlingen, Werdenberg

Oberland und übrige Gebiete: Wartau, Sargans, Mels, Ragaz/Pfäfers (Portaser), Walenstadt, Quinten, Wil, Rapperswil

Graubünden

Fläsch, Maienfeld, Jenins, Malans, Zizers, Trimmis, Schur-Masans, Ems

Aargau

Schenkenbergertal: Thalheim, Kasteln-Oberflachs, Schinznach Dorf

Aaretal, linke Seite: Remigen, Rüfenach, Villigen, Mandach, Hottwil-Wil

Aare/Limmat/Seetal: Klingnau, Döttingen, Tegerfelden, Ennetbaden, Wettingen, Birmensdorf (Reusstal), Seengen (Brestenberg)

Basel-Land

Biel-Benken, Aesch-Klus, Arlesheim, Muttenz, Pratteln, Liestal, Wintersingen, Buus, Maisprach

Übrige Gebiete

Dornach (Kt. Solothurn), Riehen (Schlipf) (Kt. Basel-Stadt), Gelfingen (Heidegg) (Kt. Luzern), Kastanienbaum (Kt. Luzern), Walchwil (Kt. Zug), Leutschen (Kt. Schwyz), Niederurnen (Burgweg) (Kt. Glarus), Töbler (Kt. Appenzell AR)

Fürstentum Liechtenstein

Vaduz, Triesen, Balzers

Tessin, Misox

Sorten:
Rotweine: europäische Reben (Nostrani): Merlot, Bondola, amerikanische Reben (Americani): Isabella, Clinton, Noah
Weissweine: Gutedel, Semillon

Anbaugebiete:
Sopraceneri: Maggia, Tenero, Gordola, Cugnasco, Gudo, Sementina, Lumino, Giubiasco, Magadino, Vira

Sottoceneri: Luganese: Pregassona, Lugano/Castagnola, Breganzona, Bioggio, Biogno/Castelrotto, Morcote/Vico Morcote, Arogno

Mendrisiotto: Tremona, Arzo, Besazio, Ligornetto/Stabio, Mendrisio, Coldrerio, Balerna/Mezzana

Misox: San Vittore, Roveredo, Grono, Lostallo

Wochenmärkte der Schweiz

Aarau: Samstagvormittag Vikt. Geflügel
Aarberg: Mittwoch Gemüse
Aigle: Mittwoch und Samstagmorgen Vikt.
Altstätten (SG): Donnerstag W Vikt.; wenn Feiertag, am vorangehenden Werktag
Appenzell: Mittwoch Vikt.; wenn Feiertag, am Dienstag
Baden: Dienstag und Samstagvormittag Vikt.
Balsthal (SO): Freitagmorgen Vikt., Blumen; wenn Feiertag, am Donnerstag.
Basel: Jeden Werktag Gemüse-, Obst- und Blumenmarkt; Freitag Fischmarkt, am 1. und 3. Mittwoch jeden Monats 13.30 Uhr Marktplatz (Ausnahmen: 2. März, 2. und 9. November, 28. Dezember) Vikt.
Bellinzona: Samstag Vikt.
Bern: Dienstag und Samstag W Fleisch, Gemüse, Obst, Blumen, Fische, Geflügel, Käse und Pilze. Mai bis Oktober jeden Donnerstag von 12 bis 21 Uhr W (Bärenmärit) am Waisenhausplatz.
Biel: Dienstag, Donnerstag und Samstag (von 7.00 bis 12 Uhr) Gemüse, Früchte, Fleisch, Milchprodukte und Blumen.
Bischofszell: Donnerstag Gemüse, Obst und Fische.
Brugg: Sommerhalbjahr (Mai bis Oktober): Dienstag- und Freitagmorgen Vikt. Fische, Winterhalbjahr: Freitagmorgen Vikt. Fische, Donnerstagnachmittag Fische.
Bulle: Donnerstag W Vikt.; wenn Freitag, am Mittwoch vorher.

Burgdorf: Donnerstag W Vikt. Blumen; wenn Feiertag, am ersten darauffolgenden Werktag.
La Chaux-de-Fonds: Mittwoch und Samstag W Vikt. Place Neuve.
Delsberg: Mittwoch- und Samstagvormittag Vikt., an Markttagen am Dienstagmorgen.
Les Diablerets: Freitag W Vikt. (nur Juni bis September).
Frauenfeld: Vom 1. Mai bis 31. Dezember jeden Mittwoch- und Samstagvormittag bis 11.15 Uhr Gemüse.
Freiburg: Mittwoch und Samstag Vikt.
Genf: Montag und Donnerstag: Prairie, Pré l'Evêque, Sécheron und Vermont – Dienstag und Freitag: Plainpalais, place des Alpes und St-Jean. Mittwoch und Samstag: rue et place Grenus, place de l'Ile, quais de l'Ile und des Moulins, pont des Frises, place Isaac-Mercier und rue Nekker, rue de la Madeleine, place Longemalle, Boulevard, Helvétique, Cours de Rive, Pré l'Evêque, place des Eaux-Vives. Vikt. – Alle Tage place du Molard Blumen (Märkte Isaac-Mercier, rue Nekker, pont des Frises und place du Molard ganzer Tag, alle anderen nur vormittags).
Gossau (SG): Freitag Fische; vom 17. August bis 9. November jeden Donnerstag ab 9 Uhr Obst und Gemüse.
Grenchen: Freitag (vom 15. Mai bis 31. Oktober auch Dienstag) Obst, Gemüse, Südfrüchte, Beeren, Samen, Setzlinge, Blumen, Milchprodukte, Eier, Pilze, Vikt.,

im Winter auch Fische. Wenn Feiertag, jeweils am Vortag.
Huttwil: Mittwoch Gemüse.
Kreuzlingen: Dienstag und Freitag Fischmarkt.
Langenthal: Dienstag Vikt.; Samstag Vikt.
Lausanne: Stadtzentrum und Riponne Mittwoch- und Samstagmorgen grW Markt Boulevard de Grancy, Montag und Donnerstag Vikt.
Lenzburg: Jeden Dienstagvormittag Vikt., Fische.
Lichtensteig: Montag Vikt.; wenn Feiertag, am Dienstag.
Liestal: Dienstag- und Freitagvormittag Gemüsemarkt.
Le Locle: Samstag Vikt.; wenn Feiertag, am Freitag.
Lugano: Jeden Dienstag Vikt. Alla Resega.
Luzern: Dienstag- und Samstagvormittag Gemüse.
Martigny-Bourg und Martigny-Ville: Montag Vikt.; wenn Feiertag, am Dienstag.
Meiringen: Je am 1. Donnerstag, Januar bis Juni und Dezember W; wenn Feiertag, am 2. Donnerstag.
Montreux-Rouvenaz: Freitag W.
Münster (Moutier): Mittwoch und Samstag von 8 bis 12 Uhr W.
Murten: Mittwoch- und Samstagmorgen Gemüsemarkt.
Neuenburg: Dienstag, Donnerstag und Samstag Vikt. vom 1. April bis 2. Donnerstag im November, dann nur noch Dienstag und Samstag.
Neuenstadt: Mittwoch Vikt.
Nyon: Dienstag, Donnerstag und Samstag Vikt.
Olten: Jeden Donnerstag- und Samstagvormittag Vikt.; wenn Feiertag, tags vorher.
Orbe: Donnerstag Vikt.; wenn Feiertag, tags vorher.

Oerlikon: Mittwoch und Samstag Vikt.
Pruntrut: Donnerstagmorgen Gemüse und Geflügel, Samstagmorgen Gemüse.
Reinach (BE): Freitagmorgen von 8 bis 12 Uhr Vikt.
St. Gallen: Mittwoch und Samstag Vikt., Fische, Blumen. Täglich Blumen, Fische, Obst- und Gemüsemarkt (Engros von 6 bis 8 Uhr und Detail). Donnerstag kein Engros-Markt. Marktplatz «Am Bohl».
St. Immer: Dienstag und Freitag W.
Saanen: Jeden Freitag Vikt.; wenn Feiertag, am Samstag.
Saignelégier: Samstagmorgen Vikt.
Schaffhausen: Dienstag- und Samstagvormittag Gemüse.
Siders: Freitag Vikt.; wenn Feiertag, am Donnerstag, Dienstag Vikt.
Solothurn: Mittwoch Gemüse, Obst und Früchte, Samstag Gemüse, Obst, Früchte und Fleisch; wenn Feiertag, am Vortag.
Thun: Mittwoch Blumen, Früchte und Gemüse; Samstag W Vikt., Blumen.
Tramelan: Dienstag und Freitag Vikt.
Uster: Freitag Vikt. und Blumen von 8 bis 11 Uhr (Stadthausplatz).
Vevey: Dienstag und Samstagmorgen W Vikt.
Villars-sur-Ollon: Dienstag und Samstag W Früchte und Gemüse.
Wettingen (AG): Dienstag- und Freitagvormittag Vikt.
Wil (SG): Vom 16. August bis 15. November Obst und Blumen.
Winterthur: Dienstag- und Freitagvormittag von 6 bis 11 Uhr Gemüse, Obst, Blumen und Fische. Freitag- und Samstagvormittag Geflügel. 1977 wird der Markt vom 24. März auf den 23. März vorverlegt.

Wohlen (AG): Donnerstagvormittag Gemüse und Fische.
Yverdon: Dienstag W Promenade des Remparts und avenue de la Gare; Dienstag Käse und Fleisch place de l'Hôtel de Ville; Samstag W Fleisch und Käse rue du Milieu und place de l'Hôtel de Ville; Donnerstag (Juni bis September) W Früchte und Gemüse Promenade des Remparts.
Zofingen: Dienstag- und Samstagvormittag Vikt. Blumen sowie nach Saison Setzlinge und Samen.
Zug: Jeden Dienstag und Samstag Gemüse; wenn Feiertag, tags vorher.
Zürich: Dienstag und Freitag in der Stadthausanlage Detailmärkte, am Bürkliplatz, auf dem Helvetiaplatz und an der Milchbuckstrasse für Gemüse, Früchte, Beeren, Pilze, Blumen, Kräuter, Käse, Eier, Dörrobst, Honig und dergleichen. Mittwoch und Samstag auf dem Lindenplatz in Altstetten und auf dem Marktplatz in Oerlikon. Samstag (April bis Oktober) Limmatquai/City. Montag, Dienstag, Donnerstag und Freitag Engrosmärkte Ausstellungsstrasse, Hafnerstrasse, Ackerstrasse für Gemüse und Früchte. Werktags (Mai bis Oktober) Ausstellungsstrasse für Beeren und Obst. Samstag (Mai bis Oktober) Flohmarkt (für gebrauchte Waren jeder Art) in der Stadthausanlage. 28. April, 30. Juni, 25. August und 27. Oktober Helvetiaplatz Warenmarkt. Verkaufszeiten: Detailmärkte 6 bis 11 Uhr, Engrosmärkte 4 bis 6.30 Uhr, Flohmarkt 7 bis 16 Uhr, Warenmärkte 7 bis 21 Uhr.
Zweisimmen: Donnerstag Vikt.

Legende:
W = Waren- oder Krammarkt
Vikt. = Viktualien- oder Lebensmittelmarkt
Auszug aus dem «Schweizer Blindenfreundkalender 1978».

Kleines Schweizer Sprachbrevier

A
Anken – *Butter*
ausrädeln – *mit Rädchen Teigstücke abschneiden*
auswallen – *ausrollen, auswalzen*

B
bähen – *trockenes Rösten von Brot (im Backofen)*
Bappen – *Brei*
Batzen – *Geldstück*
Bätzi – *Obstbranntwein*
Baumnüsse – *Walnüsse*
Becki – *Rechteckige Kupferpfanne*
Beignets – *Küchlein*
Beiz – *kleines Restaurant*
Bhaltis – *Mitbringsel (zum Behalten)*
Biber – *Honiggebäck*
Binätsch – *Spinat*
Birä, Bire – *Birnen*
Böllen – *Zwiebeln*
Bölleschweitze – *Zwiebelschwitze (in Butter gebratene Zwiebeln)*
Boverli – *Grüne Erbsen*
Bramata – *Maisgriess*
Brät – *Bratwurstmasse*
Bratenfond – *Bratsatz*
Bräter – *Bratkasserolle*
Broote – *Braten*
Brösmeli – *Semmelbrösel*
Bünteli – *Bündel*
Burehamme – *Bauernschinken, gekocht*
Bürli (Schild) – *Vierteiliges Halbweissbrot*
Butter, eingesottene – *Butter, klarifiziert*

C
Caquelon – *Tontopf mit Stiel zur Zubereitung von Fondue*
Chämi – *Räucherkamin*
Chäs – *Käse*
Cheschtene – *Kastanien*
Chilbi – *Kirchweih*
Chindstaufi – *Tauffest*
Chirschi – *Kirschen*
Chnobli – *Knoblauch*
Choscht – *Kost*
Chräbeli – *Anisgebäck*
Chräbs – *Krebs*
Chräpfli – *Krapfen*
Chriesi – *Kirschen*
Chrömli (Chrämli) – *Konfekt*
Chrosle – *Stachelbeeren*
Chrut – *Kraut, Spinat*
Chuchi – *Küche*
Chueche – *Kuchen*
Chüechli – *kleine Kuchen*
Chügeli – *Kügelchen*
Chümi – *Kümmel*
Chüngel – *Kaninchen*
Chuscht – *Aroma*
chüschtig – *aromatisch*
Chüttene – *Quitten*
Cipollata – *Kleine Bratwürstchen*

D

Dressiersack – *Spritzsack für Sahne- oder Cremegarnituren*
Dünkli – *getrocknetes, dünn geschnittenes Brot*

E

Eierschwämme – *Pfifferlinge*
Einback – *frisches Hefegebäck*

F

Fladen – *flache Kuchen*
Flädli – *in Streifen geschnittene Pfannkuchen*
Fleischvögel – *Rouladen*
Fotzelschnitten – *gebackene Brotschnitten*
Fritüre – *in heissem Fett schwimmend Gebackenes; heisses Fett- oder Ölbad zum Ausbacken*

G

Gitzi – *Ziegenlamm*
gluschtig – *appetitlich*
Gnagi – *gepöckelte Schweinshaxe*
Gratinform – *Ofenbackform*
gratinieren – *im Ofen überbacken*
Gräuchts – *Rauchfleisch*
Geschnetzeltes – *fein geschnittenes Fleisch*
Gschwellti – *Schalenkartoffeln*
Guetzli – *kleines Gebäck*
Gugelhopf, Gugelhupf – *Napfkuchen*
Güggeli – *Hähnchen*
Gummeli – *Kartoffeln*
Gutsch – *Schuss, Schwall*

H

Haber – *Hafer*
Häfeli – *Schmortopf*
Hamme – *gekochter Schinken*
Häppere – *Kartoffeln*
Härdöpfel – *Kartoffeln*
Heiti, Heidelbeeren – *Blaubeeren*
Hochzyt – *Hochzeit*
Holder – *Holunder*
Hörnli – *kleine gebogene Makkaroni*

J

Jass, Jasset – *Kartenspiel*

K

Kabis – *Kohl, Kraut*
Kafi – *Kaffee*
Kartoffelstock – *Kartoffelpüree*
Kefen – *Schneeerbsen*
Knödel – *Klösse*
Knöpfli – *Spätzle*
köcheln – *leicht kochen lassen*
Kutteln – *Kaldaunen*

L

Laffli – *Schulterstück*
Latwäri, Latweeri – *Latwerge*
Lauch – *Porree*
Leckerli – *Rechteckiges Honiggebäck*
Lismete – *Strickarbeit*
Luganighe – *Kleine Tessiner Kochsalami*

M

Maroni – *Kastanien*
Meertrübeli – *Johannisbeeren*
Meringue – *Baiserschalen*

Metzgete – *Schlachtfest; Produkte des Schlachtfestes*
Milken – *Kalbsmilch, Kalbsbries*
Mistkratzerli – *Junges Hähnchen*
Mocken – *Brocken*
Model – *Backform*
Mogge – *Mocken*
Möhli – *Mahl*
Most – *Apfel- oder Birnensaft*
Müesli – *Mus*
Munihoden – *Stierhoden*
Müslichrut, Müsliblätter – *Salbeiblätter*
Mutschli – *kleines rundes Brötchen*

N
Nägeli – *Gewürznelken*
Nidel, Nidle, Nytlä – *Sahne*
Nidel, geschwungene – *steifgeschlagene Sahne*
Nidelzeltli – *Sahnebonbon*
Nüsslisalat – *Feldsalat*

O
Ofechüechli – *Windbeutel*
Omelette – *Pfannkuchen*
Öpfel – *Apfel*

P
Paidol – *Maizena*
Passevite – *Passiermaschine*
Passieren – *durch ein Sieb rühren*
Peperoni – *Paprikaschoten*
Peterli – *Petersilie*
Pflümli – *Pflaumenschnaps*
Pfluten – *Klösse*
Plätzli – *Schnitzel, Teigstück*

Polenta – *Maisbrei*
prägeln – *knusprig braten*
prötlet – *gebraten*

R
Räben – *Kohlrüben*
Raffel, raffeln – *Reibeisen, schaben*
Rahm – *Sahne*
Randen – *rote Beete*
räss – *scharf gewürzt*
Rippli – *geräucherte oder gesalzene Schweinsrippe*
Rösti – *Bratkartoffeln nach Schweizer Art*
Rüebli – *Karotten*
rüsten – *putzen von Gemüse*
Rys – *Reis*

S
Samichlaus – *St. Niklaus*
Saucisson – *dicke Schweinswürste aus der Westschweiz*
Sauser – *junger, unvergorener Wein*
Schabzieger – *Glarner Kräuterkäse*
scheibeln – *in Scheiben schneiden*
Schlegel – *Keule*
Schmutz, Schmalz – *Schweinefett oder Buttermischung*
schnetzeln – *in feine Scheibchen schneiden*
Schnitz – *Obstschnittchen*
Schnörrli – *Schweinsschnauze*
Schnurre – *Maul*
Schöfigs – *Schaffleisch, Hammel*
Schoggi – *Schokolade*
Schüblig – *grosse Brühwurst*
Schüfeli – *geräucherte oder gesalzene Schulter*
Schungge – *Schinken*
Schwämme – *Pilze*

Schwingbesen – *Schneebesen, Schaumschläger*
schwingen – *mit dem Schneebesen schlagen*
Schwynigs – *Schweinefleisch*
Semmeli – *Weissbrötchen*
Siedfleisch – *gekochtes Rindfleisch*
Stössel – *Stossgerät*
Stotzen – *Keule*
Stunggis – *Gemisch*
Sultaninen – *Rosinen ohne Kerne*
Sunntigsbroote – *Sonntagsbraten*
suur – *sauer*
Suurchrut – *Sauerkraut*

T
Täfeli – *Bonbon*
Tätsch, Tatsch, Totsch – *Brei, Backwerk, Omelette*
teig – *überreif, weich*
Traiteur – *Feinkostgeschäft*
Tranche – *Scheibe*
Träsch – *Apfel- oder Birnenschnaps*
Trübeli – *Johannisbeeren*
Tschöpli – *Joppe*
Tünne – *Blechkuchen nach Schaffhauser Art*
Türkenkorb, Türkenmehl – *Mais*
tütschen – *gegeneinanderstossen*
tuusig – *tausend*

V
verklopfen – *verrühren*
Voressen – *Ragout*

W
Wähen – *Früchtekuchen nach Schweizer Art*
Weggen – *Wecken, Weizenbrötchen*
Weggli – *Milchbrötchen*
Wirz – *Wirsing*
Wybeeri – *Weinbeeren*

Z
Zeltli – *Bonbon*
Zibeli – *Zwiebeln*
Zieger – *Quarksorte, Frischkäse*
Zmorge – *Frühstück*
Zmittag – *Mittagessen*
Znacht – *Nachtessen*
Znüni – *Vormittagsimbiss*
Zobig – *Nachmittagsimbiss*
Züpfe – *Hefezopf*
Zvieri – *Nachmittagsimbiss*
Zwiebelschweitze – *Zwiebelschwitze*

Alphabetisches Verzeichnis der Rezepte

Vorspeisen

Entlebucher Pilzschnitten 402
Escargots à la lie 117
Jacquerie 118
Omelette jurassienne 360
Schnecken in Nussbutter 117

Suppen

Basler Mehlsuppe 74
Beenälisuppe 207
Berner Erbsensuppe 426
Brotsuppe 120
Bündner Gerstensuppe 256
Busecca 213
Chindbettisuppe 175
Chuchisuppa 290
Fleischbrühe, kalt bereitet 176
Gründonnerstagsuppe 120
Kartoffelsuppe nach Emmentaler Art 294
Kürbissuppe 386
Milchsuppe 47
Milchsuppe 169
Minestra Calanchina 256
Minestrone 213
Morchelsuppe 194
Sauerampfersuppe 121
Soupe à l'oignon 84
Soupe de la mère Royaume, la 477
Spargelcremesuppe 164

Fischgerichte

Albelifilets nach Nidwaldner Art, gebackene 105
Äschen nach Schaffhauser Art 107
Balchen nach Zuger Art 105
Bergbachforelle aus dem Sud 104
Eglifilets «Dézaley» 110
Eglifilets im Weinteig 115
Felchenfilets nach Gersauer Art 107
Felchen nach Art von Nylon 113
Filets de féras au Féchy 112
Filets de perches à la mode d'Ouchy 109
Filets de perches à la veveysanne 111
Fischfilets im Bierteig 281
Friture du lac 112
Hecht blau 280
Hecht, gebacken 279
Hecht nach Arenenberger Art 280
Lavarello in carpione 214
Omble chevalier nach Genfer Art 114
Saumon à la Bâloise 103
Schleie, gebraten 282
Schwalenfilets nach Thurgauer Art 108
Stockfisch nach Luzerner Art 101
Truites du Bisse en papillote 114
Trüsche nach Fischerart 281
Weggiser Fischküchlein 106
Zuger Rötel nach uraltem Walchwiler Rezept 432

Krebsgerichte

Chräbs im Sud 168
Gratin aux écrevisses 168

Eintopfgerichte

Bauernvoressen 294
Capuns 259
Cazzuola 205

513

Einfacher Zuger Ofenguck 42
Emmentaler
 Schinken-Makkaroni 295
Fribourger Pot-au-feu 310
Gratin «La Rösa» 255
Kabis, gebackener 399
Kabisstunggis nach Muotathaler
 Art 399
Luzerner
 «Tuusig-Bohne-Ragout» 57
Ofenguck mit Eiern 43
Papet vaudois 80
Plain in pigna 257
Potée valaisanne, la 289
Räbemues 430
Räben mit Speck 431
Risotto con verze 401
Sauerkrautrösti 422
Schnitz und drunder 37
Schunggebegräbnis 375
Soupe aux choux 400
Türkenribel mit Speck 50
Unterwaldner Stunggis 398
Urner Häfelichabis 398

Fleisch- und Wurstgerichte

«Alpeneier» 418
Atriaux «Grand-mère» 83
Basler Herrenschnitzel 373
Basler Lummelbraten 374
Berner Platte 420
Bündner Beckibraten 185
Bündner Schafverdämpf 264
Chüngelibraten 190
Chüngel-Ragout 297
Coniglio alla campagnola 210
Coniglio all'olio 214
Emmentaler Hamme 425
Emmentaler Schafsvoressen 293
Entlebucher Schweinspfeffer 71
Escalope agaunoise 287
Escalope au fromage 291
Fricassée à la vaudoise 326
Fricassée de porc à la
 genevoise 325
Gämschipfäffer 203

Gebeizter Schweinshals 188
Gebratenes Gitz «della
 nonna» 132
Gefüllte Kalbsbrust in
 Variationen 180
Gefüllter Sonntagsbraten 186
Gelber Braten 188
Gespickter Rindsbraten 186
Gigot d'agneau au four 133
Gitzipaches 124
Gitziprägel 124
Glarner Chalberwürscht 124
Güggeli nach Asconeser Art 215
Hackbraten nach
 Grossmutterart 184
Hafenchabis nach Märchler
 Art 400
Hasenpfeffer nach Jägerart 394
Hasenrücken an Rahmsauce 393
Jambon à l'os 482
Jambon du Docteur, le 320
Kalbsbrust nach Berner Art 179
Kalbskopf, gebacken 145
Kalbsleber «dolce brusco» 263
Kalbsnierenbraten 183
Kalbsschenkel nach Aargauer
 Art 187
Kalbsvögel nach Tessiner Art 210
Kutteln nach Neuenburger
 Art 359
Kutteln nach Zürcher Art 148
Lammragout nach Fribourger
 Art 313
Lard rôti au four 318
«Laubfrösche» 166
Luzerner Chügelipastete 27
Martinigans 412
Mistchratzerli im Häfeli 189
Osso bucco alla casalinga 212
Oster-Gitzi nach Puschlaver
 Art 132
Poireau farci 81
Rehleber in Butter 395
Rehpfeffer nach Bündner Art 392
Rehschnitzel an Rahmsauce 394
Rehschnitzel an
 Spezial-Rahmsauce 392
Rôti au vin 182
Saucisson en papillote 323

Saurer Kalbsbraten 185
Saurer Mocken 181
Saurer Rindsbraten nach alter
  Art 416
Schinken und Speck nach
  Bauernart 312
Schweinebraten an
  Milchsauce 179
Schweinsbraten nach Genfer
  Art 477
Schwynigs und Cheschtenä 201
Spanischsuppe 147
Spatz 275
St. Galler Fleischpastetli nach alter
  Art 273
Suubäggli mit suure
  Gummeli 184
Tessiner Rindsbraten 182
Tösstaler Sunntigsbroote 48
Treberwurst nach neuer Art 56
Waadtländer Bratwurst «am
  Meter» 82
Weihnachtsschinken 481
Wildgeschnetzeltes mit
  Eierschwämmchen 395
Zürcher Leberspiessli 148
Zürcher Ratsherrentopf 149
Züri Gschnätzlets 146

Käsegerichte

Appenzeller Chäs-Chüechli 278
Appenzeller Chäsflade 277
Appenzeller Chäshappech 277
Bündner Chässuppe 244
Croûtes de Vinzel 329
Croûtes au Dézaley 330
Fondue 436
Genfer Fondue 438
Gomser Fladen 289
Gomser Fondue 438
Grande tarte, la 319
Käsekuchen nach Greyerzer
  Art 316
Käsesalat nach Appenzeller
  Art 276
Käseschnitten nach Basler
  Art 374
Käseschnitten nach Berner
  Art 363
Käseschnitten nach Emmentaler
  Art 363
Käse-Soufflé nach Genfer
  Art 327
Kleine Freiburger
  Ramequins 317
Luzärner Chässuppe 118
Malakoffs 328
Raclette, die 283
Ramequins vaudois au pain 330
Soupe au plat, la 246
Urner Chässuppe 204
Walliser Käsekartoffeln 44
Walliser Käsekuchen 288

Fleischlose Gerichte

Aargauer Härdöpfelchnöpfli 45
«Alte Maa» 244
Apfelbröisi 340
Äpfel und Häppere 38
Birästunggis 38
Bohnä Gumäli 253
Brotauflauf 48
Brotomeletten 243
Caponetti con buleus 260
Cholera 288
Cholermues 387
Croûtes aux champignons 402
Eierrösti 96
Eiervoressen 140
Fastenkutteln oder Eierkutteln 92
Fladen 452
Fotzelschnitten 97
Kartoffelchüechli 41
Kartoffelfuchs 41
Kartoffelpfluten 39
Kartoffeltätsch 41
Krautkräpfli 166
Maluns 258
Meientaler Härdöpfel 43
Öpfelschoppe 337
Öpfelspätzli 337
Pesch magers 100
Plain in Padella 257
Puschlaver Pizzöcchar 255

Rahmfladen 451
Rys und Pohr 201
Scarpatscha 261
Schnitz und Härdöpfel 38
Schyterbygi 93
Spargeln 163
Thurgauer Lumpensuppe 352
Tösstaler Haferrösti 47
Türkenribel 50
Walliser Spargelgratin 163
Zuger Chabisbünteli 400
Zwetschgenrösti 356
Zwetschgenschober 355

Beilagen

Berner Rösti 298
Birnensturm 348
Boverli 49
Bramataschnitten 262
Bündner Polenta 261
Carottes paysannes 318
Chnöpfli 396
Croûtes aux morilles 195
Emmentaler Kartoffelsalat 426
Essigbirnen 351
Essigzwetschgen 354
Fribourger Chilbisenf 310
Gewürzter Milchreis 170
Gibachne Heimini 291
Gratin des amis de Morges 327
Gratin des cardons 477
Härpflireschti 44
Hexenpolenta 262
Kabissalat nach Bauernart 57
Kartoffelsalat mit Nussöl 478
Kastanien, glasiert 413
Kastanien mit Speck 405
Morilles à la crème 195
Polenta nach Tessiner Art 211
Pommes de terre au lard 85
Räbenbappen 430
Risotto ai funghi 77
Risotto mit Mark 77
Risotto nach Tessiner Art 76
Rösti-Varianten 299
Rotkraut mit Rotwein 414
Rüebli mit Speck 45

Salbeimüsli 150
Sauerkraut, Grundrezept für 422
Sauerrüben 429
Suuri Gummeli 42
Zwiebelsalat 361

Mais- und Teigwarengerichte

Älplermagrone nach Urner Art 203
Glarner Hörnli 239
Makkaroni-Pastete 204
Milchmakkaroni 239
Poläntä-Chüächä 206
Polentaknödel 263
Polenta mit Luganighe 211
Spaghetti nach Asconeser Art 212

Gesalzene Kuchen

Aargauer Kartoffelwähe 40
Bärner Zibelechueche 427
Basler Ziibelewäije 73
Chrut-Chueche 165
Churer Fleischtorte 264
Luzerner Wurstweggen 273
Neuenburger Wurst «Château de Colombier» 359
Saucission en croûte au Dorin 321
Saucisson en croûte «3 Suisses» 323
Schaffuser Bölletünne 428
Sèche au lard 321
Spargelkuchen nach Walliser Art 164
Spinatkuchen 415
Tarte saviesanne 286

Gebäck

Aargauer Helsweggen 30
Aargauer Rüeblitorte 30
Amaretti 218
Anisbrötli 465
Annebäbis Apfelkuchen 344

Apfelküchlein 342
Apfel im «Tschöpli» 338
Appenzeller Biberli 452
Aprikosen-Biskuit 226
Aprikosenkuchen nach Walliser Art 226
Bacheschnette 278
Badener Chräbeli 466
Basler Brunsli 472
Basler Faschtewäije 74
Basler Lebkuchen 460
Basler Leckerli 463
Basler Opfelwäije auf feine Art 345
Beignets de Bénichon 314
Berner Chirschi-Tschu 232
Berner Züpfe 33
Biberherzli 453
Birnbrot 446
Birnenkuchen nach Winzer Art 349
«Bohnen» 69
Bricelets 161
Bricelets fins 162
Bricelets au cumin 162
Bündnerli 473
Bündner Schokoladetorte 268
Bûche de Noël 483
Chneublätze 62
Chruchtele 66
Dreikönigskuchen 34
Engadiner Nusstorte 269
Festliche Kartoffeltorte 40
Fideriser Torte 267
Fladen nach Fribourger Art 314
Foaccia grassa 100
Fribourger Matafan 316
Fribourger Safranbrot 311
Frolla della nonna 217
Gâteau à la rhubarbe à la mode de Chardonne 193
Gâteau au «nillon» 406
Gâteau au raisiné 383
Gâteau de Vully 333
Gâteau Ormoran 333
Gaufres 87
Geduldszeltli 475
Glarner Früchtebrot 123
Glarner Früchtebrot 449
Glarner Pastete 122
Grassin 473
Grittibänz 444
Haselnussleckerli «Schloss Utzigen 1890» 464
Hasenöhrli 62
Holderchueche 302
Holderchüechli 304
Honigleckerli 461
Hosenknöpfe 475
I cenci della nonna 219
Ingenbohler Nonnenkräpfchen 68
Luzerner Birnenweggen 448
Luzerner Lebkuchen I 454
Luzerner Lebkuchen II 455
Luzerner Osterfladen 135
Luzerner Rollchueche 455
Mailänderli 471
Maisturtä 388
Neujahrsfisch 25
Nidwaldner Chilbikrapfen 389
Nidwaldner Fisch 25
Nidwaldner Lebkuchen 457
Noeinsertorte 267
Nussbrot 408
Osterkuchen mit Reis 136
Osterkuchen mit Wegglifüllung 135
Ostschweizer Birnbrot 447
Priesnitz 26
Quittenkuchen 379
Rahmfladen 136
Rhabarberwähe 192
Rhabarber-Weggli-Chueche 192
Rissoles aux poires 479
Rosenchüechli 53
Rotweinzuckerwähe 331
Salée sucrée 86
Samichlaus-Leckerli 467
Schenkeli 53
Schlaatemer Rickli 174
Schlüferli 54
Schneeballen 64
Schoggi-Torf 375
Schurzbändeli 64
Schwyzer Fasnachtschräpfli 66
Spagnoletti 474
St. Galler Domherrenkuchen 346

St. Galler Klostertorte 138
Strözlas 100
Strübli 54
Süsszöpfe 30
Suurchriesi-Chueche 235
Tabakrollen 63
Taillaule 87
Taillé aux greubons 86
Tarte au vin 331
Thurgauer Apfeltorte 344
Toggenburger
 Dörrbirnenfladen 450
Torta di latte 171
Torta di pane 137
Tortelli di San Giuseppe 218
Totebeinli 473
Triätschnitten 152
Trübelichueche 251
Türkenbund 270
Verbrühte Kugeln 63
Waadtländer
 Zwetschgenkuchen 357
Walliser Erdbeerschnitten 221
Weintorte 332
Weisse Lebkuchen 461
Wiler Hefeküchlein 125
Willisauer Ringli 456
Zedernbrot 153
Ziegerkarpfen 68
Ziegerkugeln 68
Zimmetfladen 451
Zimtpitte 138
Zimtsterne 471
Zuger Chropfe 70
Zuger Kirschtorte 432
Zürcher Chriesiwähe 236
Zürcher Marzipan-Leckerli 467
Zürcher Schoggi-Leckerli 468
Zürcher Tirggeli 471
Zwetschgenbeignets 357
Zwetschgenwähe 356

Süssspeisen

Apfelauflauf nach
 Grossmutterart 342
Äpfel, gefüllte 341
Apfelhürlig 338
Apfelmus mit Nidle 334
Apfelmus-Varianten 335
Apfeltatsch 343
Aprikosenkompott nach alter
 Art 226
Aprikosenkonfiture à
 l'ancienne 228
Basler Chriesischnitte 234
Berner Birnenauflauf 346
Birchermüesli 274
Birnen «au pinot» 349
Birnenhonig 385
Brischtener Birä 206
Bündner Kirschenauflauf 234
Butterauflauf 96
Castagnaccio 405
Cavolatte 217
Chriesibrägel 235
Chriesilatwäri 236
Chriesi-Omelette 233
Chriesitütschli 233
Chriesiwasser-Creme 142
Chüttenepäschtli 378
Conterser Bock 265
Crème au raisiné 383
Crème brûlée 142
Dörrzwetschgen in Rotwein 301
Erdbeercreme mit Kirsch 224
Erdbeeren mit Zwieback 224
Erdbeeri mit Nidle 221
Erdbeeromelette 223
Erdbeerschnitten nach Basler
 Art 222
Erdbeer-Vacherin 223
Flan aux abricots 227
Fraises «au pinot» 223
Gebrannte Mandeln 370
Gelee aus Tessiner Trauben 381
Gelee aus unreifen Äpfeln 380
Griesspudding nach alter Art 172
Grosi Lüdis Rumcreme 141
Grosis Süssmostcreme 351
Holdermües 303
Holderzonne 303
Kartäuserchlötz 95
Kastanien mit Rahm 98
Klosterfrauen 343
Krokant 174
Löwenzahn-Gelee 196